KARL DER GROSSE

Wilhelm von Giesebrecht

Wilhelm von Giesebrecht

Karl der Grosse

fourierverlag

Komplette und sprachlich auf neuesten Stand gebrachte Neufassung der Urausgaben mit neuem Register und Pagina. Korrekturen auf inhaltliche Fehler wurden vorgenommen, ohne den Charakter der Erstausgaben zu beeinflussen oder den Text zu straffen. Literaturhinweise wurden eingearbeitet bzw. sind im Anhang zu finden.

Die Bebilderung erfolgte aus Unterlagen der Ars Libro AG.

Lizenzausgabe mit freundlicher Genehmigung der Rechteinhaber
für Fourier Verlag GmbH, Wiesbaden 2003
Gesamtherstellung: PRINT-AGENTUR, Leopoldshöhe
Covergestaltung: Thomas Jarzina, Köln
Bildnachweis: AKG Berlin
Printed in Germany

ISBN 3-932412-51-6
www.fourierverlag.de

INHALTSVERZEICHNIS

ERSTES BUCH

Einleitung
Die deutschen Völkerschaften in der Zerstreuung
Einigung in der fränkischen Monarchie

ZWEITES BUCH

Gründung des deutschen Reichs (900–950)

ERSTES BUCH

Einleitung

Die deutschen Völkerschaften in der Zerstreuung

Einigung in der fränkischen Monarchie

1. Die deutschen Völkerschaften in der Urzeit

Von den waldreichen Bergzügen an, die jetzt das deutsche Land in eine nördliche und südliche Hälfte scheiden, wohnten in den frühesten Zeiten, zu denen unsere Kunde aufsteigt, die deutschen Völkerschaften gegen Mitternacht bis zu den Gestaden der Nord- und Ostsee. Das Meer trennte sie hier von den skandinavischen Stämmen, in Sprache und Sitte ihnen damals so nahe verwandt, daß sie kaum durch deutliche Kennzeichen zu unterscheiden waren; während im Süden die Main- und Neckargegenden wie das böhmische Land von Stämmen ganz anderer Art und Natur, von keltischen Völkern, bewohnt wurden. Kelten waren auch im Westen die Nachbarn der Deutschen, wo der breite Rheinstrom beide Völker schied. Gegen Morgen erstreckten sich die Sitze der Deutschen bis in die weiten Ebenen an der Weichsel, wo Slawen teils mit ihnen grenzten, teils ihnen dienten.

Ein mannigfaltig gestaltetes und reich gegliedertes Land war so von den deutschen Stämmen eingenommen. Mit dichtbelaubten Bergen wechseln fruchtbare Abhänge und milde Täler, mit wasserreichen Bruchgegenden und sumpfigen Marschen dürre Heideländer und unfruchtbare Dünen, mit öden Landstrecken, wo kaum die Kiefer gedeiht, fettes Ackerland und grüne Wiesenflächen; doch ist es im ganzen kein übermäßig gesegnetes Land, nur Arbeit und Ausdauer vermögen dem Boden reichlich Ernten abzugewinnen. So ist es noch jetzt, obwohl die Geschlechter von Jahrtausenden mit eisernem Fleiße gearbeitet haben, um den Boden ergiebiger und den Anblick des Landes freundlicher zu machen. Aber ob das Land nicht mit Überfülle ausgestattet ist, erzeugte es in den ältesten Zeiten, wie jetzt, ein kraftvolles und ernstes Menschengeschlecht, voll Freiheitsdrang und mit mächtigen Trieben zu geistiger Erhebung, zugleich aber voll treuer Anhänglichkeit an den heimatlichen Boden wie an den Glauben und die Sitte der Väter.

Vielgespalten, wie der Boden, waren im Anfange die deutschen Stämme selbst. Jeder regelte seine Angelegenheiten für sich, hatte seine besondere Weise des Lebens und Seins. Freundschaft und Feindschaft wechselten unter ihnen mit dem Umschwung der Zeiten. Da sie ohne jeden äußeren Zusammenhalt waren, konnte nicht einmal das Gefühl engerer natürlicher Verwandtschaft im Gegensatz gegen die andersgearteten, sie umwohnenden Völker in ihnen recht lebendig werden. Wenn sie auch Sagen erzählten von ihrer gemeinsamen Abstammung von *einem* Urvater, wenn auch ihre Ähnlichkeit Körperbildung, Naturanlage, Sprache und Sitte ihnen nicht entging, so gab es doch kein auch noch so loses äußeres Band, das sie alle umschlungen, nicht einmal einen gemeinschaftlichen Namen, mit dem sie ihre Gesamtheit von anderen Nationen unterschieden hätten. Ein Jahrtausend hören wir von diesen Stämmen in der Geschichte, ehe sie sich mit dem gemeinsamen Namen „Deutsche" bezeichnen. Von einem deutschen Voke im strengen Sinne des Wortes kann deshalb in den frühesten Zeiten nicht die Rede sein, nur sehr allmählich und durch besondere Fügungen hat sich ein staatlicher Verband hergestellt, der die Deutschen zusammen- und zugleich gegen die anderen Völker abschloß. Vordem gab es nur verwandte Stämme, die, bald über ein größeres, bald ein kleineres Gebiet verbreitet, in ihren besonderen, in sich bestimmten und abgegrenzten Verhältnissen lebten.

Zahlreiche Namen solcher Stämme werden aus den Anfängen unserer Geschichte überliefert. Die meisten derselben sind längst verschollen, und bei manchen fällt es schwer, nur die Stelle zu bezeichnen, wo sie einst hausten. Aber es gab einst so viele staatliche Verbände unter den Deutschen, als man solche Stämme zählte; Verbände freilich weder von so umfassender Art noch von so zwingender Gewalt wie die, in denen wir jetzt leben. Denn nur wenige und beschränkte Zwecke verfolgte damals die staatliche Vereinigung der Stammgenossen; auch betraf sie ursprünglich nur die freien und angesessenen Männer des Stammes, während die Unfreien und Besitzlosen nur mittelbar an den Rechten und Pflichten der Gemeinschaft Anteil hatten. Die freien Männer der Genossenschaft im Kriege zu Schutz und Trutz gegen äußere Feinde zu verbinden, ihnen unter- und gegeneinander Sicherheit für ihre Person und alles, was zu ihrem Hause und Hofe gehörte, zu verbürgen: das waren die einzigen Zwecke des Staates; die Verfassung war hiernach allein auf den Krieg nach außen, auf den Frieden im Inneren gerichtet.

Alle staatlichen Ordnungen der Deutschen gingen davon aus, daß die Gesamtheit des Volkes, und sie allein, über Wohl und Wehe des Ganzen zu entscheiden habe, und daß jeder freie Mann, wo es sich um das Ganze und damit zugleich um sein eigenes Schicksal handle, auch sein Wort in die Waagschale legen könne und müsse. Zu gewissen Zeiten, bei Neumond oder Vollmond, traten deshalb die freien Männer des Stammes zur großen Gaugemeinde zusammen, die ebensowohl zur Heerschau wie zum Gericht und zur Beratung über die allgemeinen Angelegenheiten des Volkes diente. Bewaffnet erscheinen sie, aber heiliger Friede wird sofort von den Pristern verkündet und jeder Bruch desselben von ihnen gestraft. Lose werden geworfen, um zu erfahren, ob die Beratung den Göttern genehm sei; fällt das Los nach der Meinung der Priester günstig, so gebieten sie Ruhe, und die Versammlung ist zur Beratung eröffnet. Dann werden die Fürsten je nach ihrem Alter, ihrem Adel, ihrem Kriegsruhm, ihrer Beredsamkeit gehört; doch gelten ihre Worte nur einem Rat, nicht einem Machtgebot gleich. Mißfällt der Rat, so weist man ihn mit unwilligem Geschrei ab; gefällt er, so schlagen die Männer mit den Frameen – kleinen Speeren, welche ihre Hauptwaffe bildeten – zusammen; denn nichts tönte ihnen süßer und glückverkündender als Waffenklirren. In solchen Versammlungen wurde über Krieg und Frieden entschieden. Hier wurden auch die Fürsten (Vorsteher) erwählt, welche für die einzelnen Teile des Stammlandes, die Untergaue (Hundertschaften), zugleich als Heerführer und Richter dienten. Hier wurden ferner die peinlichen Anklagen gegen Freie zur Verhandlung gebracht. Als todeswürdige Verbrechen galten nur Landesverrat, Überlaufen zum Feinde, Feigheit und unnatürliche Wollust; denn sie allein schienen dem Gemeinwesen unmittelbar gefährlich und erregten nach der Meinung des Volkes den durch den Tod des Schuldigen zu sühnenden Zorn der Götter. In diesen Versammlungen geschah endlich auch die Aufnahme der heranwachsenden Jünglinge in die Gemeinschaft der Stammgenossen durch die feierliche Verleihung von Schild und Speer. Überzeugte sich die Gemeinde, der Jüngling werde die Waffen rühmlich zu führen wissen, so schmückte ihn ein Fürst oder der Vater oder einer der Verwandten des Hauses mit diesen Zeichen der Manneswürde: damit trat er aus dem engen Verband des Hauses in das Leben der Gemeinde ein, wenn er gleich, solange er ohne eigenen Besitz war, an den Beschlüssen derselben keinen entscheidenden Anteil nahm.

Wie die große Gaugemeinde die allgemeinen Angelegenheiten des Stammes beriet und entschied, so sammelten sich die freien Männer, um ihre engeren Verhältnisse zu ordnen, in den Untergauen, den Hundertschaften, zu gewissen Zeiten an ihren Malstätten. In diesen kleineren, öfters wiederkehrenden Vesammlungen bewegte sich mit nicht minderer Regsamkeit das Leben des Volkes. Auch hier erschienen die freien Männer regelmäßig und nahmen an allem ununterbrochenen Anteil; es handelte sich ja um ihre eigensten und nächsten Angelegenheiten, es galt für einen jeden, sein Recht, seine Freiheit und Ehre zu schützen. Denn hier wurde Urteil und Recht über alle gesprochen, die den Frieden gebrochen oder sonst sich gegen freie Männer und ihr Eigentum vergangen hatten. Die Strafen, auf welche die Gemeinde unter dem Vositz des Fürsten erkannte, waren Bußen, welche zu Anfang in Rindern und Pferden, dann in Geld teils den Beschädigten oder dessen Blutsfreunden, teils der Gemeinde gezahlt wurden. Die Buße für den Totschlag, des Wergeld genannt, richtete sich nach dem Stande des Erschlagenen. Durch die Erlegung derselben wurde der Frevel gesühnt, und der Täter erkaufte sich damit aufs neue den Schutz und den Frieden der Gemeinde; nur wer beharrlich denselben brach, wurde für friedlos und damit für rechtlos erklärt, allen Schutzes entblößt und sich selbst überlassen.

In ähnlicher Weise standen endlich auch die, welche auf einem engeren Gebiete, sei es in einer Dorfschaft oder in Einzelhöfen, nebeneinander wohnten, in dem Verbande der Markgenossenschaft: die Versammlungen derselben beschäftigten sich indessen nur mit untergeordneten Angelegenheiten und waren ohne Bedeutung für das Gesamtleben des Volkes.

Das Band der Familie, welches die Blutsverwandten einst allein und deshalb auf das festeste aneinander gekettet hatte, war durch die staatliche Vereinigung zwar bereits gelockert, doch noch immer sehr stark. Noch stand es der Familie zu, wenn einer der Ihren getötet war, zur Selbsthilfe zu schreiten und Blutrache an dem Mörder zu üben, und häufig wurde der richterliche Spruch der Gemeinde wie das Wergeld verschmäht, um den Frevel blutig zu rächen. Leicht trieb dann die Rache zu neuer Rache und neuen Freveln, und in endloser Fehde führte wohl ein Geschlecht gegen das andere die Waffen bis zur seiner gänzlichen Vertilgung. Wenn sich auch das Recht der Familie der Ordnung des Staates bereits unterordnen muß, übt es doch noch überall einen durchgreifenden Einfluß auf das Leben der Gesamtheit. In der Gemeinde vertritt die Familie ihre Glieder, verteidigt sie und haftet für sie; sie empfängt das Wergeld für den, der aus ihrer Mitte erschlagen ist; im Kriege stehen die Familiengenossen beieinander im Heere, wie sie im Frieden nachbarlich wohnen.

In noch minderem Grade berührte der Gemeindeverband das Recht des Hauses. Auf seinem eigenen Grund und Boden, in seinem Hause und auf seinem Hofe schaltete der deutsche Mann mit voller Unabhänigigkeit, die er eifersüchtig bewachte. Hier herrschte er, ein König im kleinen, über Weib und Kind wie über das Gesinde mit dem ungebrochenen Ansehen unbeschränkter Gewalt; es gab keinen Willen als den seinen, dem nur Glaube und Sitte Schranken setzten. Aber nirgends zeigte sich mehr als hier, daß gute Sitte mehr vermag als gute Gesetze. Sobald die Ehefrau die geweihte Schwelle des Hauses übertrat, in dem ihres Gatten Wille gebot, wurde sie darauf hingewiesen, daß sie fortan *alles* mit ihm zu teilen habe, Arbeit und Gefahr, Not und Tod; aber er teilte zugleich willig mit ihr auch alle Freuden des Lebens, selbst des Krieges Ruhm und Ehre – die höchsten Güter, die er kannte – entzog er ihr nicht. Beim Schließen des Ehebundes bot der Mann dem Weibe Stiere, ein gezäumtes Pferd, Schild und Speer zum Geschenke, während sie ihm gleichfalls Waffen darbrachte; diese Gaben galten für Heiligtümer, und heilig gleich ihnen war die Ehe und geheiligt durch sie das ganze Haus. Etwas Göttliches und Prophetisches verehrte der Deutsche im Weibe: im Frauenworte leuchtete ihm eine Ahnung der Zukunft auf. Nichts achtete er höher als Frauenlob, Zuruf von Frauenmund war ihm der heißeste Sporn zum Siege. Was Wunder daher, wenn die Frau mehr im

Hause mitherrschte als diente, die Herrin neben dem Herrn war. Ein enges, geweihtes Band umschlang die Gatten und nicht minder Eltern und Kinder. Des Vaters Gebot und der Mutter Bitte waren den Kindern heiliges Gesetz, das Gedeihen derselben die Luft der Gatten. Je mehr der Kinder, desto größer der Segen des Hauses, desto freudenreicher die späten Jahre der Eltern. Milde und menschlich war die Behandlung der Knechte, die entweder im Hause selbst dienten oder noch häufiger gegen Hofdienst und Zins ihnen überlassene Felder bebauten und inmitten derselben ihre eigene Wohnung hatten. Das Herkommen regelte das Verhältnis des Unfreien zu seinem Herrn und sicherte jenen kaum minder, als es äußerer Zwang vermocht hätte. Körperliche Züchtigung der Knechte kam selten vor; im ganzen war ihre Lage kaum wesentlich verschieden von dem Lose der Freigelassenen und derjenigen Freien, die ohne eigenen Grund und Boden gegen Zins das Feld eines Hofherrn bauten. Wußten sich diese auch gegen Beschädigungen an ihrem Leibe oder ihrer Freiheit durch die Gemeinde gewahrt, so war doch ihr Vertreter in derselben lediglich ihr Hofherr, an dessen Willen sie sich deshalb überall gebunden sahen.

Eine gemeinsame Obrigkeit gab es bei der Mehrzahl der deutschen Stämme in Friedenszeiten nicht; nur für den Krieg wählte sich das Volk einen gemeinsamen Oberfeldherrn, den Herzog. Nicht Stand oder Reichtum entschied die Wahl, sondern sie traf den tapfersten Mann, den die Stammgenossen auf einen Schild erhoben und auf ihren Schultern umhertrugen. Seinem Gebote folgten im Kampfe die Fürsten, von denen jeder die Männer seiner Hundertschaft führte. Doch war die Gewalt des Herzogs keine unumschränkte; Todesstrafen zu vollstrecken wie einen freien Kriegsmann zu binden oder zu schlagen, stand ihm nicht zu, sondern war nur den Priestern erlaubt, die gleichwie auf Weisung der Götter solche Strafen verhängten. Denn der Krieg galt den Deutschen als eine heilige Sache, und der Kriegsmann stand im Schutze der Götter. Deshalb führte man auch heilig verehrte Zeichen und Bilder in die Schlacht und glaubte die Himmlischen selbst als Kampfrichter gegenwärtig im Waffenstreite. Mit dem Ende des Krieges ging die Gewalt des Herzogs zu Ende; dagegen wohnte den Fürsten in ihrer Hundertschaft die ihnen durch die Gaugemeinde übertragene Gewalt auf Lebenszeit bei. So waren sie es allein, in denen sich eine fest obrigkeitliche Gewalt darstellte, und die neben den Gemeinden ununterbrochen einen bestimmenden Einfluß auf die Verhältnisse des Staates übten. Denn nicht nur daß alle richterlichen Entscheidungen innerhalb ihres Bezirks unter ihrem Vorsitz getroffen wurden, auch besondere Zusammenkünfte fanden unter ihnen statt, um minder wichtige Landesangelegenheiten, die einen Beschluß der ganzen Gemeinde nicht zu erfordern schienen, ohne Verzug zu erledigen.

Die Stellung der Fürsten, zu der jeder Freie von der Gemeinde gewählt werden konnte, war eine höchst ehrenvolle; sie war es vornehmlich auch deshalb, weil es jedem Fürsten freistand, sich aus den Jünglingen und Männern, die in seinen Dienst zu treten begehrten, ein bewaffnetes Gefolge zu bilden. Der Waffendienst, den diese ihm dann leisteten, verringerte nicht die persönliche Freiheit und Ehre wie jeder andere Herrendienst; er verlieh vielmehr Ruhm und Glanz ihnen selbst wie dem Herrn. Im Frieden bildete das Gefolge die Ehrenwache des Fürsten, im Kriege seine Schutzwehr. In unverbrüchlicher Treue, mit Hand und Mund gelobt, standen die Gefolgsgenossen zu ihm; mit den stärksten sittlichen Banden war das ganze Verhältnis befestigt. Ruhm, Ehre und Lohn teilte das Gefolge mit dem Führer; seine Huld war jedem Genossen der höchste Stolz, und alle wetteiferten, die erste Stufe in der Schar zu gewinnen, denn das Urteil des Führers bestimmte verschiedene Rangstufen in derselben. Was dies der Ehrgeiz des Gefolges, so war das Streben des Führers, eine möglichst zahlreiche Schar um sich zu sammeln und sich namentlich in Kriegszeiten mit vielen kräftigen Jünglingen zu umgeben. Mußte der Fürst nach Beendigung des Kampfes, weil er im Frieden sein Gefolge nicht zu erhalten vermochte, dasselbe auflösen, so zog wohl die tatendurstige Schar auf eigene Hand unter einem selbstgewählten Anführer auf Abenteuer aus oder begab sich in den Waffendienst fremder Völker, die gerade im Kampfe standen. In den Gefolgen fanden zum großen Teil die Freigeborenen oder Freigelassenen, die ohne eigenen Landsitz waren, ihren Unterhalt und ihre Ehre. Aus solchen Gefolgen bildeten sich zuweilen festere Genossenschaften aus, die selbst den Gemeinden gefährlich werden konnten; fehlte doch diesen ohnehin die kräftige Leitung eines machtvollen Oberhauptes, während im Gefolge alles auf der strengen Unterordnung unter den Führern beruhte.

So bestanden in den Familien, in den Häusern wie um die Person der Fürsten mannigfache Kreise und Genossenschaften, welche ihrer Natur nach die staatliche Vereinigung eher erschwerten als förderten; auch waren die verschiedenen Verbände selbst, in denen sich bereits ein politisches Bewußtsein kundgab, von der Gau- bis zur Markgenossenschaft herab, nicht fest gegeneinander geordnet und bestimmt begrenzt; vielfach durchkreuzten sich ihre Befugnisse und Zwecke. Überdies war der Staat noch vorherrschend an natürliche Bedingungen geknüpft: die Teilnahme an der Gemeinde hing von dem Besitz eines Grundstücks ab, die Standesunterschiede, auf denen der Staat beruhte, waren erblich, die Amtsgewalt der Fürsten wurde zwar nur auf Lebenszeit verliehen, aber die Neigung, sie erblich zu machen, regte sich schon in den ältesten Zeiten. So ist dieser Staat nach allen Seiten hin beschränkt, während der deutsche Mann, der zum Zeichen seiner Unabhängigkeit frei das lockige Haar herabwallen läßt, noch in fast ungebrochener Selbständigkeit dasteht. Auf seinem Hofe, in seinem Hause gebietet allein sein Wille; in der Gemeinde tatet er nur da mit, wo er mitgeraten hat; nur von freien Männern nimmt er Recht, über die auch er Recht sprechen kann; er schlägt die Schlachten seines Volkes mit, aber er greift auch zur Blutrache für die Seinen zu Speer und Schild und kämpft auf eigene Hand für die eigene Sache. Auch vereinzelt ist er stark und scheint der Gemeinde mehr seinen Arm und seinen Rat zu leihen, als daß er ihrer Hilfe und ihres Friedens bedürfte.

Wie die Deutschen noch vereinzelt auf ihren Höfen wohnten oder diese höchstens zu Dörfern zusammenbauten, durch welche frei der Wind wehte, und die ohne Gräben und Mauern ihnen den unmittelbaren Verkehr mit Feld und Wald erlaubten, wie sie die Städte noch als Zwingburgen der Freiheit scheuten und flohen, so fühlten sie auch gegen ein Staatsleben Abscheu, welches die Menschen wie willenlose Wesen zusammenzwängt und die Kraft und die Interessen des einzelnen der Gesamtheit zum Opfer bringt; dagegen zeigte sich schon damals in allen Kreisen des Lebens ein frischer Trieb zu freier, selbständiger Gestaltung der nächsten, unmittelbar gegebenen Verhältnisse. Genossenschaft bildet sich neben Genossenschaft, Körperschaft neben Körperschaft, Macht neben Macht, wo deutsche Art und Weise sich frei entfalten kann. Von jeher haben nur der Drang der Not und die unabweisbare Überzeugung, daß die höchsten Zwecke des Lebens ohne eine starke Autorität und ein festeres Band nicht zu erreichen sind, die Deutschen auf weitere Bahnen staatlicher Entwicklung geführt.

Und früh genug hat viele Stämme der Zwang der Verhältnisse genötigt, eine stärkere Gewalt an die Spitze des Staates zu stellen. Der Beginn der Königsherrschaft liegt bei manchen deutschen Völkerschaften vor aller Geschichte; bei anderen entsteht sie mit der ersten Kunde, die von ihnen auf uns gelangt ist. Bald haben gefährliche Parteikämpfe im Inneren, halb andauernde Verteidigungskriege gegen benachbarte Völker, bald Eroberung und Niederlassung auf fremdem Gebiete zur Aufrichtung der königlichen Gewalt den Anlaß gegeben. Wo man aber Könige einsetzte, wurden sie von der Gemeinde gewählt, und zwar aus einem besonders bevorzugten Geschlecht, dem dann die Herrschaft verblieb. Für geheiligt galt die Person des Königs, wie ihm auch priesterliche Rechte beiwohnten. Auf ihn ging im Kriege die volle Gewalt des Herzogs über, mit dem er auf dieselbe Weise durch Schilderhebung eingesetzt wurde. Doch übte der König auch im Frieden die höchste Gewalt: er berief und leitete die Volksgemeinde in ihren Beratungen, er hatte den Vorsitz im höchsten Gerichte, und wie er die Quelle aller Rechtspflege war, ernannte er auch die Richter und Vorsteher der Bezirke. An die Stelle der Wahlfürsten in den kleinen Gemeinden traten somit königliche Beamte, die später allgemein den Namen der Grafen führten. Nur da findet sich meistenteils Königsherrschaft, wo sich bereits ein größeres Gebiet – sei es durch Eroberung, sei es durch freiwillige Übereinkunft – gebildet hatte, wo die alte Stammes- und Gauverfassung schon einer weiteren Entwicklung der staatlichen Verhältnisse zudrängte; daher herrschte der König meist über ein ausgedehnteres Gebiet, über ein zahlreiches Volk. Der Ausdehnung seiner Herrschaft entsprach sein Reichtum an Grundbesitz, der ihn namentlich auf eroberten Gebieten weit über die anderen freien Männer erhob. So gewann er die Mittel, um ein glänzendes und zahlreiches Gefolge zu erhalten, zu dem man sich um so mehr drängte, je ehrenvoller und lohnender der Königsdienst war. Aber der König war nicht allein der Fürst der Gemeinde und der Führer seines Gefolges; er war zugleich der Schutzherr aller Hilfsbedürftigen, der Witwen und Waisen, der Fremdlinge und vor allem jener zahlreichen Klasse von persönlich freien Männern, die ohne Besitz, von der Gemeinde ausgeschlossen, erst unter der Königsherrschaft zum rechten Genuß der Freiheit kamen und sich sichtlich über den Stand der Knechte und eigenen Leute erhoben.

So groß die Rechte der Könige auch waren, so wesentliche Befugnisse von der Landesgemeinde auf sie übergingen, so gelangten sie doch damals in keinem Stamme zu einer unumschränkten Gewalt. Die Gemeinde behauptete sich neben ihnen mit selbständiger Macht, und noch weniger vermochten sie tiefer in die Rechte des Hauses und der Familie einzugreifen. Auch gewann ihre Herrschaft nicht bei allen Stämmen, wo sie aufkam, gleichen Umfang und gleiche Stärke; wie sich denn überhaupt auch innerhalb dessen, was allen Deutschen gemein war, immer die mannigfaltigsten besonderen Gestaltungen staatlichen Lebens bei den einzelnen Völkerschaften ausbildeten. So erhob sich bei der Mehrzahl von ihnen über dem Stande der freien Leute ein erblicher Adel, der, obwohl ihnen erkennbare Vorrechte, in der Gemeinde, doch seine eigene Ehre genoß, und aus dem die Könige hervorzugehen pflegten; bei manchen Stämmen bestand dieser alte Erbadel nur aus wenigen Geschlechtern und ist früh erloschen, bei anderen erhielt er sich länger und gewann auf die Geschicke des Volkes einen dauernden Einfluß. Nicht minder gestaltete sich das Los der hörigen Klassen wie der besitzlosen Freien fast bei jedem Stamme in abweichender Weise. Überall treten uns neue, besondere Formen des Lebens entgegen, die von der frischen, unerschöpflich gestaltenden Kraft des deutschen Wesens Zeugnis ablegen, zugleich aber immer deutlicher die Zersplitterung und Vereinzelung der Deutschen in jenen Urzeiten kundgeben.

Nimmermehr hätten diese unvollkommenen und in steter Umgestaltung schwankenden Formen des staatlichen Lebens bei ungehemmter Entwicklung aus sich die deutschen Stämme zu einem großen Volke verbinden können: erst als die Not sie in die großen Kämpfe der Weltgeschichte trieb und sie Jahrhunderte hindurch um ihre Freiheit ringen mußten, gestaltete sich bei ihnen ein umfassenderes Staatsleben, einigten sich die Kräfte der Nation mehr und mehr. Mächtige Königreiche wurden dann von deutschen Kriegsfürsten begründet, aber nicht sowohl die letzten Reste altgermanischer Gemeindefreiheit haben diese Reiche zusammengehalten wie die deutsche Kriegstüchtigkeit und die deutsche Treue.

2. Der Freiheitskampf der Deutschen gegen Roms Weltmacht

Um das Jahr 120 vor Christi Geburt geschah es, daß mehrere deutsche Stämme gegen Süden und Westen vordrangen und in die benachbarten Gebiete der keltischen Völkerschaften einfielen. Die Kelten, ihnen einst an Kriegsmacht überlegen, aber damals schon geschwächt und durch innere Spaltungen gelähmt, konnten der zahllosen Schwärme, die sie überfielen – denn auch die Weiber und Kinder folgten dem Zuge – sich nicht erwehren; sie unterwarfen sich daher teils den Eroberern, teils erkauften sie den Besitz ihres Landes durch große Opfer, teils schlossen sie sich selbst dem verheerenden Zuge der Kriegsscharen an und folgten ihnen auf der weiteren Wanderung. Bis zu den Alpen stürmten dann die vereinigten Kriegsscharen fort und vernichteten im Jahr 113 ein römisches Heer, das ihnen im östlichen Teil des Gebirges den Übergang nach Italien wehren wollte.

Die Römer zitterten vor diesen neuen Feinden, die sie als die Kimbern bezeichnen hörten; sie besorgten, jene möchten auf die Stadt selbst zueilen und jene Schreckenstage zurückkehren, wo Brennus mit seinen Galliern auf den Trümmern Roms hauste. Aber das Kriegswetter stürmte in anderer Richtung weiter; es wandte sich über den Rhein und verheerte Gallien, bis es hier wiederum römisches Gebiet erreichte. Und schon waren neue Völker dem kimbrischen Schwarme gefolgt; die vereinigte Macht der nördlichen Stämme faßte man unter dem Namen der Kimbern und Teutonen zusammen. Als sie an den gallischen Küstenstrich am Mittelländischen Meere, der sich auf beiden Seiten der Rhonemündungen ausbreitet, und den die Römer seit kurzem ihrer Herrschaft unterworfen hatten, gelangt waren, forderten sie vom römischen Senat hier Land und erboten sich, dafür ihm mit den Waffen zu dienen. Der Senat schlug ihr Anliegen ab und sandte ihnen ein

Heer nach dem anderen entgegen. Aber Niederlage folgte auf Niederlage. Rom war in der größten Bedrängnis: die gallische Provinz lag den Feinden offen, Spanien, seit einem Jahrhundert von den römische Waffen bezwungen, wurde von ihnen plündernd durchzogen, und bald schickte sich ein Teil der Heereshaufen an, abermals vom Norden aus in Italien einzudringen und die Hauptstadt selbst anzugreifen. Da rettete der große Cajus Marius den Staat, indem er in zwei blutigen Schlachten (102. 101) die gefürchtete Macht der Kimbern und Teutonen vernichtete.

Diese Kämpfe hatten den Deutschen die Stärke Roms, aber zugleich auch die Schwäche der keltischen Stämme gezeigt. Bald erfolgten daher neue Heereszüge über den Rhein und die Waldgebirge des Südens. In die Stelle der Kimbern traten die Sueven und erfüllten mit ihren Kriegsruhm die Welt.

Der suevische Name bezeichnete eine Gesamtheit von Völkerschaften, die sich weithin über die Mitte des deutschen Landes verbreiteten, aber ohne eine bestimmte staatliche Vereinigung gewesen zu sein scheinen. Von dem Lande der Semnonen aus, das zwischen der mittleren Elbe und Oder lag, sollen sie ausgegangen sein. Hier feierten sie noch später im Waldesdunkel gemeinsame Götterfeste, bei denen Menschenopfer bluteten. Diese Stämme erhoben sich jetzt aus ihren alten Sitzen, drange südlich und westlich vor, eroberten einerseits die keltischen Länder um Main und Nekkar bis zur Donau hin und drängten andererseits dem Rheine zu. Die keltischen Stämme der Helvetier und Bojer wurden von ihnen zurückgeworfen, auch die deutschen Stämme am Oberrhein von ihnen bekriegt und sich jenseits des Flusses auf gallischem Boden neue Wohnsitze zu suchen genötigt; endlich setzte Ariovist, damals der kühnste Heerführer der Sueven, selbst über den Rhein und zwang die gallischen Sequaner, als deren Bundesgenosse er zuerst erschienen war, ihm den dritten Teil ihres Landes abzutreten. Mit 15 000 Mann war er nach Gallien gekommen, aber bald hatten sich 120 000 Krieger unter seinen Befehl gestellt, und immer neue Scharen zogen ihm aus den deutschen Ländern zu. Gleichzeitig drangen andere deutsche Stämme, von den Sueven aus ihren heimatlichen Sitzen vertrieben, in die Gegenden am Niederrhein, und es schien, als würde das ganze gallische Land den unbezwinglichen Kriegsheeren, welche vom Osten anstürmten, in kurzem erliegen.

Wohl erkannten die Gallier, daß die deutschen Stämme, ob sie nun über den Ober- oder Niederrhein oder über die Donau in ihre Länder einbrechen mochten, wie sie an Tapferkeit und Kriegsmut sich glichen, so auch durch Körperbildung, Sprache und Sitte verwandt seien, und bezeichneten sie mit dem gemeinsamen Namen „Germanen" – mit einem Worte unsicherer Deutung, das entweder als die Rufer oder als die Nachbarn erklärt wird. Germanen sollen zuerst nur einzelne deutsche Stämme, die sich, aus der Heimat vertrieben, an den Ufern der Maas niedergelassen hatten, von den Galliern genannt sein, bald gaben sie indessen allen Deutschen diesen Namen und überlieferten ihn den Römern, die jetzt auf gallischem Boden mit dem alten Feinde aufs neue zusammenstießen.

Denn gerade zu dieser Zeit, als ganz Gallien vor den Sueven zitterte, als Ariovist seinen lange unstet umherirrenden Kriegerscharen feste Wohnsitze in Gallien erwerben wollte, führten Julius Cäsar, dem große Siege im Norden die Wege zur Herrschaft über Rom bereiten sollten, seine Legionen aus der römischen Provinz in die inneren Länder Galliens, um auch sie dem römischen Volke zu unterwerfen. Es war die Frage, ob Cäsar oder Ariovist, ob Römer oder Germanen in Gallien fortan gebieten würden. In einer blutigen Feldschlacht unterlag Ariovist dem größten Kriegsmann seiner Zeit; die Macht der Germanen in Gallien wurde gebrochen, und in mehrjährigen Kämpfen unterjochte Cäsar alle Stämme und Staaten Galliens bis an den Rhein. Und schon wollte er auch das innere Germanien Rom unterwerfen. Zweimal (55. 53 v. Chr. G.) überbrückte er den mächtigen Strom, der noch niemals ein Joch getragen hatte, und führte sein Heer an das jenseitige Ufer. Aber als ob er fühlte, daß dem Ruhme Roms hier Gefahr drohte, scheute sich der sonst so unerschrockene Mann, mit den Sigambern und Sueven in ihren Wäldern und an ihren Bergen zu streiten, und kehrte ohne Sieg über den Rhein zurück.

Der Kampf gegen die Germanen vererbte sich, als Cäsar unter den Dolchen der Mörder gefallen war, auf sein Geschlecht. Nachdem Kaiser Augustus die unermeßliche Gewalt des römischen Volkes zugefallen, begannen, sobald er sich in der neubegründeten Herrschaft sicher fühlte, die Kriege im Norden aufs neue, um die Germanen unter Roms Herrschaft zu beugen. Im Jahre 15

v. Chr. drangen Drusus und Tiberius, die reich begabten Stiefsöhne des Kaisers, tief in die Alpentäler ein. In dem gewaltigen Berggürtel, der Italien im Norden umzieht, wohnten damals noch freie Völker, teils keltischen Stammes, teils illyrischer Abkunft, und verbreiteten sich von hier aus über die nördliche Hochebene bis zu der Donau. Östlich vom oberen Rhein bis zum Inn saßen die rätischen und vindelizischen Stämme, weiter nach Osten dann bis zu dem Bergzug, den man jetzt den Wiener Wald nennt, die Noriker, südlich von ihnen von der oberen Drau und Sau bis zu dem innersten Winkel des Adriatischen Meeres die Karner, an die sich nach der Donau zu die pannonischen Stämme schlossen, welche alles Land zwischen der mittleren Donau und der Sau bis zu ihrer Mündung eingenommen hatten. So beschwerlich die Kriegsführung in den Gebirgsgegenden war, wurden doch diese Völker, vielfach unter sich gespalten, im Fluge den römischen Waffen unterworfen, und die Donau wurde der andere Grenzstrom zwischen der römischen Herrschaft und den Germanen.

Jetzt war die Möglichkeit gegeben, zugleich vom Süden und Westen die Germanen anzugreifen. Der Angriff ließ nicht lange auf sich warten; schon im Jahre 12 sammelte Rom seine besten Streitkräfte am Rhein und der Donau. Vom Niederrhein her fiel Drusus, in dem der kriegerische Geist seiner Ahnen fortlebte, in Germanien ein, während Tiberius an der Donau stehenblieb und durch List und Verlockung der deutschen Häuptlinge die Stämme jenseits der Donau für Rom zu gewinnen suchte. Zu derselben Zeit geschah es, daß Marbod, der Herzog der suevischen Markomannen und der mit ihnen verbündeten Quaden, die keltischen Bojer aus Böhmen vertrieb und sein deutsches Kriegsvolk daselbst ansiedelte. Am Hofe des Augustus hatte der Jüngling die Kunst, ein freies Volk zu knechten, gelernt und richtete nun, von den Römern begünstigt, unter den Seinen eine Königsherrschaft auf, wie sie noch nie sich Deutsche hatten gefallen lassen. Er erbaute sich eine feste Burg und umgab sich mit einer Leibwache, wie der Kaiser zu Rom; nach römischer Weise übte er sein Heer ein, das er auf 70 000 Mann Fußgänger und 4000 Reiter brachte, und unterwarf mit demselben weithin bis zur Oder und Weichsel zahlreiche Stämme seinem Gebote. Noch stand er in gutem Vernehmen mit den römischen Gewalthabern; viele sahen in ihm nur ein Werkzeug, um Roms Macht im Norden der Donau zu begründen.

Mit den Batavern, die auf der vom Rhein und der Waal gebildeten Insel wohnten, und mit den Friesen im Bunde hatte indessen Drusus das untere Rheintal besetzt und eine Flotte gebaut, um von der Land- und Seeseite zugleich in das innere Germanien einzudringen. Auf Wasserstraßen, die er sich selbst durch Verbindung der Yssel mit dem Rheine erst geschaffen hatte, führte er dann die erste römische Flotte in die Nordsee und lief in die Ems ein. Mit überwiegender Macht hoffte er die trotzigen Stämme der Chauken und Brukterer leicht zu bändigen; aber ehe ihm dieses gelang, mußte er die Heimkehr antreten. Im folgenden Jahre schlug er einen anderen Weg ein. Verbündet mit den Chatten, deren Sitze im jetzigen Hessenland waren, drang er in das Gebiet der Cherusker ein und rückte bis zur Weser vor. Aber Mangel an Lebensmitteln und die ungewohnte Kälte des Winters nötigten ihn bald zur Rückkehr. Auf dem Heimwege umstellten ihn Cherusker, Sigambrer und Sueven; er hätte dem Verderben nicht entrinnen können, wenn nicht die Uneinigkeit der Deutschen den sicheren Sieg ihren Händen entrissen hätte. Zur Behauptung des eroberten Landes errrichtete Drusus ein Kastell am Zusammenfluß der Lippe und Alme, Aliso genannt; er war der erste feste Punkt, den die Römer im inneren Germanien gewannen und durch eine Besatzung sicherten.

Nach diesem Zuge gönnte Drusus den Legionen längere Ruhe, die er benutzte, um eine Reihe von Kastellen auf beiden Seiten des Rheins zu bauen, Brücken bei Mainz und Bonn über den Fluß zu schlagen, Gräben und Wälle längs dem Ufer anzulegen und das Taunusgebirge mit Befestigungen zu versehen; erst mit dem Frühjahr des Jahres 9 drang er zum dritten Male an der Spitze seiner Heere in die deutschen Länder ein. Sein Weg ging diesmal durch die Maingegenden, wo er mit Sueven kämpfte, dann wandte er sich der Werra zu, brach sich Bahn durch den Thüringerwald, begegnete den Cheruskern und gelangte bis zu der Elbe, bis zu Völkern, deren Namen nicht einmal ihm und seinen Kriegern bekannt waren. Als das Heer über den Fluß setzen wollte, soll Drusus ein Weib von übermenschlicher Gestalt erschienen sein und zu ihm gesprochen haben: „Wohin, unersättlicher Drusus? Es ist dir nicht beschieden, alle diese Länder zu schauen; kehre um, du stehst am

Ziel deiner Taten und deines Lebens!“ Es war eine jener dunklen Mahnungen, wie sie dem Menschen nahe dem Grabe entgegentönen.

Drusus trat den Rückzug an; seine Tage waren gezählt. Als er die Saale überschritten hatte, stürzte er mit dem Pferde und brach den Schenkel. Er ward in ein in der Nähe aufgeschlagenes römisches Sommerlager gebracht; dort starb er, ohne daß sein Fuß wieder römischen Boden betreten hatte, in der ersten Blüte des Mannesalter. Das Lager wurde abgebrochen, aber der Stelle blieb der Name „das Unglückslager“. Auf ihren Schultern trugen die Anführer und Hauptleute der Legionen den Leichnam nach Mainz; Tiberius, der auf die Todesnachricht herbeigeeilt war, schritt als erster Leidtragender dem Trauerzuge voran. Am Rhein wünschte das Heer die Asche des geliebten Führers zu bestatten, aber Augustus wollte dem Andenken des Sohnes höhere Ehre erweisen. Auf dem Marsfelde zu Rom wurde der Leichnam verbrannt und im Mausoleum des Augustus die Asche beigesetzt; auf der Appischen Straße wurde Drusus ein Triumphbogen errichtet und ihm und seinen Nachkommen der Beiname Germanicus „der Überwinder der Germanen“ verliehen. So ehrte der Kaiser den Helden, der der römischen Herrschaft in Germanien für immer Bahn gebrochen zu haben schien.

Tiberius, der bis dahin hauptsächlich gegen die pannonischen und dalmatischen Stämme in den Alpen gekämpft hatte, setzte das Werk seines Bruders am Rheine fort. Tief drang er in die deutschen Länder ein, während Augustus selbst nach Gallien kam und in der Nähe des Kriegsschauplatzes verweilte. Erschreckt schickten die deutschen Stämme an den Kaiser Gesandte und baten um Frieden. Ohne Furcht vor göttlicher Rache und vor der Meinung der Menschen ließ der arglistige Römer die schutzlosen Fürsten der Deutschen ergreifen und als Kriegsgefangene in den gallischen Städten bewahren; hier gaben, um den Mut der Ihrigen nicht zu lähmen, die deutschen Fürsten sich selbst den Tod. Aber ohne ihre Häupter wagten die Deutschen der Römermacht nicht ferner zu widerstreben; ruhig durchzieht Tiberius die deutschen Gaue, kehrt als Sieger heim und triumphiert über die unterworfenen Germanen. Man trug in die römischen Annalen ein: alle Völker zwischen Rhein und Elbe hätten sich ergeben.

Domitius Ahenobarbus, ein unternehmender Feldherr, empfing nach Tiberus den Oberbefehl in Germanien. Schon führte er ein römisches Heer über die Elbe, und die Stämme jenseits des Flusses zogen die Bundesgenossenschaft Roms der ungewissen Entscheidung des Kampfes mit einem stärkeren Widersacher vor. Nachdem Domitius dem Augustus in den überelbischen Gegenden einen Altar errichtet, kehrt er mit Ruhm gekrönt zurück. Einige Jahre nachher trat Tiberius abermals den Oberbefehl am Rhein an. Mit übermächtigen Streitkräften griffe er zu Lande und zur See die deutschen Stämme an, da sich immer noch nicht alle dem Gebote des Kaisers fügen wollten. Aus der Nordsee lief seine Flotte in die Elbe ein; ohne Widerstand drang das Landheer vor und vereinigte sich mit der Flotte. Zwei Winterquartiere hielt das römische Heer in der Mitte germanischer Völker (4–6 n. Chr. G.). Der zahlreiche Stamm der Chauken beugte sich; die Cherusker, das streitbarste Volk der Germanen, schlossen Bündnis; die Brukterer, Kanninefaten und andere Stämme erkannten Roms Hoheit an. Mehr durch Bestechung und arge List, mehr durch Überredung und Versprechungen als durch Waffengewalt kam Tiberius zu solchem Ziel, und wenig fehlte daran, daß die Freiheit der Deutschen den letzten Tag sah. In Germanien herrschte Ruhe, sagten die Römer, und schon glaubten sie auch das überrheinische Land als Provinz einrichten zu können. Neben den römischen Lagern und Burgen entstanden Märkte und bildeten sich Ortschaften, Kolonisten bauten sich dort an, römische Sitte und Lebensweise wurde den Germanen vertrauter, in hellen Haufen eilte die germanische Jugend herbei, um unter den römischen Feldzeichen ihren Kriegesmut zu stillen.

Aber, ob es die Römer glaubten, Germanien war noch nicht unterworfen. Je williger sich die nördlichen Stämme zu fügen schienen, desto trotziger wurde Marbods Sprache, der sich schon mächtig genug dünkte, um der Gunst der Römer entbehren, ihnen kühn die Spitze bieten zu können. Und furchtbarer schien er in seinem Übermut Rom, als einst Pyrrhus oder Antiochus der Ewigen Stadt gewesen war. Man mußte ihn mit den Waffen zu bändigen suchen. Mit zwölf Legionen drang Tiberius im Jahre 6 von der Donau her gegen ihn vor, und nur fünf Tagesmärsche war er von den Vorposten der Feinde entfernt, als sich plötzlich ganz Pannonien und Dalmatien gegen die Römer erhob. Von der Not überwältigt, mußte Tiberius Frieden mit Marbod schließen, der sich unbesiegt als ein freier Fürst behauptete.

Jetzt regte sich der Freiheitssinn aufs neue auch bei jenen Völkern im Norden, die Rom schon für völlig überwunden hielt. Quinctilius Varus war in diese Gegend als Statthalter gesandt worden; er sollte römisches Gerichtswesen und römische Besteuerung unter den Germanen einführen, wo bis dahin der freie Mann niemandem Steuern gezahlt und kein anderes Gericht als das der Gemeinde gekannt hatte. Mit den Steckenbündeln seiner Liktoren, von römischen Juristen und Schreibern umgeben, zog Varus in das Land und schlug an der Lippe und Weser seinen Richterstuhl auf. Anfangs wagte kein Stamm ihm den Gehorsam zu verweigern; doch mit welcher Erbitterung mußte es der deutsche Mann sehen, daß ein fremder Gewalthaber nach einem Recht, das er nicht verstand, über ihn richtete, daß er selbst für leichte Vergehen die knechtische Strafe körperlicher Züchtigung erlitt, daß über Leben und Tod der Machtspruch eines einzelnen entschied, und daß er, dem bisher nur seine Knechte zinsbar waren, einem Höheren steuern sollte! Was der Römer von ihm verlangte, setzte ihn nach seinen Begriffen dem Knechte gleich und griff den innersten Kern seines Lebens an. Die Erbitterung gegen Varus und Rom wuchs mit jedem Tage, mit ihr der Rachedurst und das glühende Verlangen, sich dem Joche der Fremdherrschaft zu entwinden.

Mittel und Wege fand der kühne und scharfe Geist eines jungen Cheruskers. Armin, aus einem adligen Geschlecht seines Volkes entsprossen, war früh, wie andere seines Hauses, in den römischen Kriegsdienst getreten; durch Tapferkeit hatte er sich ausgezeichnet, das römisch Bürgerrecht erhalten und war zum Ritter erhoben. Unter Tiberius hatte er gegen sein Vaterland gedient und unter solchem Führer vor allem gelernt, wie man der List mit List begegnet, und wie nur durch vereinte Kraft und strenge Zucht große Dinge zum Ziele zu führen sind. Als er in die Heimat zurückkehrte, um sich sah und erkannte, daß die von den Vätern ererbte Freiheit nicht ohne einen mutigen Kampf zur retten sei, daß für des Vaterlandes heiliges Recht und für die Götter, die über der Heimat walteten, Schild und Speer von jedem freien Mann ergriffen werden müsse, da wußte er die Fäden einer Verschwörung so fein und so geheim zu schürzen, daß der Römer, obschon gewarnt, doch in sein Netz ging. Armin verstand, die zwiespältigen Stämme zu einem großen Unternehmen zu einigen und zum ersten Male in ihnen das Gefühl zu wecken, daß es eine große gemeinsame Sache gebe, die sie alle in gleicher Weise zu verteidigen hätten. Die Häupter der Cherusker, der Brukterer, Marsen und Chatten und durch sie alle wehrhaften Männer dieser Stämme gewann Armin für den Freiheitsbund und verlockte dann den sorglosen Varus in das von Talschluchten vielfach durchschnittene Waldgebirge am linken Ufer der Weser. Mit den Schrecken der Natur im Bunde, unter Sturmwetter und Regengüssen, brach hier die germanische Wut auf das Römerheer ein. Drei Tage lang suchte es sich unter tausendfachen Qualen dem Verderben zu entwinden; drei Tage lang wurde es verfolgt, bekämpft und besiegt, bis sich Varus endlich voll Verzweiflung in sein Schwert stürzte und die Seinen sich entweder dem Sieger ergaben oder im Kampfe den Tod suchten. Ein Heer von gegen 50 000 Mann war völlig vernichtet, und nur mit genauer Not schlug die Besatzung von Aliso sich zum Rheine durch (9). Der Rhein war wieder die Grenze der Römerherrschaft.

Blutig war die Rache der Germanen. In heiligen Hainen, die in der Nähe des Schlachtfeldes waren, opferten sie die Anführer und Hauptleute des überwundenen Heeres den Göttern. Am Galgen fanden viele der Kriegsgefangenen den Tod. Den römischen Sachwaltern wurden die Zungen aus dem Munde gerissen. „Endlich, Natter, hast du aufgehört zu zischen!" sagte ein Germane, als er die blutige Zunge in seiner Hand hielt. Die Augen stach man den Gefangenen aus, hieb ihnen die Hände ab, und manche haben lange ein elendes Leben dahingeschleppt. Vornehme Römer wurden als Knechte und Hirten auf die Höfe und Felder deutscher Männer gebracht. Selbst der Toten schonte die Wut der Sieger nicht. Die Leiche des Varus wurde mißhandelt, der Kopf ihr abgehauen und dann Marbod als Siegeszeichen gesandt.

Die Nachricht von dieser furchtbaren Niederlage trübte die Freudenfeste, die Augustus über den mühevollen Sieg des Tiberius über die Pannonier anstellen ließ. So schlimm die Botschaft war, so fürchtete der alte Kaiser doch noch Schlimmeres; im geängstigten Geiste stellte er sich vor: die vereinigten Deutschen, eine unwiderstehliche Macht, würden über den Rhein stürmen; Gallien, des großen Julius Eroberung, in ihre Gewalt bringen, dann über die Alpen brechen und Rom bedrohen; schon sah er die Herrschaft seinen Händen entfallen, das Werk seines Lebens zusammensinken. Er ließ Wachen bei Tag und Nacht Rom durchziehen, ordnete eine allgemeine Aushebung an, gelobte dem Juppiter Spiele und Opfer, wenn der Staat gerettet würde; wehklagend zerriß er seine Kleider, ließ Haar und Bart struppig wachsen; wie einen Wahnsinnigen sah man ihn gegen die Wand mit dem Kopf renne und hörte von seinen Lippen den Schmerzensschrei: „Varus, gib mir meine Legionen wieder!" Der Tag der Unglücksschlacht blieb ein Schrecken seines Alters.

Die Besorgnisse des furchtsamen Greises waren eitel gewesen. Die Germanen gingen nicht über den Rhein, und Tiberius, der eilends zu den Legionen geschickt war, konnte ruhig die zerstörten Grenzfesten herstellen. In den beiden folgenden Jahren ging er noch zweimal nach Germanien hinüber, aber mit der ängstlichsten Vorsicht, und kehrte bald wieder heim. Auch der lebensmüde Kaiser wollte seine Herrschaft nicht neuen Gefahren aussetzen, und sterbend hinterließ er dann seinem Nachfolger den Rat, die Grenzen des Reichs nicht mehr zu erweitern.

Tiberius, der im Jahre 14 die Herrschaft übernahm, dürstete nicht nach neuen Siegen über die Germanen; er wußte, daß die Künste der Verführung jenseit des Rheins wirksamer seien als Waffengewalt, und begriff, daß die Zersplitterung und die daraus entspringende Befehdung der deutschen Stämme untereinander die römische Herrschaft sicherer vorbereiteten als Angriffe von außen, welche mindestens für den Augenblick die Kräfte Germaniens vereinigten. Aber sein Neffe Germanicus, des Drusus Sohn, ein trefflicher und tapferer Jüngling, der Liebling der Legionen, befehligte am Rhein, und in ihm glühte das Verlangen, das Werk seines Vaters fortzusetzen, die Niederlage des Varus zu rächen. Sofort ging er über den Strom und überfiel die Marsen an der Lippe. Verheerend durchzieht er das Land; das hochgefeierte Heiligtum der Göttin Tansana wird zerstört. Aber schon erheben sich wieder zu Hauf die benachbarten Stämme, die Brukterer, Tubanten und Usiper, und suchen Germanicus den Rückweg abzuschneiden. Nur mit Mühe schlug sich das römische Heer bis zum Rhein durch.

Nichts war gewonnen, doch das ruhmlose Unternehmen spornte nur zu größerer Tätigkeit den rastlosen Geist des jungen Führers. Sobald es die Jahreszeit erlaubte (15), ging er von neuem bei Mainz über den Rhein, zog durch das Land der Chatten und kehrte dann bei Bonn in das römische Gebiet zurück; zugleich bekriegte ein anderes Heer, das bei Xanten über den Fluß gegangen war, die Marsen und Cherusker. Gerade damals spaltete die Cherusker eine traurige Fehde. Gegen Armin erhob sich sein Oheim Segest, dessen Tochter Thusnelda, dem Herzen mehr gehorchend als dem Befehle des Vaters, sich Armin, dem Befreier des Landes, vermählt hatte. Der Adel der Cherusker und mit ihm das Volk griff zu den Waffen; ein innerer Krieg brach aus und brachte Segest in solche Not, daß er den Beistand der Römer in Anspruch nahm. Das Heer des Germanicus eilte herbei und entsetzte Segest, der von Armin belagert war. Der Befreite folgte mit seinem ganzen Hause den Römern, und selbst Thusnelda geriet in Gefangenschaft, in der sie einen Knaben gebar, dessen Vater nie froh werden sollte.

Wutentbrannt stürmte Armin durch das Land der Cherusker; Waffen forderte er gegen Segest, Waffen gegen die Römer. Das, rief er, sei ein trefflicher Vater, ein großer Feldherr, ein tapferes Heer, die mit ihren unzähligen Armen *ein* schwaches Weib fortschleppten; aber möchte immer Segest als Knecht auf fremdem Boden wohnen, die Germanen würden dessen gedenken, daß sie zwischen Elbe und Rhein Steckenbündel und römische Richter gesehen; wo man den Römern nicht gehorche, da fühle man keine Rutenstreiche und zahle keine Steuern; wenn die Cherusker das Vaterland und ihr angestammtes Recht der Zwingherrschaft vorzögen, dann sollten sie sich von ihm zu Ehre und Freiheit führen lassen. Die Cherusker scharten sich um Armin; zu ihnen gesellten sich die angrenzenden Stämme; eine neue Erhebung der norddeutschen Stämme bereitete sich vor. Und schon eilte Germanicus herbei. Ein größeres Heer schickte er unter dem kriegskundigen Cäcina durch das Bruktererland an die Ems, die Reiterei unter Pedo durch das Land der Friesen; er selbst ging mit einer Flotte auf der Wasserstraße, die einst sein Vater gebahnt hatte, in die Nordsee, fuhr in die Ems ein und vereinte sich hier mit dem Heer des Cäcina und den Reiterscharen. Die Chauken schlossen sich ihm an; die Brukterer wurden zerstreut. Als man an die Stätte kam, wo

Varus mit seinen Legionen dem Feinde erlegen war, wurden die friedlosen Schatten gesühnt und ihnen ein Grabdenkmal errichtet. Man stieß auf Armins Heer, man kämpfte mit ihm, aber ohne Glück, und mußte alsbald den Rückzug antreten. Germanicus ließ den Cäcina vier Legionen auf der Heerstraße von Aliso an den Rhein zurückführen. Nur der Tapferkeit und der Umsicht des erfahrenen Führers war es zu danken, wenn die Legionen vor einem ähnlichen Verderben bewahrt blieben wie die Scharen des Varus. Schon erschien Armin wieder auf den Höhen und jauchzte den Seinen zu: „Siehe Varus und die Legionen abermals vom Schicksal umgarnt!" Nur mit schweren Verlusten entkam dies Heer den Cheruskern. Drusus hatte mit seinen Legionen abermals den Seeweg eingeschlagen. Auch sein Rückzug war nicht ohne Beschwerden; zwei Legionen, die er ausgesetzt hatte und die ihren Weg zu Lande an der Küste der Nordsee fortsetzten, gerieten durch die ihnen neuen Sturmfluten dieses Meeres in große Gefahr und in noch größere Schrecken.

Tiberius mißbilligte das gefahrvolle, erfolglose Unternehmen, aber Germanicus' Kühnheit stieg mit den fehlgeschlagenen Hoffnungen nur höher und höher; nimmer müde, bereitete er noch größere Heereszüge vor. Im Frühling des folgenden Jahres (16) ließ er einen Streifzug in das Gebiet der Chatten ausführen; er selbst drang in die Lippegegend ein und stellte die Heeresstraße zwischen dem Rhein und Aliso her. Dann kehrte er zurück, um den Hauptschlag gegen die Cherusker zu führen. Tausend Schiffe lagen am Unterrhein, und ein Heer von gegen 100 000 Mann schiffte er auf denselben ein. Ungefährdet kam die Flotte an den Ausfluß der Ems, die Legionen wurden hier an das Land gesetzt und der Weser zugeführt, an deren anderem Ufer das Heer Armins lagerte.

Als sich die Kriegsscharen gegenüber lagen, verlangte Armin mit seinem Bruder – Flavus, der Blonde, genannt –, der im römischen Heere diente, ein Zwiegespräch. Man verstattete es ihm. Durch den Fluß getrennt, sahen und begrüßten sich die lange geschiedenen Brüder. Flavus hatte im Kampf für die Römer ein Auge verloren; Armin fragte ihn, woher diese Entstellung seines Antlitzes rühre. Als jener ihm den Ort und die Schlacht nannte, fragte Armin weiter, welchen Lohn er dafür empfangen habe. Flavus gedachte der Erhöhung seines Goldes, der Ordensketten, anderer Ehren, die er erhalten. „Wie wohlfeil", rief Armin höhnisch aus, „wird doch die Knechtschaft erkauft!" Und dann sprachen sie gegeneinander, Flavus von Roms Größe, des Kaisers Macht, von der Strafe des Abfalls, dem Lohn des Gehorsams, von der Sicherheit für Weib und Kind; Armin von der Pflicht gegen das Vaterland, von der abgestammten Freiheit, von den Schutzgöttern Germaniens; er beschwor den Bruder mit den dringendsten Bitten, mit ihm – sagte er – flehe die Mutter: er möchte sein Haus, seine Familie, seinen Stamm nicht verlassen noch verraten. Immer heftiger wurde die Rede, zornglühend forderte Flavus sein Roß und seine Waffen; nur mit Gewalt konnte man ihn fortreißen.

Germanicus setzte über die Weser und griff das Heer des Armin an; er errang einen Sieg, aber er war weder unblutig für die Römer noch vernichtend für die Deutschen. Schnell sammelten diese sich wieder, und schon wenige Tage darauf lieferten sie nahe derselben Stelle den Römern eine zweite Schlacht, unentschieden in ihrem Erfolge, aber reich an schmerzlichen Verlusten für Germanicus. Trotzdem stellte der Römer eine Waffensäule mit der prunkenden Inschrift auf: „Nach Überwältigung der Völker zwischen Rhein und Elbe hat das Heer des Kaisers Tiberius dieses Denkmal dem Mars, Jupiter und Augustus geweiht." Dann aber begann der Rückweg: mehrere Legionen schlugen den Landweg ein, mit den anderen kehrte Germanicus zur Flotte zurück. Ein fürchterlicher Sturm überfiel die Schiffe und zerstreute sie. Entsetzliche Angst befiel die Gemüter, niemand glaubte, dem Verderben zu entrinnen, und in der Tat führte Germanicus nur einen geringen Teil des Heeres zurück. Dennoch sandte er in demselben Jahre noch einmal ein Heer in das Gebiet der Chatten und zog selbst, zum dritten Male in Jahresfrist, über den Strom gegen die Marsen aus. Nachdem die Länder dieser Stämme weithin verwüstet waren, kehrte das Heer in das Winterlager zurück. Bald darauf mußte Germanicus dem Machtspruch des Tiberius weichen und den Schauplatz seiner Taten verlassen, um im fernen Osten ein ruhmloses Ende zu finden.

Die inneren Fehden, durch welche, wie Tiberius hoffte, die deutschen Stämme sich endlich doch notgedrungen Roms Herrschaft beugen würden, brachen, als kaum die drängendste Gefahr beseitigt war, in der Tat wieder aus. Marbod hatte an der Befreiung Germaniens keinen unmittelbaren Anteil genommen; er hielt seinen Vertrag mit den Römern, um sicherer die Herrschaft, die er über zahlreiche deutsche Stämme gewonnen hatte, zu behaupten. Aber die Semnonen und Langobarden ergriff der alte Freiheitsgeist, sie schüttelten Marbods Joch ab und verbanden sich mit dem Bunde freier Völker, an deren Spitze Armin stand, während auf der anderen Seite unter den Cheruskern Zwiespalt ausbrach und Inguiomer, Armins Oheim, der es nicht über sich gewinnen konnte, dem Gebote des Neffen zu gehorchen, mit seinem Anhang zu Marbod übertrat. Aus Nebenbuhlern wurden Armin und Marbod alsbald erbitterte Feinde und zogen mit Heeresmacht gegeneinander zu einem Wettstreit um den Ruhm und die Macht. Nicht planlos kämpften sie, sondern nach allen Regeln der Kriegskunst, die beide von den Römern erlernt; in regelrechter Schlachtordnung rückten ihre Heere aufeinander. Armin feuerte die Seinen an, indem er auf die neu errungene Freiheit, auf den Sieg über Rom hinwies; einen Verräter des Vaterlandes, einen Schergen des Kaisers nannte er Marbod, der dasselbe Los verdiene wie Varus. Marbod rühmte sich seiner Erfolge gegen die zwölf Legionen, die Tiberius einst gegen ihn führte; nur durch Arglist habe Armin die drei Legionen des Varus vernichtet, zum Unglück Germaniens und seiner eigenen Schande sei es geschehen, denn sein Weib und sein Sohn schmachteten in der Gefangenschaft der Römer. Mit furchtbarer Erbitterung wurde dann gekämpft; auf der einen Seite focht man für den alten Ruhm und die neuerworbene Freiheit, auf der anderen Seite für die Befestigung der Königsherrschaft – die freien und die königlichen Germanen kämpften um die Zukunft. Unentschieden blieb der Kampf, aber so gefährdet war nach demselben Marbods Herrschaft, daß er den Kaiser um Hilfe bat. Tiberius, froh des germanischen Haders, versagte sie ihm, weil er früher die Römer im Kampf gegen die Cherusker nicht unterstützt hatte (17).

Marbods Herrschaft endete schneller, als sie gewonnen war. Durch einen Aufstand seiner Gewalt beraubt, flüchtete er sich zwei Jahre nachher zu den Römern, die ihm das Gnadenbrot gaben; das große Reich der Markomannen zerfiel. Auch der Bund der Cherusker löste sich wenig später auf, als Armin, unaufhörlich von seinen Verwandten angefeindet, der Hinterlist derselben erlag; man gab ihm Schuld, er trachte nach der Königsherrschaft, und erregte hierdurch den Freiheitssinn des Volkes gegen seinen Befreier. Er fiel durch Meuchelmord, nachdem er sein Alter auf 37 Jahre gebracht und 12 Jahre an der Spitze seines Volkes gestanden hatte. Sein Ruhm lebte lange in den Liedern der Deutschen fort, und die Römer selbst haben ihm in ihren Jahrbüchern ein unvergängliches Andenken gesichert.

Jedoch auch ohne Marbods und Armins Führung behaupteten die Germanen die Freiheit; selbst die Friesen, lange Zeit hindurch die feilen Verbündeten der Römer, vertrieben noch unter Tiberius' Regierung die römischen Besatzungen und brachten ihren Namen wieder zu Ehren. Die wahnwitzigen Gaukeleien des Caligula von Siegen über die Germanen verhöhnte selbst Rom. Unter Kaiser Claudius kam es dann zu neuen Kriegen gegen die Germanen am Mittel- und Niederrhein; doch als der tapfere Domitius Corbulo gegen die Friesen und Chauken vordrang, hieß es alsbald, was fromme es, die Germanen zu reizen, nur Unglück erwachse daraus dem Staate. Der ängstliche Kaiser gebot Corbulo, die Legionen über den Rhein zurückzuführen (47). Mit dem Schmerzensruf: „Wie glücklich waret ihr einst, Roms Feldherren!" gehorchte Corbulo. Es war die erste welthistorische Tat der Deutschen, daß sie Roms Weltherrschaft ein Ziel gesetzt hatten.

Seitdem trennten Rhein und Donau das Gebiet der freien Germanen von dem römischen Kaiserreiche; nur an den Mündungen des Rheins blieben die nächstgelegenen Gegenden der Bataver auf der rechten Seite des Flusses in Abhängigkeit von den Römern. Aber von den Feinden im Herzen ihres Landes nicht mehr bedrängt, wandten die deutschen Stämme nun gegeneinander die Waffen und stritten unter sich zu ihrem Verderben. Die Ampsivarier, die an der Ems ihre Sitze hatten, wurden aus diesen vertrieben und suchten, nachdem sie umsonst die Römer um Land jenseits des Rheins gebeten hatten, im Inneren Germaniens vergebens sich eine neue Heimat zu erkämpfen: im langen Kriege ging fast der ganze Stamm zugrunde. Um heilige Salzquellen, die auf der Grenze ihrer Gebiete lagen, gerieten um dieselbe Zeit die Hermunduren und Chatten in erbitterten Streit. Die Chatten hatten gelobt, die Feinde nach ihrem Siege den Göttern zu opfern; besiegt, wurden sie selbst an den Altären derselben geschlachtet (59).

Dem gemeinschaftlichen Feinde gegenüber hatten die deutschen Stämme wohl eine kurze Zeitlang enger zusammengehalten; nach dem Siege brach der alte Zwiespalt wieder hervor, und jeder Stamm verfolgte besonders seine besonderen Zwecke. Noch gab es kein Band, das sie dauernd miteinander vereinte. Die Vorsehung wollte nicht, daß der deutsche Speer dem römischen Schwert erläge, daß das freie Germanien dem herrischen Rom sich beuge: doch nicht eher sollten, so stand es in den Sternen geschrieben, die Deutschen ein einiges und mächtiges Volk werden, als bis sich nach vielen Drangsalen unter dem Einfluß römischer Bildung und römischer Formen ihr spröder Sondertrieb erweichen würde.

3. Friedliche Verhältnisse zwischen den Deutschen und Rom

Als Tiberius einst die Flotte und sein Heer in die Elbe geführt hatte und an dem Ufer derselben ein Lager aufschlug, während das jenseitige Gestade von den Waffen der Germanen schimmerte, sah man eine auffällige Erscheinung. Ein älterer deutscher Mann, von mächtiger Größe und nach seinem Schmuck von hohem Range, bestieg einen Nachen – ein ausgehöhlter Baumstamm war das schlichte Fahrzeug –, steuerte, mit der Kraft seines Armes den Nachen lenkend, auf die Römer zu und verlangte, Tiberius zu sehen. Sein Gesuch wurde gewährt. Da betrachtete er lange schweigend den römischen Feldherrn in seinem Heeresglanze; dann brach er in die Worte aus: „Rasend fürwahr ist unsere Jugend, denn in der Ferne verehrt sie euch als Götter, und erscheint ihr, so wendet sie gegen euch die Waffen! Dir danke ich es, daß ich heute die Götter mit meinen Augen sah, von denen ich zuvor nur hörte. Nie habe ich einen glücklicheren Tag erlebt." Voll scheuer Ehrfurcht berührte er Tiberius' Hand und kehrte sofort, ohne sich umzuschauen, zu den Seinen zurück.

So sahen die Germanen mit Staunen und Verehrung zu der glänzenden Macht Roms empor zu derselben Zeit, wo sie dieselbe mit den Waffen bekämpften. Und schon war vielen die blendende Herrlichkeit der Ewigen Stadt, die ausgedehnte Herrschaft des römischen Volks, der Reichtum und die Blüte der Provinzen des Reichs, die gewaltige Kriegsmacht der Kaiser, die unermeßliche Gewalt, die in deren Händen ruhte, nicht mehr unbekannt. Viele hatten dies alles in der Nähe gesehen, und ihren Erzählungen lauschten daheim voll Verwunderung die Männer, welche ihren Fuß noch nicht über Rhein und Donau gesetzt hatten.

Sobald Julius Cäsar die Germanen kennengelernt hatte, war ihm klar geworden, daß er niemals bessere Krieger finden würde als diese unerschrockenen und treuen Männer, welche die Natur mit so gewaltiger Leibeskraft austattete und das ganze Leben zum Waffendienst bildete. Deshalb hatte er sie als Hilfstruppen in sein Heer aufgenommen und immer in Ehren gehalten. Den Sieg bei Pharsalus, der ihm die Zukunft Roms in die Hände gab, halfen Germanen erstreiten. Auch als nach Cäsars Ermordung bei Philippi noch einmal ein republikanisches Heer den neuen Gewalthabern gegenüberstand, kämpten für sie neben den römischen Legionen Germanen. Kaiser Augustus vertraute sogar einer deutschen Schar die Bewachung seiner eigenen Person an, bis ihm die Niederlage des Varus mit Besorgnis gegen alle Germanen erfüllte. Seine Nachfolger kehrten aber bald zu der deutschen Leibwache zurück, und unausgesetzt führten für ihre Herrschaft und Roms Größe deutsche Hilfsvölker die Waffen, bald in dem fernsten Osten gegen die Parther, bald im Süden an dem Rande der afrikanischen Wüste; selbst die Kriege Roms gegen die Deutschen wurden zum Teil mit Deutschen geführt.

Nicht einzelne, sondern Scharen, ja ganze Völkerschaften verließen Germanien und lebten im Dienste der Römer auf römischem Boden, sei es um ihre Kriegslust zu befriedigen, sei es um Ehre und Auszeichnung oder Geld und Gut zu gewinnen. Mit welcher Liebe der Deutsche auch an seinem heimischen Boden, an der Freiheit seines Hauses und seines Landes hing, eine ungeahnte Größe und Erhabenheit, die ihm das Maß des Irdischen zu übersteigen schien, trat ihm in der römischen Welt entgegen und bezauberte seine Einbildungskraft und seine Sinne. Welch glanzvolle Fülle der Macht bot sich hier seinen Blicken dar, während man daheim noch in den engsten und dürftigsten Verhältnissen lebte!

Von dem Weltmeer bis an den Euphrat, von der Nordsee bis zu den Wasserfällen des Nils waren alle Länder und Völker dem römischen Volke und seinem Kaiser untertänig. Wohl hat es größere Reiche gegeben und gibt es noch jetzt, aber eine schönere und reichere Herrschaft hat die Zeit nicht gesehen. *Ein* Gesetz, *ein* Recht, gleiche Grundsätze der Verwaltung herrschten von einem Ende zum anderen; dasselbe Heerwesen, ein festgeordnetes Steuersystem, ähnliche Verhältnisse von Stadt und Land waren in allen Teilen des Reichs, und in der Mitte desselben lag die gebietende Hauptstadt, die Stadt ohnegleichen. Schon zu Augustus Zeiten barg Rom eine Bevölkerung von mehr als einer Million Menschen; die Stadt strahlte von Gold und Marmor, sie leuchtete von Denkmalen menschlicher Kunst und Erfindungsgabe, wie sie die Welt zuvor nicht gekannt hatte, und wie sie noch heute in ihrem Verfall als unerreichte Muster angestaunt werden. Alle Kraft und alle Fülle des weiten Reichs sammelte sich hier, die unermeßlichen, mannigfaltigen Schätze des Weltalls strömten zusammen, und doch diente alles, was das Reich und die Stadt in sich hegte, zuletzt wieder nur dem Willen des *einen* Mannes, der, scheinbar ein Bürger unter Bürgern, vom palatinischen Hügel aus Rom und mit Rom fast die ganze bekannte Welt beherrschte.

Dem Cäsar Augustus gehorchte in den Provinzen ein stets schlagfertiges Heer von mehr als 300 000 Mann, während zur Bewachung seiner Person und zur Sicherung der Stadt etwas 16 000 Mann in Rom selbst standen; eine Flotte von 250 Segeln wartete seines Befehls auf dem Adriatischen Meere, eine gleiche Flotte auf dem westlichen Meere, kleinere Abteilungen von Schiffen lagen an den gallischen Küsten, auf dem Schwarzen Meere, dem Euphrat, dem Rhein und der Donau. Nach allen Seiten sandte der Kaiser seine Machtgebote, alle Statthalter der Provinzen haten seinem Befehle zu gehorchen, und die Mehrzahl derselben ernannte er selbst. Auf sein Gebot erstanden Landstraßen in bisher unwegsamen Gegenden, sein Wort schuf Städte und bevölkerte sie wie auf Zauberschlag mit Menschen. Denn wie alle Lebenskräfte nach Rom, wie nach dem Herzen des Staatskörpers, sich zusammendrängten, so trieb dies auch wieder neue Säfte nach allen Seiten bis zu den entlegensten Teilen des Reiches. Bis dahin waren die Völker der alten Welt sich meist nur im Kriege begegnet, jetzt vereinigte Rom die entferntesten Nationen unter dem Schutze des Friedens; alles, was sie einzeln an äußeren und geistigen Gütern der Weltstadt zubrachten, das wurde von ihr aus über kurz oder lang wieder der Gesamtheit zuteil. Die zerstreuten Güter der Erde kamen durch die Vermittlung der Hauptstadt allen Ländern zugute. Völker, die bis dahin von der Jagd lebten, lernten den Ackerbau; Wüsteneien verwandelten sich in fruchtbare Felder; Städte erhoben sich, wo bisher nur vereinzelte Weiler gestanden hatten, und alle größeren Städte des Reichs gaben jene Fülle und Mannigfaltigkeit der irdischen Dinge, durch welche Rom glänzte, gleichsam im Spiegelbilde wieder; der Stempel römischen Wesens wurde in so scharfen und tief ätzenden Zügen den meisten Provinzen aufgedrückt, daß er nie wieder ganz vertilgt werden konnte.

Auch die den Germanen am nächsten liegenden Provinzen des Reichs lernten früh die Wohltaten der Verbindung mit der großen Weltstadt kennen und erfuhren an sich einen wunderbaren Wechsel aller Verhältnisse. Auch hier wurden Fluren, die vordem brachgelegen, üppige Saatfelder, eine reiche Gewerbtätigkeit entfaltete sich, Sprachen und Sitten wurden umgewandelt, früher ungekannte Genüsse der Sinne und des Geistes wurden Barbaren zuteil, große und glänzende Städte erhoben sich an der Stelle elender Flecken. So geschah es in Gallien, bald einem der gesegnetsten Länder der Welt; ein ähnliches Leben entfaltete sich in den Provinzen zwischen der Donau und den Alpen.

Die Römer nannten den Teil ihres gallischen Gebiets, der dem Rheine zunächst lag und im Osten durch ihn begrenzt war, Germanien; sie schieden dies Rheinland für die Verwaltung dann weiter in zwei Provinzen: das obere und niedere Germanien. Etwa von Breisach an zog sich die erste Provinz am Rhein stromabwärts hin bis zu der Mündung der Nahe, im Westen durch die hohe Mauer der Vogesen begrenzt. Hier wohnten mitten unter Kelten die deutschen Stämme der Bangionen, Nemeter und Triboker; blühende Städte entstanden, vor allen Mainz, wo noch jetzt Denkmale der Vorzeit an Drusus und seine Legionen erinnern, dann Worms, Speyer und Straßburg. Weiter den Rhein hinab bis zu seiner Mündung lag das niedere Germanien, gen Westen bis zur Schelde und den Ardennen sich erstreckend; auch hier saßen germanische Stämme inmitten der Kelten und teilten mit ihnen dasselbe Schicksal. Die Hauptstadt des Landes war Köln, die blühendste und reichste Kolonie der Römer am Rhein; die anderen Städte am Flusse waren meist aus Kastellen des Drusus entstanden, wie Bingen, Koblenz, Andernach, Remagen, Bonn und Xanten. An der Mündung des Flusses wurden Utrecht und Leiden bedeutend; im Inneren war als Hauptort der germanischen Tungrer damals Tongern bei Maastreicht von Wichtigkeit. An die germanischen Provinzen lehnte sich westwärts das obere Belgien an, das Land zwischen den Vogesen und der oberen Maas, wo viele Denkmale noch jetzt den Blick auf die Römerzeit lenken. Hier war Trier die Hauptstadt, an

Glanz und Pracht später, als es häufig Residenz der Kaiser war, selbst mit Rom wetteifernd. Metz, Toul, Verdun waren neben Trier Städte zweiten Ranges. Die oberen Gegenden an der Biegung des Rheins bei Basel bewohnten die keltischen Stämme der Rauraker und Helvetier, die man in der Folge zur sequanischen Provinz zog. Die Hauptstadt Rauraker, Augusta Rauracorum, lag unfern von Basel, und Ruinen derselben finden sich bei Augst. Als die bedeutendsten Orte der Helvetier galten Aventicum, jetz Avenche, nahe dem Neuenburger See, und Vindonissa, Windisch, heute ein Weiler am Zusammenflusse der Aar, Reuß und Limmat.

Ähnlich wie ihre Besitzungen am Rhein, hatten die Römer die Donauländer eingerichtet. Am Bodensee begann die Provinz Rätien, die sich bis zur Mündung des Inn nach Osten erstreckte, im Süden vom Kamme der Alpen, im Norden von der Donau begrenzt. Noch war das Land meist von keltischen Stämmen bewohnt, doch fingen die Römer an, es mit ihren Kolonien zu bedecken. In der Mitte desselben lag Augusta Vindelicorum, jetzt Augsburg, eine überaus wichtige Kolonie der Römer im Norden. Regensburg war eine der stärksten Festungen gegen die Germanen, Passau am Inn ein Standort römischer Truppen, der seinen Namen von der batavischen Hilfsschar, die hier lag, empfangen hat. Weiter die Donau hinab dehnte sich die norische Provinz östlich bis zum Wienerwald und südlich bis zum oberen Lauf der Sau aus. Auch hier wohnten meist keltische Stämme, die allmählich römische Sitte und Sprache annahmen. Am Einflusse der Enns in die Donau erhob sich Lauriacum, das jetzige Lorch, wo die Donauflotte aufgestellt war und eine Legion lag; im Inneren des Landes wurde früh Celeja, das heutige Cilly, später Iuvavum, jetz Salzburg, von großer Bedeutung. Pannonien, die Provinz im Norden und Osten von der Donau, im Süden von der mittleren und unteren Sau begrenzt, im Westen an das römische Noricum sich anschließend, war hauptsächlich von illyrischen Stämmen bevölkert. Vindobona, bei dem jetzigen Wien; das wichtige Carnuntum, wenig unterhalb Wien an der Donau bei Haimburg; Sabaria, jetzt Stein am Anger; Sifcia, jetzt Siffek am Einfluß der Kulpa in die Sau; Sirmium, nahe der Mündung der Sau, einst ein prächtiger Ort und Residenz der Kaiser während der Donaukriege, von dem sich Ruinen bei dem Städtchen Mitrovitz finden; Pötovio, jetzt Pettau – alle diese Städte werden schon früh als wichtige Plätze in der pannonischen Provinz genannt und bezeichnen sie als eine der bedeutendsten des Reichs.

Zu immer größerer Blüte gediehen die Provinzen und die Städte derselben, als bei dem Aussterben des Julischen Geschlechts im Jahre 68 nach kurzen Wirren das Flavische Geschlecht zur Herrschaft gelangte und sich um die Wohlfahrt des Reichs große Verdienste erwarb. Nachdem auch dies Geschlecht bald erloschen und der alte Nerva durch den Senat zum Kaiser erhoben war, folgte durch Adoptionen eine Reihe ausgezeichneter Herrscher: Trajan, Hadrian, Antonius Pius, Marcus Aurelius; Männer der verschiedensten Gaben und Bestrebungen, aber darin eins, daß sie das Wohl des Reichs mit allen ihren Kräften förderten. Es waren die schönsten Zeiten des römischen Reichs, eine so glückliche Epoche für die Menschheit, daß das Andenken daran sich unverlöschbar durch die Jahrhunderte erhalten hat.

Nicht ohne ein peinigendes Gefühl seiner Dürftigkeit und Beschränktheit sah der Germane die Herrlichkeit der römischen Welt. Es lockten ihn der Waffenglanz und der Siegesruhm der kaiserlichen Heere, mit Neid schaute er auf die üppigen Saatfelder Galliens, mit offenem Herzen bewunderte er die Größe und Hoheit, die überall auf römischem Boden seinem Blicke sich darbot, und die Genüsse eines schwelgerischen Lebens verführten auch seine Sinne. Was Wunder daher, wenn die Stämme, welche sich schon jenseits des Rheins auf römischem Boden niedergelassen hatten, mehr und mehr ihre alte Sitte und Weise verlernten und sich der angestammten Freiheit entwöhnten: standen doch selbst die Germanen, welche noch in ihren alten Sitzen weilten, in der Gefahr, dem geistigen Übergewicht des Römertums mit der Zeit zu erliegen.

Wenn auch die Kriege an den Grenzen öfters wieder ausbrachen, hatten sich doch allmählich freundlichere Beziehungen zwischen den Römern und den meisten deutschen Stämmen gestaltet. Verträge und Bündnisse wurden mit Rom geschlossen; manche Völkerschaften traten förmlich unter den Schutz des römischen Staates und in seinen Dienst; andere, und unter ihnen selbst jene Cherusker, die einst die Legionen des Varus vernichtet hatten, ließen sich Könige gefallen, die ihre Gewalt unter Roms Einfluß übten, nachdem sie am Throne der Kaiser die Künste und Mittel der Herrschaft kennengelernt hatten; schon durchzogen römische

Kaufleute die deutschen Länder und steigerten die Begierden und die Bedürfnisse der nordischen Völker.

Mehr als die Kriege bedrohte dieser friedliche Verkehr die Freiheit der Deutschen, und auf das äußerste schien sie gefährdet, als gegen das Ende des ersten Jahrhunderts noch einmal die römische Weltmacht im raschen Anwachs begriffen war. Die britannische Insel wurde unterworfen, dann die Länder am linken Ufer der unteren Donau unter dem Namen Dacien zur Provinz gemacht; im Westen und Osten schienen die deutschen Stämme überflügelt. Und schon fiel auch das Land zwischen dem Oberrhein und der oberen Donau in die Hände der Römer, die es mit gallischen zehntpflichtigen Kolonisten bevölkerten und durch einen befestigten Wall schützten, der an der Donau oberhalb Regensburg begann und bei Koblenz am Rhein endigte. Vom Neckar bis nach Regensburg führte man eine große Heerstraße, und Städte wie Aurelia Aquensis, das jetzige Baden-Baden, erstanden in diesem römischen Zehntland. So hatten die Römer denn doch auf dem rechten Rheinufer festen Fuß gefaßt, und auch das linke Donauufer war zum größten Teil in ihren Händen. Waffengewalt und Künste der Verführung, hofften die Kaiser, würden nun bald ganz Germanien ihnen zu Füßen legen.

Aber stärker als alle Verführungskünste war die Freiheitsliebe der Germanen. Leicht, wie sie geschlossen waren, lösten sich jene Bündnisse; die Rom gehorsamen Könige vermochten nicht, ihre Macht dauernd zu befestigen, und der kriegerische Geist des Volkes, mochte er auch den römischen Feldherren eine Zeitlang dienstbar sein, fühlte sich am Ende doch befriedigter, wenn es galt, die angestammte Freiheit zu schützen. Ob die Germanen mit der Schwelgerei und dem Luxus Roms vertrauter geworden, sie blieben im ganzen doch ihren einfachen Sitten treu, und der schlichte Barbar war in den Augen Roms so seltsam, daß man sich darin gefiel, sein Tracht, Art und Sitte nachzuäffen. Daß diese Germanen so hartnäckig die Freiheit dem glänzenden Lose vorzogen, das ihrer unter Roms Herrschaft wartete, war den Römern nicht minder ein Wunder als den Germanen Roms Größe und Macht. Voll Staunen erzählt ein römischer Schriftsteller, der im germanischen Lande gewesen war, von den Wohnsitzen der Chauken: wie die Meeresflut das Land dort weithin überschwemme, die Hütten der

Menschen auf Erdhügeln ständen, wo sie ihr Leben dahinbrächten, Seefahrern gleich, wenn die Flut eintritt, und Schiffbrüchigen gleich, wenn sie zurückweicht; wie diese Menschen sich nicht einmal Vieh halten könnten, da weit umher kein Strauch gedeihe, und sie sich deshalb allein von Fischen nährten, die sie in schlechten Netzen, aus Schilf und Sumpfgras geflochten, einfingen, während Regenwasser ihr einziges Getränk sei. „Und wenn diese Menschen" – ruft er aus – „von dem römischen Volke unterworfen werden, so klagen sie über Sklaverei. Ja, fürwahr, viele schont das Geschick nur zu ihrer Strafe!"

Aber es gab zu Rom einen tiefblickenden Mann, der, obwohl Römer durch und durch, mit den Germanen fühlte und es begriff, weshalb sie die Armut der Freiheit mit dem blendenden Glanze der Sklaverei nicht vertauschten. Es war Cornelius Tacitus, der tiefen Geistes durchschaute, wie mit der erstorbenen Freiheit allem täuschenden Schein zum Trotz die Grundfesten des römischen Staates erschüttert seien, wie die römische Herrschaft in dem Freiheitssinn der Germanen eine undurchbrechbare Schranke finde und die Kraft dieses jugendlichen Kriegervolks, das in Schlichtheit und Einfalt der Sitten heranwachse, dem alternden Rom nicht nur unüberwindlich, sonder auf die Dauer sogar verderblich werden müsse. Er war es, der unaufhörlich seine Blicke und die Gedanken seiner Zeitgenossen auf die freien Germanen lenkte, der den Römern zeigte, wie jene jetzt durch dieselben Tugenden stark seien, die einst Rom zu seiner Größe erhoben hätten und nun in Lüsten und sklavischer Kriecherei verkämen, wie die mehr als zweihundertjährigen Kämpfe mit den Germanen, die so oft besiegt, doch niemals unterworfen seien, Rom an seinen Fall erinnerten und wie ungleich der Kampf zwischen Freiheit und despotischer Gewalt sei. „Nicht die Samniter", sagte er „nicht die Punier, nicht die Spanier oder Gallier, selbst die Parther nicht, haben uns so oft gemahnt. Aber gewaltiger auch als des Partherkönigs Macht ist die Freiheit der Germanen." Er sah schaudernd im Geiste Rom durch germanische Kriegsscharen untergehen und wußte keinen beseren Wunsch für sein Vaterland zu hegen, als daß der alte Hader der Germanen untereinander für immer bleibe und sie nie sich vereint gegen Rom wenden möchten. „Denn da die Stunde des Reichs herannaht, kann uns das Glück Größeres nicht mehr gewähren als die Zwietracht unserer Feinde."

Aufnahme der staatlichen Bildstelle, Berlin

Inneres des Münsters zu Aachen

Die Pfalzkapelle, von Karl dem Großen erbaut. Krönungsstätte der deutschen Könige. Der Kronleuchter von Kaiser Friedrich I. gestiftet. Arbeit des Aachener Goldschmiedes Wibert. Laut Inschrift mit seinen 16 Türmen und 48 Lichtern ein Sinnbild des himmlischen Jerusalems

4. Schwäche und Herstellung des Römischen Reichs

Tactius' Worte waren prophetisch. Schon zwei Menschenalter nachher traten deutliche Anzeichen des nahenden Verderbens ein; gewaltig regten sich die Völker am Rhein und an der Donau.

Die Regierung des trefflichen Kaisers Marcus Aurelius war durch vielfache Unglücksfälle bezeichnet. Er fand durch den langen Frieden die Kraft der Heere gebrochen, die Zucht aufgelöst; ein aufrührerischer Geist lebte in den Legionen, und bald brach die Empörung offen aus; zudem war die Bevölkerung des Reichs überall in Genußsucht und Trägheit versunken. Die Schwäche des Reichs benutzten die Parther, die alten Feinde Roms; sie fielen in des Kaisers Gebiet ein und vernichteten seine Streitmacht. Ein lange andauernder Kreig entspann sich im Osten, der mit schwankendem Erfolge geführt wurde und in seinem Gefolge die Pest unter die römischen Heere brachte, die sich schnell über Kleinasien und Griecheland, Italien und Gallien verbreitete und unzählige Menschenleben wegraffte. Das war auch der Zeitpunkt, wo auch die Germanen, die so lange durch Gräben, Wälle und Festungen an den Grenzen des Reichs zurückgehalten waren, diese druchbrachen. Mehr die Not als Eroberungslust trieb sie in neue Kämpfe gegen Rom; denn aus ihren östlichen Sitzen an der Weichsel und Oder von den vordrängenden Slawen vertrieben, mußten sie im Süden und Westen auf eine Erweiterung ihres Gebiets bedacht sein, und da ihnen Wohnsitze im römischen Reiche nicht gutwillig eingeräumt wurden, mußten sie dieselben mit Waffengewalt sich zu gewinnen suchen.

Schon im Jahre 162 fielen suevische Scharen in Rätien, gleichzeitig die Chauken in Belgien, die Chatten in das römische Gebiet am linken Rheinufer ein. Es gelang, sie damals zurückzutreiben; als aber die Not des Reichs wuchs, die Kraft des Widerstandes erlahmte, wurde vier Jahre später die ganze Donaulinie von unübersehbaren Kreigsscharen angegriffen, die Rätien, Noricum und Pannonien weithin überschwemmten und bis über die Alpen vordrangen. Meist waren es germanische Stämme, dem großen Verbande der Sueven angehörig: Markomannen, Quaden, Hermunduren, Langobarden; mit ihnen die östlich wohnenden Stämme der Vandalen, Alanen, Goten und Bastarner; aber auch sarmatische Stämme waren in der vordringenden Völkermasse. Ein langer, gefahrvoller Krieg entspann sich: Niederlagen wechselten mit Siegen; Verträge wurden geschlossen und bald gebrochen. Der tapfere Marcus Aurelius hat seine Regierung hauptsächlich in diesen Kämpfen verbracht und das Ende derselben nicht mehr gesehen; in Pannonien ereilte ihn der Tod, und sein unwürdiger Sohn, der feige und tief in Lüste versunkene Commodus, mußte mit Opfern den Frieden erkaufen (182). Die germanischen Stämme, welche das Reich angegriffen hatten, erhielten doch wenig später, was sie verlangten; teils wurden sie massenweise in die römischen Heere eingereiht, teils in das römische Gebiet aufgenommen und an den Grenzen angesiedelt, um diese gegen neu andringende Feinde zu schützen, ja selbst in den inneren Teilen des Reichs wurden ihnen Länder und Wohnsitze zu ihrem Unterhalte angewiesen.

Die Schwäche des Reichs war den Germanen offenbar geworden. Bald lockte die Lust zu Abenteuern und die Aussicht auf reichen Gewinn neue Scharen über die Grenzen, und um so gefahrvoller gestaltete sich der Kampf für die Römer, als nach der Ermordung des Commodus (192) die Ordnung im Inneren des Reichs sich löste und die Kriegsscharen die Einsetzung der Kaiser an sich rissen. Um die Herrschaft stritten nun die Führer der Legionen untereinander; der Bürgerkrieg durchtobte das Reich und lähmte seine Kräfte, während zu derselben Zeit in den deutschen Völkern Veränderungen vorgingen, welche ihe Macht gegen äußere Feinde verstärkten.

Im dritten Jahrhundert verklingen zum großen Teil die Völkernamen, welche in den Anfängen unserer Geschichte gehört wurden; neue Namen tauchen auf, die nicht mehr einzelne kleinen Gemeinden, sondern größere Stammverbindungen bezeichnen. Wir hören wenig mehr von Sigambrern, Chauken, Ampsivariern, Cheruskern, Brukterern und Chatten; der Name der Franken umfaßt fortan die Völkerschaften am niederen Rhein, während die Stämme an der Weser und niederen Elbe den Namen der Sachsen annehmen, den früher nur ein unbedeutendes Volk an der Niederelbe geführt hatte; die suevischen Stämme am Main und im Norden des Grenzwalles nennen sich zusamt nun Alemannen, während die in der weiten östlichen Ebene wohnenden Völkerschaften, die sich meist der Herrschaft der Goten gebeugt hatten, gemeinhin in ihrer Gesamtheit nach dem herrschenden Stamme bezeichnet werden, obgleich die alten Namen der besonderen Stämme, die Namen der Alanen, Vandalen, Heruler usw., hier nie ganz verschwanden. An der Küste der Nordsee behaupteten die Friesen ihren alten Namen, doch gewann auch er einen weiteren und ausgedehnteren Sinn. In dem Inneren des Landes saßen Burgunder, Langobarden und Thüringer, auch sie bald an der Spitze umfänglicherer Herrschaften.

In dieser Wandelung der Namen wird eine der größten Umgestaltungen ersichtlich, welche die deutschen Stämme allmählich und unvermerkt erfahren hatten. Aus den kleineren Gemeinden bildeten sich größere; winzige Stämme, die bis dahin ein gesondertes Leben geführt hatten, einigten sich für alle Zukunft zu einer umfassenderen Volksgemeinschaft. Denn es war in den meisten Fällen kein loses und äußerliches Band, durch welches sich Gau nun mit Gau zusammenschloß, vielmehr war es so fest und zähe, daß aller Wechsel der Zeiten es nicht wieder zu lösen vermochte. Verwandtschaft der Naturanlage, Sprache und Sitte haben gewiß manches dazu beigetragen, um den alten Sondertrieb der Germanen mindestens so weit zu überwältigen, daß die kleineren Stämme zu größeren Völkermassen verschmolzen, aber mehr tat zuverlässig der Zwang der Not. Von allen Seiten von äußeren Feinden bedrängt, nach allen Seiten im Kampfe, mußten die germanischen Völkerschaften sich fester zusammenschließen, um größere Streitkräfte aufzubringen; der Nachbar mußte entweder dem Nachbar die Hand zum Bunde reichen oder ihn seinem Gebot unterwerfen. Wie sich in den einzelnen Fällen die Veränderung vollzogen hat, wissen wir nicht; aber gewiß ist sie auf die verschiedenartigste Weise erfolgt. Manche Stämem werden durch Vertrag sich gütlich mit ihren Nachbarn vereinigt, andere gezwungen einem mächtigeren Nachbar den Vorrang eingeräumt haben, nachdem sie zu ihrem Unglück das Glück der Waffen versucht hatten, schutzflehend vor einem siegreichen Feinde werden noch andere sich mit Bruderstämmen verschmolzen haben, endlich mag die in manchen Stämmen neu sich erhebende Königsmach nicht selten auch der Freiheit benachbarter Völker verderblich geworden sein.

Denn in dieser Zeit ausdauernden Kampfes, sei es zur Abwehr der Feinde vom Osten, sei es zum Angriff auf die Feinde im Westen und Süden, erhob sich die Königsherrschaft bei den Germanen zu früher nicht gekannter Bedeutung. Jetzt, da fast ihr ganzes staatliches Leben im Heerwesen aufging und sie sich von Krieg in Krieg, von Waffenzug in Waffenzug stürzten, mußte sich auch den freien Völkern öfters die Notwendigkeit aufdrängen, die höchste Gewalt *einem* Manne zu übertragen und aus ihren Adelsgeschlechten ein königliches an die Spitze des Staates zu stellen. Solche Zeiten mußten zugleich die königliche Gewalt, wo sie schon von alter Zeit bestand, mehr und mehr erstarken machen, wie selbst bei den Stämmen, die auch jetz noch keine Könige erhielten, tief auf den Geist und die Formen der Verfassung einwirken. Über den Gaugemeinden erhob sich überall eine Landesgemeinde, sei es, daß sie nur von Abgeordneten der einzelnen Gaue beschickt wurde, wie es bei den Sachsen geschah, sei es, daß alle freien Männer auf derselben erscheinen durften wie bei den Franken, oder daß endlich die Gaufürsten allein zusammentraten, um die allgemeinen Landesangelegenheiten zu entscheiden. Eine höhere, allgemeinere Ordnung stellte sich überall über die kleineren, vereinzelten Kreise. Zur festeren Einigung der deutschen Völker war damit ein gewaltiger Schritt geschehen, und bald trat an den Tag, wie sehr durch solche Einigung die Kraft dieser Völker gesteigert war.

Im Anfage des dritten Jahrhunders wurden am Rhein und der Donau zugleich die Grenzwehren des Reichs durchbrochen; im Osten traten die Goten, im Westen die Alemannen in den Kampf gegen die Römer (213). Nichts half es mehr, daß man durch Militäkolonien die Grenzen zu schützen suchte, indem man hier an die Veteranen Grundstücke unter der Bedingung stetiger Kriegshilfe steuerfei austeilte; nichts half es selbst, daß man durch eine Empörung Maximinus, einen Kriegsmann von roher Tapferkeit, den nur seine germanische Geburt empfahl – er war in Thrazien von einem gotischen Vater und einer alanischen Mutter geboren – auf den Kaiserthron erhob (235) und gedungene Germanenheere gegen die freien Deutschen führte: dauernd schien nichts den heranstürmenden Völkerfluten mehr gebieten zu können. Zwar drang Maximinus mit verwegener Tapferkeit noch einmal tief in die germanischen Länder ein, bis unwegsame Sümpfe und dichte Wälder seinem Marsche ein Ziel setzten, aber eben damals mußten die Römer doch das rechte Rheinufer völlig räumen. Die letzten römischen Überreste, die man im Zehntlande findet, gehören der Zeit dieses Kaisers an.

Und wäre damit die Ruhe des Reichs erkauft worden! Aber kaum waren die Alemannen zurückgetrieben, so brachen die Franken über den Rhein und durchzogen plündernd ganz Gallien (237); zugleich gingen mit stärkeren Heeresmassen als je zuvor die Goten über die untere Donau. Im Kampfe gegen sie fiel Kaiser Decius (251), und kein anderes Mittel gab es mehr, sich ihrer zu wehren, als den Frieden zu erkaufen, sich tributpflichtig zu machen und den größten Teil Daziens ihnen zu überlassen.

Schon damals schien jene letzte Stunde des Reichs, von der Tacitus gesprochen hatte, mit allen ihren Schrecken einzubrechen. Kaum hatte man das Fest des tausendjährigen Bestandes Roms gefeiert, so stürmte von innen und außen jegliches Verderben herein, um den eitlen Wahn ewiger Größe dem Römervolke zu rauben. Schnell nacheinander fielen mehrere Kaiser durch Mord; die Provinzen lösten sich vom Mittelpunkt der Herrschaft ab; in jeder wählten die Legionen sich ihren eigenen Herrn, und innere Kriege ohne Ende führten diese Tyrannen unter sich zu ihrem eigenen Verderben und zum Ruin des Reichs. Abermals stiegen da die Alemannen und Markomannen über die Alpen und schweiften ungehindert durch die volkreichen Gegenden Italiens bis an die Mauern Roms. Die Franken plünderten Gallien; nicht allein vom Niederrhein landeinwärts vordringend, griffen sie das römische Gebiet an, sondern auf leichten Nachen wagten sie sich auch weit in die See, landeten plündernd an den Küsten Galliens und Spaniens und fuhren mit staunenswerter Beherztheit auf ihren gebrechlichen Kielen in das Mittelländische Meer. Schon zeigten sich auch die Sachsen zur See; auf kleinen Kähnen, aus Ruten geflochten und mit Leder überzogen, steuerten sie hinaus und machten sich den

Küsten Britanniens und Galliens furchtbar, die geschicktesten aller Seeleute, die gefürchtetsten Räuber der Meere. Durch reiche Beute und glänzende Waffentaten ermutigt, stürmten zu derselben Zeit die Goten weithin durch die Länder des Ostens und unternahmen die wunderbarsten Heereszüge. Nicht allein durch Thrazien und Mazedonien bahnten sie sich Weg, bis in Griechenland drangen sie ein; Athen, Sparta, Korinth, alle jene hochgefeierten Sitze der höchsten Kultur des Abendlandes, wurden von ihnen geplündert. Indessen befuhren ihre Flotten das Schwarze Meer; ihre Kriegsscharen landeten an der asiatischen Küste, durchzogen verheerend die damals noch reichen Städte Kleinasiens, und abermals sank der Tempel der Diana zu Ephesus in Asche.

Aber Roms Stunde hatte noch nicht geschlagen. Als der ruchlose Gallienus durch Mord gefallen war, erhoben die Legionen den trefflichen Marcus Aurelius Claudius zum Kaiser; freudig bestätigte der Senat die vorzügliche Wahl. Kühnen Mutes zog Claudius, sobald die Goten einen neuen Beutezug antraten, mit einem fast von allen Waffen entblößten Heere ihnen entgegen. Als er des Feindes ansichtig wurde, schrieb er dem Senate: „Ich stehe im Angesichte der Feinde und bin im Begriff mich mit ihnen zu schlagen. Sie sind 320 000 Mann stark. Überwinde ich sie, werdet ihr hoffentlich es mir danken, unterliege ich, so bedenkt, daß ich nach der Regierung des Gallienus fechte. Das ganze Reich ist ausgesogen und erschöpft, teils von ihm, teils von den vielen Tyrannen, die sich zu seiner Zeit erhoben und die Provinzen verwüstet haben; es fehlt uns sogar an Schilden, Schwertern und Spießen. Wenn wir so auch nur etwas erreichen, verdienen wir Bewunderung." Claudius errang bei Nissa, an der Grenze von Bulgarien und Serbien, einen vollständigen Sieg, vernichtete dann die Flotte der Goten und wehrte ihnen so die Rückkehr (269). Er schrieb nach diesen Siegen: „Wir haben ein Heer von 320 000 Goten aufs Haupt geschlagen, ihre Flotte, die aus 2000 Segeln bestand, vernichtet. Die Felder und Ufer sind mit Schwertern, Schilden und Leichen bedeckt." Diese Siege retteten Rom, aber schon ein Jahr nachher starb Claudius zu Sirmium an der Pest.

Wie Claudius es sterbend gewünscht hatte, folgte ihm im Reiche sein Feldherr Aurelian, der das begonnene Werk vollendete und sich den ehrenden Beinamen des „Wiederherstellers des Staates“ gewann. Es gelang ihm, den Aufstand in den Provinzen niederzukämpfen und das Reich wieder zu vereinigen. Er schlug die Alemannen, die abermals in Italien eingedrungen waren, und schloß mit den Goten Frieden. In unaufhörlichen Kämpfen gelangte er zu diesem Ziele, seine ganze Regierung verlief sich in Kriegszügen, das ganze Reich war gleichsam ein Kriegslager; er war es, der Rom befestigte und mit jenen hohen Mauern schützte, die noch jetzt die Stadt umschließen. Aber nicht ohne große Opfer kam er zum Ziele; Dazien, das nicht mehr zu verteidigen war, gab er den Goten preis.

Rom glaubte nach Aurelians Ermordung eines kriegerischen Fürsten entraten zu könen und erhob den Senator Tacitus auf den Thron (276). Doch nur zu bald machte sich das Verlangen nach einem tüchtigen Kriegsmanne wieder geltend, und die Legionen riefen den tapferen Probus als Kaiser aus. Noch einmal tauchte da der Gedanke auf, Germanien zu unterwerfen, den furchtbaren Feind in seinem eigenen Lande aufzusuchen und hier für immer zu vernichten. Probus kämpfte mit Glück, trieb die Alemannen und Franken über den Rhein, die Goten über die Donau zurück und drang in Germanien ein. Aber viel fehlte daran, daß er die Stämme, die im Inneren wohnten, hätte dauernd unterwerfen können; es blieb ihm zuletzt doch keine andere Möglichkeit, die Grenzen des Reichs vor den Germanen zu wahren, als an den Ufern des Rheins und der Donau von neuem germanische Stämme als Grenzwächter anzusiedeln und die römischen Legionen mit Germanen zu füllen. Indessen war wirklich die drohendste Gefahr für das Reich beseitigt, und als nach kurzen Wirren Diocletian von den Legionen die höchste Gewalt überkam (284), konnte er sein Augenmerk darauf richten, durch neue Einrichtungen im Inneren das in seinen Grundfesten erschüterte Reich zu befestigen.

Mit jenem ungemeinen Verstande, der Diocletian auszeichnete, durchschaute er leicht, daß nicht durch die Erweckung freier Formen, sondern nur durch die größte Vereinigung aller Macht in der Hand des Herrschers der hinfällige Staat noch zu retten sei, daß aber zugleich die höchste Gewalt, um frei über dem Ganzen walten zu können, weit über das Treiben der anderen Menschen erhoben und dem Widerstreit der Parteien entzogen werden müsse. Die Despotien des Orients wurden sein Vorbild: von den Perserkönigen nahm er das Diadem als Abzeichen der höchsten Gewalt an, mit den steifen, aber zugleich imponierenden Formen des orientalischen Hofzeremoniells umgab er seinen Thron, den er nicht zu Rom, sondern im fernen Osten zu Nicodemien aufschlug. Zum Staube sich beugend mußten nun die Römer ihren Kaiser begrüßen, mit der Anrede „Herr“, die bis dahin nur der Sklave an seinen Gebieter zurichten pflegte, sich ihm nahen; alles mußte die heilige Gottheit des Kaisers verehren. Dem Senat, der bisher noch einen Schimmer von Ansehen behalten hatte, wurde fast jede Teilnahme an den Reichsgeschäften entzogen. Das römische Volk, nun des Kaisers und seines Hofes beraubt, hatte sich daran zu gewöhnen, daß es nicht mehr galt als die Bevölkerung jeder anderen größeren Stadt im Reiche. Italien verlor mit der Freiheit von der Grund- und Kopfsteuer seinen wichtigsten Vorzug vor den Provinzen. Alle Unterschiede wurden möglichst beseitigt, das Andenken der Vorzeit verwischt, eine völlig neue Ordnnung sollte beginnen.

Um die innere Verwaltung der Länder leichter zu beaufsichtigen, die Grenzen besser gegen die Angriffe der Feinde zu verteidigen, schied Diocletian die Regierung der westlichen Teile des Reichs von der der östlichen und übergab jene seinem Waffengenossen Maximian, der seinen Sitz zu Mailand nahm. Diocletian und Maximian führten den Titel Augustus; neben ihnen wurden für das Morgenland und Abendland noch zwei besondere Cäsaren ernannt, Gehilfen des Regiments, vornehmlich für die Anführung der Heere. Diese Cäsaren waren zugleich zu Nachfolgern der Oberherrscher bestimmt, denn für immer sollte das Kaisertum der Wahl der Legionen entzogen werden. Wenn durch die Teilung der Geschäfte eine gewisse Spaltung in dem Reiche eintrat, so wurde das Ganze doch dadurch wieder enger verbunden, daß die letzte entscheidende Gewalt in der Hand des älteren Augustus blieb, daß die Formen der Gesetzgebung und Verwaltung in allen Teilen des Reichs dieselben, die hohen Staats- und Hofämter dem Ganzen gemeinschaftlich waren. Die späteren Jahrhunderte haben auf dem Grunde fortgebaut, den Diocletian gelegt hatte.

Aber jene Teilung des Regiments, die Diocletian eingeführt hatte, erwies sich sofort als überaus gefährlich, ja sie drohte sogar, alsbald das Reich ganz zu zerreißen. Lange bekämpften sich, als der Begründer der neuen Ordnung freiwillig der Gewalt entsagt hatte, die Augusten und Cäsaren untereinander, bis es endlich Constantin dem Großen gelang, alle seine Widersacher zu beseitigen und sich allein an die Spitze des weiten Reichs zu stellen (324).

Was Diocletian begonnen hatte, vollendete Constantin. Auch er teilte das Reich; in vier Statthalterschaften zerfiel es fortan, an deren Spitze er seine Präfekten setzte. Aber diese erhielten nur die bürgerliche Verwaltung und das Gerichtswesen; die Kriegsmacht wurde, damit die Gewalt der Präfekten nicht zu sehr wachse, ihnen entzogen und unter besondere Befehlshaber gestellt. Jede Statthalterschaft war in mehrere Diözesen geteilt, diese wiederum in Provinzen und diese endlich in städtische Territorien. Überall Teilung der Gewalt, Einheit derselben allein im Kaiser. Auf den Städten, als den Grundsteinen des Staatsgebäudes, das sich von ihnen pyramidalisch bis zu der höchsten Spitze der kaiserlichen Gewalt erhob, ruhte mit erdrückender Schwere die furchtbare Last des Ganzen, und vernichtet sank bald der Wohlstand derselben und damit der letzte Rest selbständigen politischen Lebens im Römerreiche dahin. Die Städte mußten den Hof, die Beamten, das Heer und sich selbst erhalten; sie hatten die Steuern aufzubringen, und es galt schon damals als die höchste Regierungskunst, die Abgaben so hoch wie möglich zu schrauben und auf das schonungsloseste beizutreiben. Denn immer neuer und immer höherer Summen bedurfte es, um die Habgier der zahllosen Beamten zu befriedigen, um den Glanz des Hofes zu erhalten und jene imponierende Truppenmacht zu ernähren, die den Frieden im Inneren und die Ruhe an den Grenzen zu sichern hatte.

Eine übergroße Zahl von Hof-, Militär- und Zivilbeamten erforderte die neue Ordnung des Staates; mit ängstlicher Sorgfalt waren alle Verhältnisse der Beamten geordnet, ihre Gehälter, Privilegien, Titel und Abzeichen bestimmt. Es bildete sich aus ihnen eine zahlreiche Aristokratie, die sich erblich in dem Besitz ihrer Einkünfte und Würden zu befestigen suchte, wenngleich die Ernennung zu den einzelnen Ämtern dem Kaiser vorbehalten blieb. Schon wurde der Rang der höheren Beamten auch Personen, ohne daß sie wirklich im Staatsdienst standen, durch Ehrendiplome erteilt; es erhob sich neben dem Verdiest- ein Briefadel, beide ihren Glanz von dem Abglanz des Thrones empfangend.

Zum Sitz des neuen Kaiserreichs machte Constantin das alte Byzanz, das er mit großer Pracht herstellte und Neu-Rom benannte, welches aber später von ihm den Namen Konstantinopel erhielt. Hier umgab er sich mit einem Senat, der jedoch gleich dem Senat des alten Roms nur selten und in untergeordneten Staatsangelegenheiten zu Rate gezogen wurde und fast allein die Bedeutung eines Stadtrats hatte. Wichtiger war das Konsistorium, der Staatsrat des Kaisers, in dem vornehmlich die ersten Hofbeamten, der Oberkammerherr, der Reichskanzler, der Staatssekretär, der Minister des öffentlichen Schatzes, der Vewalter des kaiserlichen Privatvermögens und die Befehlshaber der kaiserlichen Leibtruppen neben den Staatsräten ihren Sitz hatten. Noch gab es Konsuln, Prätoren und Quästoren, kostspielige Ehrenämter, aber ohne Bedeutung für den Staat. Neben dem Gestirn des neuen Roms erblich der Glanz der alten Weltstadt, und ihre alten Würden wurden leere Schattenbilder ohne Wesenheit und Wirkung.

So war denn das Ziel erreicht, nach dem so lange die römischen Herrscher gestrebt hatten und zu dem die Entwicklung der Dinge von selbst zu drängen schien. Eine Despotie war errichtet, wie sie Europa noch nie gekannt hatte; die römische Welt lag geknechtet zu den Füßen des Kaisers, und der Zwang seiner Herrschaft war unwiderstehlich, so weit sein Reich sich erstreckte. Unleugbar ist es, daß durch die Strenge despotischer Gesetze Ruhe, Ordnung und Sicherheit in die römischen Länder zurückkehrte. Als eine Notwendigkeit kann angesehen werden, daß so mit den eisernen Banden der Furcht und des Schreckens der römische Staat umschlossen wurde. Denn kaum anders ließ er sich noch erhalten und mit ihm alle die Güter, die er überkommen und die er, ob er sie selbst kaum in ihrem Werte erkannte, doch der Zukunft zu sichern Pflicht und Beruf hatte. Nicht nur die schönsten und erhabensten Erzeugnisse alter Kunst und Wissenschaft, sondern überhaupt alles, was nur der menschliche Geist bisher in allen Gebieten des Lebens Großes erfunden, die ganze Summe der Vergangenheit, die Entwicklung des Menschengeschlechts ließ sich, wie es scheint, nur auf diese Weise aus dem Chaos retten. Aber mag diese Despotie als notwendig erscheinen, das Verderben war darum nicht minder in ihrem Gefolge für alle die Völker, welche sie betraf. Unter dem Druck eines prunksüchtigen, unersättlichen

Hofes, eines unzähligen Beamtenstandes, der durch den Schutz kaiserlicher Allmacht unantastbar schien, eines gewaltigen Heeres, das nicht für das Vaterland, sondern für Geld und Gut sein Blut vergoß, sank in kurzer Frist der Wohlstand des Reiches, und die blühendsten Provinzen wurden zu Einöden. Als die Freiheit erstarb, drängte sich der Egoismus überall an die Stelle der Tugend. Der gerade Mann bog den Rücken, der Mund der Wahrheit bequemte sich zur Schmeichelei und Lüge, einst tapfere und tatkräftige Geschlechter versanken rettungslos in Lüste und Feigheit. Bald war es nicht mehr möglich, aus römischen Bürgern – und römische Bürger waren längst alle freigeborenen Einwohner des Reichs – ein Heer zusammenzubringen, welches dem Feinde standhielt; Barbaren allein schlugen fortan die Schlachten der Kaiser. Nur in Lustbarkeiten und Sinnengenuß lebte das feile, feige und faule Geschlecht, welches sich nach Romulus nannte.

Die alte Welt erstarb in Knechtschaft; neue Mächte mußten die Freiheit der Menschen zurückgeben und eine bessere Zeit gebären.

5. Verbreitung des Christentums unter Römern und Goten

Oft scheint es, als ob die Dinge dieser Welt in einem ewigen Wechsel kreisten und mit dem Umlauf der Zeiten wieder zu ihrem Ausgangspunkte zurückkehrten. Irrig aber wäre es, zu glauben, daß die Geschichte in der Monarchie Constantins nach vielen Jahrhunderten doch endlich nur zu jenen Formen staatlichen Lebens zurückgeführt hätte, die sich einst in den großen Despotien des Orients ausgebildet hatten. Wie viel fehlte daran! Die Begriffe von Staat, Recht und Gesetz, welche Rom in besseren Zeiten scharf ausgeprägt hatte, konnten nicht ganz untergehen. Selbst Constantins Reich bewahrte den Namen der Republik, und gerade als die freien, den einzelnen schützenden Instituionen des öffentlichen Lebens dahinsanken, wurde das Privatrecht mit desto gewissenhafterer Sorgfalt gepflegt. Und mehr als alles das: zu derselben Zeit, wo Constantin jede selbständige Macht im Reiche niedergeworfen zu haben wähnte, erhob er selbst, indem er das Christentum zur bevorzugten Religion in seinem Staate machte, in der christlichen Kirche eine neue Gewalt von damals noch ungeahnter Stärke, welche der Willkür der Herrscher nicht allein eine Schranke setzte, sondern auch dem Staaate selbst dereinst gefährlich werden konnte.

Mit großer Schnelligkeit, getragen von seiner inneren göttlichen Kraft und gefördert durch die enge Verbindung des Reichs, hatte das Christentum von Judäa aus sich über die ganze römische Welt verbreitet. War gleich die Zahl seiner Bekenner während des ersten Jahrhunderts nicht übergroß, so fanden doch die tiefsten und edelsten Gemüter, sobald Gott ihr Herz dem Glauben erschlossen hatte, in demselben einen Frieden, den ihnen die Welt – und zumal jene Welt – nicht geben und auch mit ihrem Hohn und Spott, ja selbst durch grausame Verfolgungen nicht rauben konnte. Die

Schar der Gläubigen wuchs von Tag zu Tag und erregte schon im zweiten Jahrhundert so sehr den Ingrimm der Kaiser und der heidnischen Waffen, daß über das ganze Reich hin die äußersten Gewaltmaßregeln gegen die Christen ergriffen wurden. Aber das Blut der Märtyrer, das den Glauben ersticken sollte, wurde zum befruchtenden Tau, unter dem die Saat des Evangeliums nur desto dichter und kräftiger aufschoß.

Das Christentum macht alle seine Bekenner zu Gliedern einer einzigen großen Gemeinschaft, der Kirche, in der sich schon sichtlich hier auf Erden das große Gottesreich darstellen soll und die allerorten wieder die Gläubigen zu engerer Vereinigung in besonderen Gemeinden sammelt, auf daß sie gemeinsam in Werken des Glaubens, der Liebe und Andacht dem Herrn dienen. Nach dem Vorbilde der jüdischen Synagogen, die weit über das römische Reich zerstreut waren, bildeten die ersten christlichen Gemeinden überall ihre Verfassung und ihre äußeren Ordnungen aus. Im Anfange galten alle ihre Mitglieder als gleichberechtigte Brüder, von denen jeder seiner Gemeinde mit der Gabe, die ihm der Herr verliehen, williglich diente. Auch gab es kein äußeres Band, welches die einzelnen gleichberechtigten Gemeinden miteinander verknüpfte, obschon sie durch den gleichen Glauben und die gleiche Liebe zum Herrn in der innigsten Eintracht standen. Bald traten jedoch Unterscheidungen mannigfacher Art sowohl *in* den Gemeinden wie *an* den Gemeinden hervor.

In den Gemeinden erhob sich, vornehmlich infolge alttestamentlicher Begriffe und Vorstellungen, ein besonderer geistlicher Stand, der Klerus, welcher die Regierung der Gemeinde mehr und mehr an sich zog und sich namentlich in den ausschließlichen Besitz der Lehre und der Leitung des Gottesdienstes setzte. Wie der Klerus sich von den Laien trennte, so spaltete er sich selbst dann weiter in eine vielgliedrige Hierarchie, an deren Spitze die Bischöfe standen. In gleicher Weise fing man an, auch die Gemeinden untereinander zu ordnen und zu unterscheiden. Die Landgemeinden traten hinter den Stadtgemeinden zurück; diese hinter den großen Muttergemeinden, die in den Hauptstädten der Provinzen ihren Sitz hatten. Der Bischof der Hauptstadt, der Metropolit, erhob sich an Macht und Ansehen über die anderen Bischöfe der Provinz; unter seinem Vorsitz traten die Bischöfe zu Provinzialsynoden zusamen, um die allgemeinen Angelegenheiten ihrer Kirchen zu beraten. Und unter den Metropoliten selbst gewannen schon im dritten Jahrhundert ein besonderes Ansehen die Bischöfe von Antiochia, Alexandria und Rom, zu deren Range sich in der Folge auch die von Konstantinopel und Jerusalem zu erheben wußten. Diese Bischöfe, deren bevorzugte Stellung teils auf ihren ausgedehnten Provinzen, indem sich selbst andere Metropoliten ihnen untergeordnet hatten, teils auf dem Alter ihrer Kirchen beruhten, nahmen den Ehrennamen der Patriarchen, den früher alle Bischöfe führten, bald allein in Anspruch, und unter ihnen gewann durch besondere Gunst der Umstände der Metropolit von Rom die größte und allgemeinste Anerkennung, weil er einmal im ganzen Westen ohne Nebenbuhler dastand und überdies seine Kirche nach dem allgemeinen Glauben vom Apostelfürsten Petrus selbst begründet war.

So hatte die christliche Kirche durch sich selbst eine geordnete Gestalt gewonnen, die ihr einen festen Bestand zu sichern und ihr die Erreichung ihrer ewigen wie ihrer irdischen Zwecke zu erleichtern schien. Solche Ordnungen waren um so unerläßlicher, als trotz aller Verfolgungen die Zahl der Götter gegen die Bitten der Gläubigen taub blieben, erstarb der Glaube an ihre Macht; die schuldbelasteten Seelen und die geängsteten Gewissen wandten sich den christlichen Gemeinden zu, wo sie die Kraft des Gebetes wiederfanden und der Erhörung desselben durch den Vater im Himmel gewiß wurden.

Noch Diocletian hatte in den christlichen Gemeinden gefährliche politische Verbindungen gesehen und sie deshalb auf die grausamste Weise verfolgt. Constantin blickte tiefer; er erkannte, daß das Christentum für die Welt unüberwindlich, in und mit ihm aber der Sieg auch über die Welt gegeben sei, so daß der Staat, im Kampfe mit ihm gefährdet, aus dem Bunde mit ihm eine neue, unwiderstehliche Kraft gewinnen könne. Deshalb erklärte er sich offen für den Christenglauben, begünstigte die Bischöfe auf alle Weise und bereicherte die Kirchen. Die neue Hauptstadt solle nach seinem Willen gleich von ihre Anfängen eine Christenstadt sein. Der Übertritt zum Christentum, früher mit den härtesten Strafen bedroht, wurde nun ein dem Herrscher wohlgefälliges Werk, und gegen das Ende seines Lebens empfing er selbst noch die Taufe.

Bei großer Einbuße an innerer Kraft und wahrem Glaubensleben erwuchs der Kirche aus ihrer engeren Verbindung mit dem Staate der Vorteil, daß sie bei einer eben damals ihre ganze Existenz bedrohenden Spaltung ihren Zusammenhang nicht nur erhielt, sondern sogar stärker einigende Formen gewann. Schon hatten sich nämlich bedeutende Männer im Morgen- und Abendlande die großen Glaubenslehren des Christentums nicht allein mit dem Herzen zu erfassen, sondern auch geistig zu durchdringen und systematisch zu verbinden bestrebt; eine theologische Wissenschaft entstand, mit ihr aber drohten sofort dogmatische Streitigkeiten, die innere und äußere Einheit der Kirche für immer zu lösen. Die Lehre des Arius, daß Christus göttlich, aber nicht Gott, nicht gottgleichen, sondern gottähnlichen Wesens sei, bewegte zu jener Zeit die ganze Christenheit, erhitzte die Gemüter der Gläubigen gegeneinander, und einer großen Trennung der Kirche schien kaum noch vorzubeugen. Da berief Constantin das erste allgemeine Konzil nach Nizäa, eine Reichssynode nach dem Muster der Provinzialsynoden, wie sie bisher allein bestanden hatten; hier wurde die Lehre des Arius von den versammelten Bischöfen verurteilt und die wahre Lehre der Kirche in einem Glaubensbekenntnis festgestellt. Dem Beschlusse der Bischöfe gebot der Kaiser sich unbedingt zu fügen und sicherte so die Einheit der rechtgläubigen Kirche und ihrer Lehre (325).

Aber bei weitem größer als der Gewinn, welchen die Kirche aus ihrer Vereinigung mit dem Staate zog, waren offenbar die Vorteile, die dieser durch die Verbindung gewann. Eine Religion, welche gebietet: „Gebet dem Kaiser, was des Kaisers ist!“ und „Jedermann sei Untertan der Obrigkeit, die Gewalt über ihn hat!“ eine Religion, welche ihre Bekenner anweist, Zoll zu geben, wem Zoll gebührt, Furcht, dem Furcht gebührt, Ehre, dem Ehre gebührt, welche es zur Pflicht macht, nicht allein dem gütigen und gelinden, sondern auch dem wunderlichen Herrn gehorsam zu sein, und in diesem Gehorsam ein Gott besonders wohlgefälliges Werk sieht, wie sie denn vor allem die Tugenden des Duldens und der Ergebung lehrt, welche endlich das unbefriedigte Herz des Menschen nicht auf ein irdisches Glück, sondern auf die Seligkeit der jenseitigen Welt verweist – eine solche Religion verhieß jenem Staate, den Constantin begründete, eine festere Grundlage zu geben, als sie die am feinsten berechnende Staatsklugheit gewähren konnte.

Und doch fand gerade in dieser Religion die neubegründete Despotie eine feste Grenze ihrer Gewalt und stieß hier auf eine undurchbrechbare Schranke. War es schon nicht ohne Bedeutung, daß die kirchliche Verfassung damals noch in vielen Beziehungen eine freie Betätigung der Gemeinden zuließ und so die aus dem Staate verjagte Freiheit sich gleichsam in die Kirche flüchtete, daß ferner die Herrscher selbst in der Gemeinde sich als Brüder den Brüdern gleichstellen und sich als Laien den Geboten des Klerus unterordnen mußten, so war doch noch bei weitem wichtiger, daß in der christlichen Kirche innerhalb des Staates eine Macht Bestand erhielt, die, obschon in der Welt stehend, sich doch in ihrem Ursprunge, ihren Zwecken und ihrem Endziel unmittelbar mit dem Überirdischen verknüpft, die deshalb von keiner menschlichen Gewalt in ihrem innersten Wesen anzutasten ist, zumal sie die Verheißung hat, daß sie die Welt endlich überwinden wird. Und diese Macht hatte in den Bischöfen Vertreter, die in dem Vollgefühl unbesieglicher Gotteskraft furchtlos die Herrscher darauf hinwiesen, daß es eine äußerste Grenze der Gewalt auch für die Obrigkeit gebe und jenseits derselben das Gebot für die Christen stehe: „Man muß Gott mehr gehorchen als den Menschen."

Nach Constantin hat das Heidentum noch einmal die christliche Kirche zu überwältigen gesucht, auch der innere Zwiespalt über die Lehre brach abermals aus, und der neugeschlossene Bund zwischen Kirche und Staat schien keineswegs gesichert, bis endlich Theodosius durch kaiserliches Edikt die Götzenopfer völlig verbot, den Arianismus als ketzerische Lehre im Römerreiche ausrottete und das Nizäische katholische Glaubensbekenntnis zur unbestrittenen Geltung brachte (381). Seitdem war das römische Reich ein christlicher Staat und die einige katholische Kirche Staatskirche. Wie wenig aber die Bischöfe sich deshalb willenlos dem Kaiser zu beugen gedachten, erfuhr Theodosius an sich selbst. Wegen der Grausamkeiten, die er bei der Bestrafung des aufständigen Thessalonich geübt hatte, schloß ihm der Bischof Ambrosius von Mailand die Kirchentür, rief ihm das strenge Wort entgegen: „Du hast wie David gefehlt, nun tue auch Buße wie David!" und nahm ihn erst nach achtmonatigen schweren Bußübungen wieder in die Gemeinschaft der Gläubigen auf. Überall machte sich nun der Einfluß der Kirche in der Gesetzgebung des Staates geltend: die unsittlichen Schauspiele wurden aufgehoben oder beschränkt, das Los der Sklaven und Gefangenen gemildert, das Eheband gewann eine neue Weihe, das Weib eine edlere und würdigere Stellung, dieWitwen und Waisen traten unter den Schutz des Staates. Kirche und Staat beherrschten fortan mit- und nebeneindander das Leben der Menschen, auf ihrem Verhältnis zueinander beruht die weitere Entwicklung der Welt. Zu einer schrankenlosen Gewalt konnte der Staat neben der Kirche nicht mehr gelangen, und noch viel weniger war ihm möglich, die Macht der Kirche über die Seelen zu brechen.

Es war die Frage, ob es diesem neubegründeten und mit der christlichen Kirche so eng verbündeten Reiche nicht endlich doch gelingen würde, der Germanen Herr zu werden und sie sich dauernd zu unterwerfen. Leicht war die Aufgabe mitnichten, zumal die Germanen schon die Waffen des Reichs fast allein in Händen hatten und mit ihnen die Entscheidung selbst in den wichtigsten inneren Fragen herbeiführten. Alemannische Söldner waren es, die Constantin zuerst zum Kaiser ausriefen; mit Legionen, die er in Gallien und Britannien zum großen Teil aus Germanen gebildet hatte, übewand er seine Widersacher und stieg zur Alleinherrschaft auf; an seinem Hofe zu Konstantinopel bildeten die Franken eine mächtige Partei, und er war der erste, die die Ehren des römischen Konsulates einem Franken erteilte; mit den Goten führte er dann wohl Krieg, aber sobald sie sich erboten, ihm gegen Sold, sooft er es verlangte, ein Hilfsheer von 40 000 Mann zu stellen, machte er mit ihnen Friede und Bündnis; auch in den Thronstreitigkeiten seiner Nachfolger lag die Hauptentscheidung bei den Germanen. Mochte man nun auch einzelne germanische Häuptlinge mit empörender Hinterlist bekämpfen und ihre Scharen vernichten, mochte man den Schrecken, wie man sich ausdrückte, als Grenzhüter setzen, mochte selbst der tapfere Julian noch einmal siegreich in die deutschen Länder eindringen: solche Siege fruchteten nichts für die Dauer, und der Schrecken war nicht, wie man wähnte, eine unübersteigliche Mauer. Zu gut kannten die Germanen schon, worin die Schwäche des Reichs und worin ihre eigene Stäke bestand. Bald nach Julians Tode hatte Valentinian wieder unaufhörlich an den Grenzen zu kämpfen; er wußte Gallien vor den Alemannen nur zu schützen, indem er die Franken gegen sie führte und einen ihrer Häuptlinge zum Befehlshaber der römischen Truppen am Mittelrhein einsetzte. Zu derselben Zeit vermochte sein Bruder Valens, der als Mitkaiser im Osten regierte, schon nicht mehr die Westgoten von dem Gebiet des Reichs fernzuhalten. Es war wahrlich wenig Veranlassung den Römern geboten, sich stolzen Siegeshoffnungen hinzugeben.

Wie aber? Mußte die weltüberwindende Kraft des neuen Glaubens den alte Kampf, der schon ein halbes Jahrtausend die Geschichte erfüllte, nicht endlich doch für die Römer günstig entscheiden? In der Tat, hätte der blutige Hader der widerstrebenden Nationalitäten zuletzt in einen Krieg zwischen Christentum und Heidentum geendet, so wäre der letzte Ausgang desselben unzweifelhaft siegreich für Rom gewesen. Aber ein solcher Glaubenskrieg wurde mitnichten gekämpft. Denn bereits hatten das Christentum nicht nur einzelne Deutsche angenommen, sondern auch das große Volk der Goten wandte sich in der Mehrzahl ihm zu. Noch ehe Theodosius die christliche Kirche als Staatskirche anerkannt hatte, war der Glaube an Christus schon bei dem mächtigsten deutschen Stamme verbreitet.

In dichten, von keiner Art berührten Wäldern, bei frischsprudelnden Quellen und auf freien Bergeshöhen, nicht in Tempeln, von Menschenhänden gebaut, und vor steinernen Bildern, sondern im Heiligtume der Natur, das sich die Gottheit selbst geweiht, hatten die Deutschen ihre alten Götter angerufen und ihnen Sühn- und Dankopfer gebracht. Aber ihre Religion war kein dumpfer Naturdienst, sondern sie erkannten über sich freiwaltende geistige Gewalten, denen ihre Einbildungskraft Wesenheit und Gestalt lieh. Wodan, Thor und Ziu, Hulda, Freia und Hellia, die ganze Schar der Riesen, Elfen und Nixen, sie alle wirkten in den Elementen und Naturkräften, aber sie walteten nicht minder über Krieg und Frieden, in deren Wechsel und Gegensatz sich vor allem das äußere und innere Leben der Deutschen bewegte. In tiefsinniger Weise deutete zugleich der Glaube unserer Urväter über dieses zeitige Leben auf eine höhere Ordnung der Dinge hin; nicht nur daß ihnen nach diesem Leben ein anderes lag, wo die ruhmvoll im Kampfe Gefallenen Wodan in Walhalla aufnahm, die anderen aber die strenge Hellia in ihre finstere Behausung verschloß, sie glaubten auch an eine Endzeit, wo durch einen großen Brand dieser Himmel und diese Erde, diese Götter und diese Menschen untergehen würden.

Nicht allmählich ist der alte Glaube der Germanen erstorben, wie es bei den Griechen und Römer der Fall war; nicht glaubenslos waren sie, als das Evangelium zu ihren Ohren und in ihre Herzen drang, sondern schnell und gleichwie durch besonder Fügung trat die neue Liebe an die Stelle der alten: sie wurden bekehrt wie Paulus vor Damaskus. Und was zog die Deutsche so schnell und gewaltig zu der neuen Lehre hin und fesselte sie an dieselbe mit unwiderstehlicher Macht? Man hat wohl darauf besonderes Gewicht gelegt, daß ihre alten Glaubenslehren zwar dunkel, aber doch in mannigfacher Weise auf die dem Christentum eigentümlichen Dogmen hindeuteten, so daß sie in diesen gewissermaßen ihre Erklärung und Erfüllung fänden; so habe sich, meint man, ein naturgemäßer und leichter Übergang bei den Germanen vom Heidentum zum Christentum gebildet. Aber sehr viel wirksamer war doch ohne Zweifel, daß alle jene tiefsten Lehren des neuen Glaubens von Christus als dem Erlöser der Welt, von der Freiheit, die durch ihn den Kindern Gottes bereitet ist, von dem unmittelbar persönlichen Verhältnis des Meschen zu seinem himmlischen Vater und zu dem Heiland, von der brüderlichen Gemeinschaft der Christen – daß alle diese Lehren unmittelbar mit dem natürlichen Freiheitssinn der Germanen, mit ihrer ureigenen Neigung, in den höchsten wie in den kleinsten Dingen ein persönliches Verhältnis festzuhalten, kurz mit ihrem ganzen Wesen im innersten Einklang standen, so daß ihnen alles, was bisher nur als dunkle Ahnung in ihrem Bewußtsein geschlummert hatte, durch das Evangelium licht und klar zu werden schien. Und dann ist das Christentum eine Religion des Kampfes: Christus führt die Seinigen in den Krieg gegen die Welt und ihre Sünde, aber er unterstützt sie zugleich mit liebreicher Huld im Streite und verheißt ihnen nach dem Siege den sicheren Lohn – ein solcher streitender Glaube war vor allem den Germanen faßlich. Als Kriegsfürsten stellten sie sich den Heiland vor, als Dienstmann seines Heeres sahen sie sich an, ihr Verhältnis zu ihm war das der unverbrüchlichen Diensttreue, das innigste und festeste Abhängigkeitsverhältnis, das sie kannten.

Während die römische Welt auf die Feststellung und Bewahrung des reinen Lehrbegriffs der Kirche zum Staat und andere mehr äußerliche Dinge ein besonderes Gewicht legte, erfaßten die Germanen das Christentum vor allem innerlichst mit dem Gemüte; sie suchten nichts mit größerer Sehnsucht, als sich im Glauben der Person des Erlösers zu vergewissern und sich in Treue mit ihm auf das engste zu verbinden. Deshalb schlossen sie sich auch wohl zuerst der wenn nicht tieferen, doch leichter faßbaren Lehre des Arius von der Person Christie an, weil in ihr der Heiland ihnen menschlich nähertrat, von ihrer Einbildungskraft lichter festgehalten werden konnte. Wie sie in allem den Inhalt des christlichen und kirchlichen Lebens ihrer eigentümlichen Denk- und Sprachweise anzupassen suchten, um ihn sich so möglichst nahezubringen, so wurde auch das Evangelium in deutscher Sprache ihnen sofort Bedürfnis; erst in der Muttersprache drang das Wort Christie mit seiner vollen Kraft und seiner ganzen Liebesfülle an ihr Herz. Das erste deutsche Buch, von dem wir wissen, ist die noch teilweise erhaltene Bibelübersetzung des gotischen Bischofs Vulfila.

Nur sehr allmählich im Laufe mehrerer Jahrhunderte hat sich das Christentum zu allen deutschen Stämmen verbreitet. Die Goten waren es, die hier den anderen Völkern voranschritten; sie waren es auch, die zuerst den Versuch machten, auf breiter Grundlage einen großen staatlichen Verband herzustellen, ein Völkerreich neben dem römischen zu errichten. Der lebhafteste und unternehmendste von allen deutschen Stämmen, waren die Goten ebenso beflissen als fähig, fremde Güter, sobald sie dieselben nur als Güter erkannt hatten, bei und in sich aufzunehmen; wie sie zu siegen verstanden, wußten sie auch mit edler Milde der Besiegten zu schonen und gerecht über Unterworfene zu herrschen. Ein solches Volk schien wert zu gebieten, und daß es schon von alters her unter erblichen Königen gestanden und Gehorsam gegen Königsgebot gelernt hatte, mußte ihm den Weg zur Herrschaft über andere Völker erleichtern. So gelang es den Goten, als Kaiser Aurelian Dazien aufgegeben und sie das Land besetz hatten, von der unteren Donau aus ein weitausgedehntes Reich zu gründen.

Von der Theiß bis zu dem Schwarzen Meere und zu den Mündungen des Don, von den Donauufern und den Karpathen bis zu dem Gestade der Ostsee gehorchten zahlreiche germanische und halbgermanische Volksstämme den Goten, wie die Alanen, Basterner, Vandalen, Gepiden, Heruler, Rugier und Skiren, dann römische Kolonisten in Dazien, endlich im Osten und Norden Sarmaten und Slawen, Litauer und finnische Stämme. Bunt genug waren die Elemente des Reichs zusammengewürfelt und die Verbindung derselben gewiß sehr lose. Wie die Herrschaft geübt wurde, wissen wir nicht, aber die Zeichen geistiger Bildung und eine gewisse Kultur haben dem Reiche nicht gefehlt. Am Schwarzen Meere gab es Städte aus alter Zeit, die sich unter den Goten nach langem Verfall erholten, die Äcker in Dazien wurden besser bebaut als vordem, eine eigen Schriftsprache bildeten die Goten aus und zeichneten gesetzliche Vorschriften in ihren „Bilageineis" auf.

So hat es eine Zeit gegeben, wo im Südosten Europas an den Mündungen der Donau und am Schwarzen Meere ein germanisches Volk unter königlicher Herrschaft ein Reich gründete, an das sich große Hoffnungen knüpften. Wäre hier die Kraft des gotischen Stammes unzersplittert und unerschüttert geblieben, wie anders würden sich die Schicksale nicht nur des deutschen Volkes, sondern ganz Europas gestaltet haben! Aber eine so außerordentlich merkwürdige Erscheinung dieses Gotenreich war, ebeso schnell ging sie vorüber und gewann kaum eine andere Bedeutung, als der Welt zu zeigen, daß auch den Germanen die staatenbildende Kraft nicht fehle. Und welcher Gewinn war es nicht, daß den Geistern aufging, daß es noch ein anderes Reich geben könne als dieses Kaiserreich Roms, und daß das Christentum hinausrage über jene Kirche, welche sich die allgemeine nannte und mit der Herrschaft der Kaiser im Bunde stand!

6. Zerstörung des abendländischen Reichs

Die Römer erzählten, als einst Troja, die Heimat ihrer Ahnen, in die Gewalt der Griechen fiel und in Staub und Asche sank, habe sich vor Äneas, ihrem großen Ahnherrn, plötzlich die Wolke geteilt, welche die Blicke der Sterblichen umdunkelt und ihnen die Geheimnisse der Götter verhüllt; da habe er gesehen, wie nicht sterbliche Menschen Troja zerstörten, sondern die unsterblichen Götter selbst, wie Neptun mit einem Dreizack die Grundfesten der Mauern erschütterte, Jupiter und Juno die Feinde zu den Waffen riefen und Minerva selbst auf der Höhe der Burg im Waffenglanz stritt; also sei Trojas Feste und seine weite Herrschaft durch die Götter gefallen, in deren Hand die Mensehen nur als Werkzeuge dienten. In Trojas Untergang haben die Römer das Schicksal ihrer eigenen Stadt und Herrschaft prophetisch vorhergesehen. Die Germanen zerstörten Rom und das abendländische Reich, nicht weil sie *wollten*, sondern weil sie *mußten*. Eine unabweisbare Notwendigkeit trieb sie blind in den letzten entscheidenen Kampf gegen die Weltstadt und ihre Herrschaft; gedrängt drangen sie vor und stürmten gegen die römische Welt an, bis sie erlag. Die Zerstörung der römischen Herrschaft im Abendlande ist die größte und folgenreichste Tat der Germanen in der Geschichte, die einzige zugleich, an der fast alle Stämme Anteil hatten; aber nicht einem planmäßigen und mit Bewußtsein geleiteten Angriff, nicht einem gemeinsamen Entschluß der Germanen erlag Rom, sondern es fiel durch eine höhere Macht, welcher die Menschen unbewußt dienten.

Als um das Jahr 370 zahllose Schwärme der Hunnen, eines mongolischen Volksstammes, der in Europa eingebrochen war, über den Don gingen, hielt das gotische Reich, wenig innerlich und äußerlich befestigt wie es war, dem gewaltigen Stoß jener kriegerischen nomadisierenden Horden nicht lange stand. Nach einigen Kämpfen beugten sich die Ostgoten und die meisten ihnen unterworfenen Stämme den Mongolen; der größere Teil der Westgoten dagegen, die bereits von den anderen gotischen Stämmen in einer gewissen Sonderung bestanden und bei denen vornehmlich das Christentum Eingang gefunden hatte, verließen ihre Sitze, gingen über die Donau und fanden Aufnahme in römischen Reiche. 200 000 streitbare Männer wurden mit ihren Weibern und Kindern vom Kaiser Valens in den Gegenden zwischen der unteren Donau und dem Hellespont angesiedelt, nachdem ein Vertrag mit ihnen geschlossen war, über den die römischen Beamten sich jedoch bald genug wegsetzten. Die Goten, nicht wie freie Männer, sondern wie elende Knechte von den Beamten behandelt, griffen zu den Waffen, begannen ihre alten Raubzüge wieder und vernichteten bei Adrianopel das Heer des Kaisers (378). Valens wurde nach der Schlacht nicht mehr gesehen, und Theodosius übernahm die Herrschaft über das morgenländische Reich. Dem neuen Kaiser gelang es, mit den Goten wie mit den Hunnen, die jene im Kampf gegen Konstantinopel unterstützt hatten, Verträge zu schließen, nach denen nicht nur das ganze Land zwischen der Donau und dem Hämus, sonder überdies große Landstrecken in Thrazien und Kleinasien den gotischen Eindringlingen eingeräumt wurden. Schon war das ganze Ostreich mit Goten überschwemmt, die Legionen waren mit ihnen erfüllt, und bald sah man sie auch am Hofe zu Konstatinopel den mächtigsten Einfluß üben: das gotische Kleid verdrängte dort die Toga des Römers, Goten wurden die vertrautesten Genossen des Kaisers, Stilicho, ein Vandale, dessen erster Minister, dem er seine eigene Nichte vermählte; der strenggläubige Kaiser sah sogar den Goten die Hartnäckigkeit nach, mit der sie an ihrem arianischen Irrtum hielten. Indessen war das abendländische Reich fast herrenlos und lag in der größten Verwirrung, welche der Franke Arbogast zu benutzen gedachte, um alle Gewalt hier an sich zu reißen. Da erhob sich gegen ihn Theodosius, besiegte ihn mit einem gotischen Heere in der blutigen Schlacht bei Aquileja und gewann so zum letzten Male die Alleinherrschaft über das ganze römische Gebiet.

Wenige Monate nachher starb Teodosius, nachden er zuvor das Reich zwischen seine Söhne Arcadius und Honorius geteilt hatte

(395). Denn unmöglich schien es, die Einheit festzuhalten, nachdem sich in Sitte und Sprache bereits ein durchgreifender Unterschied zwischen den griechischen und lateinischen Ländern ausgebildet und selbst die Lehre und Verfassung der abendländischen und morgenländischen Kirche sich mehr und mehr getrennt hatten; auch machten die Angriffe, welche oft auf die Grenzen des Reichs im Osten und Westen zu derselben Zeit gerichtet wurden, eine festgeordnete Teilung der Kräfte des Reichs nötig. Arcadius erhielt das Morgenland, das man für den besseren und gesicherteren Anteil hielt; Honorius, der noch im Knabenalter stand, das Abendland, welches der Vandale Stilicho für ihn verwalten sollte.

Durch Arcadius in ihrem Rechte verletzt, griffen die Westgoten nach kurzer Zeit von neuem zu den Waffen und erhoben einen Jüngling, der sich als der unternehmendste Geist und tapferste Streiter unter ihnen hervortat, als König auf den Schild. Es war Alarich aus dem edlen Geschlechte der Balten. Siegreich durchzog er mit seinen Goten Thrazien und Mazedonien und verbreitete solches Verderben, daß man ihn auf jede Weise zu begütigen suchen mußte. Als zwischen den Höfen zu Konstantinopel und Rom Zwistigkeiten ausbrachen, wurde er von Arcadius zum Befehlshaber der römischen Truppen im östlichen Illyrien ernannt und damit die Grenzprovinz gegen das Abendland in seine Hand gegeben. Man hoffte hierdurch in Konstantinopel nicht allein für sich selbst Ruhe zu gewinnen, sondern auch den Ungestüm des jungen Kriegsfürsten gegen das Abendland zu richten, das man geflissentlich von allen Seiten in Bedrängnis versetzte.

Man hatte sich nicht verrechnet; im Jahre 401 fiel Alarich in Italien ein. Stilicho wußte mit schwachen Streitkräften, aber unermüdlicher Tätigkeit ihm zu begegnen. Das Kriegsglück schwankte hin und her, und selbst die große Schlacht bei Pollentia, die zum Ärger der Christenheit am Ostertage des Jahres 403 geschlagen wurde, blieb unentschieden in ihrem Ausgange. „Wir siegten im Kampfe“, sagt ein Römer, „wurden aber als Sieger besiegt.“ Stilicho schloß endlich mit Alarich einen Vertrag, in dem dieser außer reichlichen Jahrgeldern auch über die Truppen im westlichen Illyrien, das zum abendländischen Reiche gehörte, den Oberbefehl erhielt. Wie Konstantinopel ihn gegen Rom, so wollte Rom ihn gegen Konstantinopel benutzen. Auf den Grenzen beider Reiche, im

Dienste beider stand dieser germanische Jüngling und wog in seinem Geiste die Geschicke derselben ab. *Das* Reich mußte fallen, das seinen Zorn erregte und sein Schwert der Scheide entlockte.

Noch bändigte Alarich den kühnen Mut, da rauschten furchtbare Volksschwärme gegen Italien heran. Zügel- und regellose Massen der verschiedenartigsten Stämme, durch das Drängen, Treiben und Zusammenstoßen aller Völker Mitteleuropas, welches der hunnische Sturm verursachte, in wilde Bewegung versetzt, stürmten von den Rheinquellen wie von den Donauufern her über die Alpen (405). Radagais, ein Gote, war ihr Anführer, und eine halbe Millionen Menschen folgte seinem verheerenden Zuge. Radagais war Heide und gelobte seinen Göttern, wenn sie ihm den Sieg verliehen, das Blut aller Römer zu spenden. Wie er nun siegreich vordrang, verließ man zu Rom die Tempel des Christengottes, dessen Ohnmacht die verzweifelte Masse ihr Unglück beimaß, und wollte wieder den Altären der Götzen ofpern. Aber der Sturm toste rasch vorüber. Vornehmlich mit Hilfe von Goten und Hunnen, die Stilicho in Gold genommen hatte, siegte er über Radagais und zerstreute dessen Scharen; überdies wütete der Hunger furchtbar in der zügellosen Masse. Der größte Teil des Heeres fand in Italien den Untergang, und nur spärliche Reste desselben kamen über die Alpen zurück. Radagais selbst geriet in Gefangenschaft und erlitt hier den Tod.

Um in dieser Not Italien zu schützen, hatte Stilicho die römischen Legionen aus Britannien und Gallien gerufen und damit die westlichen Länder den von allen Seiten vordringenden Germanen preisgegeben. Sofort fielen die Rheinstädte sämtlich in ihre Gewalt, und Vandalen, Alanen Alemannen, Burgunder und Franken überschwemmten Gallien, um sich neue Wohnsitze auf römischem Boden zu wählen. Niedergermanien nahmen die Franken ein und durchzogen die belgischen Gegenden; in Obergermanien setzten die Burgunder sich fest und machten Worms zu ihrer Hauptstadt; die Länder der Helvetier und einen Teil Rätiens besetzten die Alemannen, die zugleich über den Rhein und die Donau gingen; das südliche Gallien verheerten die Sueven, Alemannen und Vandalen, zogen aber bald meist weiter über die Pyrenäen nach Spanien, wo sie in den besten Gegenden sich niederließen und anbauten; an den Küsten Galliens landeten die Sachsen und nahmen die sichersten Hafenplätze ein. Die bedeutendsten Provinzen des Abendlandes gingen dem Reiche veloren.

Der Haß Roms wegen so großer Verluste und aller Drangsale dieser unheilschwangeren Zeit traf gerade den Mann, der dem gänzlichen Untergange vorgebeugt hatte. Mit empörendem Undank klagte man Stilicho des Verrats an, mit Fassung ertrug er den Tod. Die fremden Hilfsvölker, die er zum Schutze des Reichs herbeigerufen hatte, meist germanische Krieger, wurden zum großen Teil niedergemetzelt. Was sich von ihnen retten konnte, flüchtete zu Alarich, der in der letzten Zeit mit Stilicho in vertrauteren Verhältnissen gestanden hatte. Alarichs Zorn war erregt, sein Entschluß gefaßt; gegen *Rom* zückte er das Schwert, um das vergossene Blut der Germanen zu rächen.

Mit einem wohlgerüsteten Heere rückte der Westgotenkönig im Jahre 408 gegen Rom und belagerte die Stadt. Obwohl sie etwa eine Millionen Menschen enthielt, vermochte sie doch nichts anderes, als mit ungeheuren Summen den Abzug des Feindes zu erkaufen. Und schon im folgenden Jahre stand Alarich abermals vor den Toren der Stadt und verließ sie nicht eher, als bis man dem elenden Honorius das Diadem genommen und Attalus, ein Geschöpf seiner Gnade, auf den kaiserlichen Thron gesetzt hatte, den er selbst, der Gote, verschmähte. Als Attalus seinen Erwartungen nicht entsprach, schickte Alarich Purput und Diadem als Gnadengabe an Honorius zurück, rückte aber nichts destoweniger zum dritten Male vor Rom und erstürmte die Stadt am 24. August des Jahres 410. So war es denn zu dem Äußersten gekommen, was tiefblickende Geister schon lange geahnt hatten, wenn sie auf die Verderbnis Roms ihren Blick richteten: auf den Schutt der Stadt setzte der siegreiche Barbar seinen Fuß, ihren Boden stampfte der Huf fremder Reiterscharen, und dem Schwerte des Bezwingers mußte der stolze Römer den Nacken beugen.

Wohl hatte Alarich einst den Römern, als sie aus Besorgnis für ihr Gold ihn verzweifelnd fragten, was er ihnen denn lassen wolle, die höhnende Antwort gegeben: „Das Leben!“; dennoch zeigte er sich hochherzig und milde im Siege. Ein Teil der Stadt ging freilich beim Sturme in Flammen auf, aber nach der Einnahme wehrte Alarich allen Gewalttaten und schonte, obwohl Arianer, die Kirchen der Andersgläubigen. Schon nach wenigen Tagen verließ er die Stadt und zog nach Unteritalien, um nach Sizilien und Afrika überzusetzen und auch diese Länder seinem Schwerte zu unterwerfen. Aber der Tod ereilte ihn unvermutet inmitten seiner Siege. Die Goten wählten ihrem großen Fürsten, dem Eroberer Roms, in dem Bett des Busento das Heldengrab. Durch die Wahl des Kriegsvolks wurde Athaulf, der ebenso schöne als tapfere Schwager Alarichs, zum König erhoben; Mut und Gest strahlten aus dem hellen Auge des Jünglings, und Großes versprach sich das Volk von diesem Führer.

Roms Schicksal lag in Athaulfs Händen. Wie er selbst später gestand, war sein erster Gedanke, den römischen Namen auszulöschen, alles Römerland seinem Volke zu unterwerfen, an die Stelle des Römerreichs ein Gotenreich zu setzen und selbst den Platz des Cäsar Augustus einzunehmen. Es fehlte ihm weder an Kraft noch an Geist, um ein solches Werk anzugreifen. Aber die Erwägung, daß sein Gotenvolk nicht nach *einem* für alle gleichen Recht regiert werden und ohne ein solches Recht der Staat nicht bestehen könnte, ließen ihn von demselben abstehen; nicht minder hielt ihn wahrscheinlich die Liebe Honorius' Schwester Placidia zurück, die als Gefangene oder als Geisel in das Lager der Goten gekommen war und durch den Glanz ihrer Geburt, ihre Schönheit und feine Bildung den jungen germanischen Fürsten bezaubert hatte. Athaulf stand von seinem ersten Vorhaben ab und setzte sich nun zum Ziel, mit den Kräften der Goten das römische Reich herzustellen und zu erneuern.

Nach dem Willen des Kaisers zog Athaulf nach Gallien, das großenteils in den Händen der Germanen war und wo die letzten Reste römischer Herrschaft rebellische Anführer an sich gerissen hatten und den kaiserlichen Namen mißbrauchten. Athaulf siegte über die Empörer, unterwarf einen Teil Galliens wieder dem Gebote des Kaisers zu Rom und nahm sich in der Vermählung mit Placidia den langersehnten Lohn. Aber gerade diesen Lohn mißgönnte man ihm, und Athaulf mußte alsbald gegen das Reich, das er hatte verteidigenwollen, sein Schwert ziehen. Als er dann mit seinem Volke über die Pyrenäen ging, um auch spanisches Land seinen Goten zu unterwerfen, fiel er zu Barcelona durch Mörderhand. Nach seinem Tode setzten die westgotischen Könige die Eroberungen jenseits der Pyrenäen fort; erst für den Kaiser, der ihnen dafür die südlichsten Teile Galliens abtrat, dann im Kriege gegen den Kaiser. Allmählich gewannen sie fast das ganze spanische Land. Die Herrschaft der Sueven wurde auf Gallicien beschränkt; die Vandalen verließen das Land und gingen nach Afrika hinüber, wo sie auf der Stelle des alten Karthago eine Kriegsherrschaft gründeten (439) und sich als Seeräuber geraume Zeit allen Völkern am Mittelmeere furchtbar machten; das Volk der Alanen unterwarf sich diesseits und jenseits der Pyrenäen den Goten.

Denn auch auf gallischem Boden, wo noch immer die Könige der Westgoten ihren Herrschersitz zu Toulouse hatten, war inzwischen weiter und weiter die Macht ihres Volkes ausgebreitet worden, und alle Versuche der Römer, die Herrschaft Galliens zu behaupten, zeigten sich als vergeblich. Um die Goten zu bekriegen, hatte Honorius den Burgundern, welche die katholische Lehre angenommen hatten, das obere Germanien abgetreten und sie in seine Dienste genommen: aber schon beschritten auch die Burgunder selbständig die Bahn der Eroberungen, während Franken und Alemannen zugleich immer von neuem verheerend das Land durchzogen. Zum letzten Male brachte hier den römischen Namen zu Ehren der treffliche Aetius, als er nach Honorius Tode für den unmündigen Valentinian III. die Regierung führte. Er war von vornehmer Abkunft, am Hofe und im Heere des Kaisers erwachsen; ein ausgezeichneter Kriegsmann, hatte er sich doch auch mit allen Geschäften des Feindes vertraut gemacht; Arbeit galt ihm als Luft, Anstrengungen und Entbehrungen schien es für ihn nicht zu geben; dabei war er ohne Habsucht, ohne niedere Leidenschaften, gegen die Einflüsterungen schlechter Ratgeber taub. Gab es einen Mann, um Roms gesunkene Macht wieder aufzurichten, so war sicherlich er es. Und in der Tat schlug er die Westgoten, Franken, Alemannen und Burgunder nacheinander, überwältigte den inneren Krieg und stellte die aufgelöste Ordnung in den Provinzen her. Aber doch konnte auch er den germanischen Eroberungen in Gallien nicht wehren. Die Westgoten drangen nördlich bis zur unteren Loire vor; die Burgunder breiteten sich, nachdem sie ihre Herrschaft in Obergermanien durch unglückliche Kämpfe gegen Römer und Hunnen verloren und neue Wohnsitze im Juragebirge und auf der Westseite der Alpen gewonne hatten, von hier nach und nach bis zur oberen Loire aus; in ihre alten Wohnsitze in

Obergermanien rückten Alemannen ein; das niedere Germanien blieb in den Händen der Franken, unter denen die Salier, von ihrem König Chlogio geführt, eben damals ihre Sitze bis zu der Somme erweiterten. Das römische Reich bewahrte von dem gallischen Lande nichts als die Striche zwischen der Loire, Somme und Maas auf beiden Seiten der Seine.

Während die Germanen so überall in Gallien vordrangen, begannen sie auch bereits jenseits des Ozeans in Britannien ihre Eroberungen. Von dem Schutz der römischen Legionen verlassen, waren die Briten, die längst die Führung der Waffen verlernt hatten, eine leichte Beute jedes Feindes. Von den Picten vom Norden her bedrängt, von den Scoten vom Westen, des sächsichen Seeräubern im Osten angegriffen, war das Land ohne Leitung und Führung in der hilflosen Lage. Um das Jahr 430 gewannen die Briten noch einmal durch den Bischof Germanus von Auxerre, der von Gallien herübergekommen war und durch die eindringliche Kraft seiner Rede die rechtgläubige Bevölkerung ermutigt hatte, einen Sieg über die Picten und Sachsen: aber bald drangen die Feinde von neuem in das offene Land, und vergeblich wandten sich die Briten im Jahre 446 an Rom um Beistand. „Die Barbaren", ließen sie Aetius melden, „treiben uns zum Meere, das Meer zu den Barbaren; wir werden erwürgt oder müssen ertrinken." Von Aetius zurückgewiesen, gaben sie sich endlich in den Schutz sächsischer Häuptlinge und boten ihnen Land und Gold. So wurden die Picten besiegt, aber sofort verstärkten sich auch die siegreichen Sachsen durch nachziehende Scharen ihres Volkes und der Angeln, eines im jetzigen Jütland damals weitverbreiteten deutschen Stammes, griffen dann die Briten selbst an und gründeten das Königreich Kent, von dem sie ihre Macht weiter und weiter über die Insel ausdehnten. Die Briten, von der unwiderstehlichen Gewalt der Feinde zurückgedrängt, verließen zum Teil ihr Inselland und wandten sich zu ihren Stammgenossen an der Norwestküste Galliens, wo sich das keltische Wesen noch am reinsten gegen das Römertum behauptet hatte und durch sie jetzt neue Kräftigung erhielt. In dem allgemeinen Kriege Galliens suchten dann auch die Britannen, die der heutigen Bretagne den Namen gegeben haben, mit den Waffen sich gegen Goten und Römer eine selbständige Macht zu gewinnen.

Römer und Goten, Franken und Burgunder, Alanen und Alemannen, Britannen und Sachsen – denn auch sächsische Seeräuber hatten sich wieder an den Mündungen der Loire festgesetzt – kämpften um den Besitz Galliens. Alles war hier noch in wildgärender Bewegung: da führte im Jahre 451 der Hunne Attila ein gewaltiges Heer (auf 700 000 Mann wird es angegeben) über den Rhein und drang in das Herz des Landes, bis zur Loire in glücklichen Kämpfen vor.

Einst schien sich an der unteren Donau der Kampf zwischen Römern und Deutschen entscheiden zu sollen, aber vor einem gewaltigeren Feinde hatten hier die streitenden Parteien den Kampfplatz gräumt. Die östlichen germanischen Stämme waren den Hunnen erlegen, Konstantinopel zahlte demselben Feinde Tribut und hatte ihm die Donaumündungen geräumt: Römer und Germanen in gleicher Weise beugten sich im Osten vor den Mongolen. Aber im Westen hatten die Deutschen den Streit gegen Rom sofort aufs neue begonnen und mit besserem Erfolge geführt als je zuvor; nur der Kampfplatz war geändert, und auf gallischem Boden schien sich entscheiden zu sollen, was an der Donau nicht zum Austrag gebracht werden konnte. Schon neigte sich der Sieg augenscheinlich den Germanen zu, als der Mongole auch hier heranstürmte, um die auf dem neuen Plan streitenden Kämpen zu überfallen und in gleicher Weise sich zu unterwerfen. Nicht darum handelte es sich in diesem Moment, ob die Zukunft der Welt den Römern oder Germanen gehören, sondern ob ganz Europa den Hunnen dienstbar werden sollte.

So fürchterlich schon früher die Beutezüge der hunnischen Horden gewesen waren, so gewannen sie doch eine neue, noch vernichtendere Gewalt, seitdem Attila die Herrschaft über alle Horden und die ihnen unterworfenen Stämme in seiner Hand vereinigt hatte. Plan und Zusammenhang kam erst jetzt in die mannigfachen Unternehmungen des siegreichen Volkes, dessen Schreckensherrschaft sich unter *einem* Haupte dauernd zu befestigen drohte. Alle Stämme des inneren Germaniens mußten sich Attila beugen, sobald sie angegriffen wurden. Die östlichen deutschen Stämme und die neben und unter ihnen wohnenden Slawen folgten willenlos dem mächtigen Chan; Konstantinopel und Rom brachten ihm zitternd Tribute; vom Rhein bis zur Wolga, von der Donau bis zur Weichsel und zur Elbe war sein Wort allmächtig. Jene Zeit war an gewaltigen Persönlichkeiten nicht arm, aber sie alle verdunkelte die außerordentliche Erscheinung dieses Mongolenhäuptlings. Nur in einer Periode, wo alle inneren Bande und festen Ordnungen der Völker zusammengefallen, erschlafft oder gelöst waren, vermochte ein einzelner Mann, dem kaum andere Mittel zu Gebote standen, als ein heller Blick, fester Wille und kühner Mut, eine so einzige Stellung zu gewinnen.

An den östlichen Grenzen Daziens hatte er sich seine Residenz erwählt. In Eile war sie aufgeführt und bestand nur aus hölzernen Gebäuden, aber sie war weitläufig, volkreich und alles mit reinlicher Sorgfalt gehalten; unermeßliche Schätze, die Beute der eroberten Länder, hegte sie in sich. An dem Hofe des Chans herrschte die ausgesuchteste Pracht, die sogar Griechen und Römer in Verwunderung setzte; selbst an geistigen Genüssen fehlte es nicht, denn aus den entferntesten Gegenden der Erde zog der Name des mächtigen Fürsten lebhafte Geister herbei. Gesandtschaften aus allen Teilen der Welt begegneten sich hier; neben der hunnischen Sprache wurden die gotische, lateinische und griechische am Hofe gehört. Attila selbst ließ in seiner Körperbildung seinen Ursprung nicht verkennen; er war von kleinem Wuchs, auf breiten Schultern ruhte ein großer Kopf, die Gesichtsfarbe war dunkel; die Nase aufgestülpt, die Augen klein und der Bart nur spärlich. Aber stolz trat er auf, und das Auge blitzte nach allen Seiten; Selbstbewußtsein und Herrschsucht sprachen aus seinen Mienen, die einen ernsten, fast finsteren Ausdruck hatten. Er lebte einfach; aus hölzernen Gefäßen nahm er Speise und Trank, und auch in Kleidung und Waffen unterschied er sich nicht von den anderen Hunnen. Aber darum wollte er doch als Herr der Welt anerkannt und geehrt sein. Als man ihm einst ein Bild zeigte, auf dem die römischen Kaiser auf goldenem Thron sitzend dargestellt waren und zu ihren Füßen am Boden unterwürfige Hunnen, ließ auch er sich auf seinem Königsstuhl abbilden und vor ihm die römischen Kaiser, wie sie die Goldsäcke heranschleppten und zu seinen Füßen ausschütteten. Er war ein Barbar, aber ein Barbar, der mit feinem Blick die Welt überschaute. Es entging ihm nicht, was bei den Persern am Euphrat geschah, mit seinem Einfluß leitete er den Hof zu Konstantinopel, zu Rom lauschte man auf sein Wort, zu Karthago bei dem Vandalenkönig fand man seine Gesandten. Voll fester Zuversicht auf das Schwert des Kriegsgottes, das er in Händen zu haben wähnte, glaubte er seinem Willen die ganze Welt beugen zu können.

Als Attila in Gallien eindrang, traf er zuerst auf die Franken, die seinen Zug nicht aufhalten konnten; dann griff er das Land der Römer und Westgoten an. Erst vor Orleans fand er Widerstand: die Stadt, durch den Zuspruch ihres Bischofs Namatius ermutigt, schloß ihm die Tore, und wunderbarerweise erschien ihr noch in der letzten Stunde Hilfe. Aetius war es gelungen, bei der dringenden Gefahr die von den Hunnen bedrohten germanischen Stämme in Gallien mit den Römern zu vereinigen. So wurde Orleans entsetzt, und Attila wandte sich zum Rückzug. Das vereinte Heer der Römer, Westgoten und salischen Franken folgte unverzüglich ihm nach, und auf den weiten Ebenen an der Marne, Aube und Seine zwischen Troyes und Chalons kam es zu einer jener mörderischen Schlachten, die auf Jahrhunderte hin über die Schicksale der Menschen entscheiden (451). Attila räumte, besonders durch die Westgoten bedrängt, den Kampfplatz, und mit dem Schlachtenruhm entschwand sein Glück. Es war in derselben Gegend, wo sich für immer das Glück von jenem größten Völkerbezwinger unserer Zeit wandte, in dem sie einen zweite Attila gezeugt zu haben schien.

Attila ging über den Rhein zurück und nahm im folgenden Jahre seinen Weg gegen Italien und Rom. Ungehindert überstieg er die Alpen und drang bis zum Adratischen Meer vor. Aquileja und andere volkreiche Städte an dieser Küste wurden zerstört; zitternd flüchteten sich die Bewohner auf die nahe gelegenen Inseln, wo nun erst Venedig, eine Inselstadt eigenster Art, ihren Ursprung gewann. Das ganze nörliche Italien fiel in die Hände der Hunnen. Rom blieb vor ihrer Wut verschont, doch retteten nicht die Heere des Kaisers die Stadt, sondern die Bitten und Vorstellungen des römischen Bischofs Leo, der sich in das Lager der Hunnen begeben hatte. Noch einmal wagte Attila sich dann nach Gallien, doch noch einmal fand er dort an den Westgoten Widerstand. Als er sich dann abermals nach Italien wenden wollte, raffte ein plötzlicher Tod ihn dahin (453). Schnell wie sie entstanden war, endigte seine Herschaft: die unterworfenen germanischen und slawischen Stämme machten sich frei, und die Hunnen kehrten bald in jene Steppen Asiens zurück, aus denen sie gekommen waren. Wie eine Feuerkugel zuweilen vom nächtlichen Himmel herabschießt, die mit ihrem Glanze die Sterne überstrahlt und weithin das Dunkel erhellt, wie dann aber plötzlich ihr helles Licht erlischt und keine Spur der Erscheinung zurückbleibt, nur daß die Menschen noch lange Wunderbares davon erzählen: so sank Attilas Macht plötzlich in das Nichts, und keine Spur blieb von ihr auf Erden zurück, aber in Lied und Sage klang sein Name durch die Zeiten fort; in den Jahrbüchern der Römer wie in unseren deutschen Heldenliedern lebt er bis auf den heutigen Tag.

Sobald die hunnische Macht gebrochen war, erhoben sich die germanischen Völker aufs neue zur Freiheit, Roms Herrschaft aber ging im Abendlande mit schnellen Schritten dem Untergange entgegen. Aetius fiel durch Mord, und Kaiser Valentinian selbst war sein Mörder; doch Aetius fand seinen Rächer, und auch Valentinian endete bald nachher durch Mörderhand. Italien war ohne allen Schutz; die Vandalen, die mit ihrer Flotte das Mittelmeer beherrschten, plünderten die Küsten, drangen gegen Rom vor und eroberten abermals die Stadt, die von ihnen schonungsloser als einst von den Goten behandelt wurde (455). Eine kaiserliche Macht gab es nicht mehr; die Männer, die in schnellem Wechsel mit den kaiserlichen Namen bekleidet wurden, waren entweder ohnmächtige Werkzeuge in der Hand der Westgoten- und der Burgunderkönige oder abhängige Geschöpfe des Hofes zu Konstantinopel oder endlich lediglich jenen barbarischen Kriegsscharen dienstbar, die in Italien standen.

Eine selbständige Macht entstand in diesem Lande erst wieder, als die Heruler, Skiren, Rugier, Goten, Thüringer und andere Deutsche, die im römischen Solde dienten, Odoaker, einen aus ihrer Mitte, der als gemeiner Kriegsmann nach Italien gekommen war, zu ihrem König erhoben, um sich so eine feste Herrschaft hier zu gründen (476). Ein Drittel des Bodens nahm Odoaker für seine Germanen in Anspruch und suchte eine neue Ordnung der Dinge in dem ganz zerrütteten Lande herbeizuführen. Aber nur siebzehn Jahre behauptete er sich. Der Kaiser von Konstantinopel, von den Ostgoten, die in Pannonien Sitze genommen hatten, jetzt nicht minder bedroht als einst von den Westgoten, richtete den kriegerischen Ungestüm jenes Volkes gegen den Westen und überließ dem jungen Theoderich aus dem königlichen Geschlecht der Amaler, der schon mit den ersten Würden des römischen Reichs geziert war, die italienischen Länder. So stiegen die Westgoten mit Weib und Rind von den Alpen hinab. Nach dreijährigem heißen Kampfe unterlag Odoaker (493), und Theoderich wurde nicht nur Herr von ganz Italien und Sizilien, sondern dehnte sein Reich auch über die Ostküsten des Adriatischen Meeres und über weite Gegenden im Norden der Alpen aus. Es unterwarfen sich ihm außer Rätien, schon zum Teil von Alemannen besetzt, auch die norischen Länder, die, seit langer Zeit vewüstet und völlig entvölkert, nun wieder neue Anbauer erhielten. Es waren Markomannen, wahrscheinlich mit anderen suevischen Stämmen gemischt, die sich vom Lech bis zur Enns ansiedelten und die wir um das Jahr 520 mit dem gemeinsamen Namen Bayern, der den alten keltischen Bojern entlehnt ist, bezeichnet finden.

Das umstrittene Land war noch immer Gallien. Im Süden erhielt sich die Macht der Westgoten, im mittleren Teile breitete sich das Burgunderreich aus, vom Norden her drangen die Franken unter ihrem kampflustigen König Chlodovech vor, während selbst nach dem Verfall des Westreichs sich noch Syagrius, ein römischer Befehlshaber, in den Seinegegenden als selbständiger Herr gegen die Germanen zu behaupten versuchte. In der Schlacht bei Soissons schlug ihn Chlodovech endlich aufs Haupt und nahm das letzte freie römische Gebiet in Gallien, wie überhaupt im Abendlande, mit seinen Franken ein (486). Das römische Westreich hatte aufgehört, der Kampf, der jahrhundertelang die Welt bewegt hatte, war beendet.

Alle deutschen Stämme hatten, wenn sie auch nicht nach einem gemeinsamen Plan handelten, doch an der großen Entscheidung Anteil gehabt; die Zerstörung des römischen Reichs war das Ergebnis ihrer vereinten Kraftanstrengungen, und ihnen allen, wie weit sich auch in der Folge ihre Wege trennten, blieb doch in gleicher Weise die Erinnerung an jene gewaltigen Kämpfe. Diese Erinnerung gestaltete sich zu einer reichen Sage, aus der die deutschen Dichter in derselben Weise immer neue Nahrung schöpften, wie einst die griechischen Sänger aus der Sage vom Falle Trojas. Die Heldenlieder der früheren Zeit verklangen früh, nicht einmal

Armins Name erhielt sich im Gesange; die vielgestaltige, immer neue Lieder zeugende Heldensage aber, die sich an die Goten Ermanarich Theoderich, an den Burgunder Günther und den Hunnen Attila anschließt, lebte fort und blieb allen deutschen Stämmen vertraut. Es ist, als ob die Deutschen doch eine Ahnung davon in sich trugen, wie groß die Geschicke waren, die sich damals um sie und durch sie vollzogen haben.

7. Gründung germanischer Staaten auf römischem Boden

Die Zeit jener gewaltigen Umwälzung aller Völker- und Staatenverhältnisse, einer Revolution Europas, wie niemals wieder eine gleiche erfolgt ist, pflegt man die Zeit der *Völkerwanderung* zu nennen. Denn es war nicht ein Wandern einzelner nomadisierender Horden oder ein unstetes Umherschweifen abenteuernder Kriegsscharen, welches so gewaltige Veränderungen hervorrief, sondern große längst seßhafte Völker verließen mit Weibern und Kindern, mit ihrem Gesinde und ihrer Habe die alten Sitze und suchten sich in weiter Ferne eine neue Heimat. Die Lage der Einzelnen, der Gemeinden, der ganzen Völker wurde da mit Notwendigkeit völlig verändert: die alten Besitzverhältnisse lösten sich auf, die bisherigen Bande der Gesellschaft wurden gelockert, die Grenzen der Länder verloren ihre Geltung. Gleichwie durch ein Erdbeben wohl eine ganze Stadt in einen Schutthaufen verwandelt wird, so wurde durch diese massenhafte Völkerwanderung das ganze politische System der Vorzeit über den Haufen geworfen. Eine neue Ordnung der Dinge mußte sich gestalten, wie sie den völlig veränderten Verhältnissen der Völker entsprach.

Die germanischen Stämme waren vor allen anderen in den Strom dieser Wanderung hineingerissen worden; ihre Grenzen waren daher am meisten verrückt, ihre staatlichen Verhältnisse am meisten verschoben worden. Überblickt man den ungeheueren Wandel der Dinge, nachdem die Bewegung allmählich in Stocken und Stillstand geriet, so zeigt sich zunächst, wieviel der deutschen Volkstümlichkeit im Osten und Norden verlorengegangen war. An der unteren Donau, wo die Goten eine Zeitlang so mächtig geboten, saßen als letzte dürftige Reste der germanischen Herrschaft nur noch die Stämme der Langobarden und Gepiden, und auch sie sollten bald diese Gegenden räumen. Die Länder an der Weichsel und Oder, wie die Küsten der Ostsee waren eingebüßt und slawischen Stämmen, die nun ungehindert vordrangen, geräumt; nur bis zur Elbe reichte noch das deutsche Land, und bald nahmen slawische Stämme auch Böhmen ein und rückten bis zur Saale und an den oberen Main vor. An der Niederelbe allein wohnten Sachsen noch auf das jenseitige fruchtbare Ufer hinüber, und an den Marschen an der Nordsee behaupteten sich die Friesen bis tief in die nördliche Halbinsel hinein. Doch war auch hier das Gebiet der Deutschen erheblich verkürzt, da Dänen und Jüten, als die Angeln die Halbinsel verlassen hatten, von Skandinavien und den Inseln her in das herrenlose Land eingefallen waren, welches sie fortan besetzt hielten. Nach Westen und Süden schien freilich doppelt und dreifach gewonnen, was im Norden und Osten eingebüßt war, da alle die einst so reichen und schönen Provinzen des Westreiches als Beute in die Hände der Germanen gefallen waren: bis zum Ozean und zum Mittelmeer hin hatten sie als Sieger sich alles Land unterworfen und noch über die Meere hinaus in Britannien und Afrika ihre Macht festgestellt.

Nur wenige Stämme hatten, wie die Friesen und ein Teil der Sachsen und Thüringer, ihre urspünglichen Sitze bewahrt; die meisten waren weit von ihrer alten Heimat verschlagen worden. Völker, denen wir zuerst an der Ostsee begegnen, siedeln sich in Afrika an und gründen hier eine Herrschaft. Stämme von der Weichsel her sehen wir erst an den Donaumündungen, dann in den Pyrenäen sich niederlassen. Ein Volk, das einst an der Neiße und Warthe wohnte, kommt an der Loire und Rhone zur Herrschaft. Namen, die am Fuß der Sudeten zuerst hervortreten, verklingen am Guadalquivir.

Es konnte nicht anders sein, als daß durch solche Wanderungen die germanischen Stämme auch in sich selbst die bedeutendsten Umgestaltungen erlitten. Wie wurden sie nicht gespalten und auseinandergerissen! Die Stämme, die einst zu dem großen Verband der Goten gehört hatten, treten meist unter ihren früheren Namen hervor und erscheinen in voller Selbständigkeit; überdies erweitert sich die Trennung der Ostgoten und Westgoten zu zwei völlig geschiedenen Völkerschaften. Die Franken finden wir in salische und ripuarische Franken geschieden. Die Sachsen, die über den Ozean gegangen waren, verlieren allmählich jede Verbindung mit den daheimgebliebenen Stammesgenossen, und diese selbst spalten sich in Westfalen, Ostfalen und Engern. Und auch wo eine solche durchgreifende Spaltung im Volke nicht eintrat, lösten sich doch häufig einzelne Gaue von der Gesamtverbindung des Volkes ab und zogen ihre besondere Straße. So schlossen sich Langobarden an die Sachsen auf ihrem Zuge nach Britannien an, und später begleiteten wiederum Sachsen die Langobarden nach Italien. So blieben Alanen in Gallien zurück, als die Hauptmasse des Volkes nach Spanien zog. Thüringer erscheinen an der Waal und in den Maasmündungen wie unter den Heereshaufen des Odoaker, während die Hauptmasse des Volkes die alten Sitze desselben im Inneren Deutschlands bewahrte. Und überall, soweit die Wanderungen der Germanen reichten, begegnen uns zerstreut gotische und suevische Scharen.

Es war zu befürchten, daß mit dem Verlassen der alten Wohnsitze auch der Bestand der alten Gemeindeverbindungen sich ganz und gar auflösen würde; wir wissen ja, wie eng diese mit dem Boden zusammenhingen, wie sie vor allem auf dem Grundbesitz ruhten. Nun ist gewiß, daß, wo nun die Germanen inmitten der Römer saßen, jene gleichmäßige Verteilung des Landes, auf die sich vornehmlich die alte Verfassung gründete, wie jene enge, nachbarschaftliche Gemeinschaft, welche die freien Männer zur Gemeinde gleichsam von selbst zusammenschloß, nicht herzustellen war. Aber es lösten sich darum nicht ganz die alten Gemeinden auf. Meist scheinen die Gaugenossen sich vereint auf die Wanderung begeben und auch auf dem eroberten Boden ihre alte Gemeinschaft festgehalten zu haben, und wo sich der Gau auflöste, blieb mindestens die Hundertschaft zusammen und erhielt durch allen Wechsel hindurch die Eigentümlichkeit der alten Verfassung. Kehrten die Germanen doch auch sonst bald zu ihren alten Gewohnheiten zurück; kaum hatten die Westgoten in Spanien Land erlangt, so verfluchten sie, wie ein römischer Schriftsteller sagt, ihre Schwerter und ergriffen den Pflug. So erhielt sich mitten unter der römischen Welt mehr von der germanischen Gemeindeverfassung, als man hätte erwarten sollen. In dem Inneren Deutschlands aber lebte sie im allgemeinen ungebrochen durch diese Zeiten fort und wurde von hier auch auf die Gegenden übertragen, die entweder mit dem deutschen Boden in unmittelbarer

Nachbarschaft lagen oder in denen, wie zum Beispiel in Britannien, die alte Bevölkerung fast ganz von den Germanen verdrängt war. Mit der Gemeindeverfassung zugleich hat sich hier dann auch deutsches Wesen und deutsche Sprache dauernd befestigt.

Durch ihre alte Verfassung blieben den Germanen jener Freiheitssinn und jene Kraft bewahrt, die ihnen den Sieg über das römische Reich verliehen hatten, aber der lange Kampf hatte ihnen zugleich gezeigt, daß ohne eine starke leitende Gewalt dauernde Erfolge nicht zu erzielen seien. Alle die Völker, welche sich in den Kampf gegen die Römer stürzten, hatten unter den Römern gefochten, unter ihnen die Macht der Römer zerstört und das weite Reich in Besitz genommen; sie erkannten bald, daß sie nur unter Königen sich im Besitz erhalten konnten. Die Sachsen und Friesen, die in ihren alten Sitzen geblieben waren, bestanden freilich auch ferner ohne Könige, doch auch unter jenen sächsischen Scharen, die Britannien eroberten, hat sich sogleich das Königtum erhoben und befestigt. Als die Langobarden später unter der Führung von Königen Italien gewannen, machten sie einmal den Versuch, sich der königlichen Gewalt wieder zu entledigen, aber sie gaben ihn bald genug auf; das Königtum war für sie wie für die anderen erobernden Stämme eine Notwendigkeit geworden. Sobald die germanischen Stämme die Herrschaft über andere Völker gewonnen und sich ihre engen Verhältnisse erweitert hatten, mußten sie an ihre Spitze eine machtvolle Persönlichkeit stellen, in deren Hand sich die Herrschaft zusammenschloß, da ohne Einheit und Zusammenhalt jede Herrschaft auf die Dauer unmöglich ist. Und das Königtum war fortan unter ihnen nicht mehr eine schwache, leicht wieder zu beseitigende Gewalt, sondern durchdrang nun das Leben der Völker, war mit dem ganzen Sein und Wesen derselben innigst verwachsen.

Der König, aus dem Uradel seines Volkes hervorgegangen, auf Lebenszeit an die Spitze desselben gestellt, durch eine gewisse priesterliche Heiligkeit ausgezeichnet, war wesentlich und zuerst der oberste Kriegsherr und übte den Heerbann in Person oder durch seine Beamten über das ganze Volk. Wie aber die Germanen das Kriegswesen von der bürgerlichen Verwaltung nicht zu trennen gewohnt waren, ging auch diese vom König als der Quelle aller Gewalt aus, und durch dieselben Beamten, welche dem Heerwesen vorstanden, ließ er auch den Gerichtsbann üben. Noch urteilen wie seit alters her die freien Gemeindegenossen und beraten über ihre nächsten und eigensten Angelegenheiten, aber es geschieht unter der Leitung und dem Vorsitz eines königlichen Beamten, und tritt das ganze Volk zusammen, sei es zur Heerschau, sei es zur Beratung über das allgemeine Wohl, so erscheint der König selbst an der Spitze. Schon wird jede Übertretung königlichen Gebots mit der höchsten Geldbuße bestraft, und jede Verletzung der geheiligten Person des Königs zieht als unsühnbares Verbrechen den Tod des Schuldigen nach sich. Das Königtum ist den Germanen nicht von außen gekommen, sie haben es nicht von den Römern angenommen, aber auf die Entwicklung der königlichen Macht ist doch das Beispiel der römischen Kaiser nicht ohne Einfluß gewesen.

Ein starkes Königtum wird sich immer von einem glänzenden Gefolge umgeben zeigen, und die Glieder desselben müssen von selbst die Bedeutung eines bevorzugten Standes gewinnen. So erhebt sich denn auch in den neuen germanischen Staaten mit dem Könige und durch ihn seine Gefolgschaft zu einer hervorragenden Stellung. Alle, die im Gefolge des Königs stehen und zu persönlichem Dienst ihm verpflichtet sind, empfangen einen Abglanz von seinem Glanze und genießen die Vorteile seiner erhöhten Stellung mit. Denn höhere Ehren, reichlichere Schenkungen an Geld, an Land und eigenen Leuten konnte die Huld eines solchen Führers dem Gefolge bieten, als es vordem die armen Gaufürsten vermochten. Aus seinem Gefolge vorzugsweise wählte der König seine Beamten, welche seine Heere führten und die bürgerliche Verwaltung in seinem Reich leiteten; Männer aus seinem Gefolge waren es auch, die den Dienst am Hofe und um seine Person leisteten. Wie sich ein Hofstaat bald nach dem Muster des römischen gestaltete, wie die germanischen Könige die Abzeichen der römischen Herrscher annahmen, so stiegen auch die ersten und angesehensten Diener des Königs, der Marschall, Kämmerer, Truchseß und Mundschenk bald zu einer ähnlichen Bedeutung, wie sie die hohen Beamten am Hofe der Kaiser besaßen; sie erhielten neben dem Reichskanzler und Pfalzgrafen, deren Stellung römischen Einrichtungen nachgebildet war, ihren Platz. Zur Seite dieser hohen Würdenträger gewann dann eine große Zahl niederer Dienstleute am Hofe Raum, die alle nicht leer an Ehre und Auszeichnung blieben. Aus der Gefolgschaft des Königs bildete sich ein neuer Adel, aber dieser Hof- und Dienstadel bildete noch keinen erblichen Stand; noch immer war, wie in den ältesten Zeiten, das Band zwischen dem Gefolgsherrn und seinen Mannen ein rein persönliches, und allein die Huld des Herrn bestimmte die Rangstufen in dem Gefolge, die Geltung und den Dienst der einzelnen Glieder. Eben dadurch unterschied sich dieser neue Dienstadel, den die Könige schufen, von jenem uralten germanischen Erbadel, aus dem sie selbst hervorgegangen waren und dessen Bedeutung jetzt neben ihnen mehr und mehr verschwand. Aus dem Kriegsgefolge der Heeresfürsten ging der neue Adel hervor und hat seinen kriegerischen Ursprung niemals in der Folge verleugnet.

In solcher Weise bildeten sich über den alten Ordnungen der Germanen nicht zufällig, sondern mit Notwendigkeit neue Gewalten aus, die allerdings jene vielfach schwächten und zurückdrängten, aber doch keineswegs ganz zu beseitigen vermochten. Königsherrschaft und Volksfreiheit bedingten und beschränkten sich gegeneinander auf die mannigfachste Weise; sie begegneten sich überall in der lebendigen Entwicklung der Dinge, welche auszugleichen und zu vermitteln wußte, was sich seiner Natur nach zu widerstreben schien. Das Königtum sammelte und leitete die Kräfte der Völker zu bestimmten Zielen; vor der Despotie schützten der Freiheitssinn der Germanen und die aus demselben geborenen Gemeindeordnungen.

Sobald die Germanen sich in dem Besitz der eroberten Länder gesichert glaubten, begannen sie die Verhältnisse zu derselben, die durch den langen Kriegszustand in die ärgste Verwirrung geraten waren, so gut es ging, friedlich zu ordnen. Nur einen Teil des eroberten Landes nahmen sie für sich und ließen den anderen den alten Bewohnern zu eigener Bebauung. Ein gesetzlicher Zustand wurde hergestellt, die Rechtsverhältnisse wieder geordnet. Die Römer empfingen in ihrer Sprache und nach ihren Rechtsbegriffen von den germanischen Siegern neue Gesetzbücher, und selbst den Germanen, die nun inmitten einer römischen Bevölkerung saßen, ließen die Könige ihre alten Rechtsgewohnheiten, und zwar in römischer Sprache, verzeichnen. Ackerbau und Wohlstand hoben sich, sobald das Gefühl der Sicherheit wuchs, zumal die drükkenden Abgaben der Kaiserherrschaft entweder erleichtert oder ganz aufgehoben wurden. Die Sittenstrenge, welche die Deutschen selbst in diesen wilden Zeiten nicht eingebüßt hatten, die Treue und Redlichkeit, welche von jeher als Grundzüge ihres Charakters galten, wirkten vorteilhaft auf alle öffentlichen Verhältnisse zurück. Bald wurde man inne, daß diese Eroberer nicht wie einst die Römer vernichtend für die selbständige Entwicklung der Völker waren, daß sie fremdes Recht schonten, andere Sitten und Sprache ehrten und ihr Freiheitssinn einen erdrückenden Zwang selbst gegen Überwundene nicht aufkommen ließ. So führte das Eindringen der Fremdlinge in das römische Reich des Abendlandes nicht zu einer völligen Auflösung und Zerstörung aller gesellschaftlichen Ordnung, sondern bahnte vielmehr eine Umgestaltung derselben an, aus welcher dereinst, so tiefgreifend und stark sie war, doch noch hier eine Erneuerung des römischen Reiches vorangehen konnte. Ein neues Reis wurde auf den alten Baum gepfropft.

Vieles ging leider unwiederbringlich verloren: Länder, die seit Jahrhunderten zusammengehört und in allen Interessen verwachsen waren, wurden auseinandergerissen, dem Handel und Wandel die alten Bahnen und Richtungen genommen, Kunst und Wissenschaft verloren ihre Geltung und gingen mit reißenden Schritten dem Verfall entgegen, nützliche Staatseinrichtungen gerieten in unaufhaltsamen Ruin, das ganze Leben gestaltete sich rauher und kriegerischer. Und doch sahen viele Römer damals die Germanen nicht so sehr als Unterdrücker, wie als Befreier von dem unerträglichen Druck der Kaiserherrschaft an; sie fanden, diese rauhen Sieger seien ihnen eher Bundesgenossen als Herren, und besser sei es, mit ihnen frei und arm zu leben, als äußerlich glänzend unter dem Joch der Kaiser des Ostens und ihrer Beamten.

Die Reiche der Goten und Burgunder

Die Führer der Germanen haben geglaubt, daß sich auf ruhigem Wege die weitere Entwicklung der Dinge gestalten, daß das römische Reichsgebiet, nachdem sie es mit ihren Heeren besetzt hätten, friedlich fortan Germanen und Römer zugleich umfangen würde, ja sie hofften wohl gar, durch weise Sorgfalt sich dauernd den Dank der Römer zu gewinnen. „Mögen andere Könige", schreibt der Ostgote Theoderich, „ihren Ruhm in dem Untergang eroberter Städte suchen; unser Vorsatz ist es, unseren Sieg so zu benutzen, daß die Untertanen nur beklagen sollen, zu spät unsere Herrschaft erlangt zu haben." Die Könige der Germanen ließen sich, um den römischen Stolz nicht zu verletzen, so weit herab, daß sie sich selbst und ihre Völker nur als Fremdlinge bezeichneten, die gastliche Aufnahme im Reiche gesucht und gefunden hätten; sie erkannten zum Teil ausdrücklich ihre Länder nur als untergeordnete Teile des römischen Staates an, den sie nicht als einen neben anderen, sondern als den Staat schlechthin zu betrachten gewohnt waren. Manche von ihnen sahen in dem Kaiser zu Konstantinopel, so wenig sie sich auch von ihm Eingriffe in ihre Rechte gefallen ließen, doch geradezu einen Oberherrn, von dem sie Titel, Ehren und Würden mit nicht geringem Eifer nachsuchten und annahmen.

Die Goten und Burgunder, wie sie einst im Dienstverhältnis zu den Kaisern gestanden und durch Vertrag ihre ersten Niederlassungen im Reich erhalten hatten, haben sich vornehmlich eines solchen Gefühls der Abhängigkeit vom römischen Staatsleben niemals entschlagen, und dies hat sogar auf die Bildung ihrer Herrschaften einen verhängnisvollen Einfluß geübt. „Euch gehört mein Reich" – schrieb der Burgunderkönig Sigismund an den Kaiser Anastasius – „und Euch zu dienen, gewährt mir größere Befriedigung, als zu herrschen. Wenn wir auch zu regieren scheinen, so glauben wir dazu doch keinen anderen Beruf zu haben, als den Eure Beamten besitzen; ihr verwaltet durch uns nur die entlegenen Gebiete Eurer Herrschaft, und unser Land gehört zu Eurem Reiche." An denselben Kaiser Anastasius erklärte einst der Ostgote Theoderich: es sei nicht genug, daß zwischen dem Abendreich – er meint damit seine Herrschaft – und dem morgenländischen Kaisertum nur ein äußerlich gutes Vernehmen bestehe; sie müßten vielmehr sich mit ihrer Macht gegenseitig unterstützen, so daß *ein* Wille und *ein* Gedanke im ganzen Römerreiche lebe. Auch bezeichnete Theoderich seine Goten wohl als den Kriegerstand des römischen Reichs, und es schien fast, als ob er sich einzig und allein für den Kriegsobersten eines Heeres hielte, dessen fremde Bestandteile in dem Reiche nur deshalb Aufnahme gefunden und Bürgerrecht erhalten hätten, um die Grenzen desselben zu schützen und die innere Ruhe aufrecht zu halten. „Darin allein", sagt er einmal, „sind Goten und Römer unterschieden, daß jene die Kriegsarbeit auf sich nehmen, diese aber in Ruhe und Frieden sich mehren."

Aber in Wahrheit war kein innerer Zusammenhang zwischen der germanischen und römischen Welt, und in den neubegründeten Herrschaften selbst bestanden die größten inneren Gegensätze, welche sich nicht leicht friedlich ausgleichen ließen. Zwei Bevölkerungen wohnten in ihnen nebeneinander, nicht allein mit verschiedenen Sprachen, Sitten und Lebensgewohnheiten, mehr oder minder kastenartig abgeschlossen – selbst Familienverbindungen unter ihnen waren gesetzlich verboten oder wurden doch mindestens selten geschlossen –, sondern beide hatten überdies ihr gesondertes Recht, verschiedene bürgerliche Einrichtungen und spalteten sich endlich, was am schwersten in das Gewicht fiel, in ihrem Glauben und in ihrem kirchlichen Leben.

Erst in diesen Zeiten, wo alles zusammenbrach und unter den Trümmern des Reiches alles begraben zu werden schien, hatte sich die römische Welt ganz mit dem Ernst des Christentums erfüllt. Alles wahre geistige Leben hatte sich von dem Staat in die Kirche geflüchtet; die Massen, vordem durch kaiserliche Edikte nur äußerlich bekehrt, wurden jetzt erst durch Leiden innerlich zum Glauben geführt. Wie viele haben damals in der Zurückgezogenheit von der Welt das Glück gesucht, nachdem das weltliche Leben allen Reiz für sie verloren hatte! In abgelegenen Gegenden schlugen Männer, welche das täuschende Weltleben mit Abscheu erfüllte, Einsiedeleien auf. Gerade während Theoderich in Italien regierte, stiftete der heilige Benedikt das Kloster von Monte Cassino und begründete jene Ordensregel, die sich nachher über das ganze Abendland verbreitet hat; der Zudrang zu den Klöstern wurde bald so groß, daß man ihn durch Gesetze beschränken mußte. Die bischöflichen Kirchen, in großer Zahl längst im Reiche errichtet, wurden nun Mittelpunkte eines reichen, unendlich bewegten Lebens; schon waren sie nicht allein Stätten der Andacht, sondern hier fand der Leidende Hilfe, der Arme Unterstützung, der Ratlose Belehrung, hier ließen die Hadernden ihre Streitigkeiten schlichten. In den Bischöfen sah die römische Menge ihre natürlichen Vertreter und ihre Führer; dadurch erlangten sie eine Gewalt, die weit über ihre ursprünglichen geistigen Befugnisse hinausging. Und was war da natürlicher, als daß die Lehrstreitigkeiten, welche die Bischöfe bewegten, auch das ganze Volk erfüllten, und daß die, welche sie als Irrgläubige bekämpften und von sich stießen, auch der Menge als fluchwürdige Ketzer galten? Wo daher die fremden Herrscher einem anderen Glauben huldigten, entbrannte alsbald gegen sie der Glaubenseifer der Menge, und die Verschiedenheit des Bekenntnisses zeigte sich als eine schroffere Scheidewand als die Verschiedenheit der Nationalität. Nun aber gehörten Ostgoten, Westgoten und Vandalen seit der Annahme des Christentums dem Arianischen Bekenntnis an, und auch die Burgunder hatten unter dem Einfluß der Goten die katholische Kirche, in welche sie anfangs eingetreten waren, verlassen und waren zum Arianismus übergetreten. So erfüllten denn endlose Glaubensstreitigkeiten sofort die Reiche dieser Völker und verscheuchten aus ihnen den inneren Frieden. Was das Schwert verbunden hatte, trennte das Symbol der Kirche, und die von den Germanen unterworfenen Römer sahen trotz allen Drucks der Kaiserherrschaft doch bald wieder sehnsüchtig nach dem Morgenlande hinüber, wo das Nizäische Bekenntnis siegreich herrschte, zumal sie sich immer noch eines inneren Zusammenhangs mit der römischen Welt des Ostens bewußt waren.

Unhaltbar war der Zustand der meisten germanischen Reiche, wenn es nicht gelang, eine engere Verbindung der germanischen Könige herbeizuführen, um durch dieselbe eine Einheit der abendländischen Welt herzustellen und dann mit vereinten Kräften das Römertum in der Unterwürfigkeit der Germanen zu erhalten. Hierauf hat Theoderich mit unendlicher Ausdauer sein Streben gerichtet und es die undankbare Aufgabe seines Lebens sein lassen, die deutschen Fürsten unter seiner Leitung zu einigen. Er hielt sich vor allen zu diesem Zwecke berufen, einmal, weil er im Besitze Roms und Italiens stand, dann aber, weil er, vom Kaiser Zeno (wir wissen nicht, in welchem Sinn und unter welchen Umständen) als Sohn adoptiert, sich kaiserlichen Geschlechts meinte rühmen zu können. Hierdurch glaubte er einen Vorrang vor den anderen deutschen Fürsten zu besitzen und suchte sie für die Anerkennung desselben auf alle Weise zu gewinnen, indem er mit den einen Verträge schloß, bei anderen durch Verschwägerung sich enger verband; selbst die noch heidnischen Thüringer, welche im Inneren der deutschen Länder ihre Herrschaft von der Elbe bis zur Donau ausgedehnt hatten, bestrebte er sich in seinen großen Völker- und Friedensbund zu ziehen.

Theoderich war der erste große Friedensfürst der Germanen, und in ihm erkennen wir jenen weisen Dietrich von Bern, dessen hohe und ernste Gestalt in der Sage von einem Geschlecht zum anderen fortlebt. Aber so hochherzig seine Absichten waren, scheiterte doch der germanische Staatenbund an den kühn aufstrebenden Frankenkönigen, und auch die prächtige Blüte, zu der Italien unter Theoderichs weiser Herrschaft gediehen war, zerfiel nur allzubald. Nach seinem Tode zeigten sich sogleich deutliche Spuren, wie innerlich schwach und gebrechlich auch dieses Reich war, welches eine Zeitlang den anderen germanischen geleuchtet hatte.

Das fränkische Reich

Unter ähnlichen Verhältnissen wie die anderen germanischen Reiche war die Herrschaft der salischen Franken in Gallien von dem Merowinger Chlodovech begründet worden und doch in ganz besonderer Weise. Nicht gleich auf *einen* Anlauf fiel Chlodovech alles zu, sondern Schritt für Schritt rückte er vor; er suchte sich den alten Gewinn zu sichern, ehe er auf einen neuen sein Auge richtete. Aber auch so dehnte sich sein Gebiet mit wunderbarer Schnelligkeit aus. Nur in engen Grenzen auf belgischem Boden herrschte er anfangs: Somme und Maas schlossen noch die Sitze der salischen Franken ein, und selbst in diesem kleinen Gebiet mußte er die Herrschaft mit anderen Stammeskönigen teilen; der Mittelpunkt seines Reiches war Tournay. Es gelang ihm – wir wissen nicht, wann und wie –, das ganze Gebiet der Salier zu vereinen; es gelang ihm überdies, das letzte römische Heer in Gallien zu schlagen und zu vernichten (486). Das Land bis zur Seine und bald darauf bis zur Loire fiel so ihm zu; erst wurde Soissons, dann Paris die Hauptstadt des Reiches. Hatten die Salier in ihren alten

Sitzen die keltisch-römische Bevölkerung des Landes so gut wie vernichtet und den Boden nach Willkür an sich gerissen, so verfuhren sie bei ihren neuen Eroberungen gegen die alten Bewohner mit Schonung; weder verdrängt wurden diese noch verknechtet, sondern behielten ihren Grundbesitz, ihre persönliche Freiheit und ihr eigenes Recht. Nicht einmal eine Teilung des Landes schien erforderlich, wie sie die Goten und Burgunder in Gallien vorgenommen hatten. Das Staatseigentum, die verlassenen und die konfiszierten Grundstücke reichten hin, um den König und sein Gefolge – die Antrustionen der Franken – reichlich auszustatten. Die Verhältnisse ordneten sich wie durch ein gütliches Abkommen.

Nicht lange, so trat Chlodovech selbst als der Beschützer Galliens auf. Die Alemannen, welche so oft Gallien verheert hatten, beherrschten damals noch in ungebrochener Kraft die beiden Ufer des Oberrheins bis nach der Gegend von Mainz hinab. Mit dem Beistande der ripuarischen Franken griff sie jetzt Chlodovech an und besiegte sie schnell (496). Sehr bemerkenswert ist, daß er die stammesverwandten Alemannen weniger schonend behandelte als zuvor die römischen Gallier. Die Gaue, die sich nördlich vom Remstal über die mittleren Neckar-, Kocher-, Iart- und Taubergegenden bis zum Main ausdehnten, wurden Franken zur Ansiedlung übergeben, und der fränkische Name verdrängte hier den alemannischen für alle Zeiten. Milder verfuhr er allerdings auf dem linken Rheinufer, im Elsaß, wo sich alemannische Art und Sprache erhielt. Nur ein Teil der Alemannen rettete sich damals vor dem fränkischen Eroberer, indem er sich in die rätischen Gegenden unter den Schutz des Ostgoten Theoderich begab.

Durch List und Greueltaten beseitigte Chlodovech in der Folge des königliche Geschlecht unter den ripuarischen Franken, riß auch hier die höchste Gewalt an sich und mit derselben die Länder von der Maas bis zum Niederrhein. Hierdurch dehnte er sein Reich über weite Gebiete aus, die längst völlig germanisiert waren und ihn überdies in stetige Verbindung mit dem überrheinischen Mutterland brachten. Die fränkische Herrschaft war nun nicht mehr, wie die der Goten und Vandalen, von dem heimischen Boden gelöst: sie stand mit ihm im Zusammenhang uns konnte aus ihm stets frische Volkskräfte saugen, während sie zugleich Gallien vor dem Vordringen anderer Stämme über den Rhein, vor einer neuen Völkerwanderung, schützte.

Chlodovech und seine Franken waren noch Heiden, als sie in Gallien ihre Macht gewannen. Aber bald gelang es dem Eroberer, sich bei den Eingeborenen in das glänzende Licht eines Vorkämpfers des katholischen Glaubens zu setzen. Als Chlodovech in der Schlacht gegen die Alemannen in große Gefahr geriet, schwankte sein Glaube an die Götter, die er so lange mit Eifer verehrt hatte. „Ohnmächtig sind die", rief er, „die denen nicht helfen, die ihnen dienen." Er beschloß, sich Christus, dem Gottessohne, anzugeloben, wenn er der Siegesgott sei. „Gewährst du mir den Sieg", beteuerte er, „so will ich an dich glauben und mich taufen lassen auf deinen Namen." Der Sieg fiel den Franken zu, und Chlodovech gab sich in den Dienst Christi, des Gottessohnes. Der Bischof Remigius von Reims wurde sein Lehrer im christlichen Glauben und wandte sein Herz dem Nizäischen Glaubensbekenntnis zu. Der König und sein Volk traten zur katholischen Kirche über, welche nun die siegreichen Franken und die besiegten Gallier als Glaubensbrüder umfaßte und einte.

Als der Bischof den König taufte und in den Dienst Christi stellte, spornte er ihn zugleich zu heißem Glaubenskampfe für den Herrn an, dem er sich weihe. „Beuge still deinen Nacken, Sigambrer", sprach er, „und verehre, was du bisher mit Feuer und Schwert verfolgtest, verfolge aber, was du verehrtest." Es hätte dessen kaum bedurft, denn mit voller Hingebung, wie ein Dienstmann dem Herrn dient, stand nun Chlodovech in den Waffen für seinen Herrn im Himmel. Schon in den Taufkleidern, als er von Remigius vom Leiden Christi hörte, rief er aus: „Wäre ich mit meinen Franken dabei gewesen, ich hätte ihn gerächt!" Und kaum ein minderer Eifer beseelte die Franken. Sie begrüßten Christus, „der die Franken liebt", mit Jubelgeschrei; sie meinten besser zu sein als die Römer, welche die Märtyrer getötet, während sie selbst über deren Gebeinen herrliche Kirchen errichteten, vor allem aber besser als die anderen Germanen, welche sich mit der arianischen Ketzerei befleckten und den Herrn Christus nicht als den wahren Gottessohn anerkennen wollten. Seitdem sahen die Römer, die in Gallien unter burgundischer und gotischer Herrschaft standen, voll Verlangen nach dem Frankenlande hinüber und wünschten nichts sehnlicher als die Ausdehnung der fränkischen Herrschaft. Schon weissagte der Bischof Avitus von Vienne dem rechtgläubigen König der Franken die allgemeine Herrschaft über die germanischen Völker: wie das Sonnenlicht werde seine Macht nach allen Seiten ihre Strahlen verbreiten.

Chlodovech ließ nicht lange auf sich warten, denn auch ihn verlangte, Gallien von dem Joch seiner ketzerischen Gebieter zu befreien. Gegen den Burgunderkönig Gundobad wendete er zuerst seine Waffen, und Gundobad sah keinen anderen Rat, als die katholischen Bischöfe seines Landes zu versammeln und aufzufordern, durch ihren Einfluß Chlodovech zum Rückzug zu bewegen. Diese antworteten ihm: das beste Mittel, den Frieden zu erhalten, sei die Bekehrung des Königs und seines Volkes zur katholischen Lehre; sobald die Burgunder zum orthodoxen Glauben überträten, würden alle Feinde derselben ohnmächtig sein. Und in der Tat rettete sich Gundobad nur dadurch, daß er sich der katholischen Kirche geneigt bewies. Dann griff Chlodovech die Westgoten südlich der Loire an. „Es bekümmert mich sehr", sprach er zu den Seinen, „daß diese Arianer noch in Gallien sitzen. Laßt uns mit Gott aufbrechen und dies Land in unsere Gewalt bringen." Chlodovech siegte über das Heer der Westgoten und dehnte sein Gebiet bis zur Garonne aus (507). Nur das Land südlich an den Pyrenäen und jenseits derselben erhielt noch der weise Theoderich dem Reiche der Westgoten, während er die Provence für sich selbst in Besitz nahm; aber auch hier sehnte man sich nach Chlodovechs Herrschaft, der nicht als Eroberer, sondern als Befreier von der katholischen Bevölkerung des südlichen Galliens aufgenommen wurde. War die Ungleichheit des Glaubens hauptsächlich die Schwäche des Goten-, Burgunder- und Vandalenreiches, so wurde die Einheit des Bekenntnisses die Stärke des fränkischen Reiches; sie sicherte den errungenen Besitz und führte von Eroberungen zu Eroberungen.

Nach Chlodovechs Tode wurde sein Reich unter seine vier Söhne geteilt. Für den ersten Augenblick gelang es dann wohl dem Ostgoten Theoderich, den weiteren Fortschritt des merowingischen Reichs zu hemmen, aber bald traten Chlodovechs Söhne wieder in die Siegesbahn ihres Vaters. Das burgundische Reich wurde zerstört (534); zugleich drang Theoderich, der älteste und tüchtigste Sohn Chlodovechs, dem besonders die östlichen, vorwiegend germanischen Teile des Reichs zugefallen waren, siegreich in das Herz der deutschen Länder ein und machte dem Thüringerreich ein Ende. Mit den Sachsen im Bunde hatte Theoderich gestritten; sie erhielten als Lohn den nördlichen Teil des Thüringerreiches, die Gegenden an der Saale und Elbe bis südlich zur Helme und Unstrut; dagegen fielen die südlichen Teile um den Main bis gegen die Donau hin den Franken zu und wurden nach und nach fränkisches Land. Nur die Gegenden in der Mitte vom Waldgebirge bis zur Unstrut bewahrten den thüringischen Namen und erhielten später einen Herzog unter fränkischer Hoheit. Dann wurden die Provence und Rätien vertragsmäßig von den Ostgoten dem fränkischen Reich abgetreten. Schutzlos unterwarfen sich endlich auch die bayerischen Herzöge der Herrschaft der Merowinger. So vereinigte das fränkische Reich nicht nur fast das ganze römische Gallien, sondern umfaßte mit Ausnahme von Sachsen und Friesland auch alle die Länder, wo sich germanische Völker noch rein und unvermischt in ihren alten Sitzen erhalten hatten, und selbst sächsische Stämme zahlten schon den Franken Tribut. Ein merowingischer König konnte sich gegen den Kaiser von Konstantinopel rühmen, sein Reich erstreckte sich vom Weltmeere bis zur Donau und den Grenzen Pannoniens; er konnte mit einem Angriff auf Konstantinopel drohen.

Was diesem Reiche Dauer und Festigkeit lieh, war nicht allein, daß die germanische und keltisch-römische Bevölkerung, durch das katholische Bekenntnis verbunden, friedlich nebeneinander saßen, sondern ebensosehr, daß alle lebenskräftigen Elemente des germanischen wie des römischen Lebens sich hier allmählich in eigentümlichster Weise durchdrangen. Es ist unleugbar, daß das entwickelte Staatsleben der Römer auf die staatlichen Einrichtungen der Franken nicht ohne Einfluß blieb. Die königliche Gewalt, wie groß sie immer auch vor der Eroberung bei den Franken sein mochte, wurde doch erheblich erweitert, als die Rechte der Kaiser in Gallien auf die siegreichen Merowinger übergingen. Das römische Steuersystem wurde, obschon es manche Umgestaltungen erfuhr, von den Franken beibehalten. Aber trotzdem blieben die Grundlagen des fränkischen Staatslebens durch und durch deutsch. Die Heeresverfassung, der wichtigste Teil der Staatseinrichtungen in einer Zeit, wo nur mit dem stets gezückten Schwerte sich die Selbständigkeit der Reiche behaupten ließ, blieb ganz die germanische, und die Besiegten mußten sie von den Siegern annehmen. Nicht minder deutsch war die Gerichtsverfassung des Reichs; in das Rechtsverfahren des Siegers mußte sich die alte Bevölkerung Galliens schicken. Alle Standesverhältnisse gestalteten sich gleichfalls nach fränkischer Weise: selbsteigener Besitz, gesicherte Freiheit und Dienst im Gefolge des Königs gaben Macht und Ehre, nicht mehr Brief-, Verdienst- oder Geldadel, wie zu den Zeiten der Kaiser. Endlich beruht auch das wesentlich auf deutscher Anschauung und Denkweise, daß den einzelnen Landschaften, Bezirken und Städten wie den verschiedenen Nationalitäten, soweit der Bestand des Reichs dadurch nicht gefährdet wurde, ein weiter Raum zur freien Bewegung belassen wurde. So blieb den Römern in ihren Rechtsstreitigkeiten untereinander die Entscheidung nach eigenem Rechte, und selbst die bisherige Verfassung ihrer Städte erhielt sich noch einige Zeit. Aber auch die unterworfenen deutschen Stämme bewahrten ihr besonderes Recht und ihre eigentümlichen Gemeindeverfassungen, soweit sie die königliche Macht nicht beschränkten.

Das ganze Reich der Merowinger war in Grafschaften geteilt, die sich in den germanischen Teilen meist nach den Gauen, auf dem früher römischen Boden nach den alten Stadtgebieten begrenzten; die Grafen ernannte der König nach freiem Ermessen und übertrug jedem in seiner Grafschaft die Aushebung und Anführung des Heerbanns, die Erhebung der Krongefälle, die Leitung der Rechtspflege und die Sorge für die Erhaltung des Landfriedens. Jede Grafschaft zerfiel dann weiter in kleinere Bezirke, die den alten Hundertschaften der Germanen entsprachen; in diesen wurde vom Grafen teils in regelmäßig wiederkehrenden, teils von ihm besonders gebotenen Versammlungen der freien Gemeindegenossen an den bestimmten Malstätten in alter feierlicher Weise das Gericht gehegt. Noch nahm die Gemeinde selbst lebendigen Anteil an dem Gericht, zur Findung des Urteils bestellte sie sieben Männer (Rachimburgen) aus ihrer Mitte, deren Spruch sie dann zu verwerfen oder zu bestätigen sich vorbehielten.

Über mehrere Grafschaften wurde gewöhnlich ein Herzog gesetzt, dessen Befugnisse sich aber wesentlich nur auf die Heeresverfassung bezogen. Auch der herzogliche Name hatte demnach seine alte Bedeutung verändert und bezeichnete in Gallien lediglich einen militärischen Beamten ohne eine freiere und ausgedehntere Gewalt. Anders war es in Bayern und Alemannien wie später in Thüringen, wo die Herzöge an der Spitze der ganzen Landesverwaltung, gleichsam als Statthalter des Königs, standen und die Rechte desselben fast in ihrem ganzen Umfange, nur nicht in freier Macht, sondern als des Königs Beamte übten. Wie aber diese Herzöge meist altadligen Geschlechtern des ihrer Obhut vertrauten Landes angehörten, fehlte es ihnen auch nicht leicht an einem großen persönlichen Einfluß in ihren Gebieten, so daß sie oft mehr als Vertreter ihrer Stämme denn als Diener des Königs erschienen. Der Trieb nach Besonderung regte sich ohnehin fortwährend in diesen Stämmen und trat bald auch in Gallien wieder hervor; wenn auch in den ersten Zeiten die Königsmacht so stark war, daß der Einheit des Reichs kaum Gefahr drohte, so bildeten sich doch nach und nach provinzielle Gegensätze und Sonderbestrebungen sehr bedenklicher Art aus. Dies geschah um so leichter, als die königliche Gewalt fast allein die verschiedenen Teile des Reichs verband und allgemeine Landesversammlungen weder stattfanden noch bei der Ausdehnung des Reichs stattfinden konnten. Chlodovech hielt noch die große Heeresversammlung des Volkes am 1. März ab; nachher aber kam sie in Gallien in Vergessenheit, während sie in dem östlichen Teil des Reichs, der fast durchweg von germanischen Stämmen bewohnt war, noch bisweilen zusammentrat, vornehmlich auch um eine formelle Zustimmung des Volkes bei neuen Gesetzen einzuholen. Von politischer Bedeutung waren diese Versammlungen nicht, und eine Landesvertretung ist mitnichten in ihnen zu sehen. Da nun fortan auch weder Versammlungen der alten Gaugemeinden stattfanden noch in den Grafschaften gemeinsame Zusammenkünfte aller Genossen abgehalten wurden, mußte sich das politische Leben der niederen Kreise des Volkes in die Hundertschaften zurückziehen. Wenn aber hier der Graf an den alten Dingstätten die freien Wähler versammelte, war es noch immer ein trotziges und freiheitsliebendes Geschlecht, mit dem er zu schaffen hatte.

Es waren, wie gesagt, die wichtigsten Einrichtungen des Staates tief in dem germanischen Wesen begründet, und die keltisch-römische Bevölkerung des Landes mußte sich den fremden Staatsformen fügen, aber sie tat es um so leichter, als sie nur so eine gesicherte Zukunft hoffen konnte und durch die Kirche, welche durch und durch römischen Überlieferungen folgte, auch ihrerseits die fränkischen Sieger beherrschte. Die Sprache der Kirche war und blieb die lateinische; die ganze äußere Gestaltung derselben war unter römischen Einflüssen in Gallien erfolgt und erlitt durch die Eroberung der Franken keine Veränderung; die bischöflichen Stellen wurden mindestens in der ersten Zeit ausschließlich mit Römern besetzt, und das Ansehen der Bischöfe war unaufhörlich im Zunehmen, selbst in alle staatlichen Geschäfte griffen sie bald mit bedeutendem Einfluß ein. Wurden die Wahlen der Bischöfe auch von den Königen bestätigt und meist nach dem Willen derselben getroffen, so waren die Bischöfe selbst doch weit davon entfernt, ihre Stellung als ein Geschenk königlicher Gnade anzusehen. Ein starkes Gefühl der Selbständigkeit regte sich vielmehr in ihnen, zumal sie sich als Glieder einer großen, über ganz Gallien verbreiteten Körperschaft wußten und bereits seit Chlodovech in Reichs- wie in Provinzialsynoden zusammentraten und vereint wirkten. Freilich wurden die Synoden nur mit königlicher Erlaubnis gehalten und ihre Beschlüsse bedurften der königlichen Sanktion, aber darum bewegten sie sich nicht minder frei auf dem streng kirchlichen Gebiete und berührten oft genug auch die Kreise des Staates. Die Könige mußten einen Bruch mit der Geistlichkeit vielleicht noch mehr fürchten, als die Bischöfe den mit dem Staate.

Im merowingischen Reiche kam es zuerst zu klarer Erkenntnis, daß der germanische Staat und die römische Kirche einander bedürften, wenn beide ihre Macht behaupten wollten, und in diesem Gefühl unabweisbarer Notwendigkeit verbanden und durchdrangen sie sich auf das innigste. Durch ihre Vereinigung gewannen aber alle Verhältnisse des Lebens eine neue Gestalt; die Gedanken der Menschen schlugen andere Richtungen und Wege ein als vordem. Nicht auf *einen* Schlag, aber allmählich traten in Sitte, Sprache und Gewohnheit sich die germanische und römische Welt näher und näher; es fanden sich gemeinsame Mittelpunkte, in denen sich die Nationalitäten, die sich so lange feindlich gegenübergestanden hatten, begegnen und ausgleichen konnten. Die Entwicklung der kirchlich-politischen Verhältnisse, die im Merowingerreiche begann, hat das ganze weitere Leben des Mittelalters beherrscht.

Das langobardische Reich

Während die fränkische Macht sich befestigte, gingen die Reiche der Goten und Vandalen entweder ihrem völligen Untergang oder doch einer bedenklichen Auflösung entgegen.

Justinian, ein Bauernsohn aus Dazien, slawischer Abkunft, wie man meint, war durch wundersame Schicksale, die seine ärmliche Familie betroffen hatten, auf den Thron des Ostreichs erhoben worden. Ein Mann, den das Glück so begünstigt hatte, konnte wähnen, es sei alles ihm möglich, und den kühnen Entschluß fassen, die verlorene Macht Roms im Westen wiederherzustellen. Sobald er vor den Persern im Osten Ruhe gewonnen hatte, sandte er sein Heer gegen die Vandalen. Als Verteidiger der rechtgläubigen Lehre gegen die Arianer begann er den Krieg, und in zwei Feldzügen wurde das vandalische Reich gänzlich vernichtet (534). Kaum war dieser Kampf beendet, so wandte er seine Waffen gegen das ostgotische Reich. Er nahm zu diesem Kriege den Beistand der fränkischen Könige in Anspruch. „Ihr müßt mit mir gemeinsame Sache machen", schrieb er ihnen, „denn es verbindet uns der wahre Glaube und deshalb gleicher Haß gegen die Goten." Die Franken gaben Versprechungen, aber sie waren nicht gewillt, dem Kaiser ein Land unterwerfen zu helfen, auf das sie selbst schon ihr Augenmerk gerichtet hatten; sie ließen vielmehr zeitweise den Goten einen eigennützigen Beistand angedeihen. Aber trotz ihrer Hilfe, trotz eines erneuerten Angriffs der Perser auf das Ostreich, trotz des heldenmütigen Kampfes der Ostgoten selbst fiel endlich die von Theoderich begründete Herrschaft (554). Der Kaiser erstreckte seine Macht wieder über ganz Italien und konnte sich rühmen, die Einheit des Reiches neu begründet zu haben.

Und schon wandte Justinian seinen Blick auch auf das westgotische Spanien: er sandte Flotten und Heere dorthin, und von den Küsten des Mittelmeeres aus drangen die Griechen tief in das Land ein. Sobald die Heere des rechtgläubigen Kaisers sich zeigten, erhob sich überall die römische Bevölkerung, welche unter gotischer Herrschaft lebte; die Sueven, bis dahin Arianer, aber von jeher der Westgoten Feinde, wandten sich mit ihrem König dem katholischen Glauben zu und traten mit den Griechen in Verbindung; zu derselben Zeit griffen die Franken die letzten Besitzungen der Westgoten im Norden der Pyrenäen an. Alles schien sich zum Untergange auch des Westgotenreiches zu vereinen. Dennoch erhielt es sich und erhob sich sogar nach Justinians Tode noch einmal zu großer Bedeutung. Die Aufstände der römischen Bevölkerung im Inneren wurden niedergeworfen, eine Seestadt nach der anderen, wenn auch sehr allmählich, den Griechen wieder entrissen, das Reich gegen die Franken geschützt und der Herrschaft der Sueven für immer ein Ende gemacht. Aber nur dadurch wurde dies alles ermöglicht, daß die Goten sich dem Glauben der Römer zuneigten und König Reccared endlich zur katholischen Kirche förmlich übertrat. Seitdem gewannen die römischen Bischöfe auf alle Angelegenheiten Spaniens den erheblichsten Einfluß; die Goten verbanden sich so eng der römischen Kirche und den Römern, daß sie endlich selbst ihre germanische Sprache und Sitte einbüßten. Der Gote Reccared war der erste germanische König, der sich von einem Bischof salben und krönen ließ (586), nachdem es schon seit mehr als einem Jahrhundert Sitte war, daß die Kaiser zu Konstantinopel aus den Händen der Patriarchen das Diadem empfingen.

Indessen hatte sich nach Justinians Tode auch der größte Teil Italiens dem Ostreiche wieder entzogen. In dem langandauernden Kriege zwischen Griechen und Goten war das Land in entsetzlicher Weise verwüstet worden; verheert und verödet fiel es an das Ostreich zurück. Nur durch die äußerste Sorgfalt hätte es wieder zu der Blüte gebracht werden können, in der es einst unter Theoderich stand. Aber an dieser Sorgfalt fehlte es Justinian, noch mehr seinen Nachfolgern. Italien sah sich als eine mißachtete Provinz behandelt, welche die Beamten des Kaisers fast nicht minder aussogen als der fürchterliche Krieg. Nicht lange, so verlangte man wieder nach der Herrschaft der Germanen, und sicher wäre das Land eine Beute der fränkischen Könige geworden, wenn nicht vierzehn Jahre nach der Zerstörung des ostgotischen Reichs die Langobarden über die Alpen gestiegen wären, um sich in der südlichen Halbinsel neue Wohnsitze zu suchen (568).

Mit den Gepiden hatten sich die Langobarden bis auf diese Zeit in den unteren Donaugegenden gehalten und hier zuletzt die germanische Herrschaft behauptet. Im steten Kampfe mit den Kaisern zu Konstantinopel wie mit den Bulgaren und Awaren, türkisch-finnischen Nomadenstämmen, die auf den von Hunnen eröffneten Wegen nach Europa vorgedrungen waren, hätten Gepiden und Langobarden nur durch das engste Zusammenhalten an der Donau ihre Macht sichern können, aber allen Gefahren zum Trotz stürzten sie sich in einen Vernichtungskrieg gegeneinander. Das Gepidenreich unterlag den Langobarden; bald darauf mußten die Langobarden jedoch ihre Wohnsitze den Awaren räumen, die nun weit über Dazien und Pannonien hin ihre Macht ausbreiteten und selbst die östlichen Teile der Alpen bis zur dalmatischen Küste ihrer Gewalt unterwarfen. Die Langobarden stiegen nach Italien hinab. Unter ihren Königen Alboin und Cleph eroberten sie in siebenjährigem Kampfe die Gegenden um den Po, denen sie für alle Zeiten den Namen des Langobardenlandes gaben; dann drangen sie südwärts auf der Westseite des Apennins bis in die Höhe Roms vor, indem sie gleichzeitig im Friaul ein eigenes Herzogtum errichteten, um die Angriffe der Griechen und Awaren vom Osten auf die neugewonnene Herrschaft abzuwehren. Auch später noch dehnten sie ihre Eroberungen aus. Es gelang ihnen, tiefer und tiefer in die Halbinsel des Apennin einzudringen und in der Mitte derselben das Herzogtum Spoleto, im Süden das Herzogtum Benevent zu begründen. Niemals jedoch erreichten sie die völlige Unterwerfung des italienischen Landes. Die venetianischen Inseln, der ganze Küstenstrich von der nördlichen Pomündung bis nach Ancona hin, an dem Ravenna, damals der Hauptsitz der griechischen Macht in Italien, belegen war, die Südspitze der Halbinsel mit Sizilien, am westlichen Meer die Landschaften von Rom bis Neapel – dies alles blieb in den Händen der Griechen. Es entstand jene unheilvolle Spaltung Italiens, die bis in unsere Tage gedauert hat.

Die Langobarden waren wie die Goten Arianer. Der religiöse Zwiespalt zwischen den Eroberern und den besiegten Bewohnern des Landes lebte demnach von neuem auf, ja schien um so gefährlicher für die neubegründete Herrschaft, als die Langobarden sich nicht vollends zu Herren der Halbinsel machen konnten, sondern stets den Feind unmittelbar auf dem Nacken behielten; überdies war die königliche Gewalt bei ihnen noch minder befestigt als bei anderen germanischen Stämmen und durch sie nur dürftig die Einheit des Reichs gewahrt. Wenn die neue Herrschaft sich dennoch behauptete, so geschah dies zunächst durch die schonungslose Härte, mit der die Langobarden ihre ersten Siege benutzten. Die römische Bevölkerung wurde vollständig als Kriegsbeute behandelt: sie büßte nicht nur alle politischen Rechte ein, sondern selbst ihre persönliche Freiheit wurde gemindert, das Grundeigentum ihr völlig genommen oder nur gegen Abgabe eines Drittels der Früchte zur Bestellung belassen, das römische Recht verlor seine öffentliche Geltung, und die Römer kamen ohne eigene Beamte unter die unmittelbare Gewalt der langobardischen Befehlshaber. Die Langobarden standen während der Eroberung in einer ausgebildeten Heeresverfassung, die sie auch nach derselben festhielten. Die Herzöge verteilten unter sich die städtischen Territorien und nahmen selbst in den Hauptstädten derselben ihren Sitz, während ihre Kriegsmannen sich über das ganze Territorium verbreiteten; unter den Herzögen standen Schultheiße an der Spitze kleinerer Bezirke und der darin angesessenen Kriegsmannen, unter den Schultheißen Dekane: sie alle zunächst militärische Befehlshaber, die aber zugleich die ganze bürgerliche Verwaltung und die Rechtspflege in Händen hatten.

Indem so die schroffe Trennung, die unter der gotischen Herrschaft zwischen dem germanischen und römischen Teil der Bevölkerung bestanden hatte, vermieden wurde, indem die Römer unmittelbar in die langobardischen Verhältnisse eingefügt wurde, mußte sich eine Verschmelzung der beiden Nationalitäten anbahnen. Als dann die Langobarden, die von Anfang an ihre Härte gerade die katholische Kirche am wenigsten hatten fühlen lassen, sich sogar mehr und mehr selbst dieser zuneigten und endlich etwa hundert Jahre nach der Eroberung dem Arianismus völlig absagten, als so der Glaube der Besiegten über die Sieger die Oberhand gewann, vollzog sich die weitere Verschmelzung mit reißender Schnelligkeit unter dem Römertum günstigen Umständen. Schon sah man die Langobarden, bisher von römischer Bildung ganz unberührt, sich in Kunst und Wissenschaft als nicht ungelehrige Schüler der Römer zeigen; schon nahmen sie angesehene Römer, die sich der griechischen Herrschaft entzogen, freudig in ihr Reich auf und gestatteten ihnen, nach eigenem Recht zu leben; die früher so hart unterdrückte römische Bevölkerung wurde nun auf vielfache Weise gehoben und ihr das schmachvolle Zeichen der Besiegten genommen. Seitdem hatte das Land von den Angriffen der Griechen und Franken, die sich stets wiederholten, nicht mehr ernstlich zu fürchten; die beiden Volksstämme in demselben wuchsen zu *einer* Nation zusammen, deren Staatsformen wesentlich an die germanische Herkunft erinnerten, die aber in ihrem Glauben, ihrer Sprache und in den Anfängen ihrer Kultur den römischen Ursprung deutlich zu erkennen gab.

Indem der Südwesten Europas überall eine zahlreiche germanische Bevölkerung und mit ihr viele Elemente germanischen Lebens in sich aufgenommen hatte, erfuhren hier alle Verhältnisse eine vollständige Umwandlung. Vor allem hatten die Germanen die römische Bevölkerung, die sie vorfanden, mit ihrem Freiheitssinn erfüllt und das verweichlichte Geschlecht wieder an den Gebrauch der Waffen gewöhnt. Wie tief diese Umgestaltung des Lebens alles ergriff, was nur in irgendwelche Berührung mit den Germanen kam, zeigt sich recht klar darin, daß selbst in dem griechischen Italien ein kriegerischer Geist aufs neue erwachte. In Rom, Neapel und Ravenna griff die Bürgerschaft wieder zu den Waffen und zeigte einen selbständigen, trotzigen Geist gegen die Griechen; auch hier bildeten sich neue Verhältnisse aus, sehr nahe denen verwandt, die das langobardische Italien beherrschten. Aber so stark die Einwirkungen der germanischen Eroberung auch waren, keineswegs gelangten die neuen Lebenselemente zu vollständiger Herrschaft. In den eroberten Ländern erhielten sich die römische Glaubenslehre und Kirchenverfassung, die römische Sprache und Bildung, viele Einrichtungen des römischen Staatslebens nicht nur bei den Besiegten, sondern übten ihre Macht auch an den Siegern. Von den Römern lernten die germanischen Herrscher nicht nur lesen und schreiben, sondern auch umfassendere Ordnungen in Staat und Kirche begründen. Der zahlreichere Stamm der Besiegten drückte überdies mit seiner Nationalität mit jedem Tag gewichtiger auf die der Sieger und nötigte endlich diese, aus ihrer starren Eigentümlichkeit zu weichen. Nicht allein in Spanien und Italien zeigt sich diese Entwicklung, sie tritt ebenso in allen den Teilen Galliens hervor, wo sich eine dichte römische Bevölkerung erhalten hatte.

Auf diese Weise haben sich die romanischen Nationen gebildet; darin alle verwandt, daß sie auf einer Mischung und Verquickung römischer und germanischer Volkseigentümlichkeit beruhen, aber jede in Sitte und Sprache doch wieder besonders und eigentümlich, wie sie sich denn auch staatlich in der Folge getrennt entwikkelten. Die romanische Art hat sich in dem Besitz von Spanien, Italien und des größeren Teils von Gallien behauptet, wenn letzteres auch den Namen des Frankenreichs dauernd behielt; überall sind hier die rein germanischen Elemente allmählich wieder zurückgedrängt worden. Nur die von den Alemannen und Bayern eroberten Donauländer, die von den Franken besetzten Gegenden an Mosel, Maas und Schelde und das von den Angelsachsen eingenommene Britannien wurden für alle Zeit dem germanischen Wesen gewonnen. Dieser Rest blieb den Germanen von ihren großen Eroberungen während der Völkerwanderung; sonst welkte Germaniens Kraft außerhalb Germaniens wieder dahin.

8. Erhebung der Pippiniden

Zersplitterung und Schwäche des Abendlandes

Ohne gemeinsamen Plan hatten die germanischen Völker das römische Reich angegriffen und erobert, selbständig dann ihre Herrschaften begründet und so den Zusammenhang früher auf das engste verbundener Länder gelöst. Die Einheit Europas und des Abendlandes war zerrissen, und es war um so weniger Hoffnung, dieselbe herzustellen, als die germanischen Könige, ohne jedes Gefühl für gemeinsame Interessen, sich unablässig untereinander bekriegten und die beherrschten Völker selbst unter der Einwirkung des germanischen Sondertriebs sich eher voneinander zu entfernen als sich zu nähern geneigt schienen.

Wenn bisher in Spanien, Italien und Gallien noch größere Reiche zusammengehalten waren, so beruhte dies mehr auf überkommenen politischen und kirchlichen Einrichtungen aus der Römerzeit als auf der staatenbildenden Kraft der Germanen. Wo es den Eroberern gelang, die römischen Ordnungen mit Stumpf und Stiel auszurotten, wie in Britannien, zerfiel auch sofort die frühere Einheit des Landes, und was bisher verbunden war, löste sich in kleinere Herrschaften auf. Nicht ein einziges Reich haben die Angelsachsen und die ihnen nachziehenden Jüten auf der britannischen Insel gegründet, sondern unter sieben oder vielmehr acht Herrschaften, die nur sehr lose Bande verknüpften und die häufig untereinander in Fehde standen, das Land geteilt. Die Besorgnis lag nahe, daß in ähnlicher Weise allmählich auch die größeren Reiche, welche sich erhalten hatten, zerfallen würden und daß mit ihrer Auflösung die letzte Aussicht auf eine Herstellung der abendländischen Einheit dahinschwinden könnte.

Wer die Verhältnisse jener Zeit aufmerksamer betrachtet, erkennt leicht, wie alle germanischen Reiche schon gegen Ende des sechsten Jahrhunderts in einem rasch sich vollziehenden Prozeß innerer Zersetzung begriffen waren. Vieles trug dazu bei, diesen Prozeß zu beschleunigen; zuerst und vor allem, daß die Thronfolge nirgends in heilsamer Weise geregelt war, indem sie entweder zwischen Wahl und Erblichkeit schwankte oder, wo sie allein auf Erblichkeit beruhte, mit Reichsteilungen verbunden war; dann daß das Königtum, durch die schwankende Thronfolge geschwächt, die immer mächtiger aufstrebende Aristokratie nicht mehr im Zaume zu halten vermochte und diese sich nun in den einzelnen Landesteilen eine selbständige Gewalt zu gründen bedacht war; endlich daß sich die nationalen und lokalen Unterschiede, lange gewaltsam unterdrückt, jetzt entfesselt, mit um so größerer Hartnäckigkeit wieder Geltung zu verschaffen suchten.

So geschah es vor allem in Gallien, wo die Merowinger das Reich gleichwie einen Privatbesitz vererbten und, wenn mehrere Erbsöhne vorhanden waren, unter diese teilten. Durch solche Teilungen wurde Austrasien, der östliche, und Neustrien, der westliche Teil des eigentlichen Frankenlandes, voneinander gerissen, erlangten Burgund wie Aquitanien, das frühere westgotische Gebiet südlich von der Loire, wieder eine besondere Stellung. Daneben gewann auch die keltische Nationalität in der Bretagne immer freieren Spielraum und strebte nach politischer Selbständigkeit; nur mit den Waffen gezwungen, erkannten bisweilen die Häuptlinge der Britannen die Hoheit der fränkischen Könige an. Zugleich stiegen von den Pyrenäen die Gaskogner herab, ein tapferes Bergvolk, das die südlichen Teile des Landes eroberte und nur nach harten Niederlagen zeitweise wieder in seine Berge zurückwich. Durchgreifende Unterschiede bildeten sich in allen Teilen des Landes aus. Es schied sich der südliche Teil des Frankenreiches vom nördlichen, jener weniger, dieser mehr von den Einflüssen der germanischen Sprache und Sitte berührt; es schied sich im nördlichen Teil weiter der Westen vom Osten, und während in jenem, in Neustrien, das römische Element wieder allmählich die Oberhand gewann, erhielt sich der Osten im wesentlichen bei germanischer Sitte und Sprache.

Mit Austrasien war die Herrschaft über die jenseits des Rheins wohnenden germanischen Stämme verbunden. Aber schon lösten sich auch diese mehr und mehr von dem Verbande der Monarchie ab. Die Herzöge von Bayern aus dem Geschlechte der Agilolfinger übten bereits, obschon von den Königen gesetzt, eine wirklich landesherrliche Gewalt aus; sie setzten die Grafen im Lande ein, ernannten die Richter und ordneten die Verhältnisse Bayerns unter steter Teilnahme des Volkes, da sich die alte Gauverfassung erhalten hatte und jetzt sogar größere Bedeutung gewann. Ähnlich gestalteten sich die Verhältnisse bei den Alemannen, obgleich die herzögliche Gewalt öfters geteilt war und deshalb nicht zu gleicher Stärke gedieh. Auch Thüringen erhielt eigene Herzöge, die, wenn sie auch königlicher Gnade ihre Einsetzung verdankten, doch oft mit großer Selbständigkeit auftraten. Wenn die Monarchie der Merowinger sich auch äußerlich noch in einem gewissem Zusammenhang erhielt und darstellte, so war dieser doch innerlich im siebten Jahrhundert bereits völlig gelöst; das Reich bestand aus einer Anzahl kleinerer und größerer fast selbständiger Herrschaften, die fast unausgesetzt miteinander in Fehde standen.

In ähnliche Auflösung waren unter ähnlichen Verhältnissen auch die anderen germanischen Reiche geraten; überall trennten sich die Teile mehr und mehr vom Ganzen los, überall begegnen wir inneren Streitigkeiten. Und diese Zerwürfnisse waren um so gefährlicher für den Bestand der Reiche, als auch die Kämpfe mit den äußeren Feinden in keinem Augenblick ruhten. Noch immer standen die Langobarden in den Waffen gegen das Ostreich, die Angelsachsen gegen die nach dem Westen ihres Insellandes zurückgedrängten Briten; die Franken hatten, während die Kriege mit den Westgoten, Friesen und Sachsen selten ruhten, überdies mit den Awaren an der Donau und mit den Slawen an der Elbe, gleich gefährlichen Feinden, zu kämpfen.

Nachdem die östlichen Gegenden Europas von den Germanen verlassen waren, hatten sich die bisher unterworfenen slawischen Stämme zur Freiheit erhoben und waren dann im sechsten Jahrhundert, von den Awaren fortgeschoben, teils nach Abend gegen die germanischen Völker, teils nach Süden bis zu den Grenzen des morgenländischen Kaisertums vorgedrungen. Slovenzen, Kroaten, Serben und Bulgaren – denn auch die letzteren galten, nachdem sie slawische Sitte und Sprache angenommen hatten, für Slawen – fanden endlich im griechischen Reich Aufnahme und wurden in den Nordprovinzen vom Adriatischen bis zum Schwarzen Meer in den Gegenden an der Donau und Sau zur Verteidigung der Grenzen wie einst die germanischen Völker angesiedelt. Indessen hatten die gegen Abend vorgedrungenen Stämme neue Wohnsitze gefunden, die sie zu Grenznachbarn der Deutschen an der Elbe, am böhmischen Waldgebirge, an der mittleren Donau und in dem östlichen Teile der Alpen machten. Von der Elbe bis über die Oder breiteten sich die zahlreichen Stämme der Wenden aus; das Land zwischen Saale und Elbe unterwarfen die Sorben; diesen verwandte Geschlechter ließen sich in den Gegenden am Main und der Rednitz nieder; das böhmische Land besetzte der Stamm der Tschechen; von den Quellen der Elbe bis zu den Ufern der March dehnten sich die Mährer aus; von der Donau ausgehend, nahmen endlich die Karantanen oder Winden, ein Teil der Slovenzen, die östlichen Alpengegenden, die man jetzt mit dem Namen von Steiermark, Kärnten und Krain bezeichnet, zum großen Teil in Besitz.

Längere Zeit haben die meisten dieser Slawenstämme die Herrschaft der Awaren über sich anerkennen müssen; endlich aber schüttelten sie das Joch derselben ab und gründeten unter ihrem Führer, dem Franken Samo, ein eigenes Reich, dessen Kern das Böhmerland war und das sich von hier aus südlich bis zu dem steierschen Alpen, östlich bis an die Karpathen, nördlich bis an die Havel und Spree erstreckte (627). Es war das erste große Slawenreich, und wie die Germanen erst unter römischem Einflusse zur Gründung größerer Staaten gelangten, so entwickelten sich bei den Slawen unter deutscher Einwirkung die ersten Anfänge eines umfassenderen staatlichen Lebens. Fünfunddreißig Jahre hat Samo seine Herrschaft nicht nur gegen die Macht der Awaren, sondern auch gegen die Waffen seiner eigenen Stammesgenossen behauptet und viel dazu beigetragen, die Macht der Slawen im Osten für alle Zeit zu befestigen.

Den Kämpfen, die auf allen Seiten das Frankenreich bedrängten, zeigten sich die merowingischen Könige nicht mehr gewachsen; ein entartetes und in Lüfte versunkenes Geschlecht, hatten sie dem Dienstadel die Zügel der Herrschaft längst völlig überlassen. Ein Glück war es, daß sich in der früher kaum hervorleuchtenden Stellung des Hausmeiers allmählich eine Gewalt herausbildete, welche für die unfähigen Könige in der allgemeinen Verwirrung die Leitung des Staates übernehmen konnte. Der Hausmeier galt fortan für den ersten Kron- und Hofbeamten, ohne dessen Rat und Mitwirkung kein Staatsgeschäft unternommen werden konnte; er war die Seele der inneren Verwaltung wie der Anführer des Dienstgefolges im Kriege. Und schon mußten oft mit diesem allein die Kriege geführt werden, da es mindestens in den gallischen Ländern selten noch möglich war, ein Volksaufgebot zustande zu bringen. Als die Monarchie in die Reiche Austrasien, Neustrien und Burgund zerfiel, bedurfte jedes dieser Reiche auch eines besonderen Hausmeiers, da ohne denselben kein König mehr zu regieren vermochte. Bald aber wurden in allen Teilen der Monarchie die Hausmeier nicht mehr von den Königen ernannt, sondern ihnen durch die Wahl der Großen gesetzt und zeigten sich daher gewöhnlich auch als Gönner derer, denen sie ihre Erhebung verdankten. So war die Macht des alten Königtums bei den Franken gebrochen. Auch *das* Reich schien seiner völligen Zersplitterung entgegenzugehen, welches unter allen germanischen den größten Umfang gewonnen hatte und allein noch eine neue Verbindung der abendländischen Welt anbahnen konnte.

Wohin man unter den Wirrnissen jener Zeit den Blick richtet, überall bietet sich das schreckbare Bild einer scheinbar unaufhaltsamen Auflösung dar, in welcher die abendländische Welt begriffen ist. Niemand konnte daran denken, die Kräfte der germanischen Reiche gegen die mit wilder Eroberungslust anstürmenden Barbaren zu sammeln. Kein großes gemeinsames Unternehmen stillte den Kriegsmut der Völker. Statt dessen führten die germanischen Könige unter sich verheerende Kriege, und im Inneren ihrer Reiche erhoben sich zahllose und endlose Fehden, welche nicht nur die äußeren Ordnungen der Staaten lösten, sondern auch alle sittlichen Bande lockerten. Willkür und Zuchtlosigkeit traten überall an die Stelle des Gesetzes. Freiheit und Wehrhaftigkeit schien der abendländischen Welt nur zu ihrem Verderben zurückgegeben; Gewalttat und Sinnenlust herrschten bei hoch und niedrig.

Auch die christliche Kirche, welche allen Halt und Zusammenhang in der Auflösung der politischen Bande verlor, konnte der immer weiter um sich fressenden Sittenverderbnis nicht mehr steuern; sie wurde vielmehr selbst von der Fäulnis der Zeit nur alluzsehr ergriffen. Die Geistlichkeit versank in das eitelste und roheste weltliche Treiben, dem nicht einmal der äußere Schimmer geistiger Bildung blieb. Denn Kunst und Wissenschaft, vordem so kräftige Mittel, um tiefere Regungen in den Gemütern zu wecken, so starke Bande, um die Völker geistig zu einen, hatten alle Anerkennung und Bedeutung verloren. Bis zu dem Ende des sechsten Jahrhunderts lassen sich die letzten Spuren altrömischer Kultur verfolgen; dann tritt ein Zeitalter entsetzlicher Barbarei ein, in dem fast nirgends im Abendlande ein Funke höheren Geisteslebens aufleuchtet. Alles, was uns aus dieser Zeit in Schrift und Kunstwerken erhalten ist, trägt den Stempel der grauenhaften Verwilderung, die überall nun in jenen Ländern herrschte, die einst unter Roms Herrschaft in herrlicher Blüte gestanden hatten. Es war, als ob die Menschheit sich selbst vergessen und von schwindelnder Höhe in den tiefsten Abgrund gestürzt hätte.

Der Zustand der abendländischen Welt schien hoffnungslos, doch war er es nicht; freilich erst nach langem und tiefem Verfall kam die Stunde der Erhebung.

Die Pippiniden als Hausmeier

Es war in dem gefährlichen Wendepunkt für die fränkische Monarchie und für die ganze Entwicklung des Abendlandes, daß sich im Dienste der austrasischen Könige ein tapferes Geschlecht erhob und zu solcher Macht gelangte, daß es die vergessenen Absichten Chlodovechs aufnehmen, die Kräfte des Reichs aufs neue sammeln, allen Überlieferungen des Volkes zum Trotz das angestammte Königsgeschlecht beseitigen und sich selbst auf den Thron schwingen konnte.

Aus diesem Geschlecht tritt zuerst Pippin von Landen hervor (628), der als Hausmeier für den unmündigen König Dagobert eine fast unumschränkte Gewalt in Austrasien gewann. Hauptsächlich dazu wandte er sie an, alle Kräfte des merowingischen Reiches noch einmal, so weit es möglich war, zu verbinden. Er breitete die Gewalt Dagoberts auch über Neustrien und Burgund aus und gedachte, die Macht des vereinten Reichs nun zu den größten Unternehmungen zu benutzen. Das Reich des Samo, die

Awaren, alle Völker bis zu den Grenzen des morgenländischen Kaisertums sollten unterworfen werden und die fränkischen Waffen so zu neuen Ehren gelangen. Aber gerade damals brachen die alten Fehden zwischen Neustrien und Austrasien von neuem aus, der Ausgang des Kampfes mit den auswärtigen Feinden war für den König unglücklich, die abhängigen deutschen Stämme verweigerten den Gehorsam, und die kaum hergestellte Einheit des Reichs löste sich alsbald von neuem auf. Dagobert wurde den Austrasiern seinen unmündigen Sohn Sigibert III. zum König zu geben gezwungen, während ihm selbst kurz darauf in der Herrschaft über Neustrien und Burgund sein anderer Sohn Chlodovech II. folgte. Willkürlich herrschten dann in Neustrien zügellose Fraktionen des Adels, während in Austrasien Grimoald, Pippins Sohn, die Ordnung mit Kraft und Geschlossenheit schützte. Als er aber nach Sigiberts Tode den verwegenen Entschluß faßte, seinen eigenen Sohn auf den Thron zu erheben, empörte sich das Volk gegen ihn; er wurde mit seinem Sohne erschlagen und die königliche Herrschaft den Merowingern zurückgegeben (656).

Grimoalds Sturz war nicht der Sturz seines Hauses. Bald sammelte sein Schwestersohn Pippin von Heristal von neuem alle Macht Austrasiens in seinen Händen. Er nannte sich Herzog der Austrasier und stellte sich an die Spitze des austrasischen Heerbanns. Zuerst mochte er daran denken, sich in diesen deutschen Gegenden, die er mit seinem Ansehen beherrschte, eine ähnliche Stellung gegen die Könige zu sichern, wie sie die Herzöge der anderen deutschen Stämme im Lande der Alemannen, Bayern und Thüringer sich bereits gewonnen hatten. Aber in dieser Stellung bedroht und zugleich aufgefordert, gegen den übermütigen Adel Neustriens seine Waffen zu wenden, schritt er weiter und dehnte seine Herrschaft auch über die romanischen Teile der fränkischen Monarchie aus. Durch die Schlacht bei Testri wurde er Herr von Neustrien und setzte hier einen seiner Söhne zum Hausmeier ein (687). Seitdem ruhte in den Händen Pippins, „des Herzoges und Fürsten der Franken“, das Schicksal der ganzen Monarchie; den Merowingern blieb nichts als die leeren Titel und die wertlosen Abzeichen des Königtums.

Als die königliche Gewalt, die hauptsächlich in den romanischen Teilen der Monarchie ihren Sitz gehabt hatte, verfiel, weil die Kraft des Königshauses den verderblichen Einflüssen der Römerwelt erlegen war, erhob sich, wie wir sehen, ein neues ruhmliebendes und waffenlustiges Geschlecht, das sich in ungebrochener Kraft für berufen hielt, den erblichenen Glanz des fränkischen Namens wieder hell vor der Welt leuchten zu lassen. Die Wurzeln seiner Macht lagen aber in den deutschgebliebenen Teilen des Reichs und vor allem in dem Lande der Ripuarier, jenes Frankenstammes, in dem sich deutsches Recht und deutsche Sitte bei weitem reiner als bei den Saliern erhalten hatten, wo das deutsche Freiheitsgefühl noch in dem Herzen des Volkes lebte, wo das alte Märzfeld noch zusammentrat, wo die Gemeinde und das Volksgericht noch in alter Weise bestanden. Von hier aus wurden frische Lebenskräfte auch den romanischen Teilen der Monarchie zugeführt und die zerrütteten Verhältnisse des Reichs aufs neue befestigt. Aber von den alten Königsstädten an der Loire, Seine, Marne und Aisne wurden die Sitze der Herrschaft jetzt an den deutschen Rhein verlegt, der Mittelpunkt des Reichs aus den romanischen Gegenden in die germanischen übertragen.

Welch ein Glück für die Welt war es, daß so eine kraftvolle und streitbare Macht wieder im Herzen Europas entstand! Denn schon stürmten die Araber, nachdem sie in Asien und Afrika eine Provinz nach der anderen dem Kaiser von Konstantinopel entrissen und sieben Sommer nacheinander seine Hauptstadt belagert hatten, gegen das Abendland vor. Von der Nordküste Afrikas setzten sie über die Meerenge des Herkules, der sie für alle Zeiten einen neuen Namen liehen, und schon bei dem ersten Zusammenstoß wurde die Macht der Westgoten vernichtet (711). Ein Teil der Bevölkerung Spaniens flüchtete sich in die nördlichen Gebirge der Halbinsel, um sich mindestens die persönliche Freiheit und ungestörte Religionsausübung zu retten; die große Masse der Christen mußte sich den Ungläubigen unterwerfen, die bald bis zu den Pyrenäen ihre Herrschaft ausdehnten und an den Grenzen der fränkischen Monarchie standen. Der Kampf mit den Arabern war unvermeidlich. Es war ein Kampf mit einem Volke voll fanatischer Begeisterung für „den größten Propheten des ewigen Gottes“ und die schwärmerische Lehre dieses Propheten, mit einem Volke voll des stolzesten Bewußtseins einer Geschichte, die es nun fast hundert Jahre von Siegen zu Siegen führte. Auch war Einheit und zusammengehaltene Kraft in allen seinen Unternehmungen; denn noch stand die Macht des Kalifen, der als Nachfolger des Propheten Kriegsherr und geistliches Oberhaupt des ganzen Volkes in *einer* Person war, ungebrochen da, und seine Feldherrn vollstreckten in Asien, Afrika und Europa gehorsam seine Befehle. Nie hätte die fränkische Monarchie solcher Macht widerstehen können, wenn nicht Pippin die Kräfte des Ganzen im rechten Zeitpunkte von neuem gesammelt hätte.

Für einen Augenblick war freilich nach Pippins Tode (714) die Zukunft seines Hauses aufs neue in Frage gestellt, aber sein großer Sohn Karl – Martellus, „der Hammer", mit Recht zubenannt – gewann schließlich doch die volle Macht des Vaters wieder und erhob sie zu noch höherem Glanze. Karls ganzes Leben war Kampf und Streit. Vom Kerker aus, in den ihn seine Stiefmutter gesperrt hatte, begann er seine ruhmvolle Laufbahn. Aus den Streitigkeiten mit seiner Familie, aus den Kämpfen mit den übermütigen Großen in allen Teilen des Reichs – den kleinen Tyrannen des Landes, wie sie genannt werden –, mit den aufsässigen und trotzigen Herzögen der deutschen Stämme, aus den Kriegen mit den Sachsen und Friesen, welche die Grenzen des Reichs bedrohten und von denen er mindestens die Friesen zum größten Teil sich unterwarf – aus allen diesen Kämpfen ging er als Sieger hervor und besaß als Herzog und Fürst der Franken so vollständig die königliche Gewalt, daß es kaum bemerkt wurde, ob ein Merowinger noch den Königsnamen führte oder der Thron, wie es zeitweise der Fall war, unbesetzt stand. Was aber das Wichtigste war, es gelang Karl, die Araber, die schon in das Reich eingedrungen und bis zur Loire vorgerückt waren, gänzlich auf das Haupt zu schlagen und zurückzutreiben. Im Jahre 732 – gerade hundert Jahre nach dem Tode des Propheten – erlitten die Araber bei Poitiers eine vollständige Niederlage, und als sie nach sechs Jahren abermals in die Provence einfielen, gewann Karl bei Avignon (738) und Narbonne über sie neue Siege. Das waren Taten, die seiner Familie nicht nur die Herrschaft im Frankenreich sichern, sondern auch die Augen der ganzen abendländischen Christenheit auf den großen Siegesfürsten richten mußten. Die Langobarden trugen sich ihm als Bundesgenossen an; der Bischof von Rom, von Langobarden und Griechen bedrängt, lieh ihm den Titel eines römischen Konsuls und übersandte ihm die Schlüssel zum Grabe des heiligen Petrus; die Christen in Spanien hofften von ihm Hilfe und Errettung aus ihrer Bedrängnis. In der von Pippin hergestellten fränkischen Monarchie war durch die Siege des ruhmreichen Karl in der Tat ein neuer Mittelpunkt für die ganze abendländische Welt gewonnen worden.

Nach Karls Tode (741) teilten seine Söhne Karlmann und Pippin das Reich, das sie schon als ihr Erbgut betrachteten. Pippin, der Kleine mit Zunamen, gewann aber bald die Alleinherrschaft und gedieh zur vollen Gewalt des Vaters, nachdem er in langen Kämpfen auch den Widerstand seines Halbbruders Grippo gebrochen hatte. Noch einmal erhoben sich gegen ihn die lokalen Gewalten, nicht mehr freilich jene kleinen Tyrannen, deren Bedeutung bereits vernichtet war, wohl aber die großen Herzöge, die sich als die Vertreter der unterworfenen Nationen ansahen. Doch unterlagen auch sie in dem ungleichen Kampfe: dem alemannischen Herzogtum wurde ein Ende gemacht, die Herzöge von Thüringen verschwanden, in Aquitanien und Bayern mußten die Herzöge wenigstens für den Augenblick sich dem mächtigen Frankenfürsten beugen. Die Einheit des Reichs wurde größer als sie jemals gewesen. Aber nur durch eine starke Kriegsmacht ließ sie sich erhalten, und schon der Vater und Großvater Pippins hatten erkannt, daß in den germanischen Teilen des Reichs allein jene alte Tapferkeit und mutige Hingebung fortlebten, die zu großen Dingen die Kraft bieten, daß sie hier ihre Heere aufbieten müßten, wenn sie des Sieges gewiß sein wollten. Nichts ließ daher Pippin unversucht, um die überrheinischen Stämme enger mit dem Reiche zu verbinden, mit dem sie lange nur in losem Zusammenhange gestanden hatten. Da aber schien nichts ihm wichtiger, als diese Stämme, die noch zum Teil Heiden waren, durch das Band gleichen Glaubens und einer gemeinsamen Kirchenverfassung dauernd an die fränkische Monarchie zu knüpfen, und hier begegneten sich seine Pläne mit den Bestrebungen eines Mannes, der im Dienste Roms das Evangelium längst den heidnischen Deutschen predigte und durch ein neues Band der Gemeinschaft die germanische Welt mit Rom zu verbinden suchte. Es war Bonifatius, der Apostel der Deutschen, der Dienstmann des römischen Papsttums.

Die römische Kirche und das Königtum der Pippiniden

Durch die Zerstörung der Römerherrschaft im Abendlande hatte auch die christliche Kirche schwere Verluste erlitten. In Gegenden, wo bereits das Christentum tiefe Wurzeln geschlagen, war es völlig wieder vernichtet worden. Die heidnischen Angelsachsen hatten in Britannien, so weit ihre Macht reichte, die Kirchen zerstört, und nur in dem westlichen Teil der Insel unter den Briten, die alle Vernichtungskriege der Sachsen nie ganz hatten vertilgen können, hatte der christliche Glaube eine freie Stätte behalten. Mit größter Inbrunst griff das unglückliche Volk der Briten nach den Tröstungen des Glaubens, und zu derselben Zeit, wo unter den Schrecken der Völkerwanderung in Italien das Klosterleben so weite Ausdehnung gewann, gedieh es auch hier im Norden zu der höchsten Blüte. Die Klöster füllten sich mit Scharen von frommen Mönchen und wurden die Mittelpunkte des gesamten religiösen Lebens, bald auch Ausgangspunkte zahlreicher Missionen. Männer voll Glaubensmut gingen von hier hinaus in der Welt und predigten den Heiden das Evangelium; unter den Pikten und Scoten, im Norden ihrer Insel und in Irland, fanden sie bereites Gehör und gründeten sie christliche Kirchen, während die Sachsen, voll Haß gegen alles britische Wesen, die Worte des Evangeliums nicht nur nicht annahmen, sondern die Diener des Herrn auf die grausamste Weise verfolgten.

Auch in den Donaugegenden, in Rätien, Noricum und besonders in Pannonien, wo das Christentum schon in großem Segen gestanden, wo von zahlreichen Bischofssitzen aus sich christliche Ordnungen überallhin verbreitet hatten, war es unter den Stürmen der Völkerwanderung fast ganz verschwunden; die heidnischen Alemannen und Bayern hatten dann in die von ihnen eroberten Länder ihren Götzendienst übertragen. Selbst in den Gegenden am Rhein, an der Mosel und Maas, wo Trier, Köln und Mainz schon seit dem Anfang des vierten Jahrhunderts Bischofssitze und Mittelpunkte eines weitverbreiteten kirchlichen Lebens waren, hatte das Christentum lange mit den heidnischen Ripuariern zu kämpfen gehabt, aber hier doch endlich die Oberhand behalten, als die herrschenden Franken den Glauben Roms annahmen. Hier erhob sich bereits Trier als Metropole und Erzbistum über die Bistümer Metz, Toul und Verdun; eine ähnliche Stellung gewann Köln über dem Bistum Tongern, das später nach Maastricht und dann nach Lüttich verlegt wurde, wie Mainz über den Bistümern von Worms, Speyer und Basel, die erst in der fränkischen Zeit begründet zu sein scheinen.

Einzelne Erwerbungen machte die christliche Kirche nach und nach wieder, aber die Verluste blieben sehr bedeutend, und nirgends fühlte man dies schmerzlicher als in Rom, wo man ja längst einen Anspruch auf die kirchliche Herrschaft über die ganze Christenheit zu haben glaubte. Denn bereits in den letzten Zeiten des abendländischen Reichs hatte das römische Bistum als die Kirche des heiligen Petrus, des ersten der Apostel, unter den anderen Patriarchaten einen allgemein anerkannten Vorrang und eine gewisse schiedsrichterliche Gewalt über alle Kirchen erlangt; Beschlüsse von Synoden und kaiserliche Befehle hatten den Primat Petri förmlich anerkannt und den Päpsten eine allgemeine Oberleitung der gesamten Kirche zugesprochen. Aber die nachfolgenden Ereignisse hatten Rom gewaltige Einbußen an der schon gewonnenen Macht erleiden lassen. Auf der einen Seite wurde die rechtgläubige Kirche im Abendlande vom Arianismus und dem Heidentum der siegreichen Germanen zurückgedrängt; auf der anderen Seite schloß sich die griechische Kirche, die sich in der Sprache, in der Auffassung des Lehrbegriffs und dem Zeremoniell von der lateinischen mehr und mehr trennte, immer enger an den Patriarchen von Konstantinopel an, dem schon seit geraumer Zeit der erste Rang nach dem Bischof von Rom angewiesen war und der durch die Nähe des Kaisers ebensosehr gehoben wurde, wie mit der politischen Bedeutung Roms zugleich die geistliche Autorität des dortigen Bischofs sank. Als dann der Arianismus erstarb und die germanischen Eroberer sich der katholischen Kirche zuwandten, stieg zwar im Abendlande überall das Ansehen der Landesbischöfe zu einer früher niemals erreichten Höhe, doch blieb dies bei der Spaltung der abendländischen Welt und der abgesonderten Stellung der einzelnen Landeskirchen zunächst für den römischen Bischof ohne erhebliche Folgen. Wie sehr sich auch des Papstes Macht in der Stadt und dem unmittelbaren Gebiete Roms hob, der Primat Petri hatte im Abendlande fast alle Anerkennung verloren.

Die bischöflichen Kirchen in den germanischen Reichen bestanden ohne jede andere Aufsicht als die des Staates; denn selbst die Gewalt der Metropoliten war überall in Verfall geraten. Ohne geistliche Aufsicht versanken die Bischöfe fast ganz in die weltlichen Interessen der Herrscher. Die Konzilien gestalteten sich beinahe wie Reichsversammlungen und schmolzen mit diesen zusammen; die Geistlichkeit stellte sich als eine ebenbürtige Aristokratie dem Kriegsadel zur Seite und stritt mit ihm um den Einfluß auf die Person der Könige und die Geschicke der Reiche. Und wenn es schon als der erste und der hauptsächlichste Zweck des Staates hingestellt wurde, die christliche Kirche zu schirmen, sahen die Bischöfe diesen Schutz hauptsächlich in der Erhaltung und Vermehrung des Kirchenguts. Die reichsten und schönsten Besitzungen fielen ihnen zu, für die sie durch königliche Privilegien nicht allein Freiheit von den öffentlichen Lasten, sondern bald auch Befreiung vom Zutritt der öffentlichen Beamten und Gerichtsbarkeit durch eigene Schirmvögte erhielten.

So war es auch im fränkischen Reiche, und schon etwa hundert Jahre nach der Begründung desselben brach König Chilperich in die Klage aus: „Unser Schatz ist verarmt und aller Reichtum den Kirchen zugefallen; unsere Macht ist dahin, und allerorten herrschen die Bischöfe." Diese fränkischen Bischöfe führten meist ein völlig weltliches Leben; es bekümmerte sie die Predigt des Evangeliums in ihren Gemeinden wenig, noch weniger die Mission unter den Heiden, obwohl sie doch fast inmitten derselben wohnten. Nicht von ihnen wurde das Christentum in den alemannischen Gegenden, so nahe sie ihnen auch lagen, wieder erweckt, sondern von schlichten irischen Mönchen geschah es, die aus Liebe zum Herrn die Heimat verließen, um das himmlische Licht den Völkern zu bringen, die noch im Schatten des Todes wandelten.

Einer dieser Iren, Fridolin mit Namen, predigte am oberen Rhein und gründete auf einer Rheininsel das Kloster Seckingen; ein anderer, Columban, lehrte mit seinem Schüler Gallus am Bodensee, wo bald das berühmte nach Gallus benannte Kloster erstand; ein dritter, Trudpert, wurde der Apostel des Breisgaus. Allmählich wurde im siebten Jahrhundert ganz Alemannien christlich; längst eingegangene Bistümer lebten auf und neue wurden begründet; es ordneten sich die Sprengel von Straßburg, Basel,

Konstanz und Thur, zu denen später noch das Bistum Augsburg hinzutrat. Auch nach Bayern drangen dann die irischen Missionen vor. Als der erste Apostel der Bayern wird allerdings ein fränkischer Bischof gefeiert, der heilige Rupert, ein Verwandter des merowingischen Hauses, dem das Bistum Worms übertragen war. Er war es, der die Kirche des hl. Petrus zu Salzburg um das Jahr 700 in das Leben rief. Doch einer der nächsten und bedeutendsten Nachfolger Ruperts war ein irischer Mönch, mit Namen Virgilius. Von dem Kloster Hy auf der kleinen Hebrideninsel Iona war er ausgegangen; immer blieb er in Verbindung mit diesem Kloster, von dort ließ er sich seinen Gehilfen Dobdagrek kommen. In Ostfranken und Thüringen wurde durch einen irischen Mönch, den Priester Kilian, der mit seinen Gefährten Coloman und Totnan sich auf die Wanderung gemacht hatte, zuerst das Evangelium gepredigt; in Würzburg haben sie hier das erste Kloster errichtet. Zahlreiche andere geistliche Stiftungen rühren von diesen wandernden Iren her, die überall den Samen des göttlichen Wortes ausstreuten, wo sie auf Frucht rechnen konnten, aber auf feste kirchliche Ordnungen weniger Gewicht legten als die römische Kirche und mit dem Papste zu Rom in keiner unmittelbaren Verbindung standen.

Indessen so das Christentum tiefer und tiefer in die deutschen Länder eindrang, waren auch die Angelsachsen bereits demselben gewonnen. Papst Gregor der Große hatte seinen Klosterbruder Augustinus mit vierzig Begleitern zu ihnen geschickt, und König Äthelbert von Kent, der aus den Händen der verhaßten Briten das Christentum verschmäht hatte, nahm es willig von den Römern an. Noch etwa sechzig Jahre kämpfte das römische Bekenntnis dann teils mit den heidnischen Lehren der Angelsachsen, teils mit den freieren Formen und Ansichten der britischen Kirche; da entschied sich endlich König Oswiu und mit ihm alle Angelsachsen offen für Rom (664), denn der heilige Petrus, meinten sie, besitze den Schlüssel zur Himmelspforte, und sie wollten von ihm, wenn sie vereint an dieselbe klopfen würden, nicht zurückgewiesen werden. Es war gleichsam ein persönliches Verhältnis, das sie mit dem heiligen Petrus schlossen. Alle religiösen Unterweisungen suchten und erhielten sie fortan von Rom. Geistliche und Laien pilgerten scharenweise zum Grabe Petri; eine Schule zur Bildung angelsächsischer Geistlicher wurde in Rom angelegt und zum Unterhalt derselben der Romschoß, von jedem Hause im Lande ein Pfennig, erhoben; die Kirchen und Schulen wurden daheim nach den Vorschriften des Papstes geordnet. Ganz England diente fast in gleichem Sinne jetzt dem heiligen Petrus und seinem Nachfolger, dem römischen Bischof, wie Chlodovech einst mit seinen Franken sich dem Herrn Christus geweiht hatte.

Bald gingen nun auch angelsächsische Priester und Mönche, der Spur ihrer irischen Vorgänger folgend, über die See zu den heidnischen Deutschen und verbreiteten hier mit dem Evangelium zugleich die Verehrung des heiligen Petrus. Zuerst waren die Absichten der angelsächsischen Missionare auf die ihnen stammverwandten Friesen und Sachsen gerichtet. Nach mehreren unglücklichen Versuchen gelang es Willibrord, dem Christentum unter den Friesen eine bleibende Statt zu gewinnen, und nachdem er vom Papst schon lange zum Bischof der Friesen ernannt war, gaben ihm die Siege Karl Martells einen festen Bischofssitz zu Utrecht (719). Unter Willibrords Gefährten zeichneten sich durch lebendigen Eifer für die Mission der schwarze und der weiße Ewald aus, die den Sachsen predigten, aber den Tod der Märtyrer starben; mehr noch Winfried, ein Angelsachse aus Kyrton in Wesser, der dazu bestimmt war, endlich der deutschen Kirche feste Ordnungen zu geben, sie aber zugleich mit den stärksten Banden an Rom zu fesseln.

Nach den Vorschriften Roms und in der genauesten Verbindung mit Papst Gregor II., der ihm den Namen Bonifatius beigelegt hatte, begann Winfried sein großen Missionswerk im Innern der deutschen Länder. Ostfranken, Thüringen, Hessen und Friesland waren das weite Feld seiner Glaubenstätigkeit, indem er teils das Christentum hier zuerst anpflanzte, teils die schwachen Keime aus früherer Predigt pflegte, teils die Auswüchse freierer Lehren und Formen, die Rom nicht dulden wollte, beseitigte und ausmerzte. Das Heidentum erstarb nun allmählich in diesen Ländern; an der Stelle der heiligen Eichen, die Bonifatius oft mit eigener Hand fällte, entstanden christliche Bethäuser; den heidnischen Opfermahlzeiten wurde für immer ein Ende gemacht. Das eifrige Wirken Winfrieds erkannte Papst Gregor III. an und ernannte ihn zum Erzbischof der neubekehrten Länder, womit er ihm zugleich die Vollmacht erteilte, die bischöflichen Kirchen in denselben einzurichten. Aber Karl Martell lieh den Ratschlägen Winfrieds nicht ein so geneigtes Ohr, als es der Papst erwartet hatte. Gewogener zeigte sich ihm Herzog Odilo von Bayern, der im Jahre 739 die bischöflichen Kirchen von Salzburg, Passau, Regensburg und Freising durch Bonifatius ordnen ließ; aber noch bei weitem wichtiger wurde, daß der Sohn Karl Martells, Pippin, sich von der Wirksamkeit dieses angelsächsischen Mönchs die größte Förderung seiner eigenen Absicht, die deutschen Stämme der fränkischen Monarchie fester zu vereinen, versprach und sich deshalb sogleich mit allem Eifer desselben annahm.

Sofort wurden nun in den neubekehrten Gegenden Bistümer gestiftet: Würzburg für Ostfranken, Büraburg für Hessen, Eichstädt für die im Norden der Donau belegenen Gegenden des Nordgaues, Erfurt für Thüringen, von denen Erfurt und Büraburg später mit Mainz vereinigt sind. Schon im Jahre 742 saß Bonifatius als Erzbischof einer Versammlung deutscher Bischöfe vor, wie sie in den nächsten Jahren fast regelmäßig dann abgehalten wurde. Die Einführung römischer gottesdienstlicher Ordnungen, römischer Kirchenzucht, der bischöflichen Hierarchie, der von Rom gebilligten Klosterregel des heiligen Benedikt, vor allem aber die Anerkennung des Primats Petri – das war hier und auf den folgenden Synoden Gegenstand aller Beschlüsse. „Wir haben" – schreibt Bonifatius von einer solchen Synode – „beschlossen und bekannt, bis an unser Ende an dem katholischen Glauben festzuhalten wie an der Einheit und dem Gehorsam gegen die römische Kirche; wir haben ferner beschlossen, dem heiligen Petrus und seinem Nachfolger untertan zu sein, als Metropoliten das Pallium von dem Stuhl Petri nachzusuchen und in allen Stücken den Vorschriften derselben Folge zu leisten, wie es recht und billig ist. Dies unser Bekenntnis haben alle angenommen und unterschrieben, wir haben es zum Grabe des heiligen Petrus geschickt, und der Papst mit der römischen Kirche hat es mit Freude empfangen." 748 wurde Bonifaz Mainz als erzbischöflicher Sitz angewiesen und nicht nur die neugestifteten Bistümer ihm untergeben, sondern auch ältere, wie Worms, Speyer und Utrecht; selbst Köln mit Tongern wurde auf einige Zeit von Mainz abhängig. Und schon erstreckte sich die Wirksamkeit des rastlosen Mannes sogar über die Grenzen der deutschen Länder hinaus auf die Verfassung der ganzen fränkischen Kirche. Auch in den romanisierten Teilen des Reichs stellte er überall den gelösten Metropolitenverband her und versetzte die Erzbischöfe in Abhängigkeit von Rom, indem sie das Pallium von dort zu holen angewiesen wurden. Erst dadurch gelangte der Primat Petri im Abendlande von neuem zu allgemeinerer Anerkennung; ja es wurde ihm fortan in England und im ganzen Frankreich eine bei weitem größere Bedeutung beigelegt, als er jemals vordem besessen hatte.

So erhob sich das römische Bistum zu einer weithin anerkannten Stellung gerade zu derselben Zeit, als die fränkische Monarchie sich verjüngte, und die germanischen Stämme, welche sich am reinsten erhalten hatten, waren es, die den beiden neu aufstrebenden Mächten hauptsächlich die Kräfte zu diesem bedeutsamen Aufschwunge darboten. Nahe beieinander lagen die Wurzeln, von denselben Quellen genährt, aus denen zwei kräftige Stämme in wunderbar schnellem Wachstum emporschossen.

Um ungehindert die neue ihnen vorgezeichnete Bahn beschreiten zu können, mußten die fränkischen Hausmeier und der römische Bischof noch in gleicher Weise sie lange zwängende Fesseln zerreißen; Pippin mußte die Merowinger vom Thron entfernen und denselben für sein Geschlecht in Besitz nehmen, der Papst dagegen sein bisheriges Verhältnis zu dem Kaiser zu Konstantinopel, der noch immer sein Herr war, auf immerdar lösen. Beide waren zur Tat entschlossen, und gerade, indem sie zu derselben schritten, wurden sie erst recht inne, wie eng ihre Interessen verbunden waren; gegenseitiges Bedürfnis trieb sie zu einer der wichtigsten und folgenreichsten Verbindungen für die Geschichte der Menschheit.

Im Jahre 751 entthronte Pippin, nachdem er die Billigung des Papstes für diesen Schritt gewonnen hatte, den letzten König aus dem merowingischen Geschlecht und schickte ihn in ein Kloster; nach alter Weise ließ er sich dann auf dem Märzfelde zu Soissons von den Franken zum König wählen und auf den Schild erheben, nach neuer Weise aber von den Bischöfen des Reichs salben, um der gegen das Herkommen gewonnenen Königsmacht eine besondere Weihe zu geben. Als wenige Jahre darauf Papst Stephan III. schutzflehend nach Frankreich kam, wiederholte er selbst, Petri

Nachfolger, an Pippin die Salbung und weihte ihn und seine Söhne Karl und Karlmann zu Königen der Franken (754); unter Androhung aller zeitlichen und ewigen Strafen ermahnte er das Volk, dem neuen König unverbrüchlich die beschworene Treue zu halten.

Aber unverzüglich verlangte der Papst für solche Dienste den Gegendienst. Vor der Macht des Langobardenkönigs Aistulf hatte er aus Rom weichen müssen. Obwohl Aistulf auch die griechischen Besitzungen im nördlichen Italien mit Gewalt an sich gerissen hatte, obwohl der Kaiser der natürliche Verbündete und Schutzherr des Papstes gewesen wäre, konnte dieser doch – soweit war die Spaltung gediehen – auf Beistand von Konstantinopel nicht mehr rechnen und mußte sich dem Franken in die Arme werfen; mit dem dunklen und vieldeutigen Namen eines Patricius der Römer begrüßte er seinen neuen Schutzherrn und bat ihn um tatkräftigen Beistand.

Und wie hätte Pippin nun zaudern können, die Rechte des heiligen Petrus und Roms gegen die anwachsende Macht der Langobarden zu verteidigen? In zwei Feldzügen nötigte er Aistulf, alle seine Eroberungen auszuliefern; mit ihnen auch den Erarchat und die Pentapolis, d. h. den ganzen Küstenstrich südlich von der Pomündung bis nach Ancona hin, vom Reno und dem Rücken des Apennin in Westen begrenzt, ein Land, das bis dahin dem griechischen Reiche gehört hatte. Durch eine Schenkung überließ Pippin diese Gegenden dem heiligen Petrus, der römischen Kirche, d. h. dem Papste, und, wie es weiter lautet, dem römischen Reiche – nicht dem Ostreiche, wie Pippin ausdrücklich erklärte, sondern dem Westreiche, auf dessen Herstellung seine Gedanken unfraglich schon damals gerichtet waren. Auch darüber kann kaum ein Zweifel obwalten, daß Pippin bereits als Patricius in Rom selbst schutzherrliche Rechte geübt hat. Öfters bedurfte seines Beistandes der Papst, der bald mit der seiner tumultuarisch erworbenen Herrschaft widerstrebenden Stadtbevölkerung, bald mit den Langobarden und den „gottlosen und ketzerischen“ Griechen im Streite lag und nur mit Mühe zum Besitz der geschenkten Landschaften und Städte gelangte.

Augenscheinlich war es, daß der Papst ebenso einer starken westlichen Macht vonnöten hatte, die ihn in seinen Ansprüchen stützte, wie Pippin einer allgemein anerkannten geistlichen Gewalt, welche sein neues Königtum sicherte und durch das Band der Kirche die widerstrebenden Elemente seiner Herrschaft zusammenhielt. Der deutsche Kriegsfürst und der römische Bischof bedurften in gleicher Weise einander und mußten sich zu dauerndem Bunde die Hände reichen.

Der Herstellung eines abendländischen Kaisertums reifte alles zu, eines neuen Römerreichs, in dem Germanien aber nicht eine unterworfene Provinz, sondern Kern und Mittelpunkt war. Und schon strahlte im Glanze jugendlichen Lebens das Haupt, dem die neue Kaiserkrone bestimmt war.

9. Herstellung des abendländischen Kaisertums

Wie lange hatte jener den germanischen Völkern tief innewohnende Trieb, in enger begrenzten Kreisen das Leben zu gestalten, zerstörend auf die Staaten des Abendlandes gewirkt, wie oft waren kaum beginnende Bildungen gehemmt oder gänzlich vernichtet worden, und wie groß zeigte sich nicht stets von neuem die Gefahr, daß die ganze bisherige Entwicklung Europas zuletzt doch der Vernichtung verfallen könnte, daß nicht die Kultur des Altertums allein, sondern mit ihr selbst das Christentum, schon von den Aposteln hier auf den fruchtbarsten Boden gepflanzt, von fanatischem Unglauben mit der Wurzel ausgerottet würde. Jahrhunderte schreckbarer Finsternis – wer kann es leugnen! – waren den Zeiten der germanischen Eroberung gefolgt, und jene Freiheit, welche die deutschen Kriegscharen der Welt zurückgaben, schien eher zum Fluch als zum Segen der Menschheit auszuschlagen; kaum leuchtete aus dem Dunkel noch hier und da ein matter Schimmer auf, der die Hoffnung ließ, daß die Sonne doch endlich wieder die Wolken durchbrechen müsse.

Aber schon nahte eine bessere Zeit, wo sich die zerstreuten Kräfte wieder sammelten, wo sich zusammenschloß, was sich so lange geflohen hatte, wo sich das Abendland wieder in großartiger Einheit darstellte und sich dann zeigte, daß Keime lebendigeren Glaubens und höherer Gesittung in dem von dem Eisen der Germanen umackerten Boden lagen und aus ihm aufschossen, als je vordem aus diesem Grunde gediehen waren. Die germanischen und romanischen Nationen traten einer inneren Verschmelzung in ihren staatlichen und kirchlichen Verhältnissen näher und näher, und wie zersetzend bis dahin auch germanischen Wesen gewirkt haben mochte, Germanen waren es jetzt, welche die Einigung des Abendlandes förderten und zum Ziele führten. Dem Angelsachsen Winfried war es gelungen, die fränkische Kirche mit der Verehrung des heiligen Petrus zu erfüllen, und wie sich die Franken einst unter Chlodovech Christus zu eigen geweiht hatten, so gaben sie sich jetzt dem ersten der Apostel als Dienstmannen hin: sie bereiteten nun dem Bischofe zu Rom, den sie als den Nachfolger und Stellvertreter des Apostelfürsten anerkannten, die Wege zur Herrschaft über die Kirche des ganzen Abendlandes. Und während sich die Kirche unter der Leitung eines gemeinsamen Oberhauptes mehr und mehr einheitlich gestaltete, erhob sich auf den Grenzen Galliens und Germaniens ein neues Herrscherhaus, das nicht nur in diesen Ländern schnell alle Fülle der Gewalt gewann, sondern auch bereits tief in die Angelegenheiten Italiens eingriff und dadurch, so weit die abendländische Christenheit reichte, zu einer außerordentlichen Machthöhe aufstieg. Überall begegneten sich fortan die Interessen des Papsttums und dieses neuen Königshauses: im Kampfe gegeneinander würden sie sich nicht allein geschwächt, sondern ihre ganze Zukunft vernichtet haben, im Bunde miteinander erstarkten sie mit jedem neuen Schritte, den sie vorwärts taten, und mußten an das Ziel der staatlichen und kirchlichen Einigung des Abendlandes mit Notwendigkeit gelangen. An weltumfassenden Anschauungen hat es Rom nie gefehlt, auch nicht den Päpsten jener Zeit; es bedurfte nur eines Fürsten auf dem fränkischen Thron, der sich über die Beschränktheit der deutschen Natur zu großen politischen Ideen erhob, um diese Entwicklung zum Abschluß zu bringen. Dieser Fürst wurde der Welt in Karl dem Großen gerade im rechten Augenblick geschenkt. Glänzendere Herrschergaben haben sich selten in einem Manne vereinigt, und vielleicht nie hat das Genie eines Regenten eine günstigere Zeit zu unsterblichen Taten gefunden.

Karl folgte als Jüngling seinem Vater auf den Thron (768); er war erst sechsundzwanzig Jahre alt, und viel fehlte daran, daß alle Vorzüge seiner reichen Natur bereits entwickelt gewesen wären. Aber von früh an erkannte man in ihm jene eiserne Willenskraft, jene rastlose Tätigkeit, jenen dem höchsten zustrebenden Sinn und jene Bildsamkeit des Geistes, die ihn den ersten Fürsten aller Zeiten an die Seite gesetzt haben. Die Natur hatte alles für ihn getan. Ein stattlicher Körper bei dem schönsten Ebenmaß der Glieder, klare Augen, gewinnende Gesichtszüge, Wohllaut der Stimme, ein durch und durch männliches Auftreten fesselten die Aufmerksamkeit und die Neigung der Menschen beim ersten Blick an ihn. Nie hemmte der Leib die Tätigkeit des Geistes; mehr als dreißig Jahre seiner Regierung hat ihn keine Krankheit befallen, obwohl er sich niemals schonte, keine Rast bei der Arbeit kannte. Oft stand er des Nachts vier- bis fünfmal von seinem Lager auf und wandte sich den gerade vorliegenden Arbeiten zu; selbst beim Ankleiden verhandelte er über die Geschäfte mit seinen Räten oder ließ Parteien vor, die seinen Richterspruch suchten; beim Mahle ließ er sich geschichtliche oder theologische Bücher vorlesen: jede Stunde wußte er zu nutzen. Dabei war er stets klaren und freien Sinns; nie hat er im Unmut ein Unrecht begangen. Im engen Kreise der Seinen fühlte er sich glücklich und besorgte mit gewissenhaftester Sorgfalt den eigenen Haushalt; aber sein Blick erfaßte mit derselben Sicherheit und Klarheit das Entfernteste wie das Nächste. Die Lage der Welt lag nicht minder durchsichtig vor ihm wie das seinem leiblichen Auge Erreichbare; mit gleicher Befriedigung lebte er in den größten Dingen wie in den nächsten Interessen seiner Familie. Die Athener haben an Themistokles, dem größten Helden, den ihre Stadt erzeugte, vor allem jene geistige Kraft bewundert, die ihn auch ohne tiefere Bildung überall das Richtige erkennen ließ; dieselbe wunderbare angeborene Unterscheidungsgabe wohnte Karl bei. Im Waffendienst erzogen, lernte er erst als König die Anfangsgründe der Wissenschaften, wie sie jener Zeit überliefert waren, und blieb selbst im Alter ihnen ein Schüler. Aber ob die Spuren altgermanischer Barbarei unvertilgbar seinem Geiste anhafteten, es gab doch in den Verhältnissen von Staat und Kirche keine Aufgabe so schwierig und verwickelt, daß sein Scharfblick sie nicht gelöst hätte. Man kann behaupten, jedes wichtige Problem, mit dem sich in den folgenden Jahrhunderten die Staatskunst abmühte, hat seinen Geist schon beschäftigt.

Die Verhältnisse gestalteten sich bei seiner Thronbesteigung nicht sonderlich günstig. Die neue Dynastie hatte von der alten jene unglückliche Erbfolgeordnung übernommen, die abermals zu einer Reichsteilung führte; Karl mußte sich im Anfange mit seinem Bruder Karlmann über die Herrschaft auseinandersetzen, und bald gerieten die Brüder in ärgerliche Streitigkeiten. Überdies hatte Karl seiner Mutter zuliebe eine Tochter des Langobardenkönigs Desiderius geheiratet; diese Verbindung drohte zugleich auch den Bund mit Rom zu lösen und hinderte Karl, auf dem Wege seines Vaters fortzuschreiten. Aber bald hoben sich alle Hemmnisse. Karlmann starb schon im vierten Jahre seiner Regierung, und die Franken schlossen dessen Söhne von der Nachfolge aus; Karl trennte sich von der Langobardin, und das alte Verhältnis zu Rom stellte sich sofort her. Seitdem verfolgte Karl mit voller Entschiedenheit die Bahn, welche die begonnene Entwicklung der Dinge dem fränkischen Königtum gewiesen hatte.

Jede selbständige Gewalt, die sich noch in dem alten Reiche der Merowinger zu behaupten wagte, wurde überwältigt. In Aquitanien hielt sich noch ein erbliches Herzogtum, von Pippin bekriegt, nicht besiegt: Karl machte demselben ein Ende. Die Britannen widerstrebten seit Jahrhunderten dem Gebot der Frankenkönige: ihr Widerstand wurde nach langen Kämpfen gebrochen. Bayern bestand unter dem Agilolfinger Tassilo noch als besonderes Herzogtum und hatte sich bereits unter Pippin wieder trotzig erhoben: Tassilo wurde gedemütigt, und wenn er seine Gewalt noch einige Zeit bewahrte, so dankte er es nur der persönlichen Freundschaft Karls und der Verwendung des Papstes; endlich mußte auch er weichen und in ein Kloster gehen (788).

Es war eine Lebensfrage für das neue Königshaus, welches seine Macht vor allem auf die deutsch gebliebenen Teile des Reichs begründet hatte, der Freiheit des sächsischen Stammes ein Ende zu machen. Seit Jahrhunderten von den Frankenkönigen bekriegt und oft in blutigen Schlachten besiegt, hatten die Sachsen sich doch von jeder Niederlage wieder erhoben und in den letzten Zeiten sogar allgemach ihre Herrschaft im Südwesten weiter gegen das Frankenland ausgedehnt. Jeder Aufstand gegen die fränkische Königsherrschaft fand bei ihnen, dem letzten freien deutschen Stamme, bereitwillige Unterstützung; auch die Ausbreitung des Christentums in den inneren deutschen Ländern, von den Königen jetzt zur Befestigung ihrer Herrschaft auf alle Weise begünstigt, wurde durch die Sachsen gehemmt. In den letzten Jahren seines Lebens hatte Pippin unaufhörlich mit diesem Volke gekämpft; Karl übernahm den Krieg als eine Erbschaft vom Vater, entschlossen, um jeden Preis ihn durchzuführen, um die Königsherrschaft und das Christentum für ewige Zeiten unter allen Germanen zu sichern. In der Bezwingung des letzten freien und heidnischen deutschen Stammes erkannte er die Hauptaufgabe seines Lebens.

Seit einem halben Jahrtausend hatten die inneren Verhältnisse bei den Sachsen, die in ihren alten Sitzen geblieben waren, keine wesentliche Veränderung erfahren. Die alte Volksfreiheit hatte sich gegen die Königsherrschaft, der alte Glaube gegen das Christentum hier behauptet, die Sitte der Vorderen war treu bewahrt; die Sachsen jener Zeit waren noch die echten Söhne der Cherusker, die einst Armin gegen die Römer führte. An der Spitze der nicht sehr umfangreichen Gaubezirke, in welche das Land zerfiel, standen wie in den Urzeiten Gaufürsten, von den Gemeinden gewählt, um das Gericht zu hegen und den Heerbann zu führen. Eine gemeinsame Obrigkeit für das ganze Volk fehlte, aber alljährlich versammelte sich zu Marklo an der Weser die große Landesgemeinde, zu der von allen Gauen aus den drei freien Ständen des Volkes Abgeordnete erschienen. Hier wurden die allgemeinen Angelegenheiten beraten, hier über Krieg und Frieden entschieden und Herzöge erwählt, wenn das Heer gegen einen Landesfeind zu führen war. Dem Stande nach zerfielen die freien Männer des Volkes in die nicht sehr zahlreichen, aber mächtigen Edlinge, die Frilinge, d. h. die Vollfreien, und die Lassen, eine zahlreiche Klasse abhängiger Männer ohne eigenen Besitz, die aber persönliche Freiheit genossen. Geographisch schieden sich die Sachsen in die Westfalen an der Sieg, Ruhr und Lippe wie auf beiden Seiten der Ems, in die Engern an beiden Ufern der Weser bis zur Leine hin und in die Ostfalen bis zur Elbe; von ihnen werden noch die Nordleute oder Nordelbinger unterschieden, die auf der rechten Seite der unteren Elbe bis zur Eider hin jene Gegenden behauptet hatten, in denen zuerst der Sachsenname gehört worden war.

Ein großes kampflustiges und streitbares Volk in ungebrochener Naturkraft, voll wilden Freiheitstrotzes und barbarischer Verschlagenheit war es, gegen das Karl seine Waffen hier wendete. Allerdings war es ohne feste Einheit und starken Zusammenhalt und deshalb in einzelnen Kämpfen unschwer zu besiegen; aber alle einzelnen Siege trugen wenig für die endliche Entscheidung des Krieges aus, Gau für Gau mußte unterworfen, eine Gemeinde nach der anderen einzeln vernichtet werden. Der Krieg, den Karl gegen die Sachsen führte, war derselbe, in dem einst die Römer unterlegen waren; gegen dieselben Stämme, in denselben Gegenden wurde er geführt, und auch jetzt galt es, die germanische Freiheit der Herrschaft eines einzelnen zu beugen und der Verbindung eines großen Reichs einzufügen. Aber zugleich war der Krieg nun ein Kampf für den Glauben der Christen: mit den Reliquien der Heiligen zog Karl in den Kampf, Missionare begleiteten den Zug seiner Reisigen.

Auf dem Maifelde zu Worms wurde im Jahre 772 der Krieg gegen die Sachsen beschlossen. Das Heer zog aus. Die Eresburg, die Hauptfeste der Sachsen an der Diemel, wo jetzt Stadtberge liegt, wurde genommen; der geweihte Bezirk im Eggegebirge, wo die Irminsul stand – ein gewaltiger Stamm, der nach dem Glauben der Sachsen das All trug –, fiel der Zerstörung anheim; alles Land bis zur Weser wurde mit Feuer und Schwert verwüstet. Die Sachsen wagten sich den kriegsmächtigen Franken nicht zum offenen Kampfe zu stellen, und als diese tiefer in das Land drangen, gelobten die meisten Gaue Unterwerfung und gaben dem Könige Geiseln. Christliche Priester durchzogen sofort das Land und predigten mit dem Christentum zugleich Unterwerfung unter die Königsherrschaft der Franken. Sie predigten tauben Ohren; kaum hatte Karl die sächsischen Grenzen verlassen, so erhob sich das Volk zuhauf, besetzte die Eresburg wieder, nahm die Siegburg an der Ruhr ein und überfiel das fränkische Gebiet.

Im Jahre 775 mußte Karl den Krieg von neuem beginnen. Er gelobte, das „treulose und eidbrüchige" Volk der Sachsen zu unterwerfen oder für immerdar zu vernichten. Alle Streitkräfte seines Reichs hatte er aufgeboten und rückte mit ungeheurer Heeresmacht in Sachsen ein. Im offenen Kampfe stellte sich auch jetzt der Feind nirgends den Franken; nur einmal wagten die Westfalen, von Widukind geführt, einen nächtlichen Überfall. Karls Heer drang unter schrecklichen Verheerungen bis zur Oker vor; die Ostfalen, Westfalen, Engern unterwarfen sich und stellten Geiseln. Und doch war die Unterwerfung des Landes noch nicht entschieden. Sobald Karl das Land verlassen hatte, erhob sich der Feind ihm im Rücken und nahm die kaum gewonnene Siegburg von neuem. Da kehrte der König mit unwiderstehlicher Heeresmacht im Jahre 776 zurück. Die Sachsen gaben sofort jeden Widerstand auf; kaum war Karl bis zu den Quellen der Lippe gelangt, so gelobten sie Annahme des Christentums und Unterwerfung; viele fügten sich zugleich der Taufe. Karl ließ nun Zwingburgen in Sachsen bauen, nahm selbst einen längeren Aufenthalt daselbst und hielt zu Paderborn das Maifeld im Jahre 777. Der Adel und die freien Männer des Landes erschienen hier vor dem mächtigen König; kein Widerstand wurde laut, aller Trotz schien gebrochen. Die Sachsen gelobten, unweigerlich den Befehlen des Königs zu gehorchen, fehlten sie in der Pflicht, so möchte er ihnen die Freiheit und ihr Land auf immer entziehen. Scharenweise ließ sich das Volk taufen; Sachsen schien in der Tat unterworfen. Nur Widukind, in dem etwas vom Geiste Armins lebte, wollte sich nicht dem Franken beugen und flüchtete sich zu dem Dänenkönig Siegfried.

Nichts war Karl hinderlicher, um seine Erfolge in Sachsen zu sichern und die Herrschaft hier schnell zu befestigen, als die Kriege, die er als Bundesgenosse des Papstes gleichzeitig gegen die Langobarden zu führen hatte. König Desiderius war durch die Scheidung seiner Tochter Karls erbittertster Feind geworden; freudig hatte er die vom Throne ausgeschlossenen Söhne Karlmanns bei sich aufgenommen, sie als Frankenkönige anerkannt und vom Papst Hadrian ihre Salbung verlangt. Aber was Desiderius auch tat, um den Papst von Karl zu trennen, der Papst blieb „demanthart“; selbst da wankte er nicht, als Desiderius mit Heeresmacht gegen Rom anzog und den größten Teil der von Pippin dem heiligen Petrus geschenkten Städte besetzte. Der Hilferuf des Papstes erging im Jahre 773 an Karl, und dieser zögerte keinen Augenblick ihm zu folgen. Die Alpenpässe wurden schlecht verteidigt; ohne erheblichen Widerstand drang Karl in die lombardische Ebene ein. Auch hier widersetzte sich Desiderius nicht in einer offenen Feldschlacht, sondern beschränkte sich auf die Verteidigung seiner Städte, die einzeln belagert werden mußten.

Während das fränkische Heer hiermit beschäftigt war, begab sich Karl Ostern 774 nach Rom, um sich als ihr Patricius der Stadt zu zeigen und persönlich seinen Bund mit dem Papst zu erneuern. Mit allen Ehren, die bei dem Einzug eines Exarchen oder Patricius des griechischen Kaisers üblich waren, wurde er empfangen. An der Peterskirche trat ihm der Papst entgegen; unter dem Gesange:

„Gesegnet sei, der das kommt im Namen des Herrn!“ schritten beide zum Grabe des Apostels und beteten hier vereint. Dann wurde das Osterfest mit der größten Pracht begangen und nach demselben dem Papste von Karl die Schenkung seines Vaters nicht nur bestätigt, sondern noch durch neue Verleihungen erweitert. Karl erklärte wie einst sein Vater: er habe den Krieg gegen die Langobarden nicht, um Gold oder Silber, Land und Leute zu gewinnen, unternommen, sondern nur um die Rechte des heiligen Petrus zu schützen und zur Erhöhung der römischen Kirche. Wenn aber der Papst hieraus die Hoffnung schöpfte, Karl werde alle die Teile des langobardischen Reichs, auf die Rom nach einem einst von Pippin gegebenen, aber unerfüllt gebliebenen Versprechen Ansprüche erhob, dem heiligen Petrus übergeben, so fand er sich bitter enttäuscht. Denn als nach langer Belagerung Pavia fiel und Desiderius in die Gewalt seiner Feinde geriet, ließ Karl sich selbst von den Langobarden huldigen und nannte sich fortan „König der Franken und Langobarden“. Desiderius wurde als Mönch in ein fränkisches Kloster geschickt.

Das Verhältnis Karls zum römischen Bistum erfuhr, seitdem er ein ausgedehntes Reich in Italien gewonnen hatte, manche Trübung; er war der mächtige Nachbar des Papstes geworden, der selbst nach der weltlichen Herrschaft hier strebte. An Reibungen fehlte es nicht; Ansprüche mancherlei Art wurden gegenseitig erhoben und zurückgewiesen. Aber der Gang der Dinge machte es unmöglich, daß sich der durch alle Forderungen der Zeit gebotene Bund lockerte oder löste. Schon im Jahre 776 zeigt sich von neuem, wie untrennbar das Interesse des Papstes mit der Macht des Frankenkönigs verknüpft war. Desiderius Sohn, Adelchis, der sich nach Konstantinopel geflüchtet hatte, bedrohte Italien; es unterstützte ihn sein Schwager Arichis, der stolze, noch unbezwungene Herzog von Benevent; andere langobardische Herzöge standen mit beiden im geheimen Bunde. Der Papst war nicht minder gefährdet als die Herrschaft der Franken. Da eilte Karl abermals über die Alpen. Die drohende Gefahr wurde durch sein kraftvolles Auftreten schnell unterdrückt, neuen Aufständen durch eine Umgestaltung aller Verhältnisse des langobardischen Reichs vorgebeugt. Die herzogliche Gewalt wurde bis auf Spoleto, wo der Papst oberherrliche Rechte in Anspruch nahm, überall aufgelöst, das Land in Grafschaften geteilt, die fränkische Kriegs- und Gerichtsverfassung eingeführt, die politische Stellung der Bischöfe und Äbte gehoben, kurz alles den Einrichtungen der fränkischen Monarchie möglichst nahegebracht. Dennoch gab Karl vier Jahre später dem langobardischen Reiche in seinem fünfjährigen Sohne Pippin einen eigenen Unterkönig. Auf eigener Grundlage ruhend, zu besonderen Zwecken bestimmt, den Angriffen gefährlicher Feinde fortwährend ausgesetzt, schien das Land einer getrennten Verwaltung zu bedürfen. Noch war keineswegs hier alles vollendet. Benevent unterwarf sich erst später und blieb von schwankender Treue; die Griechen, die ihre Ansprüche und Absichten auf Italien nicht aufgaben, suchten mit den Herzögen von Benevent immer aufs neue Verbindungen zu gewinnen. Solange der Papst gegen die „ruchlosen und ketzerischen" Griechen und gegen das „meineidige und stinkende" Volk der Langobarden keinen Schutz sah als in dem erlauchten Königsgeschlecht der Franken, blieb ihm keine Wahl, als dasselbe von Ehren zu Ehren zu erheben; er salbte Pippin und seinen jüngeren Bruder Ludwig schon zu Lebzeiten des Vaters zu Königen der Franken.

Ludwig, dem jüngsten Sohn Karls, war Aquitanien als Königreich bestimmt; noch in der Wiege wurde das Knäblein in sein Reich getragen. Da sich hier an den Südwestgrenzen der Monarchie die Aussicht zu großen Eroberungen zeigte, wollte Karl auch hier den tapferen Bestrebungen seiner Getreuen einen eigenen Mittelpunkt geben. Denn eben damals gaben sich die ersten Spuren der Auflösung in dem großen Reich, welches die Araber unter den Kalifen gewonnen hatten, zu erkennen. Abderrhaman, der letzte Sprößling vom entthronten Kalifengeschlechte der Ommaijaden, war nach Spanien geflohen und hatte in diesem Lande eine selbständige Herrschaft begründet, deren Sitz zu Cordova war. Aber die Statthalter der spanischen Städte beugten sich nicht alle willig dem neuen Gewalthaber, und Soliman Ibn al Arabi, der zu Barcelona befehligte, rief sogar gegen den Kalifen ein Christenheer über die Pyrenäen. Im Jahre 778 griff Karl die Ungläubigen, von seinen Vorfahren einst von den Fluren Galliens vertrieben, zuerst in ihrer spanischen Herrschaft an. Siegreich drang er bis vor Saragossa; die mohammedanischen Befehlshaber zwischen dem Ebro und den Pyrenäen stellten ihm Geiseln. Ein glänzender Kriegszug in seinen Anfängen, aber nicht ohne empfindliche Verluste in seinem Ausgange. Auf dem Rückzuge überfielen die kampf- und beutelustigen Basken das fränkische Heer in den Pyrenäen, und in dem Tal von Roncesvalles erlitt es eine schwere Niederlage. Karls Mißgeschick ermutigte die Araber, und die Eroberungen der Franken in Spanien gingen für den Augenblick wieder verloren. Aber der Krieg an den Grenzen dauerte fort, und mit ihm erhielt sich die Hoffnung, die Ungläubigen vom spanischen Boden zu verdrängen.

Der Schlag, der Karls Heer in den Schluchten der Pyrenäen getroffen hatte, machte sich seiner Macht auch an der Weser und am Rheine fühlbar: in so enger Verbindung standen damals alle Verhältnisse des Abendlandes. Die Sachsen erhoben sich wieder. Die eben gebauten Kirchen wurden zerstört, die Priester erschlagen, die Franken verjagt und das Frankenland selbst angegriffen. Bis zum Rheine ergossen sich die sächsischen Heereshaufen, von Deutz bis Koblenz wurde alles verwüstet. Sofort sandte Karl ein Heer von Ostfranken und Alemannen gegen die Sachsen, die auch alsbald aus den rheinischen Gegenden wichen und bis zur Eder verfolgt wurden; in den Jahren 779 und 780 zog er dann selbst mit großer Heeresmacht in das empörte Land. Von neuem unterwarfen sich ihm alle Gaue und versprachen Treue und Annahme des Christentums. Aber durch schlimme Erfahrungen belehrt, traute Karl solchen Versprechungen nicht mehr und dachte auf Mittel, den Gehorsam des Volkes zu erzwingen. Zahlreiche Befestigungen legte er rings um das Land an, namentlich an der fränkischen Grenze und an der Elbe; starke Besatzungen in diesen Burgen zwängten vom Osten und Westen die Sachsen ein und erhielten in der Tat eine Zeitlang Ruhe. Diese Zeit benutzte Karl, um Einrichtungen durchzuführen, welche den alten Götterdienst und die angestammte Volksfreiheit zugleich auf immerdar zu brechen vermöchten. Die fränkische Heeres- und Gerichtsverfassung wurde nun hier wie kurz vorher im langobardischen Reiche eingeführt, das Land in Grafschaften eingeteilt, fränkische Große oder sächsische Edlinge, die sich Karl ergeben hatten, an ihre Spitze gestellt; auch die Einteilung des Landes in bischöfliche Sprengel wurde begonnen, christliche Priester angesiedelt und das Volk, wenn es nicht willig die Lehren Christi annahm, zur Taufe, zu kirchlichem

Leben und zur Einrichtung der Zehnten gezwungen. Im Jahre 782 hielt der König einen großen und glänzenden Reichstag an den Quellen der Lippe; es schien, als ob er frei in Sachsen walte, wie in seinem eigenen Hause. Schon ging er damit um, über Sachsen östlich hinaus zu den slawischen Stämmen sein Reich auszubreiten. Ein Heereszug gegen die Sorben, die zwischen Saale und Elbe wohnten, wurde beschlossen und ausgeführt; zum ersten Male mußten auf demselben auch die Sachsen dem Könige Heeresfolge leisten. Dem kriegerischen Geiste des Volkes wollte der König, wie es scheint, nach einer anderen Seite hin Beschäftigung bieten.

Die neuen Einrichtungen Karls schnitten tief in das innerste Leben des Volkes ein. Die alte germanische Freiheit blutete aus tödlichen Wunden; zu erschöpft, um sich länger aufrechtzuerhalten, besaß sie doch noch zu viel Lebenskraft, als daß sie nicht in krampfhaften Zuckungen gegen die Vernichtung angekämpft hätte. Als Rächer der sinkenden Freiheit erschien jetzt wieder Widukind unter den Sachsen; zur Verteidigung des alten Glaubens und des ererbten Rechts rief er sein Volk auf. Ganz Sachsen griff zu den Waffen, und auch die Friesen schlossen sich Widukind an; ein großer gemeinsamer Entschluß beseelte die letzten Kämpfer für die altgermanische Freiheit. Kaum war Karl fern, so stand alles in Aufruhr. Die Priester wurden erschlagen, die Edlinge, die sich den Franken ergeben hatten, aus dem Lande vertrieben; man rüstete sich zum Kampfe auf Tod und Leben. Das gegen die Sorben gerichtete Heer mußte umkehren und sich sofort gegen Widukind und seine Scharen richten, aber am Süntel, unfern der Weser, erlitt es eine völlige Niederlage; ein vom Rhein gesandtes Hilfsheer barg kaum die spärlichen Reste. Doch schon rückte Karl selbst mit neuer Heeresmacht an. Vor seiner persönlichen Erscheinung schien auch diesmal der Widerstand zu erlahmen; Widukind gab die Freiheit Sachsens verloren und flüchtete sich abermals zu den Dänen. Als strenger Rächer und Richter forderte Karl nun Rechenschaft von dem eidbrüchigen Volke. Er verlangte die Auslieferung der Schuldigen; 4500 Sachsen wurden seinen Händen übergeben, und an *einem* Tage ließ er sie alle bei Verden enthaupten. Mit einem gewaltigen Schlage sollte die mit dem Tode ringende Freiheit zu Boden geschlagen werden und rasch sich verbluten.

Mit furchtbarem Ernste verfolgte Karl sein Ziel, die Sachsen völlig zu unterwerfen. Mit dem Blutbade von Verden glaubte er es erreicht zu haben. Aber so sehr die entsetzliche Tat die Sachsen beugte, noch mehr hatte sie dieselbe mit Ingrimm und Rachelust gegen die Franken erfüllt. Alsbald stand das ganze Land wieder in den Waffen, und noch einmal kehrte Widukind von den Dänen zurück. Mit allen Kräften seines Reiches mußte Karl im Jahre 783 abermals gegen die Sachsen in den Kampf ziehen, die sich jetzt zum ersten Male in großen, offenen Feldschlachten ihm stellten. Sie taten es zu ihrem Verderben; erst bei Detmold, dann an der Hase unweit Osnabrück siegte Karl in den blutigsten Kämpfen. Die Jugend der Sachsen fiel, und die Streitkräfte des Landes begannen zu versiegen. Bis zur Elbe drang der König, ohne namhaften Widerstand mehr zu begegnen, plündernd und verwüstend vor. Dennoch hielt Widukind noch ferner ihm stand, bis verheerende Züge Karls in den Jahren 784 und 785 endlich die letzte Widerstandskraft des Landes erschöpften. Da erschien Widukind, der Aufforderung des Königs folgend, in dessen Pfalz zu Attigny, unterwarf sich und nahm selbst die Taufe. Jetzt war Sachsen besiegt, und mit Blutgesetzen wurden das Christentum und das Königtum zugleich den Sachsen aufgedrungen. Mit Todesstrafen wurde die Taufe erzwungen, die heidnischen Gebräuche bedroht; jede Verletzung eines christlichen Priesters wurde, wie der Aufruhr gegen den König und der Ungehorsam gegen seine Befehle zu einem todeswürdigen Verbrechen gestempelt.

Stille des Todes war nachdem mehrere Jahre im Sachsenlande, und schon konnte Karl daran denken, seine Waffen gegen die Wenden jenseits der Elbe zu richten. Im Jahre 789 ging er über den Fluß und griff die Wilzen an, die zwischen der mittleren Elbe und Oder wohnten. Ihre Nachbarn, die Abodriten im Norden und die Sorben im Süden, waren Karl verbündet und unterstützten sein Unternehmen; auch die Sachsen mußten ihm Heeresfolge leisten. Bis zur Peene drang der Frankenkönig vor, und die Fürsten der Wilzen huldigten ihm als ihrem Gebieter. So war die Herrschaft der Franken auch im Rücken der Sachsen begründet. Abermals brachen dann wohl unter ihnen noch einzelne Aufstände aus, die der König mit bewaffneter Hand überwältigen mußte, wie im Jahre 798 in den Gegenden zwischen der unteren Weser und Elbe; aber gefährlich sind sie der Herrschaft der Franken nicht mehr geworden. Schon war auch der Bestand des Christentums gesichert, und das Land empfing feste kirchliche Einrichtungen. Das sächsische Nordthüringen erhielt einen eigenen Bischof, der wenig später zu Halberstadt seinen Sitz nahm. In Engern teilten sich die Bischöfe, die zu Paderborn, Minden, Verden und Bremen eingesetzt wurden. Über Westfalen erstreckten sich die neubegründeten bischöflichen Sprengel von Münster und Osnabrück; zugleich wurde das Kölner Bistum bis in diese Gegenden ausgedehnt. Mainz erweiterte über die südlichsten Teile des Landes seinen Sprengel und gewann mit Köln Metropolitanrechte über die neubegründeten Bistümer. Als seine kirchlichen und staatlichen Einrichtungen in Sachsen tiefere Wurzeln zu schlagen anfingen, glaubte Karl jener schreckenden Blutgesetze überhoben zu sein und ließ sie allmählich in Vergessenheit kommen. Ein geordneter Zustand kehrte zurück, und Karl selbst ließ später die Rechtsgewohnheiten der Sachsen, die noch nicht aufgezeichnet waren, zusammenstellen; er gab so den Sachsen, wie früher den Thüringern, ein geschriebenes Recht, wie es die anderen Stämme schon seit längerer Zeit besaßen.

Während Karl im Nordosten die Grenzen seines Reichs bis in die wendischen Gegenden ausdehnte, waren auch im Südosten große Eroberungen gemacht worden. Die letzte Auflehnung des Herzogs Tassilo von Bayern hatten die Awaren, trotzdem ihr Reich schon in tiefem Verfall war, mit Waffenmacht unterstützen wollen und griffen nach dessen Sturz das fränkische Reich an. Sie erregten dadurch Karls Zorn, aber noch im Jahre 790 ließ er sich mit ihnen in Verhandlungen ein; man konnte sich um die Grenzen der beiderseitigen Reiche, vielleicht auch um die Herrschaft über die slawischen Stämme in Karantanien, welche sich seit längerer Zeit unter dem Beistande der bayrischen Herzöge von dem Joch der Awaren befreit hatten, nicht gütlich vertragen, und Karl griff endlich zum Schwerte. Im Frühjahr 791 überzog er mit großer Heeresmacht den Khakan, das Oberhaupt der Awaren, und drang in *einem* Zuge, ohne herzhaftem Widerstand zu begegnen, von der Enns bis zur Raab vor. Der Kampf wurde dann weiter fortgesetzt, obwohl Karl an demselben keinen unmittelbaren Anteil mehr nahm. Im Jahre 795 ging Markgraf Erich von Friaul mit dem Karantanenherzog Woinimir über die Donau und erstürmte den

Hauptring der Awaren in den Gegenden zwischen Donau und Theiß; im folgenden Jahre vollendete König Pippin die Eroberung des Landes. Der Khakan versprach Unterwerfung und huldigte Karl. Umsonst versuchte er später, sich der Abhängigkeit wieder zu entziehen; Niederlage folgte auf Niederlage, und wenige Jahre nachher ging das Reich der Awaren, vom Osten her zugleich von den Bulgaren bedrängt, in Stücke. Noch ein Menschenalter hörte man von den Resten des awarischen Volkes, dann verschwindet es spurlos. Das östliche Awarenland zwischen Donau und Theiß blieb lange verödet liegen; die westlichen Gegenden wurden teils von deutschen, besonders bayrischen Ansiedlern besetzt, teils von Slowenen und Kroaten in Anbau genommen. Bis tief in die mittlere Donauebene hinein erstreckte sich jetzt die fränkische Herrschaft, und das Christentum erhob sich wieder in Ländern, wo es längst erstorben war. Als ein tätiger Heidenapostel erwies sich vor allem der Bischof Arno von Salzburg; wegen seiner Verdienste um die Bekehrung der Karantanen und Awaren geschah es hauptsächlich, daß Salzburg zum erzbischöflichen Sitz und zur Metropole Bayerns erhoben wurde.

Durch Waffengewalt hatte Karl das überkommene Reich in seinem Umfange verdoppelt, durch unbesiegliche Energie jede widerstrebende Gewalt in demselben gebeugt und den staatlichen und kirchlichen Einrichtungen desselben eine Einheit gegeben, wie sie seit der Römer Zeiten das Abendland nicht gekannt hatte. Von den Pyrenäen und den friesischen Küsten bis zu den östlichen Ebenen an der Donau, Elbe und Oder, von der Eider bis in die höchsten Teile der Apenninen erstreckte sich die Herrschaft der Franken, zusammengefaßt von der Hand eines einzigen Mannes, dem nicht nur alle weltlichen Gewalten in dem weiten Reiche dienstbar waren, sondern den auch die gesamte Geistlichkeit unweigerlich als ihr Haupt anerkennen mußte. Was allen Jahrhunderten vorher unmöglich erschienen war, alle Stämme der inneren deutschen Länder unter *eine* Herrschaft zu bringen, den starren Freiheitssinn aller Germanen unter Königsgebot zu beugen: Karl war es gelungen, und zugleich hatte er die wichtigsten Länder des weströmischen Reiches, seit dem Verfall desselben getrennt, unter seinem Zepter wiedervereinigt; die ersten Städte des alten Reichs waren in seinem Besitz, Rom selbst erkannte seine Macht an. Der

Kampf, der Gegensatz zwischen Römern und Germanen, bewegte seit Jahrhunderten das Abendland: der Kampf schien ausgekämpft, der Gegensatz ausgeglichen, da Germanen und Römer nun *ein* Reich umschloß, *eine* Kirche umfing.

So hatte sich das fränkische Reich durch Karl zu einer weltgebietenden universalen Bedeutung erhoben; eine wahrhaft *kaiserliche* Macht war im Abendlande erwachsen, und zwar zu einer Zeit, wo das Kaisertum des Orients in die schlimmste Mißachtung geriet. Denn eben damals war es, daß die herrschsüchtige Irene, nachdem sie längere Zeit für ihren Sohn die vormundschaftliche Regierung geführt hatte und dann vom Regiment verdrängt war, auf die verruchteste Weise die Herrschaft wieder an sich riß; durch Empörung wider ihr eigenes Kind, das sie blenden ließ, gewann sie, ein Weib, gegen alle Überlieferungen der Vorzeit, den kaiserlichen Namen, den sie mit unsäglicher Schande bedeckte. Wer mochte es da dem Papsttum verdenken, wenn es das lockere Band, das es noch an den kaiserlichen Thron von Konstantinopel zu fesseln schien, nun mit *einem* Riß für immerdar trennte? Die Wahrheit zu gestehen, der Bischof von Rom hatte kaum noch die Wahl; er *mußte* Konstantinopel den Rücken wenden und den fränkischen König als seinen Kaiser und Herrn anerkennen.

Was hatte der Nachfolger Petri nicht alles Pippin und Karl zu danken? Der Tyrannei der Langobarden und Griechen war er nur durch ihren Beistand entrissen; als gehorsame und liebreiche Söhne des heiligen Petrus hatten sich dann die Frankenkönige gezeigt, eine weltliche Herrschaft dem römischen Bistum begründet und damit erfüllt, was seit geraumer Zeit von den Päpsten als heißester Wunsch im stillen genährt war; das Band gläubigen Gehorsams, durch welches Bonifatius die fränkische Kirche an Rom fesselte, hatten die Könige fester und fester gezogen und über alle Länder ausgedehnt, die sie ihrer Gewalt unterwarfen; der Primat Petri hatte durch sie eine größere und ausgedehntere Anerkennung erhalten, als er jemals vorher besessen. Papst Hadrian, der dreiundzwanzig Jahre mit großer Umsicht die Stelle des höchsten Priesters der Christenheit verwaltete, lebte in seinen letzten Lebensjahren in der vertrautesten Freundschaft mit Karl; denn fein und richtig erwog er alle Vorteile, welche ihm aus der innigen Verbindung mit dem mächtigen König erwuchsen. Auf Hadrians

Wunsch befestigte Karl den immer noch ziemlich losen Metropolitanverband der bischöflichen Stühle seines Reiches und ordnete ihn, wo er noch fehlte; auf Hadrians Verlangen wurde die von Rom anerkannte Sammlung der Kirchengesetze und päpstlichen Verordnungen im ganzen Umfange des fränkischen Reichs eingeführt; nichts geschah in den kirchlichen Dingen, ohne den Rat des Papstes zu hören. Der geistige Einfluß des Papsttums wuchs so mit wunderbarer Schnelligkeit zu einer nie gekannten Höhe; er verbreitete sich in Gegenden, die ihn bisher kaum erfahren hatten; er gewann unbestrittene Anerkennung, wo er früher angefochten war; gerade in Italien selbst befestigte er sich eigentlich erst durch die fränkische Eroberung. Aber – man darf dieses nicht unbeachtet lassen – die äußere Machtentwicklung des Stuhls Petri hielt nicht von ferne gleichen Schritt mit dem geistlichen Einfluß, den derselbe erreicht hatte. Noch war der römische Bischof rings von Feinden umdrängt, selbst in seiner eigenen Stadt nicht sicher; weder die gewonnene äußere Herrschaft noch die geistlichen Ansprüche seiner kirchlichen Stellung konnte er ohne die Hilfe des Frankenkönigs behaupten. Nicht die Dankbarkeit, die zwingende Not seiner Lage mußte ihn zuletzt dahin treiben, Karl als seinen Herrn anzuerkennen und die kaiserliche Gewalt für Rom und das ganze Abendland herzustellen. Sobald das Papsttum noch einmal in Bedrängnis geriet, mußte es sich zu diesem letzten entscheidenden Schritt entschließen, der seine eigene Stellung wie die Lage der Welt durch und durch umwandelte.

Papst Hadrians letzte Jahre verflossen in Ruhe, stürmisch aber waren die Anfänge seines Nachfolgers. Als Hadrian am Ende des Jahres 795 abschied, folgte ihm Leo III., der sogleich die Schlüssel von Rom an Karl übersandte, ihm Treue gelobte und ihn aufforderte, Gesandte nach Rom zu schicken, um von den Einwohnern der Stadt sich huldigen zu lassen. Der neue Papst unterwarf sich und Rom von Anfang an dem Franken; er faßte die Rechte des Patriziats so weit, als wäre Karl schon Kaiser; er suchte einen Schutzherrn und bedurfte nur allzubald seiner Hilfe. Im Frühjahr 799 brachen wilde Parteikämpfe unter dem römischen Adel aus; der Papst, überfallen und mißhandelt von seinen Feinden, flüchtete sich aus der Stadt und eilte hilfeflehend nach Paderborn vor den Thron König Karls. Fränkische Große führten ihn im Herbst nach

Rom zurück und schafften ihm augenblickliche Ruhe vor seinen Widersachern; aber ohne Karl schwebte er auch jetzt noch in Gefahr. Und schon eilte der König selbst nach Rom; die Herstellung des abendländischen Kaisertums war beschlossen.

Als Karl am Weihnachtsfest des Jahres 800 im Gewande des römischen Patricius in die Peterskirche kam, setzte ihm der Papst eine goldene Krone auf das Haupt. Die Kirche hallte von dem Zuruf der Kirche wider: „Heil und Segen dem von Gott gekrönten, großen und friedfertigen Kaiser der Römer Karolus Augustus!“ Der Papst warf sich dem germanischen Kriegsfürsten zu Füßen und huldigte ihm in derselben Weise, wie die römischen Bischöfe vordem dem römischen Kaiser zu Konstantinopel gehuldigt hatten.

10. Das Reich Karls des Großen

Als Karl den Kaiserstuhl Roms bestieg, war ein Ziel erreicht, dem hochstrebende deutsche Fürsten seit Jahrhunderten nachgetrachtet hatten. Von Rom hatten die deutschen die ersten Eindrükke eines großen staatlichen Lebens empfangen; unter dem Einfluß derselben waren alle germanischen Reiche begründet worden. Die Größe des römischen Kaiserstaates, die Einheit seiner schlagfertigen Heere, der Glanz des kaiserlichen Hofs, die Herrschaft des Gesetzes waren und blieben das Ideal der germanischen Könige; selbst als im Abendlande das geschwächte Reich der Cäsaren dem Andrang germanischer Kriegsscharen erlegen war, schien es den edelsten Häuptern derselben doch nur die höchste Aufgabe eines mächtigen Fürsten zu sein, mit eigener Kraft und eigenen Mitteln den zerstörten Bau herzustellen. Wie aber sollte dies gelingen, solange sich die deutschen Stämme selbst, ohne inneren wie äußeren Zusammenhalt, in einer fast ununterbrochenen Reihe von Kriegen schwächten und aufrieben, solange die Fürsten über Völker geboten, die dem Zwang der Gesetze und jeder durchgreifenden Herrschergewalt mit trotzigem Freiheitssinn widerstrebten? So hatte der Westgote Athaulf, so der Ostgote Theoderich, so endlich die ersten Merowinger ihre kühnen Pläne, das abendländische Reich herzustellen, sogleich beim ersten Angriff aufgeben müssen; genug, daß es ihnen gelang, einzelne Teile des großen Ganzen ihrem Königsgebot zu unterwerfen und zu besonderen Reichen zu gestalten.

Aber der erste germanische Fürst, dem es glückte, die Selbständigkeit der Gemeinden für immer zu brechen und der Königsherrschaft zum letzten entscheidenden Siege über die Volksherrschaft zu verhelfen, der zugleich dahin gedieh, alle deutschen Stämme, die in ihren alten Sitzen geblieben waren, in seinem Reiche zu vereinen und sie wieder mit den ausgewanderten bereits romanisierten Germanen zu verbinden, nahm auch sofort das römische Kaisertum auf und stellte sich als Nachfolger der alten Imperatoren hin. So erst schien der lange Kampf zwischen Rom und den Germanen friedlich geschlichtet zu werden, bei dem es sich ja von Anfang an weniger um die Vernichtung des alten Weltreichs gehandelt hatte, als um die Aufnahme der deutschen Stämme in den großen Staatsverband der gebildeten Völker, nicht um die Zerstörung der bisherigen Kultur, sondern um die weitere Verbreitung aller Geistesgüter, die Roms Herrschaft in sich faßte und hegte. Nicht freilich als Sklaven, nicht von Roms Legionen bezwungen, waren die Germanen dem Reich einverleibt worden; mit dem Waffen in der Hand hatten sie sich Bürgerrecht und Herrenrecht in demselben erkämpft, und als sie hier alles mit den Elementen ihres Wesens erfüllt und umgewandelt hatten, gab die freie Entwicklung der Dinge einem deutschen Fürsten das kaiserliche Zepter des Abendlandes in die starke Rechte. So trat Karl die Regierung jenes großen germanisch-romanischen Reiches an, in das sich die alte Römerherrschaft umgestaltet hatte.

Doch das Kaisertum war noch etwas anderes als jenes höchste politische Ideal, dem deutschen Machthaber seit Jahrhunderten zugestrebt hatten; auch der religiöse Glaube der christlichen Kirche hatte die Idee des Reichs erfaßt, in sich aufgenommen, auf eigentümliche Weise aus- und umgebildet. Die Überzeugung der alten Römer, daß ihre Republik bestimmt sei, alle Völker bis an das Ende der Welt *einem* Gesetze zu unterwerfen, war in der christlichen Zeit nicht erstorben, sondern hatte vielmehr neues Leben durch den Glauben gewonnen, daß alle Bekenner des Heilands zu *einer* Herde gesammelt, zu *einer* großen Gemeinschaft verbunden werden sollen; das christliche Rom nährte mit dem Glauben an die *eine* christliche Kirche auch den Glauben an die Einheit des christlichen Staates und teilte diesen Glauben allen Anhängern des katholischen Bekenntnisses mit. Das römische Reich sahen die rechtsgläubigen Christen so als eine unmittelbare, ewigste Ordnung Gottes an und erblickten in dem Kaiser den von Gott selbst gesetzten Oberherrn der Welt, dem jede andere weltliche Gewalt sich von Rechts wegen unterordnen müsse. Das Kaisers Pflicht und sein Beruf vor allem sei es, meinte man, die Christenheit gegen alle ihre Feinde zu schützen, über Ordnung und Frieden allerorten zu wachen, die Kirche und ihre Diener gegen die Angriffe der Welt zu verteidigen, die Witwen und Waisen, die Unglücklichen und Verfolgten zu schirmen, die Predigt des Evangeliums mit der Macht seines Armes zu unterstützen und ihm Bahn zu brechen bis an das Ende der Welt, auf daß sich so alles erfülle und Christus der Herr werde der ganzen Welt. Nach dieser Vorstellung von der Gewalt des Kaisers wurden alle Könige, Fürsten und Herren zu Werkzeugen seiner Macht herabgesetzt, alle Christen mußten den Willen Gottes in dem Gebot des Kaisers verehren und wurden ihm dadurch zu weit größerem Gehorsam und zu weit höherer Achtung verpflichtet, als sonst die weltliche Obrigkeit von ihnen beanspruchen konnte.

Es war eine überaus ideale Auffassung des Kaisertums, zu der sich die katholische Christenheit gerade inmitten der Auflösung des Reichs erhoben hatte. Als die Herrschaft der Kaiser dann doch im Abendlande verfiel, hofften die römischen Christen die Herstellung ihres kaiserlichen Gottesreichs von Konstantinopel, bis der Bischof von Rom und mit ihm Italien sich wegen der Bilderstreitigkeiten von dem Gebieter des Ostens auf immerdar trennte. Als dies geschehen war, wandte man seinen Blick, auch jetzt nicht verzweifelnd, zu den Germanen, und aus ihrer Mitte erstand in Karl ein Fürst, der sich ganz mit den universellen Ideen jenes einigen christlichen Staates durchdrang, der das römische Kaisertum im Sinn der rechtgläubigen Kirche erfaßte und nicht nur den Willen, sondern auch die Macht besaß, um den Glauben der Christen an ein Gottesreich zu verwirklichen, soweit er in einer so sturmbewegten Welt zu verwirklichen war.

Wahrlich, nicht dahin hat Karl als Kaiser getrachtet, die Zwingherrschaft des heidnischen Roms über die Welt herzustellen, in Vergessenheit geratene Rechte der alten Imperatoren wieder in das Leben zu rufen und so eine schrankenlose Gewalt sich zu gründen; seine Vorstellung von der neuen Macht, die ihm als Kaiser zufiel, beruhte vielmehr durchaus auf jener religiös-politischen Idee, welche die abendländische Kirche vom Kaisertum in sich ausgebildet hatte. Mehr die Theokratie des Alten Bundes als die Despotie des römischen Kaiserstaates bot die Maximen dar, denen er in Ausübung der ihm übertragenen Weltherrschaft folgte. In dem Kreise seiner Freunde ließ Karl sich König David nennen; vergleicht man ihn seinen kaiserlichen Vorgängern, so stellt man ihn nicht den Juliern oder Flaviern, sondern einem Konstantin oder Theodosius, den Begründern der römischen Staatskirche, zur Seite. So hängt denn der neue Kaiserstaat durchaus mit kirchlichen Anschauungen zusammen, sein Ideal ist kein anderes als das Gottesreich auf Erden, in dem der Kaiser von Gott selbst zu seinem Statthalter eingesetzt ist, damit er alles Volk, nach Nationen, Ständen und Rangstufen gesondert und geordnet, den göttlichen Absichten gemäß leite und regiere. In diesen gesonderten Klassen des Volkes stellen sich die natürlichen Glieder des großen Gottesreiches dar, dessen einiges Haupt der Kaiser ist; wie er an seiner Stelle, so haben auch sie in ihrem Kreise einzeln ihre besondere Aufgabe in der göttlichen Weltordnung und müssen zur Erfüllung derselben vom Kaiser angehalten werden; jeder einzelne aber muß nach dem Willen und dem Gesetze Gottes leben, und der Kaiser hat das Schwert erhalten, um alle Übeltäter zu strafen.

In diesem Sinne erfaßte Karl seine Stellung; in diesem Sinne begann er seine kaiserliche Regierung. Bald nach seiner Rückkehr von Rom ließ er zu Aachen die gesamten geistlichen und weltlichen Gesetze, die in seiner Herrschaft Geltung hatten, durchsehen und alles ausmerzen, was dem göttlichen Gebot zu widersprechen schien; dann schickte er Königsboten geistlichen und weltlichen Standes nach allen Seiten aus, um die verbesserten Gesetze in das Leben zu führen und um ihm zugleich von allen Untertanen des Reichs, die das zwölfte Jahr überschritten hatten, einen neuen Huldigungseid schwören zu lassen, einen Eid, der viel höhere Pflichten, wie ausdrücklich hervorgehoben wurde, gegen seine kaiserliche Hoheit auferlege als der bisher dem Könige geleistete Schwur. Geradezu apostolische Aufträge gab Karl diesen seinen Boten mit: sie sollten das Volk von jeder Übertretung der göttlichen Gebote mit Eifer abmahnen, die christlichen Tugenden ihm an das Herz legen, alle darauf hinweisen, daß sie dereinst vor dem Richterstuhl Christi Rechenschaft von ihrem Leben ablegen müßten.

Hatte das germanische Königtum von jeher einzelne geistliche Rechte in sich aufgenommen, so scheint es nun, zur kaiserlichen Gewalt erhoben, fast die ganze Machtfülle des höchsten Priestertums an sich zu reißen. Und Karl wird in der Tat schlechthin als „der Regent der heiligen Kirche“ bezeichnet; die Kirchenversammlungen bedürfen nicht nur seiner Erlaubnis, um zusammenzutreten, er ergänzt ihre Beschlüsse, er ändert das Mangelhafte ab und hat bei ihnen durchaus die entscheidende Stimme; nicht minder ist er es, der den gesamten Klerus seines Reiches reformiert und ihm mit durchgreifender Strenge das kanonische Leben aufzwingt, dessen Ordnungen der Klosterregel des heiligen Benedikt großenteils entlehnt waren. Überall greift Karls Gesetzgebung in das kirchliche Gebiet hinüber, und noch in den späteren Sammlungen der Kirchengesetze finden sich seine Gesetze neben den Schreiben der Päpste und den Beschlüssen der Konzilien. Der Papst sinkt, ob die abendländische Kirche ihr geistliches Haupt in ihm verehrte, neben diesem hohenpriesterlichen Kaiser doch fast nur zum ersten Ratgeber in allen kirchlichen Angelegenheiten, zum Vorsteher der ersten Körperschaft des Reichs herab. Und in welche wunderbare Stellung geriet nun die Kirche zu dieser neuen Staatsgewalt, die mit ihr auf derselben Grundlage ruhte, zu demselben Ziel hinstrebte, so viele ihrer eigentümlichen Rechte für sich in Anspruch nahm! Der Kaiser schien der devoteste Knecht der Kirche und war doch ihr erster Gebieter; der Kaiserstaat konnte der Kirche Bahn brechen zum letzten und größten Siege, aber ebensowohl konnte auch sie zuletzt nur zum Werkzeug einer Gewalt herabsinken, die doch zunächst aus rein weltlichen Verhältnissen erwachsen war und immerdar um ihres Bestandes willen den weltlichen Charakter festhalten mußte, nach diesem aber manche Zwecke mit Notwendigkeit verfolgte, die mit den christlichen und kirchlichen wenig oder nichts gemein hatten.

Denn als König der Franken, als oberster Kriegsherr und Richter seines Volkes, war Karl zur Kaiserherrschaft gelangt; von dem Heer- und Gerichtsbann, den er über die freien Franken und über alle ihnen unterworfenen Völker übte, war seine ganze Gewalt ausgegangen, sie beruhte auf diesem Grund und sank zusammen, sobald er wankte oder ihr entzogen wurde. Sollte Karls Reich erhalten bleiben, so kam alles darauf an, die Königsgewalt unter den Franken selbst unerschütterlich fest zu stellen, jene freiaufstrebenden Elemente, welche so oft sie geschwächt und untergraben hatten, ihr dauernd dienstbar zu machen, zugleich aber die unterworfenen Teile des Reichs dem fränkischen Staatsleben so eng einzuverleiben, daß sie sich nie mehr von ihm zu trennen vermochten: kurz eine Organisation dem weiten Reiche zu geben, bei der alle Kräfte und Elemente desselben, indem sie sich untereinander im Gleichgewicht hielten, nur der Stärkung des Staatsoberhaupts und der Durchführung seiner Absichten dienten. Eine unermeßliche, unendlich schwierige Aufgabe, zumal Karl nie daran denken konnte, den Despotismus des sinkenden Roms seinem Reiche aufzudrängen, mit der Schwere seiner Allgewalt das eigentümliche Leben der einzelnen Stämme zu erdrücken, *ein* Gesetz und Recht, gleiche Formen der Verwaltung von einem Ende seines Reiches bis zum anderen durchzuführen. Schon sein Ideal des christlichen Staates hielt ihn hiervon ab, noch mehr aber die eigene Sinnesart und die Natur der von ihm beherrschten Völker. Aus deutschem Geiste, der nicht schaffen und treiben kann, wo nicht freie Entwicklung dem Besonderen belassen ist, mußte die politische Schöpfung Karls hervorgehen, wenn sie unter Völkern, die entweder durch und durch deutsch oder doch von germanischen Lebenselementen im Innersten umgewandelt waren, irgendwelchen Bestand gewinnen sollte; sie mußte überdies an das Altherkömmliche sich eng anschließen und mehr durch persönliche Einwirkung als durch einen toten Mechanismus die Kräfte des Staates regeln, sammeln und leiten.

Mit ewig staunenswerter Weisheit und Geistesgröße hat Karl diese Aufgabe gelöst. So gewaltig und folgenreich seine Kriegstaten sind, strahlt doch sein Ruhm als Gesetzgeber bei weitem heller durch die Geschichte der Menschheit. Über die persönlichen und Volksrechte, die er zum Teil selbst erst hatte aufzeichnen lassen, erhob er durch seine Kapitularien – Edikte und Verordnungen, welche er entweder aus eigener Entschließung oder unter dem Beirate der Reichsversammlungen erließ – ein allgemeines Reichsrecht, eine Staatsgesetzgebung umfassendster Art, die bald die großen Verhältnisse der Gesamtheit regelte, bald zu den lokalen Zuständen hinabstieg, um sie dem Ganzen anzupassen. Das Unternehmen, an dem man so lange verzweifelt hatte, die trotzigen, freiheitsstolzen Germanenstämme unter ein Staatsgesetz zu beugen, sie dem Staatszweck dienstbar zu machen, führte er gutenteils durch. Die allgemeinen Ideen, auf denen alle höhere staatliche Gemeinschaft beruht, gewannen so den Sieg über die natürlichen Triebe zahlreicher Völker, deren Leben sich bis dahin lediglich nach Sitte und Herkommen geregelt hatte; das verworrene Treiben und Drängen getrennter Massen wurde zu gemeinsamen Zielen geleitet und das Bewußtsein in den Seelen geweckt, daß eine höhere Weltordnung über den engen Kreisen steht, in denen sich das Leben des einzelnen bewegt. Ein Riesenschritt in der Entwicklung des deutschen Geistes geschah durch Karls Gesetzgebung, und man glaube nicht, daß sie, weil ein erster, darum ein roher, ungefüger Versuch war, aus barbarischem Geiste geboren.

Wenn wir mit Recht die höchste Kunst des Gesetzgebers darin sehen, jeden Keim sittlichen Lebens, den er in Sitten und Einrichtungen seines Volkes vorfindet, mit scharfem Blick zu erkennen und so zu pflegen, daß die schönste Frucht, die er treiben kann, aus ihm gewonnen wird, so war Karl einer der größten Gesetzgeber, welche die Welt gesehen hat. Keinen Urtrieb germanischen Lebens hat er verkommen lassen, jeden vielmehr in Zucht genommen, veredelt und so fähig gemacht, herrlichere Blüten und nützlichere Frucht zu zeitigen als zuvor. Wie überhaupt das fränkische Staatsleben, sieht man von den kirchlichen Institutionen ab, vorzüglich auf germanischer Grundlage beruhte, so sind auch deutsche Elemente vor allem bei Karls politischer Schöpfung in Anwendung gebracht; der Inhalt seiner Gesetze ist, von den theokratischen Beimischungen abgesehen, durch und durch deutsch, obwohl die Kapitularien wie die Volksrechte in lateinischer Sprache abgefaßt wurden. In gewissem Sinne mündet die ganze Vergangenheit der germanischen Völker in diese Gesetze, strömt alles weitere Leben derselben von ihnen aus. Die Römer haben ihr Zwölftafelgesetz den Quell ihres gesamten Staatslebens genannt, mit gleichem Rechte könnten die Deutschen, ja alle Nationen Europas dasselbe von Karls Gesetzen sagen. Mit Ehrfurcht und heiliger Scheu schlägt man die Kapitularien des großen Kaisers auf, die in ihrer Vereinigung eine gesetzgebende Arbeit bilden, die auf Jahrhunderte fruchtbringend gewirkt hat. Das Bild des karolingischen Staates tritt uns in voller Gegenwärtigkeit hier vor die Seele; wir sehen, wie Großes erreicht, das Höchste erstrebt wurde.

Was vor allem das Kaiserreich zusammenhielt, war die römisch-katholische Kirche; sie verbreitete *einen* Glauben, *ein* Sittengesetz, gleiche religiöse Ordnungen über Nationen, die bis dahin durch Sprache, Sitte und Gesetz vielfach geschieden waren, und umschloß sie mit ihrem kunstreichen enggeschlossenen Organismus wie mit einem dichten Netz. Um so einflußreicher war aber die Kirche auf den Staat, je tiefer sie in alle Interessen desselben bereits verwickelt, je geistlicher längst die Könige, je weltlicher die Bischöfe geworden waren. Synoden und Reichsversammlungen traten gewöhnlich vereint zusammen, und die Stimme der Geistlichkeit war auch auf diesen von dem gewichtigstem Einfluß; die Bischöfe galten als die geschicktesten Werkzeuge bei allen politischen Verhandlungen, sie standen mit gleichem Ansehen den Grafen zur Seite, sie waren reiche Gutsbesitzer wie die weltlichen Großen, führten ihre Dienstleute oft selbst in den Krieg und vertauschten nicht selten den Krummstab mit dem Schwerte. War die Geistlichkeit früher überwiegend römischer Abkunft gewesen, so weihten sich jetzt auch viele deutsche Männer dem geistlichen Stande; man fing an, in deutscher Sprache zu predigen, Religionsbücher in das Deutsche zu übersetzen. Der Klerus trat dadurch der eigentümlichen Art und Weise der germanischen Völker näher, diente aber den universellen Zwecken seines Standes und des Reichs deshalb nicht minder wirksam, zumal der einheitliche Verband der Kirche in den letzten Zeiten mehr befestigt als gelockert war.

Ein zweites, obwohl nicht gleich starkes Band für das Kaiserreich war die fränkische Nationalität und die auf derselben ruhenden staatlichen Einrichtungen. Mit ihrem Schwerte hatten die siegreichen Franken die Herrschaft über das Abendland gewonnen, sich zu Gebietern der germanisch-romanischen Welt gemacht; das Kaiserreich, obwohl es ein römisches hieß, war wesentlich doch nur das erweiterte Reich der Franken. Der fränkische König war der Herr des Kaiserreichs; die Teile desselben, die Landschaften, Gaue, Hundertschaften oder wie sie sonst nach provinzieller Weise bezeichnet werden mochten, wurden zumeist von fränkischen Großen regiert; in dem weiten Reichsgebiet stieß man auf Pfalzen und Höfe der fränkischen Könige, auf Burgen und ausgedehnte Besitzungen des fränkischen Adels; die Grundzüge der fränkischen Verfassung waren auf die eroberten deutschen

Länder wie auf das unterworfene Italien übertragen. So durchschlang und umschlang das fränkische Volk mit seinen Staatseinrichtungen das ganze Abendland; nicht stark genug, die anderen Nationalitäten zu vernichten, war es doch zu solcher Kraft gelangt, daß es dieselben für den Augenblick niederhalten und sich dienstbar machen konnte.

Als Oberhaupt der abendländischen Kirche und als fränkischer König verband der Kaiser, in dem sich die Einheit des Reichs persönlich darstellte, eine Summe von Rechten und Machtbefugnissen, die ihm nicht nur die Leitung des Ganzen in die Hand gab, sondern ihm auch durch alle Kreise und Schichten der ihm untertänigen Völker seinem Willen Geltung oder mindestens Achtung zu verschaffen ermöglichte. Von dem Kaiser wurde, wie bereits gesagt, die Kirche geradezu regiert. Die Bischöfe, wenn auch oft nicht unmittelbar von ihm, doch immer nach seinem Willen gewählt, erscheinen fast nur als die Organe seiner Absichten. Und nicht minder geht von ihm die ganze bürgerliche Verwaltung des Staates aus. Er allein ernennt die Grafen, die in seinem Namen in ihren Grafschaften den Heer- und Gerichtsbann üben; sie gelten lediglich als Reichsbeamten, die versetzt und entlassen werden können, wenn es das Wohl des Ganzen erheischt. Er bestimmt die Königsboten, welche alljährlich paarweise die einzelnen Landschaften des Reichs durchziehen, die Beamten beaufsichtigen, Beschwerden gegen sie entgegennehmen, die Rechte des Throns in allen Teilen der Monarchie und diese mit dem Kaiser in steter Verbindung erhalten. Er selbst ist der höchste Richter, dessen Jurisdiktion keine Schranke gesetzt ist; über seine Großen steht ihm allein das Gericht zu, doch kann er auch jedes Gericht über andere an sich ziehen. Der Kaiser verfügt ferner über alle Streitkräfte des Reichs, er bietet den Heerbann der Völker auf, entscheidet über Krieg und Frieden, führt das Heer in Person an oder setzt ihm den Oberbefehlshaber, wie er auch Herzöge für den Heerbann einzelner Völker auf die Dauer des Kriegs ernennt. Auch die Staatsgesetzgebung ruht wesentlich in seinen Händen, obwohl er sich für sie des Beirats der Reichsversammlung und seines Staatsrats bedient.

Die Reichsversammlung bestand aus allen weltlichen und geistlichen Großen, d.h. den hohen Hofbeamten, den Bischöfen, Äbten, Herzögen, Grafen und den angesehenen Männern des königlichen Dienstgefolges; sie versammelte sich in jedem Frühjahr, meist in Verbindung mit der großen Heerschau des Maifeldes, und wurde bei allen wichtigen Staatsgeschäften oder bedeutenden Reichsgesetzen zu Rat gezogen. Der Staatsrat war dagegen nur aus den hohen Hofbeamten und den Magnaten des Reichs zusammengesetzt, die der Kaiser eines besonderen Vertrauens würdigte und entweder zeitweise oder dauernd in seine Nähe berief. Im Herbst trat gewöhnlich der Staatsrat zu besonders wichtigen Sitzungen zusammen, die meist zu Vorberatungen für die nächste Reichsversammlung dienten, und wurde zu dem Ende durch angesehene Diener des Kaisers aus allen Teilen der Monarchie verstärkt, so daß er als eine kleine Reichsversammlung gelten konnte.

Die geistlichen und weltlichen Großen des Reichs erscheinen neben dem Kaiser nur als seine Ratgeber und als die Vollstrecker seiner Gebote. Aber diese Magnaten waren doch unter der schwachen Herrschaft der Merowinger schon zu einer sehr bedeutenden Macht gediehen, die sich ihnen nicht mehr entwinden ließ. Sie hatten ihren Grundbesitz mehr und mehr erweitert, große Länderstrecken, die überdies häufig von den öffentlichen Lasten und der Gerichtsbarkeit der königlichen Beamten befreit waren, vom Krongut an sich gerissen und mit diesem ausgedehnten Besitz nicht nur große Massen von Knechten, sondern auch eine beträchtliche Anzahl freier Hintersassen gewonnen. War die Kirche durch ihren großen Besitz und ihre ausgedehnten Privilegien den Königen gefährlich geworden, wieviel bedenklicher war nicht ein solcher Machtzuwachs bei dem weltlichen Dienstadel! Schon sammelten diese kriegerischen Herren, die zu Ehre, Reichtum und Macht im königlichen Gefolge gelangt waren, eigene Gefolge von freien Leuten um sich, wie es ehedem die Gaufürsten taten. Ein Recht, was seither im Frankenreiche den Königen allein vorbehalten war, maßten sie sich an und machten sich aus Dienstleuten der Könige selbst zu Gefolgsherren. Denn bei der drückenden Herrschaft, die der Adel schon über die niederen Leute übte, verpflichteten sich gar manche Freie, besonders in den gallischen Ländern, zu Kriegs- und Ehrendiensten gegen einen reichen Grundherrn, wenn dieser ihnen dagegen Schutz und Unterhalt versprach. Der

Freie gelobte dann durch Handreichung und einen seinem Herrn persönlich geleisteten Eid, ihm zu aller Zeit treu und gewärtig zu sein, ihm zu folgen, wohin er entboten würde, und ihn in keiner Not zu verlassen; er ließ sich den Namen eines *Vassen* oder *Vasallen* gefallen, der vordem nur die Knechte zu bezeichnen pflegte, mit welchen sich der Adel zu Diensten im Hause oder zu seiner Verteidigung umgab, der aber nun recht eigentlich zur Bezeichnung der freien Gefolgsgenossen des Adels üblich wurde. Die meisten weltlichen Großen gewannen nach und nach eine größere Anzahl solcher Vasallen, mit denen sie erst ihre eigenen kleinen Fehden ausfochten, die sie später aber oft genug selbst zum Kampf gegen die Könige benutzten. Da die Macht dieser Großen hauptsächlich auf vererblichem Grundbesitz beruhte, hatte sich aus ihnen bereits eine erbliche Aristokratie gebildet, die, obwohl sie nicht geschlossen war und durch den Dienst des Königs sich immer von neuem erweiterte, doch in ihren hervorragendsten Häuptern schon zu solcher Kraft gediehen war, daß sie vornehmlich das Königtum der Merowinger zu Fall gebracht hatte.

Das Geschlecht Pippins war selbst aus diesem Dienstadel hervorgegangen; es erhob sich, indem es, von der Wehrkraft der deutschen Stämme unterstützt, die anderen Gefolgsherren entweder im Kriege vernichtete oder sich beugte, indem es sich dann selbst an die Spitze des Vasallentums in Gallien stellte, mit den Vasallenherren und dem deutschen Heerbann die äußeren Feinde des fränkischen Staates überwand. Als Pippin der Kleine die Macht seines Hauses dauernd in der Herrschaft zu sichern suchte, war es schon unmöglich, die Vasallenverbände aufzulösen und die geistlichen und weltlichen Großen wieder in die engen Schranken der Vorzeit zurückzuweisen; nur darauf kam es an, die übermächtige Aristokratie der neuen Herrschaft dienstbar zu machen und zu verhindern, daß sie nicht Zwecke verfolgte, die den Staat aufheben mußten. Den geistlichen Herren verband sich Pippin, wie bekannt, auf das engste; indem er aber ihren kirchlichen Einfluß unendlich steigerte, mußten sie zugleich die größten Einbußen an ihrem weltlichen Besitze erleiden. Eine massenhafte Einziehung des Kirchenguts wurde durchgeführt, und gerade hierdurch erlangte Pippin die Mittel, um den weltlichen Adel sich zu gewinnen. Gegen eine abermalige Erweiterung ihres Besitzes traten die meisten großen selbst als Vasallen in den Dienst des neuen Herrschers, mit dessen Vasallenschaft sich nun keine andere nur von fern vergleichen konnte. Und nicht der Vasalleneid allein band jetzt diese Herren an Pippin, sondern ebensosehr das eigene Interesse. Denn nicht zum Erb- und Eigentum hatte Pippin die neuen Güter den Vasallen übergeben, sondern nur leih- und bedingungsweise, d. h. als Lehen, sie ihnen erteilt. Sie konnten das Lehngut nicht allein nicht auf ihre Nachkommen vererben, sondern dasselbe kehrte in gewissen Fällen schon bei Lebzeiten des Beliehenen an den Verleiher zurück, wie es denn regelmäßig nur auf die Lebensdauer des letzteren ausgetan war. Diese leihweise Austeilung war von alters her bei dem Kirchengut die gebräuchliche gewesen; es ist möglich, daß sie Pippin beibehielt, weil er eine Zurückerstattung des eingezogenen Kirchenguts der Geistlichkeit in Aussicht stellen mußte, wahrscheinlicher aber, daß er, durch die Vergeudung des Kronguts, welche sich die Merowinger hatten zuschulden kommen lassen, gewarnt, die Maxime der Kirche, daß ihr Eigentumsrecht unverkäuflich sei, auch auf den Staat übertrug. Bald wurde es allgemeiner Brauch, Vasallendienste durch lehensweise Übertragung von Benefizien zu entgelten. Der Dienstadel ging damit in den Lehnsadel über, und das Lehnswesen fing an, einen überaus wichtigen Einfluß auf alle Verhältnisse des fränkischen Reichs auszuüben. Als Pippin zu der königlichen Macht auch den königlichen Namen erhielt, war sein Recht unbestreitbar, entscheidend in alle Vasallenverhältnisse einzugreifen, da alle Gefolgsherren mit ihren Gefolgsgenossen von ihm nun auch als Untertanen abhängig wurden; jeder Vasall war fortan nicht minder ihm als dem Gefolgsherren zur Treue verpflichtet.

Nachdem die Macht der großen Herzöge vernichtet war, an deren Herstellung Karl niemals dachte, zeigten sich in der Tat die anderen weltlichen Großen des Reichs, fast schon ausnahmslos Vasallen der Krone, in einer so abhängigen Stellung von der königlichen Gewalt, daß diese durch das neue Vasallentum eher gestärkt als geschwächt zu werden schien. Das ganze Gefolgswesen beruhte von Anfang an auf Kriegsdienst, und auch die Vasallen waren vorzugsweise ein ritterlicher Kriegsstand, ihre Beschäftigung überwiegend kriegerische Übung; der Roßdienst, auf dem hauptsächlich die Kraft der fränkischen Kriegsmacht ruhte, wurde vornehmlich von ihnen verstanden und geleistet. Der König gewann also durch die Vasallenschaften ein schlagfertigeres, besser geübtes und durch persönliche Verpflichtungen fester zusammengehaltenes Heer, als aus dem Heerbann hervorgehen konnte, wie es aber das immer von Feinden umdrängte Reich bedurfte. Karl erkannte die Schwäche der militärischen Institutionen seines Reichs, an welche er wiederholentlich die bessernde Hand gelegt hat, und das Vasallentum schien ihm die beste Grundlage für ein geordnetes Heerwesen zu bieten. So hat er die Ausbreitung von Vasallen- und Lehnsverbänden nirgends gehemmt, doch mit der größten Achtsamkeit darüber gewacht, daß das Band zwischen der Krone und ihren Vasallen sich in keiner Weise lockere, daß das als Lehen verteilte Reichsgut nicht in Eigentum verwandelt oder verschlechtert werde und die königlichen Rechte über die von den Magnaten abhängigen Vasallen in voller Geltung blieben. So tief es irgend möglich war, griff er mit gesetzlichen Bestimmungen in die inneren Verhältnisse der Lehensverbände ein. Eingefügt in den staatlichen Zusammenhang, schien ihm das Vasallentum nur eine Stütze mehr für die königliche Gewalt zu sein; den waffenfähigsten Teil der Nation verband es durch Gelübde unverbrüderlicher Treue mittelbar oder unmittelbar dem Herrscher.

Vasallentum und Lehnswesen hatten die äußeren Verhältnisse auch der Kirche bereits ergriffen; auch die Bischöfe und Äbte waren Gefolgsherren geworden und mußten als solche dem Könige Kriegsdienste leisten und ihre Kriegsscharen ihm stellen. Aber doch richtete Karl ihre Tätigkeit vornehmlich nach einer anderen Seite, die dem ursprünglichen Charakter ihrer geistlichen Würde mehr entsprach und geziemte. In ihnen sah er die Träger nicht allein des Evangeliums, sondern jeder höheren geistigen Bildung; von ihnen versprach er sich die Wiederbelebung der Kultur des Altertums auf christlicher Grundlage in dem neuen Kaiserreiche.

Die Werke alter Kunst und Wissenschaft hatten Karls Geist früh berührt; unter den Ruinen der großen Vorwelt war er in Italien gewandelt, mit alten Kunstwerken hatte er seine Pfalzen und die neuen Kirchen in seinem Heimatlande geschmückt. So war ihm aufgegangen, daß ein eigentümlicher Hauch göttlichen Wesens Kunst und Wissenschaft durchwehe, und auch aus den von anderen mißachteten deutschen Liedern wehte ihm dieser frische

Atem eines urkräftigen geistigen Lebens entgegen. Karl erhob seinen Blick weit über die engen Schranken, in welche die abendländische Kirche Kunst und Wissenschaft eingezwängt hielt, wo nur die römische Gelehrsamkeit in ihrem Sinne umgebildet, Raum behalten hatte; er fühlte, daß das Christentum in sich die Tendenz zu einer universellen Bildung der Menschheit trage, die aber deshalb auch alle höheren geistigen Elemente, die sich in der Eigentümlichkeit der verschiedenen Nationen zerstreut finden, in sich aufnehmen müsse. Vor allem begriff er wie keiner vor ihm, welche geistigen Schätze in seiner deutschen Muttersprache ruhten und aus ihr zu heben seien. Aus diesem Grunde wandte er der deutschen Sprache und Poesie besondere Teilnahme zu, versuchte sich selbst an der ersten deutschen Grammatik und war der erste, der eine Sammlung deutscher Heldenlieder aufschreiben ließ; er veranlaßte die Geistlichkeit, den Deutschen deutsch zu predigen, sie in deutscher Sprache zu unterrichten. Nur so konnte auch die Grundlage für eine deutsche Volksbildung gewonnen werden; denn nicht weniger als die Bildung des Volkes in seiner Gesamtheit schwebte Karl als letztes Ziel vor Augen.

Die Idee einer allgemeinen Volksbildung, welche erst die neuere Zeit und überdies höchst unvollkommen in das Leben gerufen hat, ist in der Tat von dem Geiste des großen Kaisers erfaßt worden. Aber die Volksbildung konnte nur von der gelehrten Bildung, obwohl diese, wie sie fast allein unter der Geistlichkeit sich erhalten hatte, längst vorherrschend einen theologischen Charakter trug, ihren Ausgang nehmen. Schon deshalb mußte Karl diese theologisierende Gelehrsamkeit, der er ohnehin den höchsten Wert beilege, auf alle Weise hegen und pflegen. Die ersten Gelehrten zog er an seinen Hof, nicht nur aus Italien, sondern auch vornehmlich aus England, wo die neulateinische Wissenschaft und Literatur, mit dem Christentum aus Rom verpflanzt und durch frische Nahrung gekräftigt, zu schöner Blüte gediehen war. Karl selbst war der eifrigste Schüler dieser Männer, die er seiner Geistlichkeit zum leuchtenden Vorbild hinstellte und deren Beispiel in der Tat Ungemeines wirkte. Denn wenn auch die letzten Absichten des Kaisers nicht von weitem erreicht wurden, so blühten doch schnell die Schulen an den bischöflichen Kirchen und in den Klöstern empor; die fränkische Geistlichkeit zeichnete sich bald durch ihre Gelehrsamkeit aus, und selbst die Laien wurden zum Teil von dem neuen geistigen Leben ergriffen. Die theologische Literatur brachte wieder Werke von nachhaltiger Wirkung hervor; die lateinische Dichtkunst wurde fleißig geübt, die deutsche gewann Regel und künstlerische Ausbildung; eine zuverlässige Geschichtsschreibung, die Dichtung und Wahrheit zu scheiden wußte und die großen Dinge in ihrer wirklichen Gestalt erfaßte, entstand damals erst unter den Deutschen. In dem allen sehen wir fast allein ein Werk der Geistlichkeit, die sich von dem Geiste des Kaisers leiten ließ. Er suchte die Bischöfe und Äbte recht geflissentlich den weltlichen Sorgen zu entziehen und befahl ihnen, zur Ausübung der Gerichtsbarkeit und zur Einziehung der Stiftseinkünfte Weltliche als Vögte und Amtleute einzusetzen, damit sie lediglich ihrem geistlichen und geistigen Berufe mit ungeteilter Kraft leben könnten.

Welche große und erhabene Aufgabe war da dem fränkischen Klerus zugewiesen! Nicht allein daß er das geistige Element in den höchsten Kreisen des Staatslebens vertrat, mit seiner geistlichen Autorität den Hof und den Adel beherrschte, in alle Verhältnisse des Reichs eingriff und alle kirchlichen Ordnungen handhabte; er drang zugleich bis in die tiefsten Schichten des Volkes hinab, um hier alles mit christlichen Lebenselementen und zugleich mit den Anfängen einer höheren Bildung und Gesittung zu erfüllen. In dem Klerus vereinte sich die geistige Kraft des Reichs, von ihm ging die geistige Bewegung desselben aus; ihm war es nächst dem Kaiser am meisten zu danken, daß das neunte Jahrhundert sich in der Geschichte der Kunst und Wissenschaft als eine Zeit lebendigen Aufschwungs darstellt und zugleich als die Zeit, in der sich das deutsche Wesen zuerst zu den höheren Regionen geistiger Tätigkeit Bahn brach.

Aber zu einer wie machtvollen und einflußreichen Stellung auch der geistliche und weltliche Adel teils durch königliche Gunst, teils durch Übergriffe mannigfacher Art bereits gediehen war, die eigentliche Kraft des Volkes beruhte doch noch in dem Stande der freien Männer; er war noch immer die breite Unterlage des germanischen Staatslebens geblieben. Nur die starre Kraft und die Einfalt strenger Sitte, wie sich sich namentlich in den deutschen Teilen der fränkischen Monarchie erhielten, hatten das

Reich der Merowinger vor dem gänzlichen Untergange bewahrt und den Pippiniden die Herstellung der königlichen Gewalt möglich gemacht. Niemand wußte es besser als Karl, daß hier die Wurzeln seiner Macht ruhten und daß sie selbst mit jenen absterben und dahinschwinden müsse. Mit unermüdlicher Sorge wachte er daher darüber, daß der Stand der Freien weder gemindert noch in seinen Rechten verkürzt werde. Wenn die Magnaten sichtlich dahin strebten, die kleineren Grundbesitzer zu verdrängen, den Besitz derselben an sich zu reißen und sie damit in Abhängigkeit von sich zu versetzen, so trat dem Karl mit der ganzen Kraft seiner Autorität entgegen und untersagte auf das gemessenste jeden Zwang, der zu diesem Ende geübt werden konnte. Vornehmlich bedrohten die königlichen Grafen selbst die Freiheit der niederen Leute; meist aus den reichsten Grundbesitzern der Grafschaft entnommen und von einer zahlreicheren oder geringeren Vasallenschar umgeben, besaßen sie durch den Gerichtsbann und Heerbann, mit dem sie vom König bekleidet waren, ein solches Übergewicht in ihren Amtsbezirken, daß sie bei herrschsüchtiger Gesinnung die gemeine Freiheit in derselben mit Leichtigkeit erdrücken konnten. Auch verstanden es die Grafen trefflich, früher eifersüchtig bewachte Rechte der Freien in lästige Pflichten zu verkehren; mancher gab sich willig in ihren Schutz und Dienst, um nur den unaufhörlichen Aufgeboten zu Heer- und Wachtdiensten und dem störenden Besuch der gehäuften Gerichtstage zu entgehen. Karl trat solchen Plackereien der freien Leute mit unnachsichtiger Strenge entgegen und ordnete gesetzlich die Leistungen, welche die Beamten von den freien Männern beanspruchen durften. Die Ärmeren wurden von der Verpflichtung persönlicher Heeresfolge zum Teil befreit, mehrere von ihnen konnten zusammentreten, um gemeinschaftlich einen aus ihrer Mitte auszurüsten; überdies wurden beim Ausbruche des Krieges meist nur die dem Schauplatze des Kampfes zunächst gelegenen Provinzen zur Stellung des vollen Heerbannes verpflichtet. Auch die Zahl der öffentlichen Gerichtstage wurde beschränkt. Nur dreimal im Jahre sollte fortan an den alten Malstätten das große echte Ding gehalten werden, zu dem alle freien Männer des Bezirks erscheinen mußten und wo außer den wichtigen Rechtssachen alle Gegenstände von allgemeinem Interesse für die Gemeinde verhandelt wurden. Die sonst vom Grafen gebotenen Gerichte waren außer den hadernden Parteien nur die richterlichen Unterbeamten und die Schöffen zu besuchen verpflichtet, die von nun an regelmäßig als Urteiler die Gemeinde vertraten und in denen sich die ersten Anfänge eines geschlossenen Richterstandes unter den Deutschen zeigen; sieben derselben sollten in jedem Gericht anwesend sein. Die Schöffen wurden von den Königsboten oder den Grafen unter der Mitwirkung der Gemeinde aus den freien Eingesessenen des Bezirks auf Lebenszeit bestellt; sie waren in gewissem Sinne zugleich öffentliche und Gemeindebeamten.

Durch die regelmäßigen Versammlungen in den Gerichtsbezirken, durch die Übertragung gewisser legislativer Befugnisse an dieselben – sogar kaiserliche Gesetze, die in persönliche Rechte eingriffen, wurden den Gemeinden zur Genehmigung vorgelegt – hat Karl unfraglich nicht wenig dazu beigetragen, die Gemeindefreiheit in den germanischen Teilen seines Reichs zu befestigen und in den romanischen, wo sie fast erstorben war, wiederzubeleben. Es konnte freilich nicht seine Absicht sein, die Elemente eines selbständigen Gemeindelebens so zu kräftigen, daß sie das staatliche Leben überwiegend beherrscht und das Dasein der Monarchie bedroht hätten, aber er gab ihnen doch eine solche Wirksamkeit, daß eine größere Lebendigkeit die lokalen Kreise des Reichs durchdrang, die dem Ganzen nicht wenig zugute kam, und daß sie vor allen Dingen in den deutschen Ländern Recht und Sitte zu schützen vermochten.

Indem Karl den Stand der Freien von manchen drückenden Verpflichtungen befreite, wies er die Tätigkeit desselben vor allem auf die Erhaltung und Besserung seines Besitzstandes hin; denn ohne gesicherten Besitz war nach den Verhältnissen jener Zeit unmöglich die volle persönliche Freiheit auf die Dauer zu wahren. Nur durch Hebung des Wohlstandes der kleineren Gutsbesitzer ließ sich ein kräftiger und tüchtiger Stand der Freien erhalten. Daß in dem gesicherten Bestande der mittleren und kleineren Grundbesitzer zugleich die nährende und erhaltende Kraft für das Ganze liege, konnte Karl nicht verborgen bleiben, wenn er, wie man behauptet hat, der einzige Fürst des ganzen Mittelalters war, der tiefere Blicke in die Geheimnisse der Staatswirtschaft tat. Große allgemeine Anordnungen für die Hebung des Nationalwohlstandes konnte Karl allerdings in einer Zeit nicht treffen, wo die innere Staatsverwaltung fast lediglich in der Handhabung der Rechtspflege bestand, aber wohl konnte er anderen ein Vorbild geben, wie man den Ackerbau vorteilhaft treibe. Und dies Vorbild gab er dem ganzen Reiche: er war der beste Landwirt in demselben, seine Meierhöfe waren Musterwirtschaften, auf alles sah er hier persönlich und ließ sich selbst die Rechnungen vorlegen, von jedem erlegten Wolf auf seinen Gütern mußte ihm Bericht erstattet werden. Auch nach anderen Seiten zeigte er Mittel und Wege, wie der Nationalreichtum gehoben werden könne. Den Gewerben, die mindestens in den deutschen Ländern nur noch von Hörigen betrieben wurden, wandte er sein Augenmerk zu und lehrte auf seinen Gütern, wie sie nutzbar zu betreiben seien. Dem Handel, den bis dahin meist noch Italiener und Juden in den deutschen Gegenden führten, sicherte er und öffnete ihm neue Straßen. Am Rhein entlang zog sich ein Handelsweg, der Mittelmeer und Nordsee verband; eine andere Straße führte von der Mündung der Elbe nach der mittleren Donau und verzweigte sich nach der einen Seite zum Schwarzen, nach der anderen Seite zum Adriatischen Meere. Nur langsam und spät haben allerdings diese Anregungen Karls zu einer ausgedehnten Erwerbstätigkeit geführt, für den Augenblick hatten sie ebensowenig Erfolg wie jene gesetzlichen Anordnungen des Kaisers, welche die Fehde und alle Selbsthilfe dem freien Manne untersagen und ihm im Frieden die Waffen niederzulegen geboten. So mächtig der Arm des Kaisers war, es erhielt sich ein Rest der alten persönlichen Willkür und Ungebundenheit, den auch er zu beseitigen außerstande war.

Alle die verschiedenen Elemente politischen Lebens, die sich in der christlich-germanischen Zeit herausgebildet hatten, suchte der Staat Karls des Großen, wie man sieht, in sich zu verbinden; sie sollten sich im Vereine ergänzen, ausgleichen, regeln und allmählich durchdringen. Die Geistlichkeit und der weltliche Adel waren darauf angewiesen, sich ebensosehr zu unterstützen als zu überwachen; die Beamten und die Gemeinden mußten sich in ihrer gemeinsamen Tätigkeit ebenso hilfreiche Hand leisten wie sich zugleich beschränken; die Krone verband das Ganze, aber sie war nicht minder durch die einzelnen Elemente des Staates, wenn nicht rechtlich, so doch tatsächlich beschränkt und gebunden. Es war ein gewisses Gleichgewicht der Gewalten hergestellt, das sich aber doch nur mit großer Kunst und nicht geringem Kraftaufwande erhalten ließ. Einer so gewaltigen Persönlichkeit, wie Kaiser Karl war, gelang dies zum guten Teil, aber keineswegs entging seinem Scharfblick, wie mächtig noch die Sonderinteressen der einzelnen Stände waren, wie schwer man sich überhaupt in einen geregelten Gang der Dinge fügte. Mit Unmut sah er die Habsucht und den Ehrgeiz der Geistlichkeit, die Gewalttätigkeiten des Adels, den Trotz und Ungehorsam des gemeinen Mannes. Es gedieh nicht alles, wie er es wollte und wünschte.

Viel fehlte in Wahrheit daran, daß Karls staatliche Ordnungen wirklich die ganze Weite seiner Herrschaft durchdrungen hätten: das Ideal, das seinem Geiste vorschwebte, verwirklichte sich eigentlich vollständig in seiner nächsten Nähe, an seinem Hofe. Nach dem geistlich-weltlichen Charakter des Reichs vereinte sich hier um die Person des Kaisers eine zahlreiche Hofgeistlichkeit mit einem glänzenden Gefolge weltlicher Großen. An der Spitze des geistlichen Hofstaats stand der Apocrisiarius oder Erzkaplan, durch dessen Hand alle kirchlichen Sachen an den Kaiser gingen und der überdies die Geschäfte des Referendarius überkommen hatte; noch stand unter ihm mit der kaiserlichen Kanzlei auch der Erzkanzler, der später selbst die Stellung des Erzkaplans gewann. Die gewandtesten Geschäftsleute, die würdigsten Diener des Evangeliums, die ersten Gelehrten der Zeit fand man unter dem Hofklerus, der die Pflanzschule der Reichsbischöfe war und unter dessen Leitung auch die Hofschule stand, damals die berühmteste gelehrte Bildungsanstalt im ganzen Abendlande. Wie die Hofkapelle, die Gesamtheit der Hofgeistlichkeit, der Mittelpunkt aller kirchlichen und wissenschaftlichen Bestrebungen war, so sah man im Hofgericht die Rechtspflege und Regierungsweisheit auf ihrer Höhe. Der Kaiser führte hier entweder in Person den Vorsitz oder an seiner Stelle der Pfalzgraf, der die Spitze der weltlichen Beamten bildete und durch dessen Hand alle Rechtssachen an den Thron gelangten; die Schöffen für das Hofgericht wurden aus den erfahrensten Männern am Hofe gewählt. Zum unmittelbaren Dienst bei der Person des Königs waren Vasallen bestimmt, die als Muster ritterlicher Zucht und Sitte gelten konnten. Am Hofe Karls begegneten sich die angesehensten und einflußreichsten Männer aus allen Teilen des Reichs; niemand kam in die Nähe des Kaisers, der dort nicht einen einflußreichen Landsmann und in ihm einen Fürsprecher gefunden hätte. Der Dienst in der kaiserlichen Pfalz war auf das genaueste geordnet und geregelt; jeder hatte in demselben seine Stelle und danach seine Geltung; alles griff ineinander ein, um sich gegenseitig zu fördern; die Älteren fanden Hilfe und Unterstützung bei den Jüngeren, und diese bei jenen Lehre und Vorbild. So war der Hof nicht allein eine Bildungsschule für die Geistlichkeit, sondern nicht minder für den Adel. Die edle Zucht und die höfische Sitte, welche später ein unterscheidendes Merkmal des Rittertums waren, scheinen vom Hofe Karls ihren Ausgang genommen zu haben.

Wie die Sterne die Sonne, so umgaben die Paladine den großen Kaiser, der sie alle verdunkelte. Nicht freilich durch Glanz und Prunk der äußeren Erscheinung fesselte er die Blicke derer, die sich ihm nahten, aber es umspielte seine hohe und würdevolle Gestalt ein blendender Schein gleichsam höheren Lichts, in dem die Klarheit seines großen Geistes auszustrahlen schien. Jene langen weißen Locken, die im Alter sein Haupt zierten, die großen lebhaften Augen, die stets heitere und ruhige Stirn, die mächtige Greisengestalt, der es doch nicht an Anmut fehlte: dies ganze Bild hat sich tief nicht nur den Zeitgenossen eingeprägt, sondern Geschichte und Sage haben es für alle Zeiten festgehalten, und noch wächst niemand zum Jüngling heran, der es nicht in sich aufnähme. Viele hochstrebende Herrscher hat das Jahrtausend nach dem erzeugt, aber nach Höherem hat keiner gerungen, als Karl zur Seite gesetzt zu werden; damit begnügten sich die kühnsten Eroberer, damit die weisesten Friedensfürsten. Das französische Rittertum der späteren Zeit verherrlichte Karl als den ersten Ritter, das deutsche Bürgertum als den väterlichen Volksfreund und den gerechtesten Richter; die katholische Kirche erhob ihn unter ihre Heiligen; die Poesie aller Völker in den folgenden Jahren stärkte und kräftigte sich immer von neuem an seiner gewaltigen Erscheinung. Nie vielleicht ist reicheres Leben von der Wirksamkeit eines sterblichen Menschen ausgegangen.

Kriegerischen Unternehmungen hat Karl in den letzten Lebensjahren weniger obgelegen als in der früheren Zeit; den Waffenruhm überließ er seinen Söhnen Karl, Pippin und Ludwig, denen er als Ratgeber tüchtige Befehlshaber zur Seite setzte. In Italien hatte Pippin gegen die Heere des griechischen Kaisers Nicephorus, der Irene entthront hatte, manchen Kampf zu bestehen; erst im Jahre 812 erkannte der Hof von Byzanz Karl als Kaiser an und wurden die Grenzen des morgen- und abendländischen Reichs geregelt. Um dieselbe Zeit unterwarf sich endlich auch das Fürstentum Benevent; es blieb unter langobardischen Fürsten, die aber dem Kaiser Tribut zahlen mußten. In den Alpen- und Donaugegenden ordneten sich, nachdem Pippin das Awarenreich zerstört hatte, leichter und schneller die Verhältnisse. Die awarische Mark, die Marken von Kärnten und Friaul gewannen feste Gestalt, und die in- und anwohnenden Slawen erkannten die Herrschaft der Franken an. Im Jahre 806 überzog Karl, der älteste Sohn des Kaisers, auch die Böhmen und Sorben mit Krieg; sie wurden gedemütigt und zur Aufsicht über sie die fränkische Mark am oberen Main und die thüringische Mark an der Saale, Gera und Unstrut errichtet.

Andauernder und gefahrvoller waren die Kriege gegen die Araber im Südwesten des Reichs. Die früheren Eroberungen Karls in Spanien waren wieder verlorengegangen, und im Jahre 793 hatten die Araber selbst die Pyrenäen überschritten und das fränkische Reich angegriffen. Erst im Jahre 797 gelang es wieder einem fränkischen Heere unter Ludwigs Führung tief in Spanien einzudringen, und vier Jahre später fiel Barcelona. Der Grund zu der spanischen Mark wurde gelegt, deren Gebiet sich dann durch eine Reihe glücklicher Kämpfe allmählich weiter ausdehnte. Zu derselben Zeit erhoben sich aber auch die kleinen christlichen Staaten, die sich bereits in den Nordgebirgen des Landes gebildet hatten, zu mannhafter Gegenwehr gegen die Ungläubigen. Das Königreich Asturien gewann nun erst unter dem tapferen König Alfons II. sicheren Bestand. Oviedo wurde als Königsstadt gebaut, und über dem Grabe des heiligen Apostels Jakobus, dessen Gebeine wunderbarerweise gerade damals entdeckt wurden, erhob sich Compostella. Die Verehrung des heiligen Jago di Compostella und der Mut des ritterlichen Alfons feuerten dann die spanischen Christen zu weiteren erfolgreichen Unternehmungen an; auch zu ihren Siegen gaben Karls Taten den ersten Anstoß, und Alfons, der sich einen Knecht des Kaisers nannte, ließ die schönsten seiner Beutestücke ihm zu Füßen legen. Zu derselben Zeit wandten sich die Basken, Pamplona und ganz Navarra von dem Bund mit den Arabern ab, indem sie sich zeitweise den Franken unterwarfen, und an den Balearen, an den Küsten von Korsika und Sardinien kämpften bereits fränkische Flotten nicht ohne Glück mit arabischen Seeräubern.

Unfraglich zeigten sich die fränkischen Waffen der bisher so gefürchteten Kriegsmacht der Araber jetzt weit überlegen. Aber schon griff ein neuer Feind das Reich an, der mit furchtbarer Gewalt und wildem Ungestüm gegen die nordischen Marken anstürmte und in der Hitze des Streits immer gesteigerte Kräfte zu gewinnen schien. Dieser Feind waren die Dänen. In den früheren Zeiten waren sie als befreundete stammverwandte Brüder der deutschen Völker erschienen; erst das Christentum und der enge Verband des fränkischen Reichs errichteten zwischen den deutschen und skandinavischen Stämmen eine starke Scheidewand und verwandelten Stamm- und Blutsfreundschaft in die erbittertste Feindschaft. Unbesieglicher Freiheitstrotz, kecker Heldenmut, unerschöpfliche Naturkraft, wilde Beutelust: alles, was einst die Germanen dem römischen Reiche so verderblich gemacht hatte, wandte sich nun mit diesen Nordlandssöhnen gegen die römisch-germanische Herrschaft Karls und drohte derselben um so größere Gefahr, als sie des Seekriegs nicht minder kundig waren als des Kampfes zu Lande, während die Franken, seit langer Zeit nur auf dem Festlande streitend, den Kampf auf dem unsteten Element der Wogen erst zu lernen hatten. Mit Hilfe der seekundigen Friesen rüstete Karl seine ersten Flotten aus, und wie schon im Mittelmeer fränkische Seeleute stritten, um die Gestade Italiens und Galliens vor den Arabern zu wahren, suchten fränkische Schiffe bald auch die Küsten der Nordsee vor den Angriffen der nordischen Feinde zu schützen; doch sind die Franken mit dem Seekrieg niemals recht vertraut geworden.

Neue Unruhen in Sachsen boten den ersten Anlaß zu dem Kriege mit den Dänen. Als Karl im Jahre 804 die immer widerspenstigen überelbischen Nordleute in das Innere des fränkischen Reichs abführen ließ und ihr Land dem benachbarten Wendenstamm der Abodriten übergab, da entzogen sich viele der Nordleute dem Gebot des Kaisers und suchten wie einst Widukind bei dem Dänenkönig Gottfried Aufnahme und Unterstützung. Von ihnen aufgefordert, drang Gottfried mit Heeresmacht in die fränkischen Marken ein; seine Schiffe beunruhigten gleichzeitig die Küsten der Nordsee. Der Abodritenfürst, des Kaisers Bundesgenosse, unterlag Gottfrieds Schwerte; die Wilzen schüttelten das Joch der Franken ab; bis an die Elbe drangen die Dänen im Jahre 808 vor. Hier aber stießen sie auf ein Heer, das Karl, der älteste Sohn des Kaisers, gegen sie führte. Gottfried zog sich zurück und befahl, einen Wall an der Grenze seines Reichs längs der Nordseite der Eider aufzuwerfen, mit dem der erste Grund zum Danewirk gelegt sein soll. Der Sohn des Kaisers folgte dann den Dänen über die Elbe und stellte die fränkische Herrschaft in der Mark und dem überelbischen Lande her, wo er aufs neue Deutsche ansiedelte. Durch Wälle und feste Burgen wurde das Land geschützt; damals ist die Esseveldoburg an der Stör, das jetzige Itzehoe, begründet worden. Gottfried, noch unbesiegt, rüstete sich zu neuen Kämpfen; er vermaß sich, nicht allein ganz Sachsen und Friesland seiner Macht zu unterwerfen, sondern den alten Kaiser selbst in seiner Hofburg zu Aachen zu überfallen und der fränkischen Herrschaft auf immer ein Ende zu machen. Nachdem er die Abodriten unterworfen hatte, erschien in der Tat eine Flotte von 200 Dänenschiffen an der friesischen Küste. Die Friesen, mehrfach besiegt, mußten Tribut zahlen, und schon rüstete Gottfried im Dänenlande ein gewaltiges Heer, um zugleich Sachsen mit großer Übermacht anzugreifen. Da zog der alte Kaiser selbst noch einmal in das Feld: aber Gottfried unterlag, ehe er noch auf dem Kampfplatz erscheinen konnte, seinem Schicksale (810). Von seinen eigenen Dienstleuten wurde er erschlagen. Gottfrieds Brudersohn Hemming machte alsbald mit den Franken einen Frieden, der das überelbische Sachsen dem Reiche sicherte. So gewann Karl Raum, die Wilzen wieder zu unterwerfen; die Abodriten kehrten willig in die frühere Abhängigkeit zurück; ein fortlaufender Grenzwall sicherte das Reich gegen neue Anfälle der nordischen Nachbarn.

Rings umschlossen das weite Reich jetzt gegen die benachbarten Länder und Völker starkbefestigte und wohlverteidigte Marken, gleichsam wie Dämme, die eine sorgsam bestellte Flur vor dem Andringen wilder Gewässer bewahren. Zur Verteidigung der Grenzen waren hier überall fränkische Vasallen angesiedelt, eine stehende Kriegsmannschaft, immer auf der Wacht gegen den nahen Feind und deshalb auch von allen Kriegsdiensten in anderen Teilen des Reichs entbunden. Diese Vasallen, Markmannen genannt, bildeten gleichsam eine Militärkolonie auf erobertem Boden und standen unter eigenen Grafen, die mit ausgedehnten Vollmachten bekleidet wurden und die Karl aus den tapfersten Kriegern unter seinem Adel erwählte. Markgrafen wurden diese Grafen genannt, doch hieß im engeren Sinne Markgraf der Herzog, dem in gefahrvollen Zeiten der Oberbefehl über alle Grenzgrafen einer Provinz für die Dauer der Gefahr übertragen wurde. Da nun selten an den Grenzen dauernde Waffenruhe eintrat, erlangten diese Markherzöge oder Markgrafen allmählich einen ständigen Oberbefehl und sehr umfassende Befugnisse. Nachdem das nationale Herzogtum überwältigt war, bildeten sich in ihnen an den Grenzen des Reichs neue Gewalten, die sich zwischen den Thron und die Grafen zu stellen vermochten.

Als Kaiser Karl sein Ende nahen fühlte, erhob er seinen jüngsten Sohn Ludwig, dem nach dem frühen Tode Karls und Pippins die ganze Erbschaft des Vaters zufallen mußte, neben sich auf den Thron und setzte selbst ihm zu Aachen die Kaiserkrone auf das Haupt. Vier Monate später betrauerte die Welt den Tod des großen Kaisers. Am 28. Januar des Jahres 814 starb Karl in seiner Hofburg zu Aachen im 72. Jahre seines Alters, im 46. seiner Regierung.

11. Auflösung des fränkischen Kaiserreichs

Wie sich im Frühjahr alle Lebenskeime in der Natur regen, wie alles sprießt und treibt und sich in Blütenpracht kleidet, dann aber wohl ein Nachtfrost schnell die Blüten knickt und die Triebe neuen Lebens, wenn auch nicht ganz ertötet, doch in der Entwicklung hemmt und schwächt; so geschah dem Leben der Völker nach dem Tode des großen Kaisers. Welches frische und reiche Leben hatte Karl geweckt, wie schienen sich alle Kräfte der Welt im Bunde zu regen, um sich gegenseitig zu stärken! Und wie bald löste sich dieser Bund, und in unseligem Widerstreit verzehrten sich die Mächte, welche das Leben der abendländischen Völker beherrschten! Nicht alles freilich ging unter, was Karl begründet hatte; die Entwicklung, die er begonnen hatte, setzte sich fort, aber unberechenbar gehemmt wurde sie, und auf ganz anderen Wegen, als sie Karls Geist vorgeschwebt hatten, gedieh sie später zum Ziele.

Das Kaisertum sollte nach Karls Absichten, wie es auf das engste mit dem fränkischen Königtum verbunden war, erblich in seinem Hause verbleiben und zunächst an dem Stammlande seines Geschlechts, an Austrasien, haften. Seinem älteren Sohn hatte Karl deshalb früher die kaiserliche Gewalt zugedacht, um aber zugleich dem altfränkischen Gesetz der Erbfolge zu genügen, seinen jüngeren Söhnen Teile des Reichs zugewiesen, die sie mit dem Königsnamen und königlichen Ehren, doch unter der Oberhoheit des Kaisers beherrschen sollten. Aber nach Karls und Pippins Tode fiel Ludwig mit dem Kaisertum das ganze Reich des Vaters zu, nur daß Bernhard, Pippins Sohn, mit beschränkter Gewalt Italien behielt. Ungehemmt hätte Ludwig das Werk seines großen Vaters fortsetzen können, wäre er an Gaben und Denkart ihm nur von ferne ähnlich gewesen: doch die Kraft der Pippiniden schien sich in dem großen Karl erschöpft zu haben.

Ludwig stand, als er den Thron bestieg, in dem frischesten Mannesalter – er war 36 Jahre alt –, doch war er kein Mann, sondern ein trüber Schwächling. Er hatte eine gute Erziehung genossen, war in den Waffen wohlgeübt und besaß manche lobenswerte Eigenschaft, aber der Mangel an Energie ließ selbst seine Tugenden als Schwächen erscheinen. Seine früher oft gepriesene Mildtätigkeit führte, sobald er frei schalten konnte, zur heillosesten Verschleuderung des Kronvermögens; die Vasallen machte er, indem er ihnen willig Reichsgüter als Eigentum überließ, übermütig und übermächtig. Die Anhängigkeit Ludwigs an die Seinen zeigte sich mit der Zeit als die kläglichste Ohnmacht im eigenen Hause und wurde zur Quelle seiner schwersten Leiden. Seine Gerechtigkeitsliebe glich wohl manche Härten des Vaters aus – so gab er den Friesen und Sachsen ihr altes Erbrecht zurück, was sie ihm nicht vergessen haben –, aber indem er allen genug tun wollte, löste er die Einheit des Reichs und sprengte die Bande, welche Karl um die Völker geschmiedet hatte. Man nannte Ludwig den Frommen, doch seine Religiösität führte ihn zu einer schimpflichen Abhängigkeit von der Geistlichkeit; sie, die er nach der Weise seines Vaters regieren sollte, konnte ihn nach ihren Absichten lenken. Friedfertig und ruheliebend wie er war, mied er nicht allein Krieg und Waffenlärm, sondern entfremdete sich auch den Geschäften. Die Zügel der Regierung überließ er den Günstlingen und räumte vor allem dem Klerus einen Einfluß auf den Gang der Dinge ein, wie er ihn niemals zu Lebzeiten des Vaters besessen hatte.

Wir kennen die Vorliebe, welche Karl bis in die letzte Lebenszeit für deutsches Leben und deutsche Art bewahrte; auch hierin war Ludwig sein Gegenbild. In Aquitanien war er aufgewachsen, unter Romanen zum Mann geworden, die römische Kirche und römische Priester blieben das vorherrschende Interesse seines Lebens; unverhohlen legte er seine Mißachtung gegen die deutsche Barbarei an den Tag. Den deutschen Ländern wandte er wesentlich keine andere Aufmerksamkeit zu, als daß er die geistlichen Stiftungen bereicherte und vermehrte. Er begründete das Bistum Hildesheim für das östliche Sachsen, das Bistum Hamburg für den überelbischen Teil des Landes; das letztere wurde zu einem Erzbistum erhoben, dem der Papst zugleich die Mission für den ganzen Norden übertrug. Auch die Gründung der ersten Klöster in

Sachsen geschah hauptsächlich durch Ludwigs Einfluß; zu seiner Zeit wurde von dem französischen Corbie aus das sächsische Korvei errichtet. So segensreich diese geistlichen Stiftungen in späterer Zeit wirkten, so unheilvoll war des frommen Ludwig Anhänglichkeit an den Klerus damals für die Entwicklung des Reichs, zumal aus ihr in seinem eigenen Hause der bitterste Hader erwuchs, der, unaufhörlich mit Absicht genährt, zu ruchlosen Kämpfen führte, in denen der Kaiser von seinen eigenen Söhnen bekriegt und besiegt wurde.

Schon wenige Jahre nach seinem Regierungsantritt dachte der Kaiser an die Ordnung der Nachfolge (817). Mit gutem Grunde wollte die Geistlichkeit die Einheit des Kaiserreichs erhalten wissen, zugleich aber bei der Besetzung des Throns das Wahlrecht des Volkes, das im Frankenreich niemals recht zur Geltung gekommen und in der letzten Zeit fast vergessen war, zur Anerkennung bringen. Der Kaiser ging auf ihre Absichten ein und erließ, „auf daß kein Ärgernis in der heiligen Kirche entstände", eine Erbfolgeordnung, die seinem ältesten Sohne Lothar, der sogleich zum Mitkaiser ernannt wurde, fast ungemindert die väterliche Herrschaft sicherte, die beiden jüngeren Söhne Pippin und Ludwig dagegen mit kleineren abhängigen Reichen abfand und überdies das Wahlrecht des Volkes in gewissen Grenzen zur Geltung brachte. Der fränkische Adel und die unterworfenen deutschen Stämme, dem geistlichen Kaisertum überdies abhold, waren mit dieser Verordnung unzufrieden, und Bernhard, des Kaisers Neffe, erhob sich sogar gegen ihn zu offener Empörung. Bernhard wurde überwunden, gefangen, geblendet und fand gleich darauf ein trauriges Ende; jeder andere Widerstand wurde mit leichter Mühe gebrochen. Aber als dem Kaiser aus seiner zweiten Ehe mit der welfischen Judith ein Sohn geboren wurde und er dem Spätling Karl eine schwächliche Vorliebe zuwandte, wurde er selbst der größte Feind seines eigenen Werks; er stieß seine Erbfolgeordnung um und wandte sich der Geistlichkeit zum Trotz den bei den Franken althergebrachten Grundsätzen der Reichsteilung zu (829).

Die Geistlichkeit vergaß alsbald alles, was sie dem Kaiser dankte, und verbündete sich nun mit Lothar und seinen Brüdern gegen den Vater. Ein langer, abscheulicher Hader zwischen dem Vater und seinen Söhnen entspann sich; mehr als einmal waffneten sich die Söhne gegen den Vater, und obwohl sich in der Folge der Adel der deutschen Stämme für den Kaiser erhob, unterlag dieser doch zuletzt seinen Söhnen. Sein ganzes Heer verließ ihn, er geriet in Gefangenschaft, und das Kaisertum, die höchste Gewalt der Erde, wurde in den Staub getreten und frech mißhandelt (833). Wenn der alternde Kaiser dann auch von seinem reuigen Sohne Ludwig und den deutschen Großen dem Kerker entrissen und wieder auf den Thron erhoben wurde (834), so war der Glanz des Kaisertums doch geschwunden, die Würde desselben beschimpft, und ohne eine gefürchtete kaiserliche Autorität ließ sich das große Reich kaum zusammenhalten. Umsonst bemühten sich Lothar und die Geistlichkeit, den tödlichen Streich, den sie gegen die kaiserliche Gewalt geführt hatten, zu heilen; die klaffende Wunde schloß sich nicht wieder. Durch die infolge der Schwäche des Kaisers übertriebenen Ansprüche der Judith und die ehrgeizigen Absichten Lothars gereizt, ergriff Ludwig der Deutsche nach dem Tode Pippins noch einmal die Waffen gegen seinen Vater, aber vor der Entscheidung des Kampfes starb Kaiser Ludwig (840), und der erledigte Thron führte die Brüder zum Kampfe gegeneinander.

Für die Einheit des Reichs stritt Lothar, für die Teilung Ludwig und sein Stiefbruder Karl, jetzt mit ihm verbündet. In der fürchterlichen Völkerschlacht, die am Bach der Burgundionen unweit Auxerre am 25. Juni 841 geschlagen wurde, ward Lothar vollständig besiegt. Ludwig und Karl erklärten ihren Sieg für ein Gottesgericht, und in der Tat wurde durch diese Schlacht über das neue römische Kaisertum entschieden. Zugleich aber hatte die Macht des fränkischen Volkes den unheilbaren Schlag erlitten; die Blüte des Adels war vernichtet, jene so lange von allen Feinden gefürchtete ritterliche Streitmacht der Franken gebrochen.

Jene Nacht, nur allzu schmerzlich,
Jene Nacht, so tränenwert,
Wo die tapfern Franken fielen,
In den Waffen wohlbewährt:

so singt ein Krieger, der dem Blutbade entrann. Es war eine unmittelbare Folge der Schlacht, daß die äußeren Feinde überall die Grenzen des Reichs durchbrachen.

Lothar gab sich durch *eine* Schlacht, obwohl sein ganzes Heer vertilgt war, nicht besiegt; zu den verzweifelsten Mitteln nahm er seine Zuflucht, um seine Macht zu behaupten. Er rief die Sachsen auf und versprach ihnen die Herstellung ihrer alten Freiheit; er führte selbst die Dänen in das Reich. Aber alles war umsonst. Die Großen, die ihm treu geblieben waren, verlangten Einstellung des Kampfes, und er mußte sich endlich bequemen, seinen Brüdern die Hand zur Versöhnung zu reichen. Der Vergleich zu Verdun (August 843) beendete den erbitterten Bruderkrieg; die Brüder teilten nach altem Frankenrecht die Erbschaft des Vaters. Lothar behielt die Kaiserwürde und mit ihr Austrasien, Friesland, den größten Teil von Burgund, die alemannischen Teile auf der linken Seite des Rheins, die Provence und Italien; Ludwig fielen alle Teile des Reichs auf dem rechten Rheinufer und „wegen ihrer Weinfülle" die Gaue von Mainz, Worms und Speyer auf dem linken zu, außerdem Churwalchen, der Thurgau und Aargau; Karl erhielt Neustrien mit Flandern und der Bretagne, den nordwestlichen Teil von Burgund, Aquitanien, Septimanien und die spanische Mark. Obwohl das Reich noch in einem gewissen Zusammenhange blieb und dem Kaiser auch vor den Königen ein gewisser Vorrang eingeräumt wurde, waren ihm doch in keiner Weise bestimmte oberherrliche Rechte zugestanden; die Gebiete bestanden wesentlich in derselben Trennung voneinander wie einst bei den Erbteilungen der Merowinger. Die Idee der kaiserlichen Theokratie war unterlegen, die herkömmliche Erbfolgeordnung der fränkischen Monarchie hatte gesiegt.

Dieser Sieg wurde für das fränkische Reich und alle von den Franken beherrschten Völker überaus folgenreich. Obwohl nicht die Interessen der Völker, sondern alleine die der Herrscher den Vertrag von Verdun herbeigeführt hatten, gewann er doch für die Entwicklung und Ausbildung der Nationalität im Abendlande eine ungemeine Wichtigkeit. Indem Ludwigs Reich fast durchweg aus germanischen Ländern zusammengesetzt wurde, Karl dagegen im wesentlichen diejenigen Teile Galliens erhielt, in denen das romanische Wesen sich bereits wieder durchgesetzt hatte, sonderte sich aus dem großen germanisch-romanischen Kaiserreiche im Ostfrankenreiche ein Staat aus, dessen Einwohner, ob auch nach Stämmen sich scheidend, doch in Sprache, Sitte und Denkart gleichartig waren und ihre Verwandtschaft mindestens in der Sprache schon selbst zu begreifen anfingen. Sie nannten diese ihnen eigene Sprache im Gegensatz gegen die römische der gelehrten Geistlichkeit und die romanisierte ihrer südlichen und westlichen Nachbarn die deutsche, d. h. die volkstümliche, und unterschieden sich fortan als Deutschredende von den Romanen. Das Gefühl ihrer Zusammengehörigkeit mußte aber mit Notwendigkeit wachsen, seitdem sie in *einem* Reiche zusammengeschlossen und von anderen Völkern durch den Verband dieses Reichs gesondert waren. In ähnlicher Weise entwickelte sich im Westfrankenreiche die fränkisch-romanische Nationalität jetzt bestimmter, nachdem die Verbindung mit den rein germanischen Völkern gelöst war. Die Deutschen wie die Franzosen sehen deshalb nicht ohne Grund in der Teilung von Verdun die Geburtsstunde ihrer Nationalität. Es ist von den wichtigsten Folgen gewesen, daß bei der Auflösung des karolingischen Reichs nicht die natürlichen Unterschiede der einzelnen Stämme in ihrer engbegrenzten Schroffheit wieder hervortraten, sondern sich auf einer breiteren gemeinsamen Grundlage neue Volkstümlichkeiten von weit umfassenderer Bedeutung zu bilden begannen.

Manches trug dazu bei, die weitere Sonderung des Ost- und Westfrankenreichs zu beschleunigen. Die politischen Elemente, welche Karl in seinem Reich vereinigt hatte, waren keineswegs über alle Teile desselben in gleicher Weise verbreitet und hatten nicht überall gleiche Kraft gewonnen. Das Lehnswesen war besonders auf gallischem Boden gediehen und überwucherte bald denselben so, daß die Freiheit des niederen Mannes völlig erstickt wurde; alle unteren Kreise der Bevölkerung gerieten in Abhängigkeit von mächtigen Lehnsfürsten. Die großen Vasallen wurden dadurch so stark, daß sie in kürzester Frist die Erblichkeit ihrer Lehen durchsetzten und der König eine unmittelbare Gewalt nur in den Kronbesitzungen behielt, während ihm sonst nur die Rechte eines Oberlehnsherrn erhalten blieben. Die königliche Macht in der Weise, wie die Merowinger und die ersten Karolinger sie geübt hatten, verfiel mehr und mehr, und nur auf ganz neuer Grundlage ließ sich das Königtum später hier herstellen. Anders im Ostfrankenreiche. Die Gemeindefreiheit hatte hier zu tiefe Wurzeln, als daß sie so leicht hätte beseitigt werden können; das Vasallentum gedieh nur allmählich und meistens nur dadurch, daß königliche Lehnsleute als Beamte dem Volke entgegentraten. Es war deshalb hier noch bei weitem mehr Kraft und Zusammenhalt im Regimente; der König war noch Volkskönig und konnte die Streitmacht der Masse unmittelbar aufbieten. Dadurch hauptsächlich war Ludwig der Deutsche fortan Karl dem Kahlen wie nicht minder Lothar überlegen.

Lothars Reich war in fast gleicher Weise aus germanischen und romanischen Teilen zusammengesetzt und ohne nationalen Zusammenhalt; es war deshalb schwach und gebrechlich, obwohl gerade die Hauptländer der Herrschaft und die ersten Städte des Reichs zu ihm gehörten. Überdies teilte Lothar selbst dem Herannahen seines Endes die ihm zugefallene Ländermasse unter seine drei Söhne (855). Der älteste, Ludwig II., den der Vater schon früher zum Kaiser und Mitregenten ernannt hatte, erhielt Italien, das erst jetzt mit der kaiserlichen Gewalt in engere Verbindung kam, von den beiden jüngeren Söhnen erhielt Lothar II. Austrasien, schon damals Lothringen genannt, Friesland und die alemannischen Gegenden auf dem linken Rheinufer, Karl die Provence und den Teil von Burgund, der im Vertrage von Verdun dem Vater zugesprochen war. Die beiden jüngeren Brüder starben ohne Erben, und Ludwig II., vollauf in Italien beschäftigt, vermochte nicht zu hindern, daß seine Oheime Karl und Ludwig über sein Erbe mit bewaffneter Hand herfielen und es sich schließlich teilten. Der Vertrag zu Meersen vom 8. August 870 ist dadurch besonders wichtig, daß er, indem er den größten Teil von Lothringen und Friesland Ludwig zuwies, dem die erwähnten alemannischen Länder bereits früher abgetreten waren, endlich alle Völker, unter denen die deutsche Art sich rein erhalten hatte, im Ostfrankenreiche vereinigte, während die romanischen Länder, die von den Brüdern Kaiser Ludwigs II. beherrscht waren, an Karl den Kahlen und die Westfranken kamen.

Die Bande, durch welche Karl der Große das Frankenreich und damit die abendländische Welt zusammenzuhalten versucht hatte, waren gelöst, und der kaiserliche Name, schon ein ziemlich bedeutungsloser Titel der Könige Italiens, schien am wenigsten die Macht zu besitzen, das Abendland aufs neue zu einen.

12. Papsttum und Wahlkönigtum

Als das Kaisertum von seiner Höhe sank und aller Welt klar vor Augen lag, daß die schwachen Nachkommen des großen Karl die Idee des Gottesreichs auf Erden nicht zu verwirklichen vermöchten, tauchte zum ersten Male der Gedanke auf, den Nachfolger Petri an die Spitze auch aller weltlichen Gewalten zu stellen und die getrennten Staaten des Abendlandes in der Abhängigkeit von ihm wiederum zu verbinden. Besaß der Papst doch bereits eine universelle Stellung, die überdies keineswegs mehr strengkirchlicher Natur war, sondern tausendfach in die weltlichen Verhältnisse übergriff! Er selbst hatte in Italien ein ausgedehntes Gebiet gewonnen, und die ihm untergeordneten Bischöfe zählten überall zu den ersten Magnaten der Reiche. Nur darauf schien es anzukommen, die Geistlichkeit selbst mit den engsten Banden an Rom zu fesseln, jedes Mittelglied zwischen ihr und dem Papst zu entfernen und diesem so eine durchaus monarchische Gewalt in der Kirche zu sichern, um die kaiserliche und königliche Autorität, die sich mehr und mehr in die Netze des Lehnsystems verfing, überall gründlich zu erschüttern und alle Staaten Rom dienstbar zu machen.

Die Idee, das Abendland unter der höchsten Gewalt des römischen Pontifex zu vereinen, ist nicht von Rom selbst ausgegangen, sondern hat sich in der westfränkischen Kirche gebildet; in Westfranken entstand zwischen den Jahren 829 und 853 mitten in den Wirren zwischen Ludwig und seinen Söhnen und den Kämpfen dieser untereinander jenes betrügerische Machwerk, das soviel dazu beigetragen hat, die Macht der Päpste zu einer niemals gekannten Höhe zu erheben und Vorstellungen von dem Primat Petri zu erwecken, die allen früheren Zeiten fremd waren. Einer Sammlung von älteren Konzilienbeschlüssen und Papstschreiben, wie ähnliche als kirchliche Gesetzbücher längst verbreitet waren, hatte man nämlich etwa hundert untergeschobene päpstliche Schreiben, welche meist in der ersten Zeit der römischen Kirche entstanden sein sollten, einverleibt und diese Sammlung dem Bischof Isidorus von Sevilla zugeschrieben. Der Zweck des Betrugs war kein anderer, als einerseits den Klerus über jede weltliche Macht zu erheben, andererseits ihm selbst eine unbeschränkt monarchische Verfassung zu geben und die absolute Gewalt über ihn in die Hände des römischen Bischofs zu legen. Der Papst wurde deshalb als der allgemeine Bischof dargestellt, die Metropoliten und anderen Bischöfe nur als seine Organe und Stellvertreter, über die ihm allein die richterliche Gewalt zustände. Keine allgemeine Synode, hieß es, könne ohne seinen Willen berufen werden, alle Beschlüsse der Synoden bedürften seiner Bestätigung; ihm sei die Entscheidung über alle wichtigen kirchlichen Angelegenheiten vorbehalten, wie in jeder Sache die Berufung an ihn freistände; er allein könne Bistümer errichten und Bischöfe von einem Sprengel in einen anderen versetzen; nur in seiner Vollmacht hätten die Metropoliten die Bischöfe ihrer Provinzen zu ordinieren. Die wichtigsten Rechte, die bis dahin die Könige und die Metropoliten mit den Provinzialsynoden ausgeübt hatten, nahmen die pseudoisidorischen Dekretalien als unveräußerliches Recht des Papsttums in Anspruch.

Der Verfasser des Trugwerks wollte die Kirche in eine absolute Monarchie umwandeln, um Roms Weltherrschaft anzubahnen. Die Monarchie Karls des Großen stand ihm vor Augen, selbst die Sprache der karolingischen Gesetze läßt sich in den untergeschobenen Dekretalien verfolgen. Die Primaten der abendländischen Kirche und die apostolischen Vikare sind hier den Königsboten der karolingischen Monarchie nachgebildet; die Bischöfe werden zu abhängigen Beamten herabgewürdigt, wie es die Grafen der Franken waren. Das Ideal, dem nachgestrebt wird, ist der Theokratie Karls des Großen verwandt, nur soll nicht der Kaiser als Gottes Stellvertreter an die Spitze derselben treten, sondern der Bischof zu Rom.

Ging die Idee dieser neuen Theokratie nicht von Rom aus, so wurde sie doch bald genug dort aufgefaßt. Die imperatorischen Ideen sind in der alten Weltstadt nie ganz in Vergessenheit gekommen und am wenigsten bei den Nachfolgern Petri. Schon Papst

Gregor IV. war wieder über die Alpen gekommen, aber diesmal nicht, um dort Schutz zu suchen, sondern um der tiefsten Demütigung des frommen Kaisers Ludwig beizuwohnen und sie nach seinen Kräften selbst herbeizuführen. Leo IV. waltete dann in Rom wie ein selbständischer Fürst und stellte sich in Person an die Spitze eines Kriegsheeres, das gegen die Araber auszog. Mit der größten Entschiedenheit ergriff endlich die Idee eines päpstlichen Kaisertums Nikolaus I., einer der kühnsten und klügsten Priester, die jemals die Welt gesehen hat. Er war der erste Papst, der sich auf die pseudoisidorischen Dekretalien offen zu berufen wagte und jeden Einspruch gegen das Werk eines bewußt verübten Betrugs zum Schweigen brachte; es sprach es vor aller Welt aus, daß die höchste richterliche Gewalt auf Erden, von der es keine Berufung gäbe, dem Papste beiwohne, und beeilte sich diese Gewalt der Welt zu zeigen. Das sittenlose Leben König Lothars II., das bei hochgestellten fränkischen Bischöfen Beschönigung gefunden hatte, bot ihm dazu den günstigsten Anlaß. Auf einer großen Synode zu Rom sprach er im Jahre 863 über die Handlungen des Königs das Verdammungsurteil aus, erklärte die demselben günstigen Beschlüsse fränkischer Synoden für nichtig, entsetzte die beiden Erzbischöfe von Köln und Trier ihrer Gewalt und bedrohte alle Bischöfe, die dieses Urteil anfechten würden, mit dem Banne. Mit großer Klugheit zeigte er die Macht des Papsttums zuerst zum Schutze der Tugend und guten Sitte.

Und nicht allein alle Kräfte der abendländischen Kirche suchte Nikolaus zu dem kolossalen Bau, der seinem Geiste vorschwebte, zu verwenden: auch die morgenländische Kirche hoffte er von neuem Roms Macht zu unterwerfen. Dem Kaiser von Byzanz trat er mit derselben Entschiedenheit entgegen wie dem Karolinger; als höchster Richter wollte er in die Verhältnisse der orientalischen Kirche eingreifen, wo er die Kirche des Okzidents sich unterwürfig gemacht hatte. Den Patriarchen Photius von Konstantinopel erkannte er deshalb nicht an, weil er ohne den Willen Roms vom Kaiser eingesetzt war. Eine selbständige Stellung des Morgenlandes gegen Rom glaubte er nimmermehr dulden zu können. Eben damals bekämpften sich die lateinischen und griechischen Missionen in den Ländern an der unteren Donau mit nicht geringer Heftigkeit. Es war ein großer Triumph für die morgenländische Kirche, daß sie den mächtigen Bulgarenkönig Bogoris für sich gewann. Aber Nikolaus war nicht gewillt, diesen Triumph ihr zu gönnen; er sandte lateinische Lehrer zu den Bulgaren und zog in der Tat Bogoris auf Roms Seite hinüber.

Mit aller Welt im Streit, nicht als Sieger, aber doch unbesiegt starb Nikolaus im Jahre 867. Seine Nachfolger wandelten in den Wegen, die er gebahnt hatte, wenn auch nicht immer mit gleicher Umsicht und gleichem Glücke. Die Vereinigung mit der orientalischen Kirche mißlang, ja der Bruch wurde schwerer und unheilbarer als je zuvor. Der griechische Einfluß in der Bulgarei stellte sich her, und für alle Zeiten wurden die Länder an der unteren Donau der orthodoxen Kirche des Orients gewonnen. Aber im Abendlande waren die Ideen Pseudoisidors, wie sie Nikolaus aufgefaßt hatte, nicht mit ihm erstorben, und bald gab die geschickt ergriffene Gunst der Umstände die Verfügung über das Kaisertum selbst unmittelbar einem Papste in die Hand.

Kaiser Ludwig II. starb im Jahre 875 ohne Erben. Sofort erhob sich zwischen seinen Oheimen Ludwig und Karl der alte Streit; er galt diesmal Italien und dem Kaisertum. Ehe noch Ludwig die Alpen übersteigen konnte, erschien Karl, in jeder Beziehung der Minderberechtigte, in Rom und empfing aus den Händen Papst Johanns VIII. die Kaiserkrone, aber nicht als ein Erbstück seines Hauses, sondern als ein Geschenk des römischen Bischofs. So wurde das Erbkaisertum der Karolinger zu Grabe getragen; dem Papst war es gelungen, die Verfügung über den kaiserlichen Thron an sich zu ziehen. Und der Untergang des Erbkaisertums bedrohte auch das Erbkönigtum, wie es von jeher bei den Merowingern und Karolingern bestanden hatte, mit den größten Gefahren.

Wir wissen, wie schon zu den Zeiten Ludwigs des Frommen der Klerus für das Wahlkönigtum sich ausgesprochen hatte. Auch Rom war ihm jetzt geneigt, und die Vasallen schienen nicht minder alle ihre Interessen nach dieser Seite zu treiben. Wenigstens zögerten die Großen Italiens und Frankreichs keinen Augenblick, sich für das Wahlkönigtum zu entscheiden. Die Großen Italiens wählten Karl zu ihrem Könige, und sie taten es nur, wie sie erklärten, weil er vom Papste zum Kaiser gekrönt sei. Als Karl in sein westfränkisches Reich zurückkehrte, mußte er sich sogar durch einen Wahlakt seiner Vasallen die Krone noch einmal erteilen lassen, die er längst nach Erbrecht besaß. Wie die Päpste gegen die Macht der Metropoliten an den Bischöfen Halt und Stütze gefunden hatten, so fanden sie jetzt auch an den Vasallen die kräftigste Unterstützung gegen das alte, vordem in eigener Kraft wurzelnde Königtum, welches sich nur in Ostfranken erhielt. Jene umfassenden und kühnen Pläne, welche Nikolaus I. und ihm verwandte Geister bei dem Fall des Kaisertums entworfen hatten, waren der Durchführung nahe: das Papsttum schien auf dem besten Wege, sich auch zur obersten weltlichen Macht aufzuschwingen.

Wenn allein das Spiel der Intrige und kluger Berechnung, welches die Geistlichkeit jener Zeit meisterhaft verstand, über das Schicksal der Staaten und Völker entschiede, würde das Papsttum ohne Zweifel in kürzester Frist den vollständigen Sieg davongetragen haben. Aber schon deshalb konnte ihm dies nicht gelingen, weil bei der Schwächung der Reiche überall im Inneren die wildeste Anarchie herrschte und zugleich furchtbare Feinde die Marken der abendländischen Reiche durchbrochen hatten. Eine Zeit der größten Schrecken war eingetreten; nur mit dem stets gezückten Schwerte ließ sich die Ordnung herstellen, die Existenz von Staat und Kirche wie das Leben des einzelnen sichern. Das römische Papsttum, dem doch hauptsächlich nur geistige Kräfte zu Gebote standen, konnte sich nicht von Kampf zu Kampf stürzen, nicht dem Eisen mit dem Eisen begegnen und wurde nur zu bald inne, daß es die Herrschaft über das Abendland doch noch dem germanischen Kriegsmut überlassen müsse.

Aber auch der alte Waffenruhm der Franken schien erstorben; von allen Seiten von Feinden bedrängt und umringt, leisteten sie trotz einzelner Siege kaum noch erfolgreichen Widerstand, und die gewonnene Herrschaft schwand sichtlich dahin. Vom Süden erhob sich ein neuer Eroberungssturm der Araber, der Italien und Rom mit demselben Schicksal bedrohte, welches mehr als hundert Jahre vorher Spanien betroffen hatte. Und doch stritt man nicht mehr gegen die vereinte Macht des Kalifen, sondern nur gegen die Streitkräfte eines aufständischen Statthalters, der um das Jahr 810 sich an der nordafrikanischen Küste eine selbständige Herrschaft begründet hatte. Ein verräterischer Beamter des griechischen Kaisers führte im Jahre 827 die Araber von Afrika nach Sizilien hinüber; nach und nach eroberten sie fast alle Städte der

Insel und befestigten sich in dem Besitz; zugleich verheerten von ihnen ausgesandte Seeräuberschiffe die Küsten Italiens und drangen arabische Heere tief in das Innere der Halbinsel ein. Tarent und Bari fielen in die Hände der Ungläubigen und wurden der Ausgangspunkt furchtbarer Beutezüge. Die langobardischen Fürsten Unteritaliens – von Benevent hatten sich Capua und Salerno mit Amalfi als besondere Fürstentümer bereits gesondert – wurden gezwungen, sich der arabischen Macht zu beugen. Bald wurde sogar der Papst selbst bedroht. Im Jahre 846 liefen die Araber auf einer Flotte in den Tiber ein, schwärmten bis vor die Tore Roms und plünderten St. Peter. Papst Leo IV. stellte die Mauern der Stadt her, in deren Bereich er jetzt auch das Gebiet der Peterskirche zog, sammelte eine Flotte und schlug vornehmlich mit dem Beistande der Bürger von Neapel und Gaeta die Schiffsmacht der Ungläubigen bei Ostia. Dieser Sieg rettete Rom, aber die Küsten Italiens wurden deshalb nicht minder hart heimgesucht, Korsika und Sardinien mußten sich sogar dem Feinde ergeben.

Auf dem Meere war den Arabern von den Königen nicht zu wehren, da die fränkischen Reiche sämtlich ohne eine Seemacht waren; es rächte sich bitter, daß man nach Karls des Großen Todes die Flotte, die er zu begründen anfing, sogleich aufgegeben hatte. Auf dem Lande griff dagegen wohl Kaiser Ludwig II. noch mehrmals die Araber an und besiegte sie auch in einzelnen glücklichen Kämpfen: aber dauernde Erfolge ließen sich so nicht gewinnen, zumal es unmöglich schien, in eine feste Verbindung mit dem griechischen Reiche zu treten, das vielmehr die Schwäche des fränkischen Reichs zu neuen Erwerbungen in Italien benutzte. Im Jahre 874 erkannten die langobardischen Fürsten wieder die Hoheit des griechischen Reichs an; in ganz Apulien befestigte sich abermals die Herrschaft des Kaisers von Konstantinopel, während sich in Kalabrien die Araber festsetzten und von hier und von Sizilien aus immer aufs neue die italienischen Küsten verheerten.

Als Papst Johann VIII. Karl dem Kahlen die kaiserliche Krone erteilte, erwartete er von ihm schleunige und durchgreifende Hilfe für Italiens Bedrängnis: aber er hoffte umsonst. Karl hatte nach anderen Seiten mehr als zuviel zu tun, da er nicht nur mit seinem Bruder Ludwig dem Deutschen wegen der Kaiserkrone sofort in einen neuen Krieg verwickelt, sondern auch in seinem eigenen

Reiche von dem furchtbarsten Feinde der Zeit, von den Normannen, unaufhörlich bedrängt wurde.

Es war, als ob ihm jetzt mit *einem* Male die Völkermasse des skandinavischen Nordens aufstünde, um sich gegen das Frankenreich in den Kampf zu stürzen. Gerade damals erhoben sich zuerst in Norwegen und Dänemark, bisher in kleinere Reiche gespalten, umfänglichere Herrschaften, die tiefer in die Freiheit der Gemeinden eingriffen. Unbeugsame Geister, die sich der Übermacht eines einzelnen nicht fügen wollten, verließen zu Hauf die Heimat und suchten ihr Glück in der Ferne. Waffenbrüderschaften und Kriegsgefolge sammelten sich zu den verschiedenartigsten Unternehmungen; je kühner und gefahrvoller der Streit, um so mehr reizte er die Phantasie, um so höher steigerte er den Mut der Nordlandssöhne. Und zugleich stürmten auch die nordischen Könige in den Kampf, um durch den Glanz ihrer Siege den Ruhm ihrer Herrschaft zu mehren. Vor allem war das fränkische Reich der Schauplatz der normannischen Heldentaten. Hierhin lockte die Aussicht auf reiche Beute, hierhin die aus früheren Kriegen ererbte Feindschaft, hierhin endlich der Schutz des alten Götterglaubens, den fränkische Geistliche, wie der wackere Erzbischof Ansgar von Hamburg, als Missionare mit Eifer bekämpften und zurückdrängten. Das westfränkische Reich mit seiner ganzen Kriegsmacht und allen seinen Vasallenheeren konnte ohne den Schutz einer Flotte den Angriffen dieser Feinde nicht begegnen. Durch die Lage ihrer Länder auf die See hingewiesen, von Jugend auf mit den Gefahren des stürmischen Meeres vertraut und ihnen trotzend, bedeckten die Normannen mit jedem Frühjahr die weite Fläche des Meeres mit ihren leichten Schiffen. Überall stürmten die Meeresrappen, wie sie ihre Schiffe nannten, an die Küsten heran; wo sich ein sicherer Landungsplatz zeigte, wo ein Fluß in das Meer mündete, legten die beherzten Schiffer an, zückten ihr Schwert und beuteten weit in der Runde. An der friesischen Küste setzten die Normannen zuerst sich fest, aber bald waren alle Meere, die Gallien bespülen, von ihren Flotten erfüllt: rings sah man das westfränkische Reich von ihnen umzingelt, und tief in das Innere drangen bald einzelne Heereshaufen, bald größere Scharen, die sich zu gemeinsamen Waffentaten verbanden. Schon Karl der Kahle fühlte sich den Normannen nicht mehr gewachsen und erlaubte im Jahre 866 ihren Abzug mit 4000 Pfund Silber und dem schimpflichsten Frieden, ohne dadurch die baldige Rückkehr zu hindern.

Wie konnte da der Papst und Italien von diesem Kaiser wirksamen Schutz erwarten? Selbst als Ludwig der Deutsche im Jahre 876 starb und das ostfränkische Reich nach altem Erbrecht unter seine drei Söhne verteilt und zersplittert wurde, als Karl dann nach Italien noch einmal zurückkehrte, zeigte doch alles nur seine völlige Ohnmacht. Bald raffte auch ihn ein unerwarteter Tod hin (877), und sein Sohn Ludwig der Stammler wurde von den neustrischen Großen erst dann als König anerkannt, als er ordentlich bekannt hatte, daß er der Volkswahl seine Krone verdanke. Wenig länger als ein Jahr herrschte Ludwig, früh siechte er hin; seine beiden unmündigen Söhne Karlmann und Ludwig wurden nach ihm auf den Thron erhoben und das Reich zwischen ihnen geteilt. Aber wie alle geistige und körperliche Kraft der karolingischen Linie in Westfranken schon entschwunden zu sein schien, starben auch sie nach wenigen Jahren kurz nacheinander, und nur ein nachgeborener Sohn Ludwigs des Stammlers, der fünfjährige Karl, war im Jahre 884 von der Nachkommenschaft Karls des Kahlen noch übrig. Das westfränkische Kaisertum hatte bereits früher ein klägliches Ende genommen; die Söhne und Enkel Karls des Kahlen waren selbst zu Werkzeugen des Papsttums nicht tauglich.

Johann VIII. ging nach dem Tode Karls des Kahlen mit dem Gedanken um, einen fränkischen Grafen, den er an Kindes Statt annahm und sich dadurch ganz zu eigen machte, auf den kaiserlichen Thron zu erheben. Es war der Graf Boso, der mit Hilfe der Geistlichkeit dann die Provence und Südburgund von dem westfränkischen Reiche abriß und sich zum König eines besonderen burgundischen Reichs wählen ließ, das nach seiner Hauptstadt Arles auch das arelatische genannt wurde. Aber die kaiserliche Krone und das Königreich Italien blieben Boso versagt trotz aller Anstrengungen des Papstes, dessen eigene Macht bald in Frage gestellt wurde. Denn einmal erhob sich das ostfränkische Reich, obwohl es durch die Teilung nach Ludwigs des Deutschen Tode am meisten geschwächt zu sein schien. Karlmann, der älteste Sohn Ludwigs, der Bayern mit den südöstlichen Marken erhalten hatte, setzte sich durch Eroberung in den Besitz Italiens, und dieser Besitz fiel nach dem frühen Tode Karlmanns und seines Bruders Ludwig des Sachsen mit der ganzen Erbschaft des Vaters dem jüngsten Bruder Karl dem Dicken zu, der, zuerst auf Alemannien beschränkt, so das ganze ostfränkische Reich wieder vereinte. Das Schicksal hatte ihm noch Größeres zu seinem Verderben beschieden. Die furchtbare Not wies darauf hin, alle Kräfte des Reichs abermals in *eine* Hand zu legen: der Papst vergaß seine Abneigung gegen die ältere karolingische Linie und krönte Karl zum Kaiser, die Großen des westfränkischen Reichs übergingen den letzten Sohn Ludwigs des Stammlers und erhoben den König der Ostfranken auch auf ihren Thron. So wurde die Monarchie Karls des Großen mit Ausnahme des arelatischen Reichs wiederum vereinigt, aber darum nicht hergestellt (884).

Man hoffte von der Einheit des Reichs vor allem die Abwehr der äußeren Feinde. Denn auch das östliche Reich, das sich bisher noch am besten geschützt hatte, schwebte schon in großer Gefahr. Die slawischen Stämme an den Ostgrenzen hatten sich fast sämtlich gegen die fränkische Herrschaft erhoben. Rastislaw, der Fürst der Mährer, obwohl selbst durch die Franken eingesetzt, gründete eine selbständige Herrschaft und in derselben festere staatliche und kirchliche Ordnungen. Die griechischen Mönche Methodius und Constantinus waren die ersten Apostel und Lehrer unter den Südslawen, die große Erfolge gewannen; im Einverständnisse mit dem Papste und zum großen Verdrusse des Salzburger Erzbischofs wurde ein eigenes slawisches Erzbistum für Mähren errichtet. Zwanzig Jahre leistete Rastislaw den Waffen der Deutschen Widerstand und erlag endlich nur der List seines Neffen Swatopluk oder Zwentibold, wie ihn die Deutschen nannten. Swatopluk übernahm selbst nun die Herrschaft über die Mährer, scheinbar ein Dienstmann der Franken, in Wahrheit aber ihr bitterster Feind. Zu derselben Zeit verweigerten die Sorben und Böhmen dem Reiche nicht nur den Gehorsam, sondern durchzogen verheerend die thüringischen Lande; auch die Wilzen und Abodriten überschritten die Elbe. Noch furchtbarere Feinde waren die Dänen und Normannen. In einer großen Schlacht an der Elbe hatten die Dänen die ganze sächsische Kriegsmacht vernichtet und dann alle Befestigungen in der Mark zerstört. Die Normannen landeten ungehindert an den Küsten der Nordsee und durchzogen plündernd die Rheingegenden; die Mauern der Städte wurden von ihnen niedergerissen, die Kirchen und Paläste eingeäschert, selbst die Pfalz Karls des Großen in Aachen wurde zum Teil ein Raub der Flammen. Am schlimmsten aber wurde von den Normannen noch immer das westliche Reich heimgesucht, das in seiner ganzen Weite wie eine sichere Beute vor ihnen lag.

So viele Gefahren auf einmal zu beschwören, dazu hätte Karls des Großen Umsicht und Tapferkeit gehört, und dieser Karl, der jetzt die volle kaiserliche Gewalt scheinbar wieder in Händen hatte, besaß wenig Mut und noch weniger Verstand. Er vermehrte das Unglück des Reichs, statt es zu heben. Als er mehrere Jahre nacheinander durch unermeßliche Geldsummen von den Normannen den Frieden erkaufte, den sie doch nicht bewahrten, als die Anarchie im Inneren zugleich mehr und mehr wuchs, entsank die Macht des großen Reichs seinen kraftlosen Händen. Arnulf, ein unehelicher Sohn Karlmanns, der mit der herzöglichen Gewalt in den südöstlichen Marken bekleidet war, erhob die Fahne der Empörung (887); die Großen des ostfränkischen Reichs fielen sofort ihm zu, der Kaiser, der sich in Tribur befand, sah den allgemeinen Abfall und wagte nicht einmal Widerstand. Willenlos ergab er sich in sein Schicksal und fand bald darauf ein ruhmloses Ende. Im Aufstande war Arnulf erhoben worden, und seine Erhebung geschah nicht so sehr unter dem Einfluß des Klerus, als sie von den weltlichen Großen ausging. Das karolingische Erbkönigtum konnte auch in den deutschen Ländern jetzt für beseitigt gelten; die geistliche und weltliche Aristokratie im Bunde hatten es in allen fränkischen Reichen gestürzt, als es sich völlig unfähig erwies, die Macht zu behaupten.

Arnulf meinte, daß das ganze Reich Karls des Großen ihm zufallen würde, aber keineswegs fand er überall die Anerkennung, die er gehofft. Überall entstanden vielmehr Wahlkönige, überall durch die Geistlichkeit im Bunde mit den weltlichen Großen erhoben. „Im Frühjahr 888", sagen die Annalen von Fulda, „gediehen in Europa die kleinen Könige." Im Westfrankenreich erhob man auf den Thron den Grafen Odo aus einem sächsischen Geschlecht, welches erst in den letzten Zeiten sich durch glückliche Kriegstaten in Gallien Ansehen gewonnen hatte. Odo, obwohl er sich durch die mutige Verteidigung von Paris gegen die Normannen einen ruhmvollen Namen gemacht, brachte es jedoch nicht zu allgemeiner Anerkennung im Westfrankenlande; ein großer Teil der Großen wandte sich vielmehr dem letzten echten Sproß des karolingischen Geschlechts wieder zu, dem Knaben Karl, den man den Einfältigen hieß. In dem burgundischen Lande zwischen dem Jura und den penninischen Alpen, das die Aar durchströmt, erhob man den Grafen Rudolf, ebenfalls aus einem deutschen, dem welfischen Geschlecht, zum König eines neuen Reichs, welches man zum Unterschiede vom arelatischen das hochburgundische nannte. In Italien stritten um die Herrschaft Berengar von Friaul und Wido von Spoleto, beide fränkischen Geblüts. Wido gewann endlich den Sieg und durch denselben für sich und seinen Sohn Lambert die Kaiserkrone, der aber weder sie noch der Papst einen glänzenden Schimmer verleihen konnten. Um sich gegen ihre Nebenbuhler und Widersacher zu stärken, erkannten dann wohl Odo, Rudolf und Berengar für den Augenblick Arnulfs Oberherrschaft an, aber viel fehlte daran, daß er sich dadurch zu einer wahrhaft kaiserlichen Stellung erhoben hätte.

Arnulf zeigte, daß er ein Mann war. Im Jahre 891 schlug er an der Dyle den Normannen völlig auf das Haupt und wandte sich dann gegen Swatopluk, der sich inzwischen offen gegen die Deutschen erhoben und sein Reich über Böhmen und die meisten bisher den Franken unterworfenen Teile Pannoniens ausgebreitet hatte. Arnulf drang wiederholt verheerend in Mähren ein, mußte aber den Kampf im Jahre 893 unterbrechen, weil ihn Papst Formosus gegen Wido nach Italien rief. Nur bis Piacenza gelangte er auf diesem Zuge; die erhoffte Kaiserkrone entging ihm. Als aber Swatopluk bald darauf starb und die Kraft des mährischen Reichs durch die Teilung unter die Söhne des Verstorbenen gebrochen wurde, richtete Arnulf abermals seine Heeresmacht gegen Italien. Wido war inzwischen gestorben, die Macht seines Anhangs gelähmt; Arnulf eroberte Rom und empfing die Kaiserkrone im Jahre 896, mehr den verdienten Preis seiner Mühen als ein Geschenk des Papstes.

Aber zu einer wahrhaft kaiserlichen Gewalt gelangte Arnulf auch jetzt nicht. Odo und Karl der Einfältige teilten sich in das Westfrankenreich, das nach und nach durch Odos tapfere Taten mehr Ruhe gewann. Lambert schloß mit Berengar einen Vertrag, in dem die Herrschaft auch über Italien geteilt wurde. Als bald darauf Odo und Lampert starben, erkannte das ganze Westfrankenreich Karl den Einfältigen als König an, und Berengar gewann allein das italische Reich. Mit unbestrittener Gewalt herrschte Arnulf nur in den deutschen Ländern, von denen er Lothringen überdies absonderte, um es seinem unehelichen Sohne Zwentibold als ein Unterkönigreich zu verleihen. Und auch in den deutschen Ländern war seine Herrschaft nicht völlig gesichert; nur mit Mühe erhielt er die übermütige Aristokratie, die ihn erhoben hatte, im Gehorsam, und von allen Seiten war das Reich von Feinden umringt. Die Marken waren bedroht oder schon dem Reiche entrissen. Am 8. Dezember 899 starb Kaiser Arnulf, und bald erkannten die deutschen Stämme, wieviel sie an ihm verloren hatten.

Die Herstellung des Kaisertums in alter Weise hatte sich auch diesmal als unmöglich gezeigt. Aber die hochfahrenden Pläne der Päpste waren nicht minder gescheitert, und das Papsttum selbst war von der jähen Höhe, die es hastig erklommen hatte, in den tiefsten Abgrund versunken. Ein Menschenalter nach Nikolaus I. saßen die traurigsten Schattenbilder päpstlicher Macht auf dem Stuhle Petri, die willenlosen Kreaturen des sittenlosen römischen Adels. Freilich waren die imperatorischen Ideen deshalb nicht untergegangen, die Erfolge eines Nikolaus in Rom nicht vergessen. Gregor VII. hat nach zwei Jahrhunderten nichts anderes getan, als das damals aufgegebene Werk mit kühnem Mut aufs neue in Angriff zu nehmen.

Mit dem karolingischen Kaisertum war auch das fränkische Erbkönigtum gebrochen, und die Nationen, die sich nach dem Verfall des Kaiserreichs gesondert hatten, schienen völlig für den Augenblick Herren ihrer Zukunft zu sein. Überall traten Wahlkönige an die Spitze der Staaten, doch überall waren sie nur von der geistlichen und weltlichen Aristokratie erhoben, die sich bereits das Recht beimaß, nach eigener Willkür den Lehnsherrn zu wählen und allein die Interessen der Völker zu vertreten. Aber wie diese Aristokratie in sich selbst gespalten war und im steten Kampfe gegen die anderen Elemente des staatlichen Lebens stand, führte ihr Sieg in allen Staaten des Abendlandes zunächst nur zu greulicher Anarchie. Und zugleich brachen die erbittertsten Feinde des Christentums von neuem über die Reiche des Abendlandes herein; zu den alten Gegnern, deren man nicht mehr Herr werden konnte, gesellten sich immer neue und schlimmere Feinde.

Der Zustand Europas gemahnte an jene Zeiten, da die ersten germanischen Reiche der inneren Auflösung mit eilenden Schritten entgegengingen und alsbald dem Schwerte ihrer Feinde erlagen. Aber zu fest waren von Karl dem Großen die kirchlichen und staatlichen Ordnungen begründet worden, zu weit war auf diesen Grundlagen bereits das nationale Leben gediehen, als daß abermals ganze Völkerstämme und Staaten hätten vertilgt werden können. Tiefes Dunkel brach noch einmal über das Abendland ein, und vergebens suchte der Blick der verzweifelten Völker leuchtende Sterne am Himmel – aber jene lange, entsetzliche Nacht, die der Zerstörung der alten Kulturwelt folgte, konnte doch nicht wiederkehren.

Ein Zeitraum von etwa tausend Jahren und mit ihm die Geschichte zahlreicher germanischer Stämme und großer von ihnen gestifteter Reiche ist vor unseren Blicken in raschem Wandel vorübergegangen. Von jenen Urzeiten an, wo die Germanen, ohne einen umfassenderen staatlichen Verband als den der Gaugemeinde, in zahllos zersplitterten Völkerschaften den Römern widerstanden, bis zu den Tagen Karls des Großen, als sich die ganze römisch-germanische Welt in *einem* großen Reiche zusammenfaßte und ein fränkischer König das römische Kaisertum im Abendlande herstellte, welche reiche, welche gewaltige Entwicklung! Wie waren während derselben Glaube, Sitte und Sprache der Deutschen umgewandelt, wie der Gesichtskreis und die Begriffe erweitert worden, wie hatte man aus den einfachsten Zuständen sich zu den umfassendsten politischen und kirchlichen Verhältnissen erhoben!

Die Germanen waren im Laufe der Zeit gleichsam in eine andere Welt versetzt worden, aber sie hatten darum doch ihre Eigenheit nie völlig aufgegeben, nie ihre ursprünglichen Zustände vergessen und ihre besondere Weise verleugnet. Sobald sie sich dahin nur neigten, wurden sie aus Siegern bald zu Besiegten, und manche der edelsten und kräftigsten Stämme verschwanden so früh aus der Geschichte. Auch der fränkische Stamm, der zuletzt die

Weltherrschaft gewonnen hatte, verlor seine Macht, als sich die Könige dem römischen Wesen mit Vorliebe zuwandten und den Klerus zu übermäßiger Gewalt erhoben.

Aber auch mit der Macht des Frankenstammes war die germanische Kraft nicht erschöpft. In den Ländern jenseits des Rheins lebten noch Völker, die, obwohl auch sie von der tausendjährigen Entwicklung tief und vielfach berührt wurden, wenig bisher auf den großen Schauplatz der Dinge getreten waren und ihre ursprüngliche Natur bewahrt hatten. Noch bewohnten sie ein weites Waldland wie in den Urzeiten; noch waren sie mit dem städtischen Leben wenig bekannt geworden, hausten meist auf ihren Feldfluren auf dem Grund und Boden, den sie von den Vätern ererbt; noch waren die Gemeindefreiheit und die alte Sitte der Heimat bei ihnen nicht erstorben; noch immer fand man in ihnen ein unbeugsames Geschlecht, voll wilden Trotzes, vor allem dem Kriegsleben und dem Waffendienste ergeben. Es trennten diese Völker, obschon sie sich selbst nach ihrer Sprache schon von den anderen Nationen als Deutschredende schieden, zwar immer noch vielfache Stammesunterschiede und gehässige Stammesvorurteile: aber sie fingen doch bereits an zu ahnen, daß sie *ein* Volk seien, und sie beugten sich *einem* Könige und Herren. Und große Könige gab ihnen alsbald die Vorsehung, und diese haben die Bande der Gemeinschaft unter ihnen mehr und mehr gestärkt, durch glänzende Taten das nationale Bewußtsein erhoben, das römische Kaisertum im Abendlande abermals hergestellt und dadurch sich und die Deutschen an die Spitze der europäischen Entwicklung für Jahrhunderte gestellt. Da erst tritt das deutsche Volk selbstbewußt in entschlossener Einheit auf. An die Geschichte der germanischen Stämme schließt sich die Geschichte des deutschen Reichs und des deutschen Volkes.

Die Geschichte der deutschen Kaiserzeit erzählt nicht allein das Leben und die Taten unserer großen Kaiser; sie stellt vor allem dar, wie durch dieselben aus den deutschen Stämmen das deutsche Volk erwuchs, wie es sich eigenartig entwickelte, wie wir Deutsche so erst in Wahrheit zu einer großen Nation geworden sind. Hier liegt das wesentlichste Interesse dieser Geschichte. Denn die Macht unserer alten Kaiser erstarb, aber das deutsche Volk lebt und wird leben.

ZWEITES BUCH

Gründung des deutschen Reichs
900–950

1. Verfall des ostfränkischen Reichs

Als man das Jahr 900 nach der Geburt des Herrn zu schreiben begann, sah es unsäglich traurig in den deutschen Ländern aus, und mit weniger Freude hat man wohl nie ein neues Jahrhundert begrüßt. Kaiser Arnulf, der das wankende Reich zu führen versucht und mit tapferer Hand die Normannen, die verderblichen Feinde des Reichs, auf das Haupt geschlagen hatte, war soeben aus der Welt geschieden. Der Kaiserthron und der ostfränkische Königsstuhl standen erledigt: wer konnte die drückende Last der Reichsregierung in den deutschen Ländern auf seine Schultern nehmen, wer einen neuen Versuch wagen, die zerrissene Monarchie Karls des Großen zu einigen und gegen die äußeren Feinde zu schützen?

Arnulf hatte von seiner rechtmäßigen Gemahlin einen einzigen Sohn, Ludwig, damals einen Knaben von sechs Jahren, hinterlassen, und dieses Kind wählten einmütig und ohne Zaudern die weltlichen und geistlichen Großen aller deutschen Länder, als sie sich am 21. Januar zu Forchheim an der Regnitz versammelten, und sofort krönte man das königliche Kind und erhob es auf den Thron seines Vaters.

Wohl nur deshalb wählte man Ludwig und nahm auf Arnulfs mannbare Söhne aus wilder Ehe, deren Nachfolge er selbst gewünscht hatte, keine Rücksicht, weil man besorgte, bei einer Abweichung von der herkömmlichen Erbordnung möchten die deutschen Länder, die nur notdürftig zusammenhielten, sich völlig voneinander trennen. In jedem anderen Betracht war es eine unbegreifliche Wahl. Denn wie hätte wohl dieses Kind die Einheit des Abendlandes herstellen sollen? Schien nicht die Wahl desselben vielmehr offen auszusprechen, daß man in den deutschen Ländern die Ansprüche auf das Kaisertum, wie sie noch Arnulf erhoben und durchgesetzt hatte, vollends aufgab? Und stand selbst nur zu erwarten, daß der Knabe, aus einer unechten Linie des fränkischen Herrscherhauses stammend, sein Reich gegen den letzten echten Sproß aus Karls Geschlecht, den vor kurzem die Westfranken wieder auf den Thron seiner Väter gesetzt hatten, behaupten könnte? War es auch „der einfältige Karl", der in Westfranken herrschte, so drohte bei dem unruhigen Sinn der deutschen Großen doch auch von ihm eine nicht geringe Gefahr, wenn er einst das Recht seines Hauses jenseits des Reichs in Anspruch nehmen sollte. Vor allem aber die Lage der deutschen Länder selbst, wie sehr heischte sie gerade ein kräftiges Oberhaupt, einen Mann in vollem Sinne des Wortes!

Noch lagen die Städte am Rhein in Schutt und Asche, ihre Mauern zerstört: wer wollte den Normannen wehren, wenn sie, nachdem die Sieger an der Dyle abgeschieden, von jenen Burgen, die sie an der friesischen Küste stetig besetzt hielten, die alte Straße aufs neue verfolgten? Über die Grenzen Sachsens waren die Dänen und Wenden eingebrochen; an der thüringischen Mark standen die Sorben. Mit der sinkenden Macht des mährischen Reichs lebten die Bischöfe und Grafen Bayerns in fortwährendem Kriege, und schon schweiften die Scharen neuer fürchterlicher Feinde, der Magyaren, bis an und bis über die Grenzen des Reichs. Zugleich war nirgends im Inneren selbst ein fester, gesicherter Zustand. Die Teile lösten sich vom Ganzen. Nur mit großer Kraftanstrengung hatte Arnulf die Fehden der edlen Geschlechter unterdrückt, die Geistlichkeit und die Kirchen gegen die Gewalttaten der weltlichen Herren geschirmt; jetzt trieb überall trotziger Übermut, frevelhafte Auflehnung gegen das Reich, zügellose Selbsthilfe das verderblichste Wesen. Wie wenig man die königliche Gewalt scheute, zeigte sich sofort in Lothringen, wo Zwentibold mit kräftiger, aber roher Gewaltherrschaft die widerspenstigen Großen in Zaum zu halten suchte. Das scharfe Regiment dieses jungen Fürsten, der sich mit aus dem Staube erhobenen Günstlingen umgab, erregte allgemeine Erbitterung, und kaum hatte Kaiser Arnulf die Augen geschlossen, so vertrieb man seinen Sohn aus dem Lande. Vergebens suchte Zwentibold sich mit Gewalt zu behaupten, nach kurzem Widerstande wurde er an der Maas im Streite erschlagen. Wohl war es ein Glück, daß sich die Lothringer damals noch dem unechten Karolinger im Osten, nicht dem echten im Westen anschlossen und das schöne Rheinland so mit den deutschen Stämmen vereinigt blieb.

Von allen Seiten umlauerten Gefahr und Verderben das Reich, und doch erhob man ein Kind auf den Thron, die bedrohte Herrschaft zu schützen. So kam, was kommen mußte: das Reich zerfiel und wurde die Beute äußerer Feinde. Eine Zeit entsetzlicher Schmach und der traurigsten Verwirrung brach über die deutschen Länder ein.

Alle Schrecken waren entfesselt, aber die schlimmste Geisel für das unglückliche Reich und die deutschen Länder wurden die verheerenden Magyarenzüge, die jetzt begannen. Die Magyaren, wie sie selbst sich nannten, während das Abendland ihnen schon damals den Namen der Ungarn beilegte, ein finnischer nomadisierender Volksstamm, waren von ihren Wohnsitzen am westlichen Fuße des Ural durch nachdrängende Völker vor etwa hundert Jahren verjagt worden und hatten endlich ihre beweglichen Zelte in den Steppen am Dnjepr aufgeschlagen, von wo sie bis zu den Donaumündungen schwärmten. Sie standen noch in einer einfachen und rohen Stamm- und Geschlechtsverfassung. Die Zahl ihrer Stämme, die sich auf sieben belief, war durch einen achten, die Chabaren, vermehrt worden, einen Zweig der Chazaren, die damals am Don eine ausgedehnte Herrschaft besaßen und denen längere Zeit auch die Magyaren selbst dienstbar gewesen waren. Jeder Stamm stand unter einem besonderen Häuptling, und als das erste gemeinsame Oberhaupt des ganzen Volkes, das aus der Wahl der sieben Häuptlinge hervorging, wird Arpad genannt, in dessen Geschlecht dann die höchste Gewalt verblieb. Der Reichtum der Magyaren bestand in Herden von Rindern und Rossen; ihr Leben brachten sie auf der Jagd und in Beutezügen zu, die sie in die weitesten Fernen ausgedehnt und auf denen sie schon im Jahre 862 die Grenzen des Frankenreichs berührten.

Bald wurden die Magyaren gefürchtete Feinde aller ihrer Nachbarn, zumal sie sich in jeder kriegerischen Tugend auszeichneten. Herzhaft im Angriff, ausdauernd in Beschwerden, vorsichtig gegen Listen des Feindes, sehr gewandt im Benutzen seiner Schwächen, ein unbändiges Geschlecht, doch im Kriege strenger Zucht gehorchend, blieben sie im Kampfe fast immer Sieger. Überdies war ihre Kriegsführung eigentümlichster Art. Nicht in großen geschlossenen Reihen rückten sie an, sondern in vielen kleinen getrennten Heerhaufen, die nur scheinbar ein Ganzes bildeten, und nie vergaßen sie, einen Teil des Heeres sich im Hinterhalt zu bewahren. Dadurch gewannen alle ihre Angriffe eine außerordentliche Beweglichkeit, und es blieb ihnen Gelegenheit, dem Streite neue und unerwartete Wendungen zu geben. Der Sieg täuschte den Gegner; oft erlitt dieser mitten im geträumten Triumphe durch einen Überfall die schwerste Niederlage. Die Magyaren kämpften auf Rossen, die durch große Panzer gedeckt waren, und tummelten mit erstaunlicher Gewandtheit die trefflich geübten Tiere. Obwohl sie Schwert und Wurfspieß führten, war ihre Hauptwaffe doch der Pfeil, den sie mit der größten Sicherheit im Sturme des Rosses von dem hörnernen Bogen entsandten; diese Waffe führten sie mit gleichem Geschick beim Einrennen auf den Feind wie auf der heiligen Rückflucht. Grausam im Kampfe, waren sie im Benutzen des Sieges schonungslos. Erbarmen gegen den überwundenen Feind war ihnen fremd; wer sich ihnen entgegenstellte, wurde erschlagen; es soll unter ihnen der Glaube geherrscht haben, die auf Erden ihrem Schwerte erlegen seien, würden ihnen im Himmel als Knechte dienen. So besiegten sie ihre Feinde nicht nur, sondern vernichteten sie, und wohin sie ihre Rosse lenkten, machten sie den Boden zur traurigsten Einöde.

Nachdem die Magyaren längere Zeit mit den Völkern an der unteren Donau gekämpft hatten, griffen sie im Jahre 892 das mährische Reich an. Von hier wurden sie aber damals durch den Kaiser zu Konstantinopel abgerufen, der sie über die Donau gegen die Bulgaren führte, die seine Hauptstadt bedrohten. Die Bulgaren gewannen als Bundesgenossen die Petschenegen, ein den Ungarn im Osten benachbartes wildes und kriegsmutiges Volk. Als nun im Jahre 895 die Ungarn zu neuen Beutezügen nach Abend ausgeritten waren, fielen die Petschenegen unerwartet in die unverteidigten Sitze derselben ein, hieben die spärliche Besatzung, die Weiber und Kinder nieder, bemächtigten sich der Herden und setzten sich in dem eroberten Land fest. Der öfters erprobten Übermacht dieses Feindes wichen die Ungarn und standen von der Rückkehr in ihre alte Heimat ab. Sie zogen die Donau hinauf, nicht mehr um plündernd diese Länder zu verwüsten, sondern um sich dort neue Wohnsitze zu suchen. Zwischen den Karpathen und der Donau setzten sie sich fest, besonders in den großen Ebenen, während in den Gebirgsgegenden die slawische Bevölkerung sich erhielt, aber in Dienstbarkeit trat. Nirgends fanden die Eroberer hier Widerstand; denn nur wenige Burgen gab es im Lande, und wehrlose Hirten wohnten in dem seit der Zerstörung des Awarenreichs fast herrenlosen Gebiets. Mit neuer Heftigkeit begannen dann sofort die Angriffe auf das mährische Reich, mit dem die Ungarn jetzt in unmittelbarer Nachbarschaft standen. Einen um so schwereren Kampf hatten die Mährer zu bestehen, als ihr Reich nach Swatopluks Tode durch die Streitigkeiten seiner Söhne geschwächt war und überdies durch die bayerischen Großen unaufhörlich beunruhigt wurde: dennoch hielten sie dem ersten Angriff stand. Ruhmlos zogen die Ungarn ab und richteten ihre Kriegszüge von neuem nach anderen Seiten. Durch die Grenzmarken des Frankenreichs nahmen sie im Jahre 899 ihren Weg nach Italien und verheerten die schlecht verteidigte lombardische Ebene von der Küste des Adriatischen Meeres bis zu den Schneegipfeln des großen Bernhard. Mord, Brand, Verwüstung bezeichneten überall ihre Straße.

Als mit reicher Beute beladen die Magyaren aus Italien in ihre neue Heimat zurückkehrten, hörten sie, daß ein Knabe auf den ostfränkischen Thron erhoben sei: ihr Entschluß war der dieser Kunde gefaßt, und unverzüglich brachen sie in die bayerische Ostmark ein. Verheerend drang ein Schwarm am rechten Donauufer bis über die Enns vor, während ein anderer am linken Ufer hinaufzog. Die bayerischen Großen sammelten sich, aber ehe sie den Feind erreichen konnten, hatten die am rechten Ufer heerenden Ungarn sich bereits bis über die Grenzen zurückgezogen. Ihre Genossen am linken Ufer wurden zwar von den Bayern erreicht und geschlagen, aber unverfolgt kehrten sie mit reicher Beute heim. Jetzt erst vergaßen die Bayern des alten Haders mit den Mährern und sahen ein, daß sie vereint einem mächtigeren Feinde zu widerstehen hätten. Im Jahre 901 wurde zwischen den Bayern und Mährern Frieden geschlossen, und beide Völker verbanden ihre Streitkräfte zu gemeinsamen Kampfe. Aber es war zu spät. Nach allen Seiten ergossen sich unwiderstehlich die Heeresschwärme der Ungarn. Während sie Kärnten plünderten, Italien abermals heimsuchten, richteten sie ihren Hauptangriff gegen das mährische Reich, und im Jahre 906 waren alle Länder, die Swatopluk einst beherrscht hatte, ihnen erlegen. Die Burgen, die so oft den Feinden getrotzt, wurden verlassen, die Kirchen des Methodius zerstört, die Einwohner verjagt, und die Magyaren herrschten bis zu den Grenzen des fränkischen Reichs.

Noch in demselben Jahre wurden die Ungarn von den Daleminciern, die in der Gegend von Meißen an der Elbe wohnten, gegen die Sachsen zur Hilfe gerufen und durchdrangen die Marken auch des nördlichen Deutschlands. In folgenden Jahre wandten sie sich von neuem und mit stärkerer Heeresmacht als früher gegen Bayern. Um das Land zu verteidigen, hatte Markgraf Liutpold die gesamten Streitkräfte des Volkes aufgeboten. Alle Grafen und Vasallen, auch die Bischöfe und Äbte mit ihren Kriegsleuten hatten sich zu seinen Feldzeichen gesammelt. Aber schon beim ersten Zusammenstoß erlitten die Bayern eine vollständige, entsetzliche Niederlage (5. Juli 907). Fast der ganze bayerische Adel fand mit Liutpold in der Schlacht seinen Untergang; der Erzbischof Thoetmar von Salzburg, die Bischöfe Udo von Freising und Zacharias von Seben starben mit vielen anderen geistlichen Würdenträgern im Kampfe; eine unzählige Menge niederen Volkes bedeckte das Schlachtfeld. Man sagte, der bayerische Stamm sei von den Ungarn fast vernichtet. Das Land lag ihnen offen und wurde furchtbar verwüstet. Die Marken gingen zum größten Teil für immer verloren. Die fruchtbaren Landstriche unter der Enns wurden von den Ungarn besetzt, die deutsche und slawische Bevölkerung hier vernichtet oder verdrängt. Nur mit Mühe behaupteten sich die Deutschen bis zur Enns und in den rauhen Gebirgsgegenden der karathanischen Mark, welche die Ungarn weniger anlocken mochten. König Ludwig, der sich bis dahin meist in Regensburg aufgehalten hatte, begab sich nach den westlichen Teilen seines Reichs und überließ Bayern seinem Schicksale. Arnulf, Liutpolds Sohn, ergriff die Gewalt in dem schutzlosen Lande.

Alle deutschen Länder schienen bereits eine sichere Beute der qnüberwindlichen Barbaren. Im Jahre 908 drangen sie nach Sachsen und Thüringen ein. In Thüringen stellte sich ihnen der Markgraf Burchard entgegen: auch er fand Niederlage und Tod im Kampfe, mit ihm erlagen der Bischof Rudolf von Würzburg und der Graf Egino den feindlichen Schwertern. 909 wurde Schwaben, das einen Widerstand nicht einmal wagte, verwüstet; erst auf der Rückkehr durch Bayern erlitten die Ungarn, nachdem sie arg in Freising gehaust, an der Rott durch Arnulf am 11. August eine Niederlage. Dennoch schlugen sie im nächsten Jahre wieder dieselbe Straße ein. Alle Kräfte des Reichs bot man jetzt noch einmal auf, aber man kämpfte ohne Glück. An den Grenzen Bayerns, Schwabens und Frankens unweit der Mündung des Lechs wurde die Streitmacht des Reichs geschlagen; Graf Gebhard und viele andere edle Herrn verloren im Kampfe das Leben. König Ludwig selbst mußte sein Heil in der Flucht suchen. Wenn auch die Bayern in diesem Jahre sich durch einen Angriff auf die Feinde glänzenden Ruhm gewannen, so war doch damit neuen Einfällen in keiner Weise gewehrt.

Unbeschreiblich sind die Leiden, von denen damals die deutschen Länder heimgesucht wurden. Nicht allein, daß die Saatfelder verwüstet, daß Vieh fortgetrieben, die Häuser eingeäschert und jede wertvolle Habe eine sichere Beute der Feinde wurde, auch die hilflosen Menschen verschonte der vordringende Feind nicht. Nicht die zarte Unschuld der Kinder, nicht das ehrwürdige Haupt des Greises fand vor ihm Erbarmen. Wie Vieh zusammengekoppelt, wurden die gefangenen Frauen und Mädchen unter Mißhandlungen fortgetrieben, um sie entehrender Wollust dienstbar zu machen. Die Spur der furchtbaren Feinde war Verwüstung; Feuer und Rauch bezeichneten weithin die Straßen, die sie zogen, Schutt und Trümmer die Stellen, die sie verlassen hatten. Bei ihrem Nahen flüchtete alles hinter die Mauern und Wälle der Burgen oder in das Dickicht der Wälder. Glücklich, wer nur das nackte Leben rettete! Schon der Anblick der Ungarn erfüllte die Deutschen mit Abscheu und Widerwillen. Der niedere Wuchs, die funkelnden, tiefliegenden Augen in dem braunen, häßlichen Gesicht, der bis auf drei Zöpfe kahlgeschorene Kopf, dazu der rauhe Klang der unverständlichen Sprache: dies alles schien ihnen eher gespensterhaften Wesen als Menschen eigen. Sie meinten, es seien die Völker Gog und Magog, die vom Ende der Welt kämen, um alles von Grund aus zu vernichten; sie erzählten sich, wie diese Unmenschen gleich reißenden Tieren rohes Fleisch verschlängen und Blut tränken, wie sie den Gefangenen das Herz aus dem Leibe rissen, weil sie das Verzehren desselben für ein kräftiges Gesundheitsmittel hielten.

Indessen richteten die Magyaren sich allgemach in ihren neuen Sitzen an der Donau ein, die sie innerhalb eines Jahrzehnts von den Karpathen bis zu den Grenzen des Ostfrankenreichs und Böhmens ausgedehnt hatten. Die Häuptlinge teilten sich in das Land, und jeder bemaß den Männern seiner Horde einzeln seinen besonderen Anteil; vor allem wurde das Oberhaupt des ganzen Volkes reichlich bedacht, dem mehr als die Hälfte des Landes zwischen der Donau und Sau zufiel. Die alten Bewohner wurden als Zubehör des Landes behandelt und mit demselben verteilt. So reich und fruchtbar der Boden ist, wurde der Ackerbau doch im Anfange nur spärlich betrieben, da das Volk, in allen friedlichen Künsten auf der niedrigsten Stufe der Kultur, noch vornehmlich von Jagd und Fischerei lebte. Sein ganzes Leben unterschied sich wenig von dem jeder anderen asiatischen Nomadenhorde. Die Kleidung bestand in Tierhäuten, im Sommer wohnte man unter Zelten, im Winter in elenden Rohrhütten oder Holzbuden – steinerne Gebäude waren noch im zwölften Jahrhundert in Ungarn selten –; das erste und wichtigste Bedürfnis waren weite, üppige Weideplätze, für alles andere sorgte die reiche Beute der jährlich wiederkehrenden Heereszüge.

Während die deutschen Länder, von einem Kinde regiert, fast wehrlos einem so furchtbaren Feinde ausgesetzt waren, litten sie zugleich kaum minder unter den blutigen Händeln der einheimischen Großen, die ohne den Zügel eines starken Gebieters sich aus Herrschsucht, Habgier und Rachsucht von Fehden in Fehden stürzten. Die wildeste Zügellosigkeit herrschte allerorten; kaum gab es ein anderes Recht als das Faustrecht. So ging durch die streitlustigen Herren des Reichs unter, was die Horden der Ungarn verschonten.

Den damaligen Zustand des Reichs schildert der kluge Bischof Salomo von Konstanz, der selbst einer der vertrautesten Räte König Ludwigs war, als den traurigsten von der Welt. „Alles hadert", sagt er, „Graf und Dienstmann, im Streit liegen die Gau- und Markgenossen, in den Städten tobt der Aufruhr, das Gesetz wird mit Füßen getreten, und die, welche Land und Volk schützen sollten, geben gerade das schlechteste Beispiel. Die Großen, deren

Väter einst die Empörungen niederkämpften, schüren jetzt selbst den Bürgerkrieg an. Da das Volk so gespalten ist, wie läßt sich der Bestand des Reichs noch erhalten?“ Salomo selbst gibt als Hauptgrund des elenden Zustandes die Jugend des Königs an. „Das Siechtum des Kindes“, sagt er, „das den Namen des Königs führt, hat uns schon lange eines Herrschers beraubt. Seine Jugend ist unfähig, die Waffen zu führen wie Recht und Gesetz zu handhaben. Sein schwächlicher Körper und die zu tapferen Taten spätreifende Kraft machen ihn den Seinen verächtlich und ermutigen die Feinde zu jeglichem Wagnis. Wie sehr haben wir zu fürchten, daß die Worte Salomos: ‚Wehe dir, Land, des König ein Kind ist!‘ (Pred. Sal. 10, 16) sich an uns erfüllen.“

Es waren arge, böse Zeiten, in denen es dem geringeren, einzeln stehenden Manne schwer wurde, die Ehre seiner Person und seines Hauses zu retten. Damals ist die Freiheit des gemeinen Mannes in den deutschen Ländern mehr verkürzt worden als vielleicht je zuvor. Nur wenige waren stark genug, mit eigener Kraft ihr Erbe gegen äußere und innere Feinde zugleich zu verteidigen, und wer das nicht vermochte, dem blieb kein anderer Ausweg, als sich in den Dienst eines mächtigen geistlichen oder weltlichen Herrn zu begeben. Und nicht die Gefahr vor dem Feinde allein, auch die bittere Not minderte von Tag zu Tag die Zahl der kleinen Grundbesitzer. Lange andauernder Mißwachs war eine schwere Plage fast aller deutschen Länder zu Arnulfs Zeiten gewesen. Kaum erholte man sich, da brachen die Ungarn ein, und die inneren Fehden entbrannten. Wie sollte der gemeine Mann, wenn seine Saaten zertreten und seine Scheunen geleert wurden, sich und die Seinen erhalten, zumal man ihn zum Schutz des Landes immer von neuem zu den Waffen rief! Nur dadurch konnte er sich vor der äußersten Not retten, daß er sein freies Grundstück einem mächtigen Manne, der ihn in der schlimmen Stunde der Gefahr zu schützen vermochte, übertrug und sich gegen Zins Schutz und Sicherheit erkaufte. Wahrte der schutzbefohlene Mann dann auch wohl anfangs noch seine persönliche Freiheit, so hatte sie doch nicht mehr den alten Wert für ihn, da er die Mittel verlor, sie seinem Grundherrn gegenüber zu behaupten, und leicht genug sank er aus der Zinspflichtigkeit nach und nach in den Stand der Knechtschaft hinab. Er verlor die gleiche Stellung unter den Gaugenossen und wurde dadurch mit der Zeit vom Landrecht ausgeschlossen und unter Hofrecht gebracht. Aber manche, die mit leeren Händen zu dem reichen Manne kamen, mußten sofort auch ihrer persönlichen Freiheit entsagen und sich, um nur das nackte Leben zu retten, in die Reihe der eigenen und hörigen Leute stellen. So fing das Volk an, sich in zwei große getrennte Massen zu teilen, in den Stand der Bauern, bald überwiegend aus zinspflichtigen und hörigen Leuten bestehend und der höheren Freiheits- und Ehrenrechte entbehrend, ein vielfach unterdrücktes und mißachtetes Geschlecht, und in den gebietenden Kriegerstand, der trotzig und übermütig alle Gewalt an sich zu reißen wußte.

Nur unabwendbare Not konnte deutsche Männer, deren innerstes Leben in dem Genuß der ererbten Freiheit beruhte und die zu den Waffen geboren waren, in solche Abhängigkeit oder Knechtschaft treiben. Glücklich vor anderen schien daher, wer mit der persönlichen Freiheit noch die Waffenehre in dem Dienstverhältnis, das er eingehen mußte, bewahren und unter den Vasallen des Reichs, der Kirche oder des hohen Adels seinen Platz finden konnte. Auch der Vasall gab sich zwar dem Dienste des Herrn hin und gelobte, indem er durch Handreichung und Lehnseid sich als Mann desselben bekannte, mit Rat und Tat für das Wohl seines Herrn zu wirken: aber der Mittelpunkt seines Lebens blieb doch Hof- und Waffendienst, und niemand konnte ihn zu gemeiner Fronarbeit zwingen; mußte er sich auch in Lehnssachen den Lehnsherrn als seinen Richter gefallen lassen, so blieb ihm daneben doch seine Stellung in der Gaugemeinde unverkürzt, und er stand hier dem Lehnsherrn als seinesgleichen zur Seite. Überdies bot der Vasallendienst nicht kärglichen Lohn, sondern half dem tüchtigen Mann schnell zu Reichtum und Ehre. Mit ausgedehnten Lehen wurden ausgezeichnete Dienste vergolten, und glänzende Beute lohnte den tapferen Krieger. War auch das Lehen damals in den deutschen Ländern noch nicht erblich und also die Nachkommenschaft durch dasselbe nicht gesichert, so gewährte es doch dem Beliehenen selbst einen ehrenvollen Wohlstand. Man kann sich vorstellen, wie mutige Männer, wenn sie sich bei den Drangsalen der Zeit an ein mächtigeres Haupt anschließen mußten, sich vor allem zu dem Vasallendienst drängten. Freiwillig und freudig sogar übertrugen viele ihr Eigengut der Kirche oder einem mächtigen Herrn, um es als Lehen zurückzuempfangen und dadurch die Vorteile und Ehren des Vasallenstandes zu gewinnen.

Wie groß die Auszeichnung war, welche der Bewaffnete vor dem Wehrlosen besaß, zeigt sich auch darin, daß unter den unfreien Dienstleuten des Adels und der Geistlichkeit die bewaffneten vor den unbewehrten bereits einen an Ansehen und Ehren hervorleuchtenden Stand zu bilden anfingen, dessen Vorteile bald sich auch auf ihre Nachkommen vererbten. Längst war es Sitte, daß die geistlichen und weltlichen Herren sich aus ihren Knechten und hörigen Leuten ein Gefolge bildeten, das in Kriegs- und Friedenszeiten ihr untrennbares Geleit ausmachte und welches sie deshalb mit Pferden und Waffen ausrüsteten. Mit dieser wohlgeübten berittenen Mannschaft zogen sie in den Krieg und kämpften sie ihre Fehden aus. Als die Stellung der freien Vasallen zu ihrem Lehnsherrn mehr und mehr eine rechtliche und gegenseitig bedingte wurde, erhielt sich hier noch länger ein freies, rein persönliches Verhältnis, und man kann sagen, daß jenes unverbrüchliche Band von Huld und Treue, das in den ältesten Zeiten das Gefolge an seine Führer knüpfte, sich da gerade auf das Verhältnis des Herrn zu den Ministerialen – so wurden diese unfreien Dienstleute genannt – vorzugsweise übertrug. Die Ministerialen wußten aber auch dieses enge und unmittelbare Verhältnis zu ihrem Herrn trefflich zu nutzen; sie erhielten oft von der Gunst desselben die stattlichsten Lehen und stellten sich durch Reichtum, Einfluß und Waffenehre häufig den Vasallen zur Seite, so sehr die unfreie Geburt sie von jenen auch zu trennen schien. Schon früh finden sich Beispiele, daß sich freie Männer selbst von edler Geburt als Ministerialen geistlichen Herren ergaben. So groß waren die Vorteile, die dieses Verhältnis darbot.

Wohin man den Blick wendet, überall entwickeln sich neue Dienst- und Abhängigkeitsverhältnisse, welche die alte Volksfreiheit mindern. In einzelnen Landschaften, wie in den hohen Alpen, in den friesischen Marschen und hier und da in Westfalen, erhielt sich freilich zu allen Zeiten ein tüchtiger Stamm von mittleren und kleinen freien Grundbesitzern, aber im allgemeinen nahm die Zahl der freien Leute, die ihren eigenen Hof bauten und schützten, von nun an mit unaufhaltsamer Schnelligkeit ab. Es blieben endlich nicht viele, die sagen konnten, nur von Gott im Himmel und dem

Sonnenlicht trügen sie ihr Gut zu Lehen; die meisten konnten nahe genug den Herrn finden, auf dessen Gebot sie entweder ihr Roß zum Herrendienst satteln oder den Gaul vor den Pflug spannen mußten. Das Lehnswesen war schon seit einem Jahrhundert auch in den deutschen Ländern bekannt, aber erst in den Zeiten Ludwig des Kindes begann es hier die alte Gemeindeverfassung merklich zu erschüttern, nachdem es in Westfranken bereits zu völliger Herrschaft gelangt war.

Wer aber gewann bei dieser großen Veränderung, welche nicht allein tief in alle Besitzverhältnisse, sondern auch in die Heeres- und Gerichtsverfassung eingriff, wer anders als der Adel und die Kirche? Von Tag zu Tag mehrte sich auf den großen weltlichen und geistlichen Gütern die Masse der Hintersassen und Knechte, von Tag zu Tag wuchs die Zahl der streitbaren Vasallen und Ministerialen an den Höfen der Bischöfe und Grafen, und in demselben Maße steigerten sich, wie nicht anders zu erwarten stand, der Trotz und die Hoffahrt dieser Herren, die kleinen Königen gleich, durch keine höhere Gewalt gebunden, ihre Händel mit wilder Rauflust auskämpften.

Durch Waffengewalt und Kriegsruhm hatten die Karolinger die deutschen Stämme gereinigt, nicht weniger war die Kirche bemüht gewesen, durch gleichen Glauben und das Gebot der Bruderliebe die sich widerstrebenden Volkselemente in dem Reiche zu verbinden: aber weder der Staatsgewalt noch der Kirche war auch nur von ferne geglückt, die Verschiedenheit der Stämme aufzuheben. Noch lebten die Franken, Bayern, Alemannen, Sachsen, Friesen und Thüringer nach ihren besonderen Rechten, und durch die Reichsteilungen waren manche Stämme zeitweise auch politisch wieder zu selbständiger Stellung gelangt, wenn auch nur als Bruchteile des großen Frankenreichs. Die natürlichen Bande der Stammesverwandtschaft waren immer noch bei weitem stärker geblieben, als die politischen des fränkischen Reichsregiments, und sobald diese sich lösten, mußten sich jene naturgemäß von neuem befestigen und stärken. Als die Macht des ostfränkischen Reichs dahinschwand, standen sofort Bayern und Schwaben, Sachsen und Thüringen, Friesland und Franken wieder als mehr oder weniger in sich geschlossene und selbständige Länder dar, neben denen sich auch Lothringen, obwohl die Bewohner dem fränkischen Stamme angehörten, noch als ein gesondertes Gebiet darstellte, weil es seine Geschichte von den östlichen fränkischen Gegenden bereits mehrfach getrennt hatte. Das Ganze zerfiel in die Teile, aus denen es einst gebildet war und in denen es eigentlich immer fortbestanden hatte.

Jedes dieser Länder bedurfte aber, herrenlos und ungeschützt wie alle waren, bei den unablässigen inneren und äußeren Kriegen eines Oberhauptes, das mit starker Hand die Feinde des Landes niederschlug und eine neue Ordnung hervorrief. Und wer anders konnte eine solche Stellung gewinnen oder behaupten, als der ohnehin durch Kriegsruhm, Reichtum und hohe Geburt als der mächtigste Herr im Lande dastand? An ihn mußte der gemeine Mann sich anschließen, ihn der Adel als seinen Führer erkennen, ihn das Land sich zum *Herzog* setzen. Denn dieser altehrwürdige Name bot sich von selbst für den neuen Landesobersten dar; war dieser Name doch für eine ähnliche Stellung von den Bayern, Schwaben und Thüringen jahrhundertelang gebraucht worden und selbst unter der Frankenherrschaft niemals ganz in Vergessenheit geraten. Indem die einzelnen Stämme vom Reiche, das sie nicht mehr zu schützen und zu einigen vermochte, sich lösten oder vielmehr gelöst wurden, traten nach dem natürlichen Gang der Dinge auch die alten Stammeshäupter, die Herzöge, wieder hervor. Fragt man, welche Rechte diese jetzt erhielten und worin eigentlich das unterscheidbare Merkmal ihrer besonderen Stellung bestand, so verkennt man die wahre Bedeutung derselben. Sie gewannen eben alle Regierungsgewalt, die bisher die Könige geübt hatten und nicht mehr üben konnten, bestanden nicht *unter* den Königen mit diesen oder jenen Rechten, sondern vielmehr *neben* und meist *trotz* der gesetzlichen Autorität derselben mit einer freien weder durch Gesetz noch durch Herkommen geregelten Gewalt, welche der Drang der Zeitumstände in ihre Hände gelegt hatte und die, ob in gewisser Weise neu, doch sich mit uralten Erinnerungen der Völker verschlang. Daß bei einigen Stämmen diese Herzöge durch Volkswahl erhoben sind, wird ausdrücklich berichtet; bei anderen scheint es einer förmlichen Wahl nicht einmal bedurft zu haben, sie waren gleichsam die geborenen Herzöge ihres Stammes.

Auf sehr verschiedene Weise bildete sich die herzögliche Gewalt bei den einzelnen Stämmen, meist nicht ohne Schwierigkeiten und große innere Kämpfe. Denn einmal widerstrebte dem Herzogtum natürlich der letzte Rest von Kraft, der noch im Königtum wohnte; nicht minder waren ihm die Bischöfe entgegen, die schon um der Einheit der Kirche willen an der Einheit des Reichs festhielten, die überdies zersplittert und getrennt, leicht in eine gedrückte Stellung zu dem weltlichen Adel geraten konnten, den sie an Macht und Einfluß bereits überholt zu haben wähnten; endlich war unter den edlen Geschlechtern der einzelnen Länder selbst nicht immer eines in so unbestreitbarer Überlegenheit, daß die anderen ihm eilig den Vorrang einräumten. Ihre Kraft sog die neuerstehende Macht zum guten Teil aus dem niederen Volke, das in den Männern, die sich der vom Throne verlassenen Länder annahmen. Helden verehrte. Das Herzogtum war in seinem Entstehen durch und durch volkstümlich: daher haben fast alle deutschen Stämme den Kampf ihrer Herzöge mit ihren Widersachern, wie er damals begann, in Sagen gefeiert und in Liedern besungen, die in abgebrochenen und oft undeutlichen Lauten noch bis zu uns hinüberklingen. Es ist höchst bemerkenswert, daß diese Sagen stets gegen die Könige und die Bischöfe die Sache der Herzöge ergreifen. Wie allgemein die Teilnahme an deren Schicksalen unter den tieferen Kreisen des Volkes war, zeigt sich auch darin, daß selbst die niedere Geistlichkeit an diese Sagen glaubte und sie, offen gegen die Bischöfe in die Schranken tretend, der Nachwelt überlieferte. Unsere Kenntnis des großen inneren Kampfes, der damals Deutschland erfüllte, beruht mehr auf solchen sagenhaften Erzählungen als auf geschichtlicher Überlieferung, die in dieser Zeit innerer Auflösung fast versiegt.

Zuerst und am furchtbarsten entbrannte der Kampf in Franken. Hier hatte sich schon vor den Tagen Arnulfs ein gräfliches Geschlecht zu großem Glanze erhoben; von seiner Burg Babenberg, die nachher der Stadt Bamberg den Namen gegeben hat, wurde es später das Babenbergische genannt. Seine Macht war begründet durch jenen Grafen Heinrich, der erst lange das Reich mannhaft gegen die Normannen verteidigt hatte, dann aber im Jahre 886 im Kampf vor Paris erlegen war. Heinrichs Söhne waren Adalbert, Heinrich und Adalhard, alle reich begütert in den fränkischen Gegenden am oberen Main; ihr Oheim Poppo bekleidete die thüringische Markgrafschaft gegen die Sorben und galt für einen der ersten Männer des Reichs. Bis auf die Tage Arnulfs waren die Babenberger ohne Widerstreit die angesehenste Familie in Franken; Kaiser Arnulf aber erhob geflissentlich gegen dieselben ein ihm verwandtes Geschlecht, dessen Erbgüter und Lehen auf beiden Seiten des Rheins und in Hessen lagen und das man später das Geschlecht der Konradiner nannte. Diesem Hause entstammten vier Brüder: Konrad, das Haupt derselben, war Graf im Hessengau und Oberlahngau, Gebhard in der Wetterau und im oberen Rheingau, Eberhard im Niederlahngau und Obermaingau; der letzte Bruder Rudolf wurde dem geistlichen Stande bestimmt. Als nun im Jahre 892 in einem unglücklichen Kampfe gegen die Sorben der Bischof Arno von Würzburg erschlagen wurde, maß Arnulf dem Markgrafen Poppo die Schuld des Unglücks bei und entsetzte ihn seines Amtes, das auf Konrad überging; zugleich wurde das Bistum Würzburg Konrads Bruder Rudolf übertragen. So wurden die Konradiner auch in den östlichen Gegenden Frankens einheimisch, wo bisher die Babenberger ohne Nebenbuhler geherrscht hatten. Seitdem war Feindschaft allerorten zwischen den Babenbergern und Konradinern, die heimlich unter der Asche glimmte, solange Arnulf noch lebte, in helle Flammen ausbrach, als das Kind auf den Thron erhoben wurde.

Ludwig war ein willenloses Werkzeug in den Händen seines geistlichen Vaters, des Erzbischofs Hatto von Mainz, eines Schwaben von Geburt, den Kaiser Arnulf im Jahre 891 vom Abt zu Reichenau zum ersten Bischof des Reichs befördert hatte. Durch Klugheit, Gewandtheit und entschlossenen Sinn hatte Hatto sich die volle Gunst des Kaisers gewonnen, der ihn sein Herz und seine Seele zu nennen pflegte; gingen doch beider Absichten auf dasselbe Ziel hin, den Übermut und die Hoffahrt des deutschen Adels zu brechen. Unter Arnulfs Sohn lagen dann alle Geschäfte des Reichs in Hattos Händen, der in den vertrautesten Verhältnissen mit den konradinischen Brüdern lebte, die nur seinen Zwecken zu dienen schienen. Die Babenberger Grafen sahen sich daher am Hofe ganz durch die Konradiner zurückgedrängt und schritten von Schmähreden und Drohungen endlich zu Taten.

Von beiden Seiten rüstete man sich im Jahre 902 zum Kampfe. Adalbert brach mit seinen Brüdern, von allen seinen Vasallen und Dienstleuten begleitet, aus dem Babenberg auf. Sie fanden die Konradiner zum Kampfe gerüstet, und gleich beim ersten Zusammenstoß wurden von Adalberts Brüdern der eine, Heinrich, getötet, der andere, Adalhard, zum Gefangenen gemacht. Von den Konradinern war dagegen Eberhard, von Wunden bedeckt, besinnungslos auf dem Kampfplatz geblieben; hier hatten ihn die Seinigen gefunden und nach Hause gebracht, wo er wenige Tage nachher an den Wunden starb. Um den Bruder zu rächen, ließ Gebhard den gefangenen Adalhard enthaupten. Aus dem Landfriedensbruch wurde nun die ergrimmteste Blutfehde. Adalbert vertrieb den Bischof aus Würzburg, verheerte das Bistum, nötigte Eberhards Söhne, aus ihren Gütern und Lehen diesseits des Spessarts zu weichen, und machte sich zum Herrn aller örtlichen Gegenden Frankens. Der König ließ darauf Fürstengericht über Adalbert halten; durch Urteil der Franken, Alemannen, Bayern, Thüringer und Sachsen wurde der Babenberger des Landfriedensbruchs schuldig befunden und alle Güter des Geschlechts eingezogen. Zur Vollstreckung des Urteils rückte der König selbst mit einem Heere vor Adalberts Burg Theres, unweit Schweinfurt; aber den verwegenen Mann zu überwinden, war unmöglich.

Stolz auf seinen Adel, seinen Reichtum und die Zahl seiner Vasallen und Dienstleute, behauptete sich Adalbert für den Augenblick in der gewonnenen Macht, ohne des königlichen Ansehens ferner zu achten. Immer weiter dehnte er seine Gewaltherrschaft aus und rüstete sich im Jahre 906, die Konradiner auch aus Hessen zu verreiben. Bei Fritzlar stieß er mit Konrad zusammen, der in drei Heereshaufen seine Krieger aufstellte, von denen zwei gleich beim ersten Angriff den Rücken wandten. Umsonst mahnte sie der beherzte Führer, daß sie für ihren Herd, ihre Weiber und Kinder stritten; nichts hielt die Fliehenden auf, und als er selbst mit dem dritten Haufen kühn auf den Feind losging, sank er, aus vielen Wunden blutend, entseelt zur Erde. Ganz Hessen durchzog Adalbert siegestrunken und verwüstete das Land auf das furchtbarste; mit reicher Beute beladen, kehrte er auf seine Burg zurück. Bald darauf wurde er durch des Königs Gebot nach Tribur im Rheingau beschieden, damit er vor den Fürsten des Reichs sich rechtfertige und der blutige Streit endlich ein Ziel gewinne. Da Adalbert der Ladung nicht achtete, belagerte ihn ein starkes Heer, welches der König selbst begleitete, abermals in Theres. Er schien seinen Gegnern nicht mehr entrinnen zu können, und als Graf Egino, einer seiner entschiedensten Anhänger, zum König überging, brach sein kühner Mut zusammen. Er ließ die Tore der Burg öffnen; mit geringer Begleitung ging er dem Könige entgegen und unterwarf sich. Aber seine Feinde ließen ihn kurz darauf in Gewahrsam bringen, Gericht über ihn halten, ihn mit gebundenen Händen vor das Heer führen und vor seiner Burg enthaupten. Man gab ihm die Schuld, er habe sich nur zum Schein gedemütigt und sei mit neuen großen Anschlägen zum Verderben des Reichs umgegangen.

Lieder feierten das unglückliche Ende des tapferen Mannes, der nach dem Volksglauben durch Hattos Ränke den Untergang gefunden hatte. Nur durch das eidliche Versprechen der Straflosigkeit – so hieß es in diesen Liedern – sei Adalbert vom Bischof vermocht, sich dem Könige zu ergeben, und noch in den letzten Worten des Sterbenden sei jenem der Meineid vorgeworfen worden, wegen dessen sich der geistliche Herr listig zu rechtfertigen gewußt habe.

Von den konradinischen Brüdern überlebte keiner lange den Fall ihres Gegners; Bischof Rudolf endete schon im Jahre 908 im Kampfe gegen die Ungarn, und zwei Jahre später kam sein Bruder Gebhard durch dieselben Feinde um. Aber doch gereichte der Fall der Babenberger zumeist den Konradinern zum Vorteil. Konrads Söhne, Konrad und Eberhard, vereinten bald alle Macht in dem fränkischen Hessen wie in den Gegenden am Rhein und Main in ihren Händen und gelangten durch die Gunst des Königs und der Geistlichkeit zu demselben Ziele, dem die Babenberger durch Auflehnung zugestrebt hatten. Konrad selbst bezeichnete später die Gewalt, die er zu jener Zeit übte, als eine herzögliche; wenn er sich dessenungeachtet bei Ludwigs Lebzeiten nur Graf nannte, so war ihm das durch seine Stellung gegen den König und den Erzbischof Hatto geboten.

Auch in Lothringen strebten die Konradiner nach ebenso umfassender Gewalt, aber mit minder glücklichem Erfolge; nicht nur sie, sondern im Gegensatz gegen sie kam die herzögliche Macht hier zur Entfaltung. Als Zwentibold, Kaiser Arnulfs Sohn, das Land getrennt von Ostfranken verwaltet hatte, erwählte er einen vornehmen Mann, dessen Geschlecht im Hennegau und in den Gegenden an der unteren Maas angesessen war – Reginar war sein Name –, zu seinem vertrautesten Ratgeber. Bald aber wurde er dieses Mannes überdrüssig, geriet in Zorn gegen ihn, beraubte ihn aller seiner Erbgüter und Lehen und verwies ihn des Landes. Reginar fügte sich dem Spruche nicht, sondern in Durfos, jetzt Doveren, einem Orte am Ausfluß der Maas, setzte er sich fest und behauptete sich gegen das Heer des Königs, das überall in dem sumpfigen, vom Wasser durchschnittenen Lande Hindernisse fand. Zu ihm strömte der von Zwentibold mißhandelte Adel, und schon damals führte Reginar den Westfranken Karl in das Land, der sich aber dort nicht zu behaupten vermochte. Als dann Zwentibold im Kampfe gegen die Grafen Gerard und Matfried fiel, unterwarfen sich diese wie Reginar und die anderen lothringischen Großen dem Kinde, welches auf den Thron Ostfrankens erhoben war. Aber sie fanden bei den Räten König Ludwigs wenig Dank: statt die Gewalt der einheimischen Herren zu heben, versuchten diese vielmehr auf alle Weise das konradinische Geschlecht auch in Lothringen zur Macht bringen. Jedoch die Konradiner fanden hier an Gerard, Matfried und ihrem Anhang den gleichen Widerstand, wie an den Babenbergern in Franken. Während Konrad bei Fritzlar kämpfte und fiel, mußte sein älterer Sohn die Sache des Hauses in Lothringen verfechten. Der Sturz der Babenberger hob dann auch in Lothringen das Glück der Konradiner: ihre Feinde wurden geächtet, und ihre Macht schien sich dauernd auch jenseits des Rheins zu befestigen. Bald aber erwuchsen ihnen neue und zahlreiche Gegner, Reginar selbst an der Spitze, der abermals die einflußreichste Stellung zu Lothringen gewann. Die Macht der Konradiner wurde hier gebrochen; Reginar und sein Anhang bekamen das ganze Land in ihre Gewalt und konnten es dem Westfranken Karl zum anderen Mal überliefern (911). Reginar war der erste, der in Lothringen eine Machtstellung gewann, die als herzögliche im Sinne der neuen Verhältnisse zu bezeichnen ist.

In Schwaben entwickelte sich die herzögliche Gewalt fast in gleicher Weise wie in Franken. Das Land hatte jahrhundertelang früher als Herzogtum bestanden und war dann unmittelbar unter das Reich gekommen, das seine Rechte hier durch Königsboten oder Pfalzgrafen wahrnehmen ließ. In solcher Stellung finden wir zu Ludwigs Zeiten die Brüder Erchanger und Berchthold. Neben ihnen und nicht immer im besten Vernehmen mit ihnen stand der kluge und stolze Bischof Salomo von Konstanz, der vertrauteste Freund des Erzbischofs Hatto. Trotz dieser Beamten und ungeachtet des häufigen Aufenthalts des Königs im Lande suchte ein mutiger Mann in gleicher Weise, wie die Babenberger in Franken, die höchste Gewalt hier an sich zu reißen. Es war der Markgraf Burchard, dessen Mark Churwalchen in den höchsten Teilen der Alpen lag und der zugleich dem Thurgau vorgesetzt war. Er wird „Fürst der Alemannen" genannt und verlangte von allen als Herzog des Landes anerkannt zu werden. Aber vielfacher Widerstand begegnete ihm, vornehmlich von Salomo und den königlichen Beamten, und auf einem Landtage, den er im Jahre 911 hielt, wurde er unter wildem Getümmel erschlagen. „Ungerechterweise", sagte das Volk, wie immer damals auf Seite des kühn aufstrebenden Fürsten. Mit grausamer Erbitterung verfolgten Burchards Feinde seine ganze Familie. Seiner Witwe wurde ihre Habe genommen, seine Söhne Burchard und Udalrich aus dem Lande vertrieben, ihre Eigengüter und Lehen als gute Beute verteilt. Selbst des jüngeren Burchard Schwiegermutter betrog man um das Ihrige, indem man sie durch falsche Zeugnisse der Teilnahme am Hochverrat zu überführen suchte. Graf Adalbert, des älteren Burchard Bruder, wurde, obwohl er als der gerechteste Mann gerühmt wird, auf Anstiften des Bischofs Salomo ermordet. Nicht anders als bei den babenbergischen Grafen suchte man auch dies Geschlecht zu vernichten. Aber gleich darauf bemächtigte sich Erchanger selbst der höchsten Gewalt, wenn er gleich erst später den herzöglichen Namen annahm. Man sieht, Erchanger erhob sich durch Burchards Fall wie die Konradiner durch den Untergang der Babenberger.

Wie in Schwaben die herzögliche Gewalt früherer Zeiten eigentlich nur erneuert wurde, so auch in Bayern, wo sie von den Anfängen der Landesgeschichte an eine nationale Stellung gehabt hatte; einfach und ungestört trat die Herstellung ein. Schon Markgraf Liutpold hatte hier eine Stellung gewonnen, zu der sich kein anderer aufschwingen konnte. Zwei Marken, die kärntensche und die böhmische, standen unter ihm, und nach der letzteren wird er auch als Herzog gegen die Böhmen bezeichnet; er vor allen hatte tapfer das Land gegen die Ungarn verteidigt, und jene unglückliche Schlacht, in der er das Leben einbüßte, mußte seinen Nachruhm eher erhöhen als schwächen. Arnulf, des Vaters würdiger Sohn, trat unbestritten in die Stellung desselben ein und ererbte mit dessen Gütern, Lehen und Würden auch den Ruhm und das Ansehen des väterlichen Namens. Wer anders als er konnte jetzt der Führer des Volkes und der Schützer des vom Könige aufgegebenen Landes sein? Arnulf nannte sich daher Herzog der Bayern, wie er es im vollen Sinne des Wortes war. Ob er durch eine besondere Wahlhandlung vom Volke erhoben war, wissen wir nicht, und es bedurfte einer solchen auch kaum.

In Sachsen hatten die Liudolfinger, altsächsische Edlinge, auch unter der karolingischen Herrschaft eine hervorragende Stellung behauptet. Schon zur Zeit Ludwigs des Deutschen ist dieses Geschlecht das erste im Sachsenlande; es erhebt den Glanz desselben, daß es in verwandtschaftlicher Verbindung mit dem Hause der heiligen Ida stand, welches das Kloster Korvei an der Weser begründet hatte. Liudolf, das Haupt des Geschlechts, war begütert in Engern und den östlichen Gegenden Sachsens, nicht minder in Westfalen und dem sächsischen Hessengau. Durch alle Teile Sachsens erstreckten sich seine Besitzungen: von Rhein und Lippe bis zur Elbe und zum Harz. Mehrere Grafschaften lagen in seiner Hand, und wir finden ihn auch als Herzog an der Spitze des sächsischen Heerbannes. Solches Ansehen genoß er, daß Ludwig der Deutsche seinen Sohn Ludwig mit einer Tochter Liudolfs vermählte.

Augenscheinlich waltete dieses sächsische Geschlecht im engsten Anschluß an die Karolinger und den fränkischen Stamm: kein Wunder daher, wenn dasselbe der kirchlichen Richtung der fränkischen Herrscher ebenso eifrig folgte als der politischen. Liudolf, mit einer Frau aus einem vornehmen sächsisch-fränkischen Geschlecht von seltener Lebenskraft vermählt, hat sich durch eine geistliche Stiftung einen dauernden Namen in Sachsen gemacht. Mit seiner Gemahlin Oda pilgerte er nach Rom, brachte von dort die Gebeine der Päpste Anastasius und Innocentius heim und begründete zu ihren Ehren das Kloster Gandersheim. Die Ehe Liudolfs und Odas war mit zwölf Kindern gesegnet; fünf ihrer Töchter nahmen zu Gandersheim den klösterlichen Schleier und ihr jüngster Sohn in einer benachbarten Abtei die Kutte. Die drei ersten Äbtissinnen des Klosters Gandersheim waren Liudolfs und Odas Töchter; in besonderem Glanze strahlt das Bild der Hathumod, der ältesten unter den Schwestern. Hathumods Tugenden haben vielleicht einen festeren Grund für Gandersheims Zukunft gelegt als ihres Vaters Schenkung. Segen spendend und Licht verbreitend wandelte sie durch das Leben gleich einem Engel; ihr früher Tod erfüllte alle, die sie gekannt hatten, mit unbezwinglicher Trauer. Kaum ist jemals ein rührenderes Denkmal zärtlicher Bruderliebe gestiftet, als ihr der Bruder in seinen Schriften gesetzt hat. So stolz der Mönch auf den Adel seines Königen verwandten Geschlechts war, konnte er unmöglich die weltbeherrschende Höhe ahnen, zu der es sich im Laufe eines Jahrhunderts aufschwingen sollte: aber nur um so ergreifender ist das Bild, welches er von diesem hochbegnadigten Hause entwirft, in dem sich die Helden und Heiligen in innigster Liebe die Hände reichten.

Liudolf, der auf dem westfälischen Schloß Kappenberg seinen Sitz gehabt haben soll, starb im Jahre 866 in der Blüte der Macht. Seine großen Besitzungen, Reichslehen und Würden gingen auf seine Söhne Brun und Otto über. Brun, der ältere, tritt zuerst hervor. Er führte bei dem schrecklichen Einfall der Normannen im Jahre 880 den Heerbann Sachsens gegen die Feinde, fiel aber in jener unglücklichen Schlacht, welche das Land im Norden der Elbe den Feinden preisgab. Mit ihm bedeckten das Schlachtfeld die Bischöfe von Minden und Hildesheim, zwölf Grafen, achtzehn hohe Reichsvasallen und eine große Zahl anderer Krieger; unzählige wurden von den Siegern in die Gefangenschaft geschleppt. Zu derselben Zeit mit den Normannen erhoben sich auch die Slawen und Wenden, die Grenzen von Sachsen und Thüringen überflutend. In dieser Not nahm sich Otto, dem nun alle Gewalt des Hauses zugefallen war, des Landes an und schützte das Volk. Noch einmal führte Kaiser Arnulf im Jahre 889 ein Heer gegen die Abodriten, aber der Zug mißlang; seitdem taten die Könige nichts mehr für das bedrängte Sachsenland, die ganze Sorge für dasselbe blieb Otto überlassen.

Otto begriff seine Stellung: er hielt die Streitkräfte Sachsens zusammen, wahrte die Ruhe im Innern, drängte nach und nach die

Feinde zurück und verteidigte die Grenzen. Als die Dalemincier das Land beunruhigten, führte er ein Heer gegen sie und überließ, da der Kampf sich in die Länge zog, die Leitung des Heeres seinem kraftvollen und umsichtigen Sohne Heinrich, der die Feinde glücklich zu Paaren trieb. Aber die Dalemincier suchten Hilfe bei den Ungarn und fanden sie. Im Jahre 906 ergossen sich die ersten Schwärme der Ungarn über Sachsen, und schon im Jahre 908 erschien der furchtbare Feind aufs neue und hauste allerorten mit der wildesten Grausamkeit. Das Land litt gewaltig, und wenn es nicht in so tiefen Verfall geriet als Bayern, so dankte es dies nur Otto und seinem Sohne Heinrich, die auch in den schlimmsten Tagen den Mut nicht sinken ließen. Als Burchard, der die thüringische Mark gegen die Sorben zu schützen hatte, im Kampfe mit den Ungarn den Tod gefunden hatte, fiel auch in Thüringen die höchste Gewalt Otto zu. Von niemandem konnte das schutzlose Land eher Rettung erwarten als von ihm, dessen Besitzungen sich ohnehin damals schon weit an der Unstrut ausdehnten und der in der goldenen Aue und an Kyffhäuser mehrere seiner festesten Burgen hatte. Die Macht der Sorben wurde nun gebrochen; ihr Name verschwindet alsbald, und ihr Land wächst der thüringischen Mark zu. Zu derselben Zeit wurden aus der Altmark die Wenden über die Elbe zurückgedrängt und den überelbischen Sachsen die Sitze wiedergewonnen, aus denen sie von den Dänen verdrängt waren. Überall zeigte sich Otto als der glücklichste Schutzherr seiner Völker gegen die äußeren Feinde. Dem babenbergischen Hause nahe verwandt – eine Tochter hatte Otto in dieses Geschlecht vermählt – wie dem konradischen verschwägert, mischte er sich doch in die blutigen Fehden des Frankenlandes auf keine Weise; ebensowenig trat er, den alten Überlieferungen seines Hauses getreu, dem Königshause entgegen, dem er ebenfalls durch Verwandtschaft verbunden war. Seine Sorgen waren nur auf Sachsen und Thüringen gerichtet, aber hier herrschte er milde und gerecht, mit so freier Gewalt, daß man der Königsherrschaft vergaß, und mit solchem Ruhme, daß ihm die Nachwelt den Beinamen des Erlauchten erteilte. Wer hätte sich hier neben ihm, wenn das ostfränkische Reich zerfiel, behaupten können, oder wer hätte den ergrauten Fürsten die in ehrenvollen Anstrengungen erworbene Macht entreißen mögen? Nirgends im Reiche gab es eine so fest mit der ganzen Geschichte des Landes verwachsene und den wahren Bedürfnissen des Volkes so entsprechende Gewalt als die seine. Welchen Namen er nun auch sich selbst beilegen mochte, ob er sich Graf oder Markgraf nannte, er war in der Tat und Wahrheit der Herzog der Sachsen und Thüringer.

So ging allmählich überall die königliche Gewalt auf die Herzöge über, und das Reich löste sich in die Herzogtümer Bayern und Schwaben, Franken, Lothringen und Sachsen auf. Als daher Ludwig am 24. September 911 ruhmlos starb, wie er ruhmlos gelebt hatte – nicht einmal der Ort ist vermerkt worden, wo der letzte karolingische König in deutschen Landen abschied –, da meinten viele, sie bedürften keines Königs weiter, unter ihren Herzögen würden sich die einzelnen Stämme besser beschirmen, als dies Königsmacht bisher vermocht hätte, mit dem glänzenden Waffenruhm der kühnen Franken sei es längst vorüber, und ein ohnmächtigeres Geschlecht habe nie das Zepter geführt als die entarteten Nachkommen Karls des Großen. Das ostfränkische Reich, in dem die deutschen Stämme zum ersten Male, von den Romanen gesondert, in staatlicher Vereinigung bestanden hatten, ging augenscheinlich seinem Ende entgegen, und die Einheit der deutschen Stämme schien sich zugleich mit ihm für immer zu lösen.

Gleichsam vier Reiche, die Reiche der Franken und Sachsen, der Bayern und Schwaben, bildeten sich diesseits des Rheins aus dem Erbteil der Karolinger, und ob sie bald genug sich zu einem deutschen Reiche vereinten, blieb doch das Andenken an ihre gesonderte Stellung bis in entfernte Zeiten.

Phot. Anstalt Dr. P. Wolff, Frankfurt a. M.

Reiterstatuette Karls des Großen

Im Museé Carnavalet, Paris

2. Unglückliche Regierung Konrads I.

Als Ludwig das Kind ohne Erben starb, fühlten die Deutschen, daß sich das letzte Band löse, welches sie an die karolingische Monarchie gefesselt hatte. Diesseits des Rheins scheint es keinem unter den deutschen Großen nur in den Sinn gekommen zu sein, das Erbrecht des Karolingers, der in Westfranken herrschte und sich auch Lothringen eben damals unterwarf, anzuerkennen und ihm die getrennten Ostländer des Reichs zu überliefern.

Dagegen war große Gefahr im ersten Augenblicke vorhanden. Daß sich die deutschen Stämme, nachdem sie in dem ostfränkischen Reiche vereint gewesen waren, völlig wieder voneinander trennen könnten. Aber obwohl dieses Reich nur eine kurze Dauer gehabt und unter den unglücklichsten Verhältnissen bestanden hatte, waren sich doch in demselben die deutschen Stämme nähergetreten, als man hätte glauben sollen. Die gemeinsamen staatlichen und noch mehr die kirchlichen Ordnungen hatten zusammengebracht, was sich sonst so spröde abgeschlossen hatte, und es regte sich bereits ein dunkles Gefühl, daß man, wie man in Sprache und Sitte verwandt sei, so auch in den Kämpfen des Lebens einander bedürfe, daß es gemeinsame Güter gebe, die man vereint zu verteidigen habe. Nicht äußerer Zwang, nur jene ersten Regungen eines deutschen Volksbewußtseins haben in der Tat bei Ludwigs Tod das Reich zusammengehalten.

Wunderbar, daß in dem Augenblicke, wo sich die einzelnen deutschen Stämme aus der karolingischen Monarchie lösten, das Bedürfnis nach politischer Einigung unter ihnen selbst zum ersten Male deutlich hervortritt; wunderbarer noch, daß sich gerade unter den Franken und Sachsen trotz ihrer alten tödlichen Stammesfeindschaft, die keineswegs erstorben war, das Bewußtsein gemeinsamer Nationalität am regsten kundgab. Sie vornehmlich, die norddeutschen Stämme, waren es, welche die Einheit des Reichs erhielten. „Wie Brüder, wie ein Volk standen sie jetzt zusammen.“ sagt Widukind von Korvei, der Geschichtsschreiber dieser Zeiten, „das hatte der große Karl durch den christlichen Glauben bewirkt.“

Wollten die deutschen Stämme aber in *einem* Reiche vereint bleiben, so mußten sie jetzt, da der Stamm Karls des Großen in den östlichen Gegenden ausgestorben war, aus freier Wahl einer ihrer Fürsten auf den Thron erheben, und zu solcher Wahl versammelten sich in den ersten Tagen des November im Jahre 911 die Großen und Bischöfe an der gewohnten Stelle zu Forchheim. Aus allen deutschen Stämmen mit Ausnahme der Lothringer waren Wähler entschieden, aber am zahlreichsten die Großen der Franken und Sachsen, wie sie ja den Gedanken, die Einheit des Reiches zu erhalten, am lebendigsten erfaßt hatten. Die Blicke der Wähler mußten sich deshalb auch sofort auf die Führer dieser beiden Stämme richten: auf Herzog Otto und Herzog Konrad.

Beide leuchteten an Macht und Ansehen allen deutschen Führern voran, und da sie nie bisher in Zwietracht gestanden hatten und sogar durch verwandtschaftliche Bande verknüpft waren, konnte man hoffen, daß einer sich willig dem anderen fügen würde: beide hatten der königlichen Gewalt nicht nur nicht widerstrebt, sondern vielmehr am meisten zu ihrer Erhaltung beigetragen; sie hatten sich überdies vielfach der Geistlichkeit geneigt erwiesen und standen endlich mit dem ausgestorbenen Königsgeschlechte in entfernter Verwandtschaft: dies alles mußte sie auf gleiche Weise den Wählern empfehlen.

Auf Herzog Otto wandten sich zuerst die Stimmen der Wähler. Willig beugten die stolzen Franken, bei denen von Anbeginn an das Königtum gewesen war, ihr Haupt dem Sachsen. Und wären Erfahrung und Weisheit die einzigen Tugenden auf dem Throne, so war kein deutscher Mann würdiger als Otto, die Krone zu tragen; auch war wohl niemand unter den Fürsten, der an Reichtum und Gewaltfülle sich mit ihm messen konnte. Aber was Otto noch besaß, eines, fühlte er selbst, fehlte ihm, um die schwere Last der Krone auf sich zu nehmen: die Kraft der Jugend. Sein Haupt neigte sich der Erde zu; der Mann, der die deutschen Länder aus so vielen äußeren und inneren Gefahren retten sollte, mußte doch sein Haupt über die Schar der anderen Menschen erheben. Es wäre eine traurige Wahl gewesen, wenn man sich nach dem Kinde einen Greis zum König gesetzt hätte. Auf den ersten unter den Franken, auf Herzog Konrad, der in der Fülle männlicher Kraft stand, richtete daher Otto selbst die Stimmen der Fürsten; gehörte doch Konrad überdies dem Stamme an, der bis dahin die Herrschaft gehabt hatte, und das Herkommen war zu jenen Zeiten eine gewaltige Macht. Als der greise Otto sich mit seinen Sachsen dem fränkischen Fürsten zu unterwerfen bereit war, wählten alle einhellig Konrad, und die Herrschaft blieb dem fränkischen Stamme. Aber nicht deshalb allein, weil Konrad ein Franke war, und noch weniger wegen seiner Verwandtschaft mit dem karolingischen Hause wurde er zum Könige gewählt – obwohl dies alles nicht ohne Einfluß war –, sondern weil er vor allen der Mann schien, das ostfränkische Reich zu retten; er war ein Wahlkönig der deutschen Großen im strengen Sinne des Worts. Konrad wurde gesalbt und gekrönt nach alter Sitte der Franken.

Ob Konrad gegen die Fürsten, die ihn erhoben, bestimmte Verpflichtungen eingehen mußte, wissen wir nicht; aber das liegt auf der Hand, daß jeder von ihnen glaubte, durch ihn in seinem Besitzstand nicht angetastet zu werden, mochte derselbe nun nach strengem Recht gewonnen sein oder nicht. Denn nicht deshalb konnten die Herzöge, Grafen und großen Reichsvasallen sich einen König gesetzt haben, um sich in dem Genuß bereits erworbener Rechte und Freiheiten beschränken und verkürzen zu lassen. Und wer hätte es nicht fühlen sollen, daß einem Wahlkönige weniger zustehe als einem Herrscher, der sich auf Erbrecht stützt? Wenn im Westfranken reiche, obschon König Karl seine Krone von den Vätern überkommen hatte, die Lehen bereits im Besitz der Großen waren, wie hätten da nicht jetzt auch die weltlichen Großen des Ostfrankenreichs die Vererblichung ihrer großen Lehen von ihrem Wahlkönig erwarten sollen? Die Kraft der Völker des Reichs gegen die äußeren Feinde zu sammeln: das mochte ihnen als die einzige Aufgabe König Konrads erscheinen. Die geistlichen Herren, vor allen Erzbischof Hatto von Mainz und Bischof Salomo von Konstanz, erwarteten freilich ganz anderes. Der neue König, hofften sie, würde die Kirche mit mächtiger Hand schützen, sie gegen die Bedrängungen des Adels verteidigen, der Herrschaft der kleinen Tyrannen wie einst Karl Martell und Karl der

Große ein Ende machen und mit der Einheit des Reichs zugleich den kirchlichen Zusammenhang zwischen den deutschen Ländern befestigen.

Nicht mit Unrecht schien man große Hoffnungen von dem neuen König zu hegen. Konrad war ein tapferer, mannhafter Fürst, reich an ritterlichen Tugenden; glänzend und stattlich trat er auf nach der Art der Franken, überdies war er freigiebig und gütig, leutselig und von heiterer Laune wie sein ganzes Geschlecht. Als er bald nach seiner Thronbesteigung nach dem Kloster St. Gallen kam, setzte er sich an die Tafel der Mönche und aß von den Speisen, die den Brüdern aufgetragen wurden. „Möget ihr wollen oder nicht“, sagte er nicht ohne schalkhafte Laune, „heute müßt ihr mit mir teilen.“ Man bedauerte, daß er nicht anderen tags gekommen sei, wo es frisches Brot und gute Bohnen gebe. „Was tut's“, erwiderte er, „Gott erbarmt sich euer bei altem Brot wie bei frischem.“ Die kleinen Klosterschüler, die bei der Tafel vorgelesen hatten, ließ er zu sich kommen, hob sie zu sich in die Höhe und steckte jedem ein Goldstück in den Mund. Darüber schrie ein Knabe und spie das Goldstück aus. Der König lächelte und sprach: „Ein braver Mönch wird einst aus dir werden!“ Als die Kinder in der Kirche einen Umzug halten sollten, ließ er Äpfel auf den Gang streuen und als nach den lockenden Früchten auch nicht die Kleinsten einmal die Hände ausstreckten, lobte er höchlich ihre gute Zucht. Zum Lohn bekamen die Kinder drei freie Spieltage, die in der Klosterschule von St. Gallen viele Jahrhunderte hindurch das Andenken des freundlichen Königs Konrad bewahrt haben.

In den ersten Zeiten genoß der König allgemeine Anerkennung, und mit Freuden sah man ihn alsbald seine Waffen nach Lothringen wenden. Geschah es auch im Interesse seines Geschlechts, das in diesem Lande große Lehen besessen und seit dem Abfall desselben verloren hatte, so war es doch nicht minder für die Zukunft und Ehre der neuen Herrschaft von größter Wichtigkeit, daß ein Land, das so lange zu Ostfranken gehört hatte, nicht dem Westreiche verblieb. König Karl, stolz auf die Erwerbung des Landes, von der er eine neue Ära seiner Regierung begann, war selbst nach Lothringen gezogen und hatte von seiner neuen Provinz Besitz ergriffen. Zwei Feldzüge unternahm Konrad gegen ihn, aber nur mit geringem Erfolge. Nur das von Alemannen bewohnte Elsaß wurde behauptet, sonst mußte Karl in Besitz der überrheinischen Gegenden belassen werden.

Es war ein schweres Mißgeschick für die neubegründete Herrschaft, daß gleich die ersten Waffentaten das Glück so wenig begünstigte. Aber noch verhängnisvoller war für Konrad der Tod des Mannes, dem er vor allem die Krone verdankte. Herzog Otto starb am 30. November 912, und über seinem Grabe lohten alsbald die Gluten der inneren Kriege auf, die Konrad nicht mehr zu dämpfen vermochte.

Ottos Erfahrung hatte bisher wohl Konrads Ungestüm gemäßigt und der überwiegende Einfluß des alten Sachsenherzogs auf die Angelegenheiten des Reichs sicherlich viel dazu beigetragen, die deutschen Fürsten in treue gegen Konrad zu erhalten. Nach Ottos Tode aber gewann die hohe Geistlichkeit ganz das Ohr und das Herz des Königs. Die Bischöfe des Reichs, wie Hatto von Mainz, Salomo von Konstanz, Piligrim von Salzburg und Drakolf von Freising, waren am Hofe stets gern gesehen worden, jetzt galten sie allein dort und konnten alles erreichen. Ihren Haß gegen die wachsende Macht des Adels und besonders gegen die aufstrebenden Herzöge flößten sie dem Könige ein und erfüllten dessen Seele mit dem Gedanken, daß es vor allem darauf ankäme, die Monarchie Karls des Großen in ihren alten Formen herzustellen, der Tyrannei der mächtigen Herren ein Ende zu machen. Nur allzu bereit ging Konrad auf ihre Klagen und Pläne ein, und der Kampf gegen die Herzöge wurde ihm so zur Aufgabe seines Lebens.

Gleich nach Herzog Ottos Tode wurde es klar, wohin die Absichten des Königs gingen. Heinrich, Ottos Sohn, damals in den Jahren frischester Manneskraft, hatte sofort die Erbschaft seines Vaters angetreten und war von den Sachsen als Herzog förmlich gewählt oder doch anerkannt worden. Niemand zweifelte daran, daß auch die Reichslehen in Sachsen und Thüringen vom Vater auf den Sohn übergehen müßten: verdankte Konrad doch die Krone dem Vater, sollte er dies nicht dem Sohn vergelten? Aber Furcht und Mißtrauen vor der Übermacht des kräftigen Mannes erfüllten die Seele des Königs und das Herz des Erzbischofs Hatto. Sie besorgten, mit der vollen Macht und Gewalt seines Vaters bekleidet, möchte der Sachse Konrad über den Kopf wachsen und die Majestät des Königtums bedrohen. Daher entzog man ihm mehrere Lehen, die sein Vater besessen hatte. Ganz Sachsen wurde mit Unmut über den Undank des Kaisers erfüllt und bittere Beschwerden drangen bis zu den Ohren desselben, er aber vertröstete die Klagenden höhnisch auf andere, bessere Zeiten. Da rieten die Sachsen ihrem Herzog, er solle sich selbst in seinem Rechte schützen; wolle ihm der König die Lehen seines Vaters nicht freiwillig geben, so sei er Mann genug, um sie trotz Königsmacht zu behaupten. Im Anfang des Jahres 913 kam Konrad selbst nach Sachsen, aber er fand hier nichts als finstere Mienen, trotzige Blicke und sah, wie eine große Menge tapferen Kriegsvolks Heinrich umdrängte. Da stand er von offenem Widerstand ab und trachtete, wie man sich erzählte, danach, Heinrich durch List zu beseitigen.

Die Sage berichtet, Hatto habe hier abermals zu schlimmen Dingen die Hand geboten und verknüpft Heinrichs Geschichte mit der des unglücklichen Adalbert. Hatto – so erzählt der Mönch von Korvei der Sage nach – wollte Heinrich zu Falle bringen, um sich die Gunst des Königs und der Franken zu erwerben. Er bestellte deshalb eine kunstreiche Kette bei einem Goldschmied: mit der sollte Heinrich bei einem Gelage, zu dem er ihn einladen wollte, erdrosselt werden. Schon war die Einladung ergangen und große Gunst und schöne Geschenke hatte der Bischof dem Herzog versprochen, um ihn desto sicherer in die Falle zu locken: da geht der Bischof noch einmal zum Goldschmied und betrachtet die bestellte Arbeit. Als er die Kette erblickt, seufzt er, und betroffen fragt ihn der Goldschmied, was sein Herz bedrücke? „Ach! Mit dem Blute des wackersten Mannes, mit Heinrichs Blut wird die Kette befleckt werden“, sprach das böse Gewissen aus Hatto. Gewaltig erschrak der Goldschmied, aber er schwieg und lieferte die Arbeit ab. Kaum war indessen dies geschehen, so eilte er zu Heinrich, der ihm schon auf dem Wege entgegenkam, und entdeckte ihm alles. Heinrich ergrimmte heftig ob solcher Kunde, ließ sofort den Boten des Bischofs, welcher die Einladung überbracht hatte, rufen und befahl ihm: „Geh und sage Hatto, Heinrichs Hals sei nicht härter als Adalberts. Ich will mit der Schar meiner Mannen ihn nicht belästigen, sondern daheim bleiben und mich bedenken, wie ich ihm diene.“ Und tüchtig diente er dann dem Bischof. Er überfiel die großen Güter, die derselbe in Sachsen und besonders in Thüringen hatte, jagte die Grafen Burchard und Bardo, von denen der eine des Königs Schwestermann war, aus dem Lande und verteilte ihre großen Güter unter seine Vasallen und Dienstleute. Erzbischof Hatto starb bald nachher, und man erzählte, Gottes Rache habe ihn getroffen, von einem Blitzstrahl sei er zu Boden geschmettert.

Unmöglich scheint es, in dieser Erzählung Dichtung und Wahrheit zu scheiden. Aber unglaublich ist nach früheren und späteren Vorgängen keineswegs, daß Konrad und Hatto Heinrich nach dem Leben getrachtet haben und fest steht, daß der Krieg zwischen den Sachsen und Franken noch im Frühjahr 913 zum Ausbruch kam, daß Burchard und Bardo aus ihren Besitzungen vertrieben wurden und der Erzbischof von Mainz bald darauf starb (15. Mai 913). Hattos Nachfolger war Heriger, bisher Abt von Fulda, ein Mann von gleicher Gesinnung und gleicher Gewandheit, der auf die Entschließungen des Königs nicht minderen Einfluß gewann.

In dem Kampf gegen Konrad schlossen sich die Sachsen auf das engste an Heinrich an, nicht allein um seines trefflichen Vaters willen, sondern auch wegen der Tugenden, die ihn selbst auszeichneten. Er war, heißt es, gleich wie eine Blüte, die das Kommen des Lenzes verkündet. Im kriegerischen Spiel, im Lanzenrennen und ritterlichen Zweikampf war es eine Lust, den stattlichen, hochgewachsenen Mann zu schauen; keinen kühneren und glücklicheren Jäger gab es in Sachsen als ihn und auch auf dem Schlachtfelde hatte er schon glänzende Proben seines Mutes gegeben. Mit Sieg gekrönt war er aus dem Kampfe gegen die Dalemincier heimgekehrt; auch gegen die Ungarn hatte er sein Schwert geschwungen, ob nicht siegreich, doch nicht ohne Ruhm. Ein eigentümlicher natürlicher Scharfblick wird zu jener Zeit selbst von den Franken den Sachsen nachgerühmt, und niemand besaß ihn in höherem Maße als Heinrich. Das Zweckgemäße und Ausführbare erkannte er auf den ersten Blick; nie setzte er seinen Handlungen ein anderes Ziel als das seinen Kräften erreichbare. Übermut und Leichtfertigkeit schienen seinem Wesen durch und durch fremd; wenn er auch beim Mahle wohl guter Laune war, so zeigte er sich doch meist ernst, oft streng. Keiner seiner Untergebenen erlitt je Gewalt von ihm; Friede und Ordnung unter den Seinen zu erhalten, war er vor allem bemüht, und es gelang ihm mit Leichtigkeit. Gern und reichlich belohnte er seine Vasallen und Dienstleute, die ihm mit größter Treue anhingen; schwer war es zusagen, ob sie mehr Furcht oder Liebe so fest ihm verband. Anhänglichkeit an sein Sachsenland und sein Sachsenvolk war eine der hervorleuchtendsten Tugenden Heinrichs; streng hielt er an sächsischer Sitte und Weise und knüpfte selbst mit den überseeischen Sachsen die lange unterbrochene Verbindung wieder an.

Aus den schönen Töchtern Sachsens hatte sich Heinrich zweimal die Gattin erwählt. Seine erste Liebe war Hatheburg, die anmutige Tochter des reichen Grafen Erwin, der zu Merseburg seinen Sitz hatte; hier am Saalestrande wurde das Beilager gehalten. Aber nicht lange währte das Glück der Liebenden. Die Kirche trennte, was sie nicht verbunden hatte und was zu ihrem Schaden sich vereinte. Hatheburg war bereits, wie es scheint, vermählt gewesen und hatte sich durch ein Gelübde dem klösterlichen Leben geweiht; ihre reiche Erbschaft war dem Kloster bestimmt. Gottlos und nichtig schalt deshalb Bischof Siegmund von Halberstadt ihre Ehe und beschied die Gatten, welche sich gegen den Willen der Kirche verbunden hatten, vor seinen Richterstuhl. Schon trug Hatheburg ein Kind unter ihrem Herzen: dennoch wurde die Ehe gelöst und der Makel unehelicher Geburt dem Sohne angeheftet, den sie alsbald gebar und Thankmar nannte.

Nach dem Willen des Vaters bewarb sich Heinrich wenige Jahre später um die Hand der trefflichen Mathilde, die aus dem edlen Geschlechte Herzogs Widukinds entsprossen war. Ihr Vater – Theodorich war sein Name – galt für einen reichen und bedeutenden Mann im Westfalenlande; zu Enger unweit Herford hatte er sein Gut und sein Wohnhaus. Der Glanz seines Stammes mochte jetzt um so heller strahlen, da die Herrschaft der Karolinger zu Ende ging, gegen die Widukind zuletzt so heldenmütig die sächsische Freiheit verteidigt hatte. Mathilde hatte man in früher Jugend dem Kloster Herford übergeben: sie wurde hier in der Schrift und nützlichen Handarbeiten unterrichtet, nicht um dereinst Nonne zu werden, sondern um mit trefflichen Kenntnissen ausgerüstet in das weltliche Leben zurückzukehren. In Herford erwuchs sie zur Jungfrau, und ob sie hinter Klostermauern lebte, drang der Ruf ihrer Schönheit, Sittsamkeit und Tugend durch das weite Sachsenland. Der alte Otto wünschte die Enkelin Widukinds Heinrich zu vermählen, und der Sohn widerstrebte nicht dem Willen des Vaters. Mit stattlichem Gefolge begab sich Heinrich nach Herford. Zuerst sah Mathilde aus der Ferne in der Kirche, dann hielt er sogleich in feierlicher Werbung bei der Äbtissin des Klosters – es war die Großmutter Mathildens, die als Witwe den Schleier genommen hatte – um die Hand der Jungfrau an. Er gewann es von der Großmutter, daß sie selbst ohne Vorwissen der Eltern die Enkelin ihm verlobte, und schon am folgenden Tage führte er in erster Frühe in aller Stille Mathilde der Heimat zu. Überall wurde Heinrich mit seiner Braut unter den größten Ehrbezeigungen aufgenommen und nicht lange nachher zu Wallhausen in der goldenen Aue die Hochzeit mit einer Pracht, wie sie sonst nur Könige entfalten, festlich begangen. Wallhausen mit allem Zubehör erhielt Mathilde als reiche Morgengabe von ihrem Gemahl geschenkt. Dies geschah im Jahre 909. Am 22. November 912 gebar Mathilde ihren ersten Sohn, die letzte Freude seines Großvaters, nach welchem das Knäblein den Namen Otto erhielt.

Auf diese Familie – die Nachkommen Luidolfs und Widukinds – richteten damals alle Sachsen den Blick. In Heinrich sahen sie den Mann des Trostes und Beistands in diesen schlimmen Zeiten; er schien und er war, wie die Folge lehrte, der ersehnte Befreier des bedrängten Vaterlandes. Es war ein schwerer Kampf, in den sich Konrad gegen Heinrich einließ, und um so bedenklicher der Ausgang, als sich auch an anderen Seiten bereits der Geist der Auflehnung gegen die bestehenden Ordnungen regte. Denn gleichzeitig wurde der Bischof Einhard von Speyer durch zwei Grafen überfallen und getötet, und Herzog Erchanger erhob sich in offener Feindschaft gegen Bischof Salomo von Konstanz und dessen königlichen Schutzherrn

Zu noch größerem Unglück brachen eben damals mit großer Macht die Ungarn wiederum in Bayern ein und verwüsteten weithin das Land. Unter den Fahnen Herzog Arnulfs sammelten sich die tapferen Bayern, und zu ihnen stießen die Schwaben, von Erchanger und Berchthold geführt, den Brüdern von Arnulfs Mutter Kunigunde. Da, wo der Inn seine vollen Wogen der Donau zuführt, unweit Passau kam es zu einer blutigen Schlacht; unter saurem Schweiße wurde den Ungarn der Sieg entrungen, und die Herzöge Arnulf und Erchanger gewannen zuerst den Ruhm, eine schwere Niederlage dem gefürchteten Feinde beigebracht zu haben (913). Während das Königtum ruhmlos aus dem Kampfe um Lothringen hervorgegangen war, begleitete der Sieg die herzoglichen Gewalten. Konrad fühlte, daß sich hier Mächte neben ihm erhöben, deren vereinter Kraft er nicht gewachsen sein würde; er beschloß deshalb Erchanger und Arnulf gütlich auf seine Seite zu ziehen. Seinen Streit mit Erchanger trug er aus und vermählte sich, um den neuen Bund zu besiegeln, mit dessen Schwester Kunigunde, der Mutter Herzog Arnulfs; er hoffte, Bayern und Schwaben zugleich durch diese Ehe, welche Staatsklugheit, nicht Liebe schloß, dauernd an das Reich zu fesseln.

Seine Rechnung war irrig, und er selbst tat wenig, um ein gutes Vernehmen zu erhalten. Denn bald nach der Aussöhnung erließ er den Befehl, daß Erchanger und Berchthold ihre Burg Stammheim, welche sie auf königlichem Boden erbaut hatten, an das Kloster St. Gallen abtreten sollten, d. h. an Bischof Salomo, der zugleich Abt dieses Klosters war. Sofort brach der kaum vergessene Groll der Brüder gegen den König und den Bischof aufs neue hervor, und mit feindlicher Gewalt kamen sie über den Feind, der ihnen zunächst erreichbar war. Bischof Salomo wurde von ihnen gefangengenommen und auf eine ihrer Burgen gebracht. Konrad eilte zu seiner Befreiung herbei, und es gelang dem König, sich der Person Erchangers zu bemächtigen (914). Der Schwabenherzog wurde darauf des Landes verwiesen, aber mit der Beseitigung desselben war das Ansehen des Königs nicht wiederhergestellt. Zuerst erhob sich Herzog Arnulf für seinen Oheim in Bayern zu offener Empörung. Zwar war er den Waffen des Königs nicht gewachsen, der ihn zur Flucht nach Ungarn zwang, doch war damit wenig gewonnen, da bereits auch in Schwaben von neuem der Aufstand entbrannte. Burchard, des getöteten Herzogs Burchard Sohn, kehrte aus der Verbannung zurück und durchzog verwüstend das Land. Um ihn scharten sich die Mißvergnügten und besetzten die unbezwingliche Feste Hohentwil, auf einem Basaltkegel im Hegau erbaut, die damals zuerst, nachher noch oft in der Geschichte genannt wird. Der König mußte abermals in das Land ziehen und Hohentwil belagern (915). Und noch leisteten seine Gegner ihm hier herzhaften Widerstand, als die schlimme Kunde kam, daß Herzog Heinrich in Franken eingedrungen sei. Da brach der König die Belagerung ab, verließ Schwaben und eilte Heinrich entgegen.

Lieder und Sagen waren von Erchangers Kämpfen in Schwaben verbreitet, nach denen Eckehard von St. Gallen später eine Darstellung dieser Wirren versucht hat, die jedoch mit den spärlichen Resten glaubwürdiger Überlieferung vielfach in Widerspruch steht. Auch von den Kämpfen Konrads und Heinrichs wissen wir nur aus ähnlichen, von den Sachsen gesungenen Liedern, deren Inhalt uns Widukind von Korvei erhalten hat.

Der König erzählt Widukind, entsandte seinen Bruder Eberhard mit Heeresmacht nach Sachsen, um das Land zu verwüsten. Als aber Eberhard bis zur Eresburg vorgedrungen war, ohne einem Feinde zu begegnen, wurde er ungeduldig, daß sich nirgends die Sachsen ihm zeigten, und brach in die prahlenden Worte aus: „Schwer liegt mir auf der Seele, daß mir die Sachsen nimmer im offenem Felde begegnen und ich meine Kraft nicht mit ihnen messen kann!“ Kaum war dies seinen Lippen entflohen, siehe, da rückten ihm die Sachsen entgegen bis in die Nähe der Burg; mit Heldenmut stürzten sie sich auf sein Heer, und so mähten ihre Schwerter unter den fränkischen Scharen, daß die Bänkelsänger nachher sangen:

Kein Höllenschlund ist groß genug,
Zu fassen, die man hier erschlug.

Eberhard aber hatte nun die Sachsen kennengelernt und verlangte nicht nach neuer Begegnung, sondern floh mit Schimpf und Schande von dannen. Als aber der König Konrad vernahm, was geschehen war, versammelte er die ganze Streitmacht der Franken und zog aus, um Heinrich aufzusuchen. Da er erfuhr, daß Heinrich in der Burg Grona – sie lag nicht weit von Göttingen – in Sicherheit sei, aber nicht viel Mannen um sich habe, rückte er eiligst vor die Burg, um sie zu belagern. Als er vor derselben lag, schickte er eine Gesandtschaft an Heinrich und ließ ihn auffordern, sich freiwillig zu ergeben, er werde an ihm dann einen treuen Freund, nicht mehr einen Widersacher finden. Wenig traute Heinrich solcher Rede, aber er war in großer Bedrängnis und wollte schon nachgeben: da trat just zur rechten Stunde Graf Thietmar, der vom Harz her war, ein kluger und kriegskundiger Mann, in den Saal, wo Heinrich mit den Gesandten verhandelte. Der Graf meldete, neue Scharen führe er dem Herzoge zu, und fragte, wo sie das Lager beziehen sollten. Als Heinrich dies hörte, dämmerte ihm ein Hoffnungsstrahl auf, und er fragte Thietmar, wieviele Krieger er mit sich bringe. „Bei dreißigtausend Mann“, antwortete Thietmar schnell gefaßt. Sofort entließ Heinrich die Gesandten, und am anderen Morgen brachen die Franken das Lager ab und kehrten nach Hause zurück. Das beste aber war, daß Thietmar nicht mit dreißigtausend Mann, sondern nur mit fünf Leuten nach Grona gekommen war und der kluge Graf mit seinem Mutterwitze die aus dem Felde schlug, die der Herzog mit dem Schwerte nicht hatte besiegen können.

So die Sage. Die verbürgte Geschichte meldet nur von dem Kampfe bei der Eresburg im Jahre 915 und von dem Vorrücken Heinrichs nach Franken zu derselben Zeit; sie schweigt völlig über den weiteren Verlauf und Ausgang des Kampfes. Wahrscheinlich trat bald eine Versöhnung ein, welche die traurige Lage ihrer Länder auf gleiche Weise beiden Fürsten an das Herz legte. Die Ungarn, welche die Stunde des inneren Zwiespalts stets klüglich zu nutzen wußten, fielen nämlich in demselben Jahre wiederum in die deutschen Länder ein. Schwaben, Franken, Thüringen und Sachsen wurden von ihnen arg heimgesucht; bis nach Bremen erstreckte sich der verheerende Zug. In dieser Stadt wurden die Kirchen niedergebrannt, die Priester vor den Altären erschlagen, die Kreuze abgehauen und beschimpft. Und mit den Ungarn zugleich brachen die Wenden und Dänen in Nordelbingen ein und verwüsteten die Länder bis an die Elbe. Das war eine Zeit, wo ein Mann wie Heinrich gern den König die Hand bieten mochte, und auch dieser, durch immer neue Sorgen bedrängt, von allen Seiten angegriffen, mußte eine Ausgleichung mit den Sachsen eher suchen als erschweren.

Denn bald nach dem der König von Hohentwil abgezogen war, kehrte Erchanger aus der Verbannung nach Schwaben zurück und vereinigte sich mit Burchard gegen die Verteidiger der königlichen Sache. Bei Wahlwies unfern des Bodensees, auf einem Schlachtfelde, wo auch in späterer Zeit große Entscheidungen gefallen sind, gewannen Erchanger, Berchthold und Burchard einen vollständigen Sieg über die Anhänger des Königs und des Konstanzer Bischofs. Infolge dieses Sieges wurde Erchanger als Herzog von

Schwaben allgemein anerkannt; infolgedessen wagte auch Arnulf nach Bayern zurückzukehren, wo er sich erst in Salzburg, dann in Regensburg festsetzte. Konrad zog gegen seinen feindlichen Stiefsohn abermals im Jahre 916 ins Feld, überwand ihn in einer Schlacht, belagerte und eroberte Regensburg, konnte ihn aber nicht ganz aus dem Lande verdrängen. Indessen hatten die Sachen auch in Schwaben für Konrad eine glückliche Wendung genommen. Erchanger hatte sich auf Vertrag den Königlichen ergeben, während Berchthold, wie es scheint, das Land räumte und sich nach Bayern zu Arnulf flüchtete.

Im September 916 traten zu Hohenaltheim im Rieß, unweit Nördlingen, die Bischöfe der deutschen Länder – nur die sächsischen waren nicht erschienen – in Beratung zusammen, um diesen Wirren des Reichs, bei denen sie vor allen litten, nach Kräften zu steuern. Sie hatten sich schon vorher an den Papst gewandt, daß er ihnen Rat erteile, und obwohl dieser selbst schwer bedrängt war, hatte er ihnen doch nicht allein schriftliche Verhaltensbefehle gesandt, sondern auch einen seiner ersten Hofbeamten, den Bischof Petrus von Orta, als Legaten geschickt, auf daß er der Synode beiwohne und „der höllische Samen der Zwietracht, der in jenem Lande aufgegangen sei, gänzlich ausgerottet und die scheußlichen Ränke und Bosheiten nichtswürdiger Menschen zuschanden gemacht würden". Die Verhandlungen dieser Synode sind uns erhalten und bilden eins der merkwürdigsten Zeugnisse jener traurigen Zeit.

Als die Bischöfe zusammenkamen, wird in den Akten berichtet, saßen sie erst lange traurig in tiefem Schweigen und wußten nicht, wie sie beginnen sollten. Da erhob sich der Legat des Papstes und löste ihnen die Zunge. Er las ihnen das Schreiben desselben vor. „Wir vernahmen alles", sagten sie, „in Demut, erwogen es reiflich, und mit ergebenem Herzen erklärten wir uns durchgängig damit einverstanden." Sie bekannten darauf zuerst nach dem Willen des Papstes ihre mannigfachen Vergehen und Sünden; denn auch sie hätten das allgemeine Verderben verschuldet, fortan aber solle es anders werden, jeder Bischof ein rechter Bischof sein. Dann aber dachten sie zunächst doch wieder nur an ihren eigenen Vorteil, an die Sicherung ihrer Rechte und beschlossen, die Zehnten sollten fortan regelmäßig gezahlt und nicht aus Neid den Bischöfen und Priestern vorenthalten werden, die Geistlichen sollten nicht vor den weltlichen Richter beschieden, sondern nur von ihren geistlichen Oberen gerichtet werden, und wenn ein Bischof oder Priester von den Amtsgenossen seiner Provinz verurteilt wäre, solle ihm die Berufung an den Papst zustehen. Endlich richteten sie ihren Blick darauf, wie die königliche Gewalt zu befestigen und damit zugleich die Wohlfahrt der Kirche zu fördern sei. „Wir haben vernommen“, heißt es, „daß viele Völker treulos sind, daß sie den ihren Königen und Herren geschworenen Eid nicht mehr halten und des göttlichen Gerichts nicht achten, welches denen den Fluch verkündet, die den Namen des Herrn fälschlich im Munde führen.“ Deshalb schien es notwendig, den Eid der Treue gegen den König zu erneuern und mit allen Schrecken der Hölle die Beschlüsse, die man jetzt zu fassen gedachte, im voraus zu waffnen, erhob sich die ganze Versammlung, Kleriker und Laien, und sprach feierlich dreimal folgende Formel: „Wer gegen diese Beschlüsse handelt, dem sei Fluch und ewiges Verderben bei dem Kommen des Herrn, sein Teil sei mit Judas Ischariot und dessen Genossen. Amen.“ Hierauf leisteten alle, die anwesend waren, dem König aufs neue den Eid der Treue und sprachen: „Wir geloben im Angesicht Gottes und aller Engel, des Chors der Propheten, Apostel und aller Märtyrer, im Angesicht der ganzen katholischen Kirche und der Christenheit, daß niemand von uns auf das Verderben des Königs sinnen, das Leben desselben antasten, ihn der Regierung berauben, mit tyrannischen Anmaßung nach seiner Krone streben noch zu seinem Schaden auf irgendeine Weise Scharen Verschworener um sich sammeln wird. Wenn sich aber einer von uns freventlich eines solchen unterfangen sollte, so treffe ihn der Fluch Gottes, und er sei verdammt ohne Aussicht auf Vergebung für die Ewigkeit.“

Alsdann verhängte die Synode über Erchanger und seine Gefährten, die sich gestellt hatten, geistliche Strafen: sie sollten, weil sie sich an dem Gesalbten des Herrn, ihrem König und Herrn, und dem Bischof Salomo vergriffen hätten, ihre Waffen niederlegen, in ein Kloster gehen und alle Zeit ihres Lebens das begangene Unrecht betrauern. Wer die beschworene Treue in Zukunft nicht halten oder andere zum Treubruch verleiten würde, wurde mit der größten Strenge bedroht, jede Untreue gegen den König mit dem

Bannfluch belegt, auf Treuebruch oder Tätlichkeiten gegen einen Bischof die Strafe langjährige Bußübungen in einem Kloster gesetzt. Endlich wurden noch Bestimmungen getroffen über die Punkte, welche sich nicht hatten erledigen lassen, weil viele, die zur Synode gefordert waren, sich nicht gestellt hatten. Im Jahre 914, zu derselben Zeit, wo Salomo von Konstanz von seinen Gegnern ergriffen wurde, war der Bischof Otbert von Straßburg, der schon lange mit den Einwohnern in Feindschaft lebte, erschlagen worden und ihm Richwin gefolgt, dessen gesetzliche Wahl angezweifelt wurde. Obwohl vorgeladen, hatte Richwin sich nicht zu Altheim eingefunden; er sollte sich deshalb vor einer neuen Synode, die nach Mainz berufen war, in Person stellen. Eben dort sollten sich die ausgebliebenen sächsischen Bischöfe einfinden; wofern sie aber dieser neuen Ladung nicht Folge leisteten, wurde beschlossen, ihnen die Befugnis zu entziehen, Messe zu lesen, bis sie in Rom sich gerechtfertigt hätten. Dem Bischof Richowo von Worms wurde aufgetragen, wegen jener beiden Grafen, die den Bischof Einhard geblendet, nähere Untersuchung anzustellen und deren Ergebnis dem Papst zu melden. Vergehen des niederen Volkes gegen die Kirche sollten wegen der Bedrängnis der Zeit übersehen und der Vergessenheit übergeben werden. Diejenigen aber, die sich in das rasende Unternehmen Erchangers, Berchtholds, Burchards und Arnulfs eingelassen und trotz ihrer Vorladung auf der Synode nicht erschienen wären, hätten sich sofort zu ihren Bischöfen zu begeben, um dort ihre Strafe entgegenzunehmen, anderenfalls sie dem Bannfluch der Kirche verfallen seien. Berchthold und Arnulf war noch besonders bis zum 7. Oktober eine Frist gesetzt, nach deren Ablauf sie sich auf einer Synode zu Regensburg zu stellen hätten; erschienen sie dann nicht, so unterlägen sie unwiderruflich dem Banne und würden mit Judas, dem Verräter des Herrn, dem ewigen Feuer überantwortet werden.

So beschlossen die Väter zu Hohenaltheim, und in der Tat unterwarf sich Berchthold alsbald auf Vertrag seinem Schwager. Aber mit den Strafen der Väter schien es Konrad nicht mehr genug, da Arnulf noch immer im Widerstande beharrte. So erbittert war schon Konrads Gemüt, daß er des gewährten Vertrags nicht achtete, sondern Erchanger und Berchthold, seine Schwäger, zum Tode verurteilen ließ. Am 21. Januar 917 ließ er sie mit ihrem Neffen Luitfried bei Adingen im Neckargau enthaupten. So starben sie, die Sieger über Ungarn, eines gleichen Todes wie der Babenberger Adalbert, gleich ihm vom Volke in Liedern verherrlicht. Die blutige Tat trug Konrad nicht die Früchte, die er gehofft hatte. Noch stand Arnulf in offenem Kampfe, um seine Oheime zu rächen, und wieder erhob sich in Schwaben der Aufstand, geleitet von Burchard, der es alsbald dahin brachte, daß er von allen Großen des Landes als Herzog anerkannt wurde. Der Aufstand schien im oberen Deutschland nicht mehr zu bewältigen. Und schon gesellten sich abermals zu den inneren Feinden des Reichs die äußeren. Aufs neue ergossen sich die Schwärme der Ungarn über Bayern und Schwaben; auch das Elsaß und Lothringen wurden von ihnen verheert. Nirgends konnte Konrad dem verwüsteten Strome mehr Einhalt tun; schwer erkrankt lag er darnieder.

In dem letzten Kriege in Bayern soll Konrad eine Wunde empfangen haben, die seinen Tod herbeiführte. Aber tausend schlimmere Wunden bluteten in seinem Herzen, und wohl an diesen ging er in den Jahren frischester Blüte zugrunde. Ein schmerzliches Siechtum befiel den kräftigen Mann und ließ die Hoffnung verschwinden, daß er den begonnen Kampf durchführen würde.

Es war ein schweres trauriges Leben gewesen, das er sieben Jahre lang unter der Last der Krone geführt hatte. Denn was kann es Traurigeres geben als wenn ein tüchtiger Mann ein hohes Ziel mit Anspannung aller seiner Kräfte verfolgt und doch unterliegt, weil er nach dem Unmöglichen strebt? Konrad wollte das fränkische Königtum in alter Weise, in der Macht Karls des Großen herstellen, aber die Zeit war eine andere geworden, neue Mächte waren aufgetaucht von unbesiegbarer Gewalt. Oft genug glaubte Konrad, den Feind überwunden zu haben, und oft genug gewann er den Sieg, wo er selbst auf dem Kampfplatze erschien: aber sobald er den Rücken wandte, erhoben sich die feindlichen Mächte immer aufs neue. Im ewigen Ringen mit den widerstrebenden Gewalten der Zeit wurde selbst seine edle Natur herabgedrückt, und grausam und heimtückisch zeigte sich der auf dem Throne, der vordem frei und seiner Kraft bewußt in den Stürmen des Lebens dagestanden hatte. Das geschah, weil er das Leben der Völker meistern und regeln sollte in gefahrvollen Zerwürfnissen ohne jenen Adlerblick zu besitzen, der, ungetrübt durch die verwirrenden Erscheinungen des Augenblicks, deutlich die Geschicke der Zukunft erkennt; jenen Scharfblick, ohne den ein Fürst in Zeiten, wo neue Kräfte abgestorbene Formen zu durchbrechen suchen, immer verloren ist. Manche haben geirrt gleich ihm, aber wenige eine Todesstunde gehabt, wie die seine, wo der Schleier sich plötzlich hebt, die lange Täuschung schwindet und der entwölkte Blick prophetisch in die Zukunft dringt; wenige haben in der letzten Stunde so offen den Irrtum ihres Daseins eingestanden und noch sterbend das Recht des Gegners voll Selbstverleugnung anerkannt. „So sehr", sagt ein alter sächsischer Chronist, „lag ihm das Wohl des Vaterlandes am Herzen, daß er selbst durch Erhebung seines Feindes – eine seltene Tugend! – es zu fördern suchte."

Als Konrad sein Ende nahen fühlte – so berichtet uns Widukind –, rief er seinen Bruder Eberhard zu sich und sprach: „Ich fühle, mein Bruder, nicht länger trage ich die Last des Lebens; Gott will es so. Ich muß sterben. Was nun aus dem Reiche der Franken werden soll, steht vornehmlich bei dir: darum erwäge es wohl und achte auf meinen Rat, den Rat deines Bruders. Wir haben viele Getreue und ein großes Volk, das uns im Krieg folgt, wir haben Burgen und Waffen, in unseren Händen sind die Reichsinsignien, und es umgibt uns aller Glanz des Königtums. Aber es fehlt uns das Glück und die rechte Sinnesart. Das Glück, mein Bruder, und diese Sinnesart fielen Heinrich zu; die Zukunft des Reichs steht bei den Sachsen. Nimm also diese königlichen Abzeichen, die goldenen Spangen mit dem Königsmantel, das Schwert und die Krone unserer alten Könige, gehe hin zu Heinrich und mache deinen Frieden mit ihm, auf daß du ihn fortan zum Freunde habest. Oder soll das Volk der Franken mit dir von seinem Schwerte fallen? Denn wahrlich er wird ein König und Herr sein vieler Völker!" So sprach Konrad, und Eberhard konnte den Tränen nicht gebieten. Er versprach zu tun, wie ihm sein Bruder geboten hatte.

Bald darauf starb König Konrad, ohne männliche Nachkommenschaft zu hinterlassen, am 23. Dezember des Jahres 918. Durch seinen Tod versöhnte er sich die Gemüter der Menschen. Aufrichtig betrauerten ihn die Franken und begruben ihn in dem alten Kloster zu Fulda am Altar des heiligen Kreuzes. Die Grabesstelle ist längst zerstört, und kein Stein bezeichnet die Stelle, wo der hartgeprüfte Fürst seine Ruhestelle gefunden hat.

3. Gründung des deutschen Reichs durch Heinrich I.

Wer hätte nicht von Heinrich dem Finkler gehört, wie er am Vogelherde saß, als Eberhard und die Franken mit der Krone zu ihm kamen und ihn zum Throne beriefen? Noch heute zeigt man zu Quedlinburg die Stelle, wo dies geschehen sein soll, und nennt sie den Finkenherd. Dies alles beruht auf einer alten Sage unseres Volkes, die mit der Zeit weiter ausgeschmückt ist; die beglaubigte Geschichte weiß davon nichts, aber sie meldet, daß Heinrich andere Netze stellte als für Finken und Lerchen, Netze, in denen die Feinde des deutschen Volkes ihren Untergang fanden.

Was Eberhard seinem sterbenden Bruder gelobt hatte, erfüllte er getreulich. Die Herrschaft, auf die er nah der Sitte wohl Ansprüche hätte erheben können, wies er von sich, und wie einst Otto auf Konrad, so wandte er jetzt die Blicke der fränkischen Großen auf Heinrich den Sachsen; der sei würdiger, sagte er, daß die Franken den Sachsen zum König erwählten. Am Eingange der Geschichte des Deutschen Reichs stehen so zwei Männer beieinander, die der Krone entsagten: keine andere Geschichte hat Gleiches aufzuweisen.

Hatte schon Konrads Wahl vornehmlich auf dem Zusammenhalten der Franken und Sachsen beruht, so wurde Heinrich einzig und allein durch diese Stämme erwählt. Sie allein, die an der Einheit des Reichs noch festhielten, traten – und zwar nicht zu Forchheim, wie ehedem, sondern zu Fritzlar an der Eder in Hessen, an der Grenze ihrer Länder – zur Wahl zusammen, und hier bezeichnete Eberhard, unter dem die Franken erschienen waren, Heinrich vor allem Volk als den neuen König. Alle wählten mit Eberhard, und die Sachsen jubelten laut, daß frei fortan Heinrich über ganz Sachsenland walte und die Herrschaft auch über Franken gewonnen habe. Das geschah im Frühling des Jahres 919.

Als aber nun aus der Franken Mitte der Erzbischof Heriger von Mainz hervortrat und Heinrich aufforderte, sich von ihm nach alter Sitte salben und krönen zu lassen, wies dies Heinrich bescheiden, aber entschieden zurück. „Mir ist es genug“, sagte er, „daß ich zum König erwählt worden bin und diesen Namen führe; das hat keiner meiner Vorfahren erreicht. Gottes Gnade und eurer Liebe danke ich es. Aber damit sei es genug. Salbung und Krönung sei einem besseren vorbehalten; ich bin so großer Ehren nicht würdig.“ Solche Rede gefiel dem versammelten Volke wohl. Alle erhoben die Rechte gen Himmel und riefen mit donnernder Stimme: „Heil und Segen dem König Heinrich!“

Nur der Geistlichkeit hatten die Worte des neuen Herrschers wenig behagt, und lange hat sie es Heinrich nicht vergessen, daß er nicht von priesterlicher Hand die Zeichen der höchsten Gewalt empfangen wollte, wie es die Frankenkönige seit den Zeiten Pippins zu tun pflegten. Ein König ohne Priesterweihe, meinten sie, sei ein Schwert ohne Knauf, zu nichts gut und tüchtig. Aber Heinrich hat sich dennoch einen König von Gottes Gnaden genannt wie auch seine Krone getragen, und nie hat sein Volk geglaubt, sie sei ihm deshalb nicht von Gott gegeben, weil er sie nicht aus der Hand des Bischofs empfing. Man hat wohl gefragt, weshalb Heinrich sie nicht nach altem Brauch aus Herigers Hand nahm: vielleicht wies er deshalb die Krönung zurück, weil er nicht Ludwig und Konrad sich von den Bischöfen leiten lassen, nicht gleich jenen ein König der Geistlichkeit, sondern ein Schutz- und Schirmherr aller sein wollte, vielleicht auch, weil er nach der Sitte der Zeit nur als Franke sich krönen lassen konnte und ein Sachse bleiben wollte, wie er es war.

Es war ein folgenreiches Ereignis, daß durch Heinrichs Wahl die Herrschaft von den Franken auf die Sachsen überging, auf den deutschen Stamm, der sich dem Blute, der Sitte, der Sprache nach am reinsten von allen erhalten hatte, daß jene sieggewohnten und weltbeherrschenden Franken, deren Vorfahren die Sachsen unterworfen, sich nun selbst einem Sachsen beugten und die jahrhundertelang behauptete Herrschaft dem so lange befeindeten Stamme einräumten. Wenn nun fortan auch Heinrich sich König der Franken nannte und sein Reich als das fränkische nach dem Herkommen bezeichnete, so war doch offenbar die unmittelbare Verbindung desselben mit dem alten Frankenreiche gelöst; nicht aus einem Erbrecht oder einem Vorrecht des bisher herrschenden Stammes ließ sich Heinrichs Gewalt herleiten, sondern er war einzig und allein ein Wahlkönig, den sich ohne Ansehen des Stammes die Franken und Sachsen gesetzt hatten und dem sich später auch die anderen deutschen Völker anschlossen. In diesem Sinne muß man Heinrichs Wahl als den Anfang eines neuen, des Deutschen Reichs ansehen, wie es schon im Mittelalter geschah.

Mit bewunderungswürdigen Scharfblick übersah Heinrich die Lage der Dinge und erkannte, wie bei derselben allein noch eine Einigung der deutschen Stämme möglich sei, wie sich mit anderen Worten der Bestand des ostfränkischen, d.h. des Deutschen Reichs allein erhalten ließe. Wohl hütete er sich, auf die Irrwege König Konrads zu geraten; neue Bahnen schlug er mit erfinderischem und unerschrockenen Sinne ein. Nicht durch Unterwerfung der einzelnen Stämme unter den *einen* herrschenden wollte er die Reichsgewalt aufrichten, wie es die Merowinger und nach ihnen die Karolinger getan hatten, nicht eine Sachsenherrschaft nach dem Regiment der Franken begründen; nicht von *einem* Mittelpunkte aus beabsichtigte er mit Hilfe allein von ihm abhängiger Beamten die Lande zu regieren und zu verwalten, wie es die Art der Frankenkönige gewesen war: nur durch eine freie Gestaltung des Reichs ließ sich, wie Heinrich sah, zur Zeit eine Einigung der deutschen Völker behaupten. Das Ideal, welches seinem Geiste vorschwebte, stellte sich in etwa folgenden Zügen dar: jeder Stamm stehe in seinen eigenen Angelegenheiten für sich und ordne sich nach altem Recht und Herkommen; ihn leite und führe in Zeiten des Kriegs und Friedens ein Herzog, dem die Grafen und Herren im Lande zu Kriegsgefolge und Gehorsam verpflichtet; dieser Herzog schlichte auf seinen Landtagen die Streitigkeiten der Großen im Lande, erhalte den Landfrieden und schütze die Grenzen gegen den einbrechenden Feind; wie aber die Herzöge über die einzelnen Stämme im Reich gebieten, so walte über allen Landen des Reichs der König, der höchste Richter und Heerführer des ganzen Volkes. So sollte es werden, und so ward es! Wie die strahlenden Juwelen der goldene Reif zur Krone verbindet und so sich das herrlichste Sinnbild irdischer Macht gestaltet, faßte die königliche Gewalt die deutschen Länder zusammen und gab ihnen geeint erst ihre volle Kraft und Bedeutung.

In der Idee, welche Heinrich faßte, erschien das Reich fast nur als ein Bund der deutschen Stämme unter der Vorstandschaft des von ihnen gemeinsam gewählten Königs. Und doch viel fehlte daran, daß auch nur diese Vorstandschaft sie sogleich willig anerkannt hätten. Bayern und Schwaben hatten sich für den Augenblick vom Reiche getrennt – dort waltete Arnulf, hier Burchard mit völlig freier Gewalt –, und Lothringen war seit Jahren mit dem westfränkischen Reiche verbunden. Nur Franken und Sachsen bildeten zunächst das Reich; über sie ging Heinrichs Macht für den Augenblick nicht hinaus. Und ob er als König über Eberhard erhoben war, stand dieser doch ihm als Herzog in wesentlich gleicher Stellung zur Seite. Denn während Heinrich sich die herzogliche Gewalt, wie er sie besessen, in vollem Umfang bewahrte, blieb sie in derselben Weise Eberhard in den fränkischen Ländern erhalten; die Stellung, die hier vordem sein Geschlecht gewonnen und unter Konrads Regierung befestigt hatte, wurde ihm in keiner Weise gemindert. Nie ist wieder zwischen Heinrich und Eberhard ein Zwist ausgebrochen; bis an Heinrichs Ende blieben sie verbunden und hauptsächlich auf ihre Eintracht gründete sich in das werdende Reich. Aber Heinrichs Gedanken waren nicht auf Sachsen und Franken beschränkt, sondern hatten sich von Anfang an auf die Einigung sämtlicher deutscher Völker gerichtet, und so ließ er es sein erstes Geschäft sein, alle Stämme, welche einst dem Ostfrankenreiche angehört hatten, zur Anerkennung seiner Oberherrschaft zu bringen.

Zuerst wandte er sich, von seinem Vasallenheer begleitet, gegen Schwaben (919). Herzog Burchard stand hier in voller Gewalt; gegen König Rudolf von Burgund, der schon früher und gleich nach Konrads Tode abermals einen Versuch gemacht hatte, sich alemannische Grenzländer zu bemächtigen, hatte der Herzog sich mannhaft verteidigt und den König bei Winterthur auf das Haupt geschlagen. Aber trotz solchen Waffenglücks ließ sich Burchard jetzt in keinen Kampf gegen König Heinrich ein; er mochte fühlen, er sei einem solchen nicht gewachsen, da viele im Lande und namentlich die Geistlichen, die er schwer bedrückte, sich nach der Königsherrschaft sehnten. Freiwillig übergab er sich, alle seine Burgen und sein ganzes Volk dem Könige, der ihm dagegen die herzogliche Gewalt in Schwaben beließ. Es ist kein Zweifel, daß Heinrich die Besetzung der Bistümer im Lande vorbehalten blieb und das Königsgut, insoweit er es nicht anderweitig verlieh, an ihn überging; sonst aber behielt Burchard freie Gewalt in Schwaben und in dem mit Schwaben verbundenen Elsaß. Auch fortan nennt er sich in seinen Urkunden: „Herzog der Alemannen von Gottes Gnaden" und spricht von dem Volke und Lande, was Gott seiner Gewalt unterworfen habe. Er schlichtete auf Landtagen die Streitigkeiten des Volkes wie ein freier Fürst und führte auf eigene Hand mit seinen Mannen Kriege. Mit König Rudolf von Burgund, seinem früheren Gegner, schloß er bald darauf ein Freundschaftsverhältnis, vermählte ihm seine Tochter Bertha und trat ihm, wahrscheinlich als Mitgift, einen Teil des südlichen Alemanniens, den Aargau bis zur Reuß, ab. Auf einem Kriegszuge, den König Rudolf später nach Italien unternahm, begleitet ihn Burchard mit seinen Vasallen und fand hier den Tod.

Als Heinrich das Schwabenland dem Reiche, wenn auch nur lose, verbunden hatte, wandte er sich alsbald gegen Bayern. Arnulf war unbestritten seit mehr als Jahresfrist Herr des Landes; der Adel ihm geneigt, das Volk ergeben. Mancher flüsterte ihm zu, er solle nun selbst nach der Krone greifen und der herrschsüchtige Mann war nur zu geneigt, solchen Mahnungen sein Ohr zu leihen. Aber unter der Geistlichkeit hatte er viele und erbitterte Gegner, da er noch rücksichtsloser als Burchard die Einkünfte der Kirchen und der Klöster an sich zog, um seine Vasallen zu belohnen; mancher Stiftung hat er Wunden geschlagen, die niemals verharschen konnten. Mit dem Beinamen des Bösen haben ihn die geistlichen Herren für alle Zeiten gezeichnet, und wie wenig sie sonst Heinrich geneigt sein mochten, sie sahen doch wohl dessen Anrücken in froher Erwartung. Aber die Mehrzahl des Volkes war dem Sachsen zuwider: „Er kam in das Bayernreich", schrieb wenig später ein Bayer, „in welchem seine Väter auch nicht einen Fuß breit Landes besessen hatten." Fast scheint es, als sei Heinrich beim ersten Angriff zurückgeschlagen worden und erst bei einem erneuten Einfall zum Ziele gediehen. Wir wissen, daß die Sache zwischen Heinrich und Arnulf nicht vor dem Jahre 921 zum Austrage kam.

Arnulf hatte bei Regensburg, damals die Hauptstadt des bayerischen Landes, sein Heer gesammelt. Als Heinrich heranrückte, um die Stadt zu belagern, zog der Herzog ihm, wie ein alter Berichterstatter meldet, kampfgerüstet entgegen. Aber Heinrich wollte nicht Krieg, sondern Frieden und schlug Arnulf eine Zusammenkunft vor; Aug' in Auge wollten sie selbst ihre Sache beendigen. Da meinte Arnulf, ein Einzelkampf solle zwischen ihm und dem König entscheiden, und tapfer wie er war, hieß er das Heer in die Stadt zurückziehen und stellte sich in Waffen zur bestimmten Zeit an dem bezeichneten Orte. Hier traf er auf Heinrich, der aber nicht mit Waffen, sondern mit versöhnlicher Rede ihm begegnete. „Was widerstrebst du Gottes Gebot?" sprach er. „Sein Wille ist es, daß mich das Volk zum König erwählt hat. Hätte das Volk dich auf den Thron erhoben, niemand hätte dies lieber gesehen als ich. Weshalb willst du um deines Ehrgeizes willen das Blut so vieler Christen vergießen?" Da wurde Arnulf nachdenklich, begab sich zu den Seinen zurück und ging mit ihnen zu Rate. Sie meinten, er solle sich Heinrich unterwerfen, wofern dieser ihm zugestehe, daß er frei über die Bistümer des Landes schalte und die Erledigung eines Bischofsstuhls aus eigener Macht denselben besetze. Arnulf folgte dem Rat der Seinen und wurde des Königs Vasall, der ihm das beanspruchte Vorrecht unbedenklich zugestand, obwohl es Arnulfs Vorfahren niemals geübt hatten.

So erzählt den Hergang der Sache Bischof Luidprand von Cremona, der etwa dreißig Jahre nach dem Ereignis schrieb und am deutschen Hofe in der Verbannung lebend, leicht gute Kunde von diesen Vorgängen erhalten konnte: dennoch scheint seine Erzählung zum Teil dem Mundes des Volkes entnommen und nicht ohne sagenhafte Beimischung. Widukind von Korvei berichtet nur, König Heinrich habe Regensburg belagert, Arnulf aber sich zu schwach zum Widerstande gefühlt, deshalb die Tore geöffnet und sich dem König gestellt, dem er sich und sein ganzes Reich übergeben habe, ehrenvoll sei der Herzog aufgenommen und Freund des Königs genannt worden. Wie aber auch der Verlauf der Dinge sein mochte, gewiß ist, daß Arnulf den König nur als seinen Oberherrn anerkannte, in dem ihm vertragsmäßig zu den Rechten, welche die anderen Herzöge übten, die Besetzung der Bistümer in seinem Lande zugestanden wurde. Dies Recht war um so höher anzuschlagen, als nach altem Herkommen allein der König, dem das Zepter durch Gottes Gnade übertragen war, die Bistümer verleihen konnte. Hierdurch stand Arnulf noch bei weitem freier und selbständiger da als Burchard und waltete in seinem Lande völlig wie ein König im kleinen. Auch er nannte sich in seinen Urkunden: „Herzog der Bayern von Gottes Gnaden", ließ Münzen mit seinem Namen schlagen, schickte Grafen als seine Sendboten aus und führte wie Burchard auf eigene Hand Kriege im Ausland. Von den Italienern im Jahre 934 gegen Hugo, den Eindringling aus der Provence, zu Hilfe gerufen, zog er nach der Lombardei in der Absicht, sich dort die in Bayern verlorene Königskrone zu gewinnen, aber ohne den gehofften Preis zu erringen.

Die Lande bis zum Rheine waren wieder verbunden, das Reich war hergestellt in dem Umfange, wie es Ludwig der Deutsche einst bei der Teilung zu Verdun erhalten hatte. Aber noch fehlte Lothringen, das später mit gutem Recht erworben und erst unter Konrad dem östlichen Reiche entrissen war: auch hierauf hatte bereits Heinrich den Blick gerichtet, doch waren hier die Verhältnisse seinen Wünschen weniger günstig.

Nach Reginas Tode war in Lothringen dessen Sohn Giselbert in der herzoglichen Gewalt gefolgt, ein junger Mann, voll Kraft und unternehmenden Geistes, aber heftig, leidenschaftlich, unstet in allem, was er begann. Die Art seines Volkes spiegelte sich in ihm wieder; denn der Lothringer galt für ehrgeizig, habgierig, zugleich für wetterwendisch und ränkesüchtig, in dem er nach seinem Vorteile gern den Herrn und die Treue wechselte. Auch Giselbert trachtete nach hohen Dingen und meinte, nichts sei ihm zu groß und zu schwierig, aber es fehlte ihm an der Besonnenheit und Ruhe, die glücklich zum entlegenen Ziel führt. Als ein Mann von kurzem, gedrungenen Bau, mit gewaltigen Kräften wird er geschildert; ruhelos rollten ihm die Augen im Kopfe, so daß niemand die Farbe derselben unterscheiden konnte; die Sprache war abgebrochen, die Fragen verlockend, die Antworten unklar und doppelsinnig. Giselbert geriet, wie sich erwarten ließ, bald mit König Karl in Streit; dieser wußte ihm jedoch seine Vasallen abwendig zu machen und trieb ihn so in die Enge, daß er das Land verließ und sich zu Heinrich flüchtete, durch dessen Verwendung er die Erlaubnis zur Rückkehr und die Rückgabe des größten Teils seiner Güter erlangte. Bald aber empörten sich die großen Vasallen Karls, durch den Übermut eines seiner Höflinge gereizt, und das Westfrankenreich schien durch eines Günstlings Hoffahrt in eine ähnliche Auflösung zu geraten wie das Ostfrankenreich durch Konrads Starrheit. Auch Giselbert sagte sich damals vom Könige los, und die meisten lothringischen Großen schlossen sich ihm an.

Giselbert hatte von neuem alle Gewalt in Lothringen gewonnen und herrschte hier in ähnlicher Weise wie Arnulf vor seiner Unterwerfung in Bayern: er riß, um seine Vasallen zu belohnen, die geistlichen Güter an sich, machte sich zum Abt der reichsten Klöster, besetzte das Bistum Tongern nach seinem Belieben und zwang den Erzbischof von Köln, die Weihe zu vollziehen. Zugleich unterhielt er seine Verbindungen mit Heinrich, um an ihm einen Rückhalt gegen Karl zu finden, und ohne Zweifel würde er schon damals dem östlichen Reiche sich ganz angeschlossen haben, wenn nicht alsbald eine unerwartete Wendung der Dinge eingetreten wäre. Durch den Einfluß der Geistlichkeit, namentlich des Erzbischofs von Reims, gewann Karl neuen Anhang und warf sich dann sofort, um durch Kriegsruhm seine unsichere Macht zu befestigen, in den Kampf gegen die Deutschen. Er führte seine Vasallen gegen den Rhein und drang bis in den Nahegau und die Gegend von Worms vor, wo er von deutschen Großen im Jahre 920 eine Niederlage erlitt. Durch große Versprechungen bewogen, kehrten Giselbert und die Lothringer jetzt zur Treue zurück und unterstützten das Westreich im Kampf gegen Heinrich, den Karl persönlich im Jahre 921 fortsetzte.

Heinrich mußte bald erkennen, daß ohne gewaltiges Blutvergießen jetzt Lothringen seinem Reiche nicht gewonnen werden konnte; deshalb bot er Karl die Hand zum Frieden. Bei Bonn, wo der Rhein das Siebengebirge hinter sich läßt und in die weiten Niederungen tritt, kamen die beiden Könige zum Friedenswerke zusammen. Auf beiden Ufern des Flusses lagerten ihre Heere; in der Mitte des Stromes ankerte ein Schiff, wo sich die Könige begegneten. Hier schlossen sie am 7. November 921 einen Freundschaftsbund, und Karl erkannte durch denselben Heinrich als König der Ostfranken feierlich an. Das war ein wichtiges, bedeutendes Ereignis, daß, nach dem Schwaben und Bayern die königliche Macht über sich dem Sachsen zugestanden hatten, nun auch der letzte

Karolinger die Herrschaft desselben neben sich als zu Recht bestehend erkannte und damit die Länder östlich des Rheins, auf die er bis dahin Erbansprüche behauptet hatte, in aller Form aufgab. Erst hierdurch wurde rechtlich die Selbständigkeit des ostfränkischen oder vielmehr Deutschen Reichs begründet. So Großes war hierdurch gewonnen, daß Heinrich es verschmerzen konnte, wenn er seine Absichten auf Lothringen noch nicht erreichte.

Bald kam die Stunde, wo auch die Lothringer sich willig dem Ostreiche anschlossen. Mit der Geistlichkeit im Bunde, suchte Karl in derselben Weise wie einst Konrad in den deutschen Landen das königliche Ansehen gegen die übermächtigen Großen Frankreichs wieder zur Geltung zu bringen: diese aber entfremdeten sich immer mehr ihrem Herrn und erhoben in dem Grafen Robert, dessen Bruder Odo schon einst die Krone getragen hatte, einen Gegenkönig. Ganz Frankreich und Lothringen spaltete sich in zwei Lager (923). Bei Soissons kam es zum blutigen Kampfe. Robert fiel im Streite, Karl aber verlor die Schlacht. Als darauf seine Gegner Roberts Schwiegersohn, den Herzog Rudolf von Burgund, zum König erhoben, verließen ihn auch seine letzten Anhänger; der Graf Heribert bemächtigte sich endlich ohne Scheu der Person des rechtmäßigen Königs. Auf kurze Zeit sah der unglückliche Fürst noch einmal die Freiheit wieder; dann kehrte er in den Kerker zurück, wo er sein trauriges Dasein beschloß. Aber auch Rudolf fand nicht überall den Gehorsam, den er selbst seinem König und Lehnsherrn verweigert hatte. Vor allem wollte sich Giselbert mit den Lothringern der Macht des Emporkömmlings nicht fügen; abermals verständigte er sich mit Heinrich und rief ihn über den Rhein.

Jetzt war der rechte Augenblick erschienen, wo Heinrich, der bis dahin ruhig der Entwicklung dieser Dinge zugesehen hatte, in Lothringen eingreifen mußte. Mit Heeresmacht zog er im Winter 923 dorthin, und schnell unterwarf sich ihm der größere Teil des Landes. Schon rückte indessen auch Rudolf mit einem stattlichen Heere heran, und Heinrich hielt es auch jetzt nicht für geraten, in blutigen Kämpfen das Land zu ersiegen. Er schloß deshalb mit Rudolf einen längeren Waffenstillstand und begab sich über den Rhein zurück. Nach Ablauf des Waffenstillstandes erschien er im Anfang des Jahres 925 abermals auf dem Kampfplatze, aber er fand hier manches verändert. Giselbert und andere Große Lothringens hatten sich wieder auf Rudolfs Seite gewendet, und Heinrich mußte Zülpich, Giselberts Feste, belagern. Er nahm sie mit Gewalt und zwang den wetterwendischen Mann, ihm Geiseln zu stellen. Nach dem so Giselberts Widerstand gebrochen war, unterwarf sich nach und nach das ganze Land. Am Ende des Jahres hatte Heinrich ohne blutige Kämpfe, durch weise und geschickte Benutzung der Verhältnisse das schöne Lothringerland gewonnen, und der Rhein rollte nun inmitten des Deutschen Reichs seine Wogen dem Meere zu.

Auch hier hatte, wie Widukind wohl nach sagenhaften Erzählungen berichtet, das Glück dem Könige geholfen. Unter den Lothringern, heißt es, war ein angesehener Mann, mit Namen Christian; dieser sah, daß alles dem Könige glückte, und wollte sich deshalb durch ein besonderes Verdienst seine Huld erwerben. So sann er auf eine List, um Giselbert zu fangen. Er stellte sich krank und bat den Herzog um einen Besuch; als dieser arglos in die Falle ging und erschien, ließ er ihn ergreifen und unter strenger Bewachung den Händen Heinrichs überliefern. Hocherfreut war der König, da er den gefährlichen Feind in seiner Macht hatte, aber er ließ ihn die Qualen harter Gefangenschaft nicht lange empfinden, sondern suchte ihn vielmehr durch Güte zu gewinnen; denn er wußte, was Giselbert in Lothringen galt.

Wie auch immer diese Dinge zum Abschluß gekommen sein mögen, sicher ist, daß Heinrich Giselbert die herzogliche Gewalt in Lothringen beließ, daß er ihn in der Folge dauernd an sich zu fesseln wußte und ihm sogar im Jahre 928 seine Tochter Gerberge vermählte. Als Lothringen dem Ostreiche von neuem gewonnen war, stellte sich auch der frühere Einfluß der Konradiner auf die Angelegenheiten dies Landes her. „Im Jahre 926“, sagt ein Zeitgenosse, „wurde von Heinrich zur Rechtspflege Eberhard nach Lothringen geschickt, und er einigte in Frieden die Lothringer.“ Ein späterer Schriftsteller bezeichnet Eberhard als Pfalzgrafen. Die Macht der Heinrich jetzt so verbündeten konradinischen Familie jenseits des Rheins konnte auch ihm zur Sicherung des neu erworbenen Besitzes dienen. König Rudolf hat vielleicht selbst später in aller Form die Abtretung des lothringischen Landes anerkannt.

Im sechsten Jahre seiner Regierung hatte König Heinrich das

große Werk der Einigung aller deutscher Länder und Stämme vollendet; ihm war gelungen, wonach König Konrad so hartnäckig und doch so erfolglos gestrebt hatte. Nicht mit Hast und Ungeduld, nicht mit Waffenlärm und Schrecken hatte er es erreicht, sondern durch Ruhe, klare Erkenntnis der wahren Lage der Dinge und jene gepriesene Friedfertigkeit, die ihn deutsches Blut nicht zwecklos gegen Deutsche vergießen ließ. So war ein Bund der Eintracht um die deutschen Stämme geschlungen worden, das mit der Zeit sich fester und fester sich schürzte, von dem umfangen die Deutschen erst zu dem klaren Bewußtsein einer einigen Nationalität gelangten. Das Reich, wie es nun bestand, erscheint fast wie ein Staatenbund: aber zeitig genug entwickelt sich daraus ein kraftvoller einheitlicher Staat unter einem so starken Königtum, als es jene Zeiten nur hervorbringen konnten. Heinrich hat das Ziel erreicht, welches der Papst und die Bischöfe auf der Synode zu Altheim sich gesetzt hatten und nicht erreichen konnten, die Einigung Deutschlands; aber zu diesem Ziele ist er auf ganz anderen Wegen gelangt, als jene Bischöfe einschlugen. Nicht sie sind es also gewesen, die den ersten Grundstein zum Bau des deutschen Reichs gelegt, sondern der Mann, der die Krone aus Priesters Hand zu nehmen sich weigerte.

Fast in der Stille war alles vollbracht; eine neue Ordnung der Dinge war auf Jahrhunderte hin mit Leichtigkeit, wie auf Zauberschlag möchte man sagen, gegründet; endlose Wirren sah man auf das einfachste gelöst. Es war, wie wenn bei nächtlichem Dunkel ein geheimer Schrecken über ein zahlreiches Volk einbricht; da tobt und drängt alles wild durcheinander, und von Minute zu Minute wächst die Verwirrung, bis endlich die Sonne im Morgen aufblitzt und ihre Strahlen die Gefilde vergolden: leicht sondern sich dann die verwirrten Massen, die Ruhe kehrt zurück, und die Welt strahlt wieder in hellem Glanze. Heinrichs klarer Geist war die Sonne, welche das Dunkel über den deutschen Ländern in Licht wandelte.

4. Heinrichs Siege über die Reichsfeinde

Großes war durch die Einigung der deutschen Stämme erreicht, aber damit doch erst der Anfang des Anfanges gewonnen. Wie zerrüttet waren alle Verhältnisse durch die langen inneren Kämpfe, wie verwüstet die Länder durch die immer erneuten Einfälle beutegieriger Nachbarn! Nur mit Mühe werden wir uns das traurige Bild der Zerstörung vergegenwärtigen, welches zu jener Zeit unser Vaterland darbot. Aber kaum waren die inneren Kämpfe ausgeglichen, so erhob man sich aus dem Verfall, und die Herstellung gesetzlicher Ordnung begann: *die Herstellung*, denn auf eine völlig neue Gründung war Heinrichs Sinn nicht gerichtet.

Wie gewaltig die Erschütterung des karolingischen Reichs gewesen war, in gewissem Sinne überdauerte es doch seinen Verfall. Wie Heinrich sich als der unmittelbare Nachfolger der Karolinger ansah, wie er sein Reich nicht anders als das ostfränkische nannte, so haben sich alle Einrichtungen der neuen zeit im unmittelbaren Anschluß an die Vergangenheit gestaltet. Das baufällige Haus wurde gleichsam nach einem teilweise veränderten Plan ausgebaut; nicht bis auf den Grund abgetragen und durch ein neues ersetzt. Die frühere Entwicklung der Dinge war durch die großen Bewegungen im Anfang des neuen Jahrhunderts keineswegs ganz unterbrochen worden; tausend Fäden spannen sich aus der alten Zeit in die neuen Zustände hinüber. Man hat sich deshalb nicht zu wundern, wenn schon Heinrichs Sohn offen vor aller Welt die Bahnen Karls des Großen aufs neue verfolgte.

Wir wissen, welchen Reichtum, welche Macht und welchen weitgreifenden Einfluß die Kirche in dem fränkischen Reiche gewonnen hatte. Sie vor allem war bei dem Ruin des Königtums beteiligt gewesen, und so sehr sie ihn anfangs beförderte, doch nachher am schwersten von ihm betroffen wurden. Wie einst die

Pippiniden ihre Macht zum großen Teil durch die Einziehung geistlicher Güter gewonnen hatten, waren auch die herzoglichen Gewalten jetzt durch eine ähnliche Beraubung der Kirchen hauptsächlich emporgekommen. Vor allem hatten die reichen Klöster gelitten; fast überall fielen sie in die Hände der weltlichen Gewalthaber, die mit den Einkünften derselben ihre Dienstmannschaften unterhielten und die zahl ihrer Vasallen vermehrten. Man sah die sonderbare Erscheinung von Laienäbten, welche das Vermögen der Stifte nur zu ihren weltlichen Zwecken benutzten und in die geweihten Räume das unkirchlichste, ja geradezu das lästerlichste Leben einführten. So nahm Herzog Arnulf der berühmten Abtei Niederaltaich fast ihr ganzes Vermögen; so büßte Tegernsee durch ihn etwa 11 000 Hufen seines Landbesitzes ein. Noch schlimmer erging es den Klöstern in Lothringen, wo Reginar und Giselbert hauptsächlich durch Kirchenraub ihre Stellung sich wahrten. Auch die bischöflichen Kirchen erlitten große Einbuße an ihrem Vermögen, aber noch nachteiliger für sie war, daß die Bistümer meist an unwürdige Männer von vornehmer Familie einzig im Interesse der Gewalthaber verliehen wurden, die sich überdies die Ernennung mit großen Summen bezahlen ließen. Die Simonie, wie man nach der Erzählung von Simon dem Zauberer diesen abscheulichen Handel mit den geistlichen Stellen nannte, war überall im Schwunge und wurde bald ein unheilbarer Krebsschaden der Zeit. Es konnte nicht anders sein, als daß alle kirchliche Ordnung und Zucht sich unter solchen Verhältnissen auf das bedenklichste lockerte.

Für eine durchgreifende Reformation der Kirche waren die Umstände ungünstig genug: dennoch versuchte man nach der Rückkehr geordneter Zustände die augenfälligsten zustände möglichst zu heben. Die Bischöfe bestrebte sich, die Wunden auszuheilen, welche die arge Zeit ihrem Kichenvermögen geschlagen, und es gelang ihnen damit oft zum Verwundern; weniger glücklich waren die Klöster, von denen manche spät, manche niemals wieder zu ihrer früheren Blüte gediehen. Vor allem war aber der König auf die Herstellung kirchlicher Ordnung bedacht. Nach Koblenz, Duisburg berief er Synoden, wo schwäbische, fränkische, sächsische und lothringische Bischöfe unter seiner Leitung tagten und wichtige Bestimmungen über die Grenzen der geistlichen Gewalt, über Kirchenzucht, die Festtagsfeier und die Herstellung zerstörter Kirchen faßten. So wenig Heinrich einer übermäßigen Ausdehnung der klerikalen Gewalt geneigt war und so wenig Beweise großer Freigebigkeit an die geistlichen Herren von ihm besitzen, so hat er doch in einzelnen Fällen eine ungewöhnliche Gunst ihnen zuteil werden lassen. Er war unseres Wissens der erste König in den deutschen Ländern, der einen Bischof die gesamten rechte der Grafschaft in einer Stadt verlieh. Auch die Herstellung der klösterlichen Zucht begann unter seiner Regierung; es wird uns ausdrücklich berichtet, daß man im Jahre 934 eine Reformation der Klöster in Lothringen angriff.

An den Verhältnissen der Kirche läßt sich am besten verfolgen, wie ein geordneter Zustand allmählich zurückkehrte: aber unfehlbar wirkten gleiche Ursachen Gleiches in allen Kreisen des Lebens. Wer diese Herstellung dem König allein beimessen wollte, würde freilich sehr von der Wahrheit abirren. Seit die Regierung der einzelnen Länder den Herzögen überlassen war, hat Heinrich selten unmittelbar in dieselbe eingegriffen. Vor allem schaltete Herzog Arnulf in Bayern mit völlig freier Macht. Auch die kirchlichen Angelegenheiten seines Landes ordnete er mit selbständiger Gewalt; wir kennen die Beschlüsse einer Synode zu Dingolfing, welche er berief. Niemals ist unseres Wissens König Heinrich persönlich wieder in Bayern erschienen.

Enger als Bayern wurde Schwaben mit dem Reiche verbunden, als nach dem Tode Herzog Burchards (926) der fränkische Graf Hermann das Herzogtum erhielt, in dem er sich zugleich mit Reginlinde, Burchards Witwe, vermählte. Hermann gehörte dem Hause der Karodiner an; er war ein Sohn des im Ungarnkampf gefallenen Gebhard, ein Vetter Herzog Eberhards. Wir kennen die näheren Umstände seiner Einsetzung nicht, aber mit Notwendigkeit schwächte sie die nationale Bedeutung des Herzogtums in Schwaben und führte dies Land den allgemeinen Interessen des Reichs näher. Wie die Konradiner jetzt hier der Königsmacht dienten, so nicht minder in Lothringen. Nur sehr langsam stellten sich in diesem Lande, wo die Parteikämpfe des Westfrankenreichs steten Nachhall fanden, gesicherte Zustände her. Wiederholt mußte noch Heinrich selbst einschreiten; so zog er im Jahre 928 mit großer Heeresmacht über den Rhein, um Boso, den Bruder König Rudolfs von Frankreich, und Giselberts Bruder Reginar zum Niederlegen der Waffen zu zwingen, und immerdar stand Eberhard gegen das unruhige Volk auf der Wacht.

Aber wie bedeutend sich auch der Einfluß der Konradiner in Schwaben und Lothringen entwickelte, ihre Hauptstärke lag doch in ihrem fränkischen Herzogtum. Überall in den Rheingegenden mächtig, schienen die Konradiner mit Heinrich die Herrschaft gleichsam zu teilen und eine größere Macht als je durch die Kronentsagung Eberhards gewonnen zu haben: eine Macht, die zugleich dem ganzen fränkischen Volke zugute kam. Wenn auch das Reich auf die Sachsen übergegangen war, die fränkischen Herren behielten einen schwerwiegenden Einfluß auf die Geschäfte und wir finden den König auf Hoftagen, wie er sie z. B. zu Seelheim in Oberhessen und Worms hielt, vornehmlich mit ihnen die Angelegenheiten des Reichs verhandeln. Sehr bezeichnend ist es, daß man damals anfing, dem ostfränkischen Reiche auch den Namen „*Franken und Sachsen*" zu geben.

Mit ganz freier Macht waltete der König nur in seinen ererbten Herzogtümern, in Sachsen und Thüringen. Mit rastloser Tätigkeit strebte er hier dahin, die Ordnung herzustellen und nach allen Seiten zu sichern. Sichtlich erhoben sich diese Länder, und Heinrichs Einrichtungen hier dienten auch anderen Ländern zum Beispiel und Muster.

Doch was half alles Bauen und Schaffen, wenn es nicht gelang, das Reich dauernd gegen seine äußeren Feinde und vor allem gegen die Ungarn zu schützen? So mutlos man durch die immer erneuten Niederlagen geworden war, verzweifelte Heinrich doch nicht an der Kraft seines Volkes, und dem tapferen Manne half das Glück. Denn wohl war es ein Glück, daß die Ungarn die deutschen Länder diesseits des Rheins gerade damals längere Zeit verschonten, in dem sie ihre Angriffe hauptsächlich auf Italien, das Westfrankenreich und Lothringen richteten. Aber im Jahre 924 erschienen sie von neuem und wandten sich gegen Sachsen. Alles, wohin sie kamen, wurde verwüstet. Die Burgen und festen Plätze, die Klöster und Kirchen, die Wohnungen des armen Landmannes wurden eingeäschert, alt und jung, Mann und Weib erwürgt, wieder konnte man an den Rauchwolken und dem Feuerscheine am Himmel die Straßen verfolgen, welche der furchtbare Feind zog;

wieder flüchtete man sich in das Dickicht der Wälder, auf die Spitzen der Berge und in verborgene Höhlen. „Es ist besser, hiervon zu schweigen", sagt Widukind, „als durch Worte das Leid zu steigern."

König Heinrich wagte nicht, dem überlegenen Feinde im offenen Kampfe zu begegnen. Er hatte früh den Krieg gegen denselben kennengelernt und glaubte nicht, daß sein Heer ihm gewachsen sei. Wohl war jeder freie Sachse nach vollendetem dreizehnten Jahre zu Landwehr verpflichtet und mußte gegen einbrechende Feinde die Waffen ergreifen; auch galten dem Buchstaben nach noch die alten Kriegsordnungen des fränkischen Reiches, wonach jeder freie Mann, wenn er mindestens fünf Hufen Landes besaß, zum Heerbann sich persönlich zu stellen hatte und die kleinen Grundbesitzer gemeinschaftlich einen Streiter ausrüsten sollten. Aber diese Ordnungen waren im Verfall: die Zahl der freien Leute hatte sich in den unglücklichen Zeiten bedeutend vermindert, nur selten brachte man den Heerbann zusammen, und wenn er sich sammelte, waren es Scharen, die den Krieg nicht verstanden. König Ludwig das Kind und selbst Heinrich konnten, wie erzählt wird, nur durch Androhung der Todesstrafe den Heerbann aufbringen. Der Adel lebte freilich im steten Gebrauch der Waffen und focht seine Fehden mit kampfgeübten Vasallen und Dienstleuten aus, auch waren der Fehden leider genug zu diesen Zeiten in den deutschen Ländern gewesen, und selbst Sachsen war von ihnen nicht unberührt geblieben. In solchen Kämpfen galt es, durch Mut und List im Handgemenge mit wenigen zu entscheiden, und diesen Krieg im kleinen verstand man recht wohl: doch in offener Feldschlacht einem an Zahl überlegenen Feinde zu begegnen, ein ganzes Volk zu bekämpfen, Massen mit Massen zu schlagen – die Kunst hatten die Deutschen nur zu sehr verlernt. Daher waren die Streitkräfte, über welche der König verfügen konnte, ungeregelt, ohne festen Zusammenhalt und zu großen Unternehmungen kaum zu benutzen. Überdies mußte den Ungarn im Reiterkampfe begegnet werden, und obgleich das fränkische Vasallenheer fast allein aus Rittern bestand, war doch in Sachsen der Reiterdienst noch neu und wenig verbreitet; der größte Teil des Adels hielt hier nur schlecht bewaffnete Dienstleute, die zu Fuß den Kriegsdienst leisteten. So konnte sich Heinrich auch auf ein Vasallenheer, wie es die Sachsen zu stellen vermochten, den Ungarn gegenüber mitnichten verlassen. Er vermied deshalb jede Schlacht und schloß sich in seiner festen Burg Werla, am Fuße des Harzes unweit Goslar, mit seine Getreuen ein.

Die Gunst des Glücks fehlte Heinrich auch jetzt nicht. Ein vornehmer Ungar wurde von den Leuten des Königs gefangen und zu ihm gebracht. Der Gefangene stand in hoher Gunst bei seinem Volke, und man schickte deshalb sogleich Gesandte, um ihn aus den Banden des Feindes zu lösen. Gold und Silber bot man für ihm im reichsten Maße, aber nicht darnach stand Heinrichs Sinn. Frieden, nur Frieden verlangte er, ja, er erbot sich, wenn ihm ein Waffenstillstand auf neun Jahre gewährt würde, nicht nur den Gefangenen zurückzuliefern, sondern auch jährlich einen Tribut den Ungarn zu zahlen. Auf diese Bedingungen hin gelobten die Ungarn, neun Jahre das Sachsenland zu verschonen und zogen der Heimat zu.

Nichts wahrlich ist entwürdigender, als das Vaterland einem Feind zinsbar zu machen und so ihm die Knechtschaft zu erkaufen. Durch solche Feigheit vor allem war die Herrschaft der Karolinger untergegangen, das wußte Heinrich recht wohl. Aber nicht um träger Ruhe zu frönen, hatte er den Abzug der Feinde erkauft: nur um dauernd die Freiheit Sachsens zu sichern, wich er in der Stunde der Not, und vom ersten Augenblick der Ruhe arbeitete er unablässig, die ihm gegönnte Frist aus allen Kräften zu nützen. Neun Jahre dünkten ihm genug, um das so oft verheerte Land in einem haltbaren Verteidigungszustand gegen den Feind zu setzen: und sie waren genug.

Heinrichs Vertrag mit den Ungarn ging, wie man annehmen muß, nur auf Sachsen und Thüringen, denn Bayern, Schwaben und Lothringen wurden im Anfange des Jahres 926 aufs neue von den Ungarn heimgesucht; vielleicht konnte, vielleicht wollte Heinrich nicht auch diesen Ländern den Frieden erwirken. Vorzüglich auf Sachsen und Thüringen erstreckten sich auch seine Anstalten zur Abwehr neuer Angriffe des Feindes.

Größere befestigte Ortschaften kannte man damals in Sachsen und Thüringen noch nicht; nur an den Ufern des Rheins und der Donau und jenseits dieser Flüsse, wo einst die Römer gewohnt hatten, gab es auf deutschem Boden volkreiche Städte mit festen

Mauern und Türmen, die aber seit den Normannenzügen und den Ungarnkriegen meist in Schutt und Trümmern lagen. Die Sachsen wohnten noch nach alter Sitte auf einzeln stehenden Höfen, mitten in ihren Fluren und Äckern oder hatten sich in offene Dörfer zusammengebaut. Nur hier und da erhoben sich im Lande Königspfalzen und Burgen adeliger Herren, nur hier und da wurden die umfriedeten Sitze der Bischöfe, Priester und Mönche die ersten Sammelpunkte eines lebendigen Verkehrs. Auch die Grenzmarken waren schlecht gehütet; die Festen, die Karl der Große einst hier angelegt hatte, waren meist in den Kriegen gegen die Dänen und Wenden zerstört. Das Land lag also, ohne Gegenwehr leisten zu können, dem einbrechenden Feind offen, der dann im Innern bei der Zerstreuung der Wohnsitze ebensowenig aufzuhalten war. Das erste Erfordernis schien deshalb Heinrich, die bestehenden Burgen zu erweitern und stärker zu befestigen wie neue Festen anzulegen, um größere Streitkräfte in sicheren Plätzen sammeln zu können. Besonders mußte dies an den Grenzen geschehen, um den Feind an der Schwelle des Landes zurückzuweisen.

Es ist früher erwähnt, wie es Heinrich gelungen war, die Sorben an der Saale zu vernichten und wie zu derselben Zeit die wendischen Stämme, die über die mittlere Elbe vorgedrungen, über den Fluß zurückgetrieben wurden. In diesen Markgegenden, die ihm als Sieger zugefallen waren, hatte Heinrich seine Dienstleute in Menge angesiedelt und gegen kleinere oder größere Lehen zum Kriegsdienst verpflichtet. Gleichsam Militärkolonien auf erobertem Boden hatte er so errichtet, und hier, wo alles auf Kriegsfuß stand, und in den zunächst anstoßenden Gauen, die meist mit den Marken unter derselben Leitung standen, hatte er freie Hand seine Absichten durchzuführen. Auf gleiche Weise hatte König Edward von England einige Jahre vorher gegen die Dänen eine lange Reihe von Grenzburgen hergestellt oder neu erbaut und dadurch sein Reich gegen die Überfälle der Feinde gesichert; vielleicht hatte Heinrich das Beispiel des Angelsachsen bei seinem Unternehmen vor Augen.

Tag und Nacht wurden nun die Markgegenden gebaut; Haus mußte an Haus, Hof an Hof sich schließen; alles wurde mit Mauern und Wällen umschlossen. Ohne Rast und Ruhe ging die Arbeit fort; ungewohnte Anstrengungen mutete Heinrich dem Volk zu, denn es sollte im Frieden sich abhärten, um die Entbehrungen des Krieges leichter bestehen zu können. So stiegen mit Wällen und Mauern umringte Ortschaften in jenen Grenzgegenden auf; kleinere Plätze wurden vergrößert, zerstörte Befestigungen hergestellt; oft erhoben sich zahlreiche Wohnungen der Menschen plötzlich, wo zuvor nur eine einfache Hütte gestanden hatte. Damals wurde Quedlinburg am Harz auf Fluren, welche die Bode durchfließt, von Grund aus aufgebaut; Merseburg, das dem König immer um Hatheburgs willen ein teurer Ort blieb, wurde vergrößert und erhielt eine steinerne Mauer.

In Merseburg eröffnet Heinrich zugleich ein Asyl für Verbrecher; es geschah, um die Stadt zu bevölkern und wehrhaft gegen die Feinde zu machen. Dieses verdächtige Volk wohnte in der Vorstadt Merseburgs, während die eigentliche Burg von verläßlicheren Dienstleuten besetzt war. Die Merseburger nannte man jene Verbrecher, eine Kriegsmannschaft, die bei besonders gefährlichen Unternehmungen Heinrich öfters verwandt zu haben scheint. „Es war“, sagte Widukind, „eine Schar aus Räubern gebildet; denn der König verschonte, wie er gern gegen seine Landsleute milde war, selbst Diebe und Räuber, wenn sie mutige und kriegstüchtige Männer waren, mit der gebührenden Strafe und siedelte sie in der Vorstadt von Merseburg an. Er gab ihnen dann Äcker und Waffen und gebot ihnen mit ihren Landsleuten Frieden zu halten; gegen die Wenden aber erlaubte er ihnen auf Raub auszuziehen, so oft sie es wollten.“ So stark war diese Merseburger Schar, daß sie wenige Jahre später 1000 Mann zum Krieg gegen Böhmen stellte.

Aber auch auf andere Weise suchte Heinrich die Bevölkerung der neuen Burgen zu heben. Er gebot, alle Gerichtstage, Volksversammlungen und Gelage fortan innerhalb der Burgen zu halten; so oft die Sachsen zusammenkamen, sollten sie sich in den Burgen versammeln, damit sie, die das Leben in eingeschlossenen Orten immer noch für eine Einkerkerung hielten, sich allmählich daran gewöhnten. Auch hier folgte er vielleicht dem Beispiel König Edwards, der in ähnlicher Weise alle Kaufhandlungen innerhalb der Burgtore vorzunehmen gebot. Aber die befestigten Ortschaften Sachsens und Thüringens sollten bei einem neuen Einbruch der Feinde nicht nur die Möglichkeit zu einem kräftigen Widerstand gewähren, sondern zugleich allen Grenzbewohnern Zuflucht und

Sicherheit bieten. Deshalb mußte je der neunte Mann von den Dienstleuten in die Burg ziehen, hier für sich und zugleich für seine acht Gefährten Wohnung herrichten wie auch Speicher und Vorratskammern besorgen; denn der dritte Teil aller Feldfrüchte, die man gewann, mußte in die Burg eingeliefert werden und wurde dort aufgespeichert. Die acht aber, die draußen waren, bestellten für den in der Burg das Feld, säten und ernteten für ihn und brachten die Ernte in seine Scheuern. Außerhalb der Burg sollten keine oder nur wertlose Bauten sein, da diese doch bei dem ersten Angriff vom Feinde zerstört wurden.

Obwohl diese Anordnungen zunächst nur für die Marken Sachsens und Thüringens getroffen waren und auch nur dort durchgeführt werden konnten, wirkten sie doch auch tiefer in das Land hinein und gewöhnten die Sachsen mit der Zeit an das städtische Leben. Allmählich bildeten sich um die königlichen Pfalzen und die größeren Burgen volkreiche Orte; auch um die Bischofssitze und die berühmtesten Kirchen und Klöster erwuchs ein lebendigerer Verkehr, zahlreicher bauten die Menschen sich hier an und befestigten bald ihre Wohnorte gegen die Feinde. So entstanden die Städte Sachsen und Thüringens, zunächst als Wehr gegen äußere Feinde, dann aber ein fruchtbarer, friedlich eingehegter Boden, auf dem die schönsten Früchte deutschen Fleißes und deutscher Geistestiefe gedeihen sollten. Ist es auch nicht richtig, daß Heinrich die städtischen Freiheiten und Gerechtsame in Deutschland begründet hat, wie man früher wohl glaubte, so trägt er den Beinamen des Städtegründers doch nicht ganz mit Unrecht, denn er war es, der die Sachsen zuerst an das Leben hinter Mauern, Wällen und dem Verschluß der Tore gewöhnte, der die Zerstreuten in engere Kreise des Lebens zusammendrängte. Wenn daher einer durch das weite Sachsenland zieht und wenn ihm von fern eine volkreiche Stadt mit ihren Türmen winkt und er beim Eintritt sieht, wie hier Tausende ein friedliches und fleißiges Leben führen, so mag er Heinrichs gedenken, der die Sachsen zum Städtebau zwang.

Heinrichs Anordnungen scheinen auch auf die anderen Teile des Reichs gewirkt zu haben. Denn auch hier wurden in manchen Städten die verfallenen Mauern hergestellt, bis dahin offene Orte, jetzt ummauert. Damals oder wenig später erließen der König und die Fürsten ein Gesetz, daß alle Klöster mit Mauern und Wällen umgeben werden sollten. Wie weit diesem Gesetz Folge geleistet wurde, wissen wir nicht. Im Kloster Herfeld betrieb man den Bau mit so großer Hast, daß die schon bis zu der bestimmten Höhe aufgeführten Mauern einsanken und in den zwölf Fuß entfernten Graben hinabstürzten.

Dies alles waren Sicherheitsmaßregeln für spätere Überfälle. Aber dem Krieg begegnet nur der Krieg, der Heeresmacht nur Heeresmacht, und Heinrich mußte auch auf ein Heer, mit dem er den Ungarn widerstehen konnte, bedacht sein; wie an das städtische Leben, mußte er die Sachsen deshalb auch an den Kriegsdienst zu Pferd gewöhnen. Seine militärischen Anordnungen betrafen, so viel aus den dürftigen Nachrichten klar wird, vorzugsweise den Dienst der Vasallen in Sachsen, die er zu Roß und mit berittenen Leuten sich fortan dem Aufgebot zu stellen nötigte. Durch die große Zahl der königlichen Dienstmannen in den Marken vermehrt, wurde so ein stattliches Reiterheer aufgebracht, das Heinrich dann jahrelang emsig und ausdauernd übte. Dieses Reiterheer bildete fortan die Grundlage seiner kriegerischen Unternehmungen, und der Kern desselben scheinen des Königs eigene Kriegsmannen, wie sie vorzugsweise in den Marken angesiedelt waren, gewesen zu sein. Wenn auch Heinrich und seine Nachfolger bei Landesbedrängnis noch öfters den alten Heerbann ausgerufen haben, so verlor doch der Kriegsdienst zu Fuß die frühere Ehre. Mehr und mehr wurden die Worte Kriegsmann und Rittersmann gleichbedeutend. Aus dem Volksheere wurde ein Ritterheer. Den Dienst zu Fuß verlernten allmählich die Sachsen wie alle Deutschen, und lange hat es bedurft, ehe sie wieder in ihm zur Geltung gelangten. Auch die Heeresordnung und Kriegsführung unter den Deutschen wurden so durch Heinrich umgestaltet und auf neue Bahnen gebracht, die sie dann lange verfolgt haben.

Vier Jahre war Heinrich mit der Ordnung aller dieser Dinge beschäftigt. „Meine Zunge“, sagt Widukind, „kann nicht aussagen, mit welcher Umsicht und Wachsamkeit er damals alles getan hat, was zum Schutze des Vaterlandes diente.“ Sobald aber Heinrich das Heer schlagfertig wußte, griff er mit demselben die wendischen Stämme an (928). Sie waren die nächsten Feinde des Reichs und des Sachsenlandes und zugleich weniger gefährlich als die

Ungarn, so daß der Krieg gegen sie als beste Schule gegen den stärkeren Feind anzusehen war. Der erste Angriff galt den Hevellern, einem wendischen Stamme, der auf beiden Seiten der Havel und an der unteren Spree wohnte. Mehrmals kam es zur Schlacht; immer siegte Heinrich und drang endlich bis zur Hauptfeste des Stammes, dem jetzigen Brandenburg, vor. Die Stadt, Brennaburg damals genannt, lag rings von der Havel umflossen. Es war mitten im Winter, als Heinrich sie belagerte, und auf dem Eise schlug er sein Lager auf. Eis, Eisen und Hungersnot: die drei brachten Brennaburg zu Fall, und mit ihm fiel das ganze Havelland in die Hände des Siegers.

Danach zog Heinrich südwärts gegen die Dalemincier, gegen die er einst seine ersten Lorbeeren errungen hatte. Sie kannten die Streiche von Heinrichs Schwert und wagten nicht, ihm im offenen Felde zu begegnen. Sie schlossen sich in ihrer Feste Jana ein, aber am zwanzigsten Tage wurde auch diese genommen. Tödlicher Haß herrschte längst zwischen Wenden und Sachsen, und auch hier fielen ihm blutige Opfer. Die Stadt wurde geplündert, die mannbare Bevölkerung erschlagen, die Kinder als Sklaven verkauft. So wollte es die arge Sitte, und der Deutsche hat sein Wort Sklave von den Slawen genommen.

Auch gegen die den Daleminciern stammverwandten und ihnen angrenzenden Tschechen in Böhmen drang Heinrich vor. Erst seit einem Menschenalter war das Volk unter die Herrschaft *einer* Familie, der Premysliden, gefallen; mit der Alleinherrschaft hatte das Christentum Platz gewonnen, obwohl es schwer unter dem halsstarrigen Geschlecht Eingang fand. Von dem zahlreichen, unter *ein* Gebot vereinigten Volk ließ sich ein kräftigerer Widerstand als von den anderen Slawenstämmen erwarten; deshalb entbot der König Herzog Arnulf zu Hilfe, und ein Bayernheer rückte über den Böhmerwald gleichzeitig mit dem Könige in das Tschechenland ein. Es war das erste Mal, daß der Bayer dem Sachsen Heeresfolge leistet. Tief bis in die Mitte des Landes drangen sie ein, wo am Strande der schnellen Moldau das alte Prag liegt. Hier übergab der junge Böhmenherzog Wenzel, durch den Einfluß seiner frommen Großmutter Ludmilla schon dem Christentume gewonnen, sich und sein Land dem Könige (929). Als Lehen erhielt er es zurück und zahlte von nun an dem Sachsen einen Tribut, der vielleicht schon damals wie später in 500 Mark Silber und 120 Stück Rindern bestand. Seit jener Zeit forderten Deutschlands Könige von den Böhmenfürsten Lehnspflicht und Gehorsam, bis endlich das Land selbst in viel späterer Zeit an deutsche Fürsten kam.

Während der König selbst diese slawischen Stämme unterjochte, hatten seine Grafen mit Glück gegen die nördlich wohnenden Wenden gekämpft. So waren zuerst die Redarier, die in dem seenreichen Lande nördlich von der Havel bis zur Peene wohnten, bezwungen worden, dann die Abodriten und Wilzen, die nordwärts und westlich von jenen ihre Wohnsitze bis zu dem Strande der Ostsee hatten. Binnen kurzer Zeit war der größte Teil des Landes zwischen Elbe und Oder der Herrschaft der Sachsen gewonnen, aber der harte Sinn der hier wohnenden Wendenstämme war damit nicht gebrochen, und das vergossenen Blut der Ihrigen schrie um Rache. Wütend erhoben sich zuerst die Redarier gegen die Herrschaft der Deutschen; sie scharten sich zusammen und überfielen Walsleben. Volkreich war damals der stark befestigte Ort, konnte sich jedoch gegen die Überzahl der Feinde nicht verteidigen. Mit Sturm wurde er genommen, alle seine Bewohner getötet, keiner sah den kommenden Tag. Dies war der Weckruf zu allgemeiner Erhebung. Wie *ein* Mann standen die wendischen Stämme des Nordens auf, um das verhaßte Joch der Sachsen abzuschütteln.

Heinrich rüstete schnell und befahl dem Grafen Bernhard, dem er die Bewachung der Redarier übertragen hatte, wie dem Grafen Thietmar, sogleich den Krieg mit der Belagerung der Feste Lenzen, die in den Händen der Wenden war, zu beginnen. So gut es in der Eile ging, wurde der sächsische Heerbann gesammelt und mit der Kriegsmannschaft, die in den Marken stand, unter Bernhards Befehl gestellt. Schon fünf Tage lag man vor Lenzen, da meldeten die Kundschafter, ein Heer der Wenden sei in der Nähe und wolle bei einbrechender Nacht das Lager der Sachsen überfallen. Bernhard ließ sofort seine Krieger bei seinem Zelte zusammentreten und gebot ihnen, die Nacht im Lager unter Waffen zu bleiben. Die Menge trennte sich, und jeder überließ sich der Freude oder der Angst, der Hoffnung oder Furcht, je nachdem er den Kampf wünschte oder nicht. Die Nacht brach herein; sie war finsterer als gewöhnlich, der Himmel mit schweren Wolken bezogen, und der Regen floß in Strömen herab. Bei solchem Wetter sank den Wenden der Mut, und sie unterließen den Angriff. Als aber der Morgen dämmerte, beschloß Bernhard selbst, obwohl die Sachsen die ganze Nacht in den Waffen gestanden hatten, einen Angriff zu wagen und ließ das Zeichen zum Kampfe geben. Da schwuren alle, ihre Fehle sich vergebend, Urfehde einander – so war es Sitte vor der Schlacht –, und mit feierlichen Eidschwur gelobten sie wie ihren Führern so sich untereinander Beistand und Hilfe im Streite. Als dann die Sonne aufging – in heller Bläue strahlte der Himmel nach dem nächtlichen Regenguß –, zogen sie aus dem Lager, die wehenden Fahnen voran.

Beim ersten Angriff mußte Bernhard der Übermacht der Gegner weichen. Aber er hatte bemerkt, die Wenden besaßen nicht mehr Reiter als er, wohl aber unermeßliche Scharen von Fußvolk, die nur mit Mühe auf dem schlammigen Boden sich vorwärts bewegten und mit Gewalt von Reitern im Rücken vorgejagt wurden. Deshalb ließ er den Mut nicht sinken, und seine und der Seinen Zuversicht stieg, als sie sahen, wie aus den nassen Kleidern der Wenden ein dichter Dunst zum Himmel emporstieg, während sie selbst das klarste Licht rings umfloß: es war, als ob der Christengott mit ihnen sei im Kampfe gegen die Heiden. Abermals wurde das Zeichen zum Angriff gegeben, und mit freudigem Feldgeschrei stürzten sie sich in die Reihen der Feinde. Dichtgedrängt standen die Wenden, und vergebens versuchte man sich eine Gasse durch ihre Scharen zu brechen; nur rechts und links wurden einzelne getrennte Züge der Wenden angegriffen, überwältigt und niedergemacht. Viel Blut war schon auf beiden Seiten vergossen, doch hielten die Wenden immer noch stand. Da schickte Bernhard einen Boten an Thietmar, er solle dem Heere zu Hilfe eilen, und schnell sandte dieser einen Hauptmann mit fünfzig geharnischten Rittern in die Seite der Feinde. Wie ein Unwetter stürzten sich diese prasselnd auf die Wenden; es wankten die Reihen derselben, und bald ergoß sich das ganze Heer in die wildeste Flucht. Rings auf dem Blachfelde wütete das Schwert der Sachsen. Die Wenden suchten Lenzen zu erreichen, aber umsonst, denn Thietmar hatte alle Wege besetzt. Da stürzten sich viele voll Verzweiflung in einen nahegelegenen See, und die das Schwert verschont, fanden in den Wellen den Tod. Von dem Fußvolk kam keiner davon, wenige nur von den Reitern. Achthundert gerieten in Gefangenschaft; den Tod hatte man ihnen gedroht, und den Tod fanden sie alle am kommenden Tage. Mehr als 100 000 Wenden sollen bei Lenzen umgekommen sein. Auch die Sachsen erlitten schmerzliche Verluste und vermißten manchen edlen Mann in ihrem Heere. Mit diesem Schlage war der Krieg beendigt. Am 4. September 929 wurde die Schlacht geschlagen; am anderen Tage ergab sich Lenzen. Die Bewohner streckten die Waffen und baten allein um das Leben; das ließ man ihnen, aber nackt mußten sie aus der Stadt ziehen. Ihre Weiber und Kinder, ihre Knechte, ihr Hab und Gut, alles fiel in die Hände der Sieger.

Herrlicher Ruhm vor allem deutschen Volk erwarben sich Bernhard und Thietmar; denn über ein unermeßliches Heer der gehaßten Wenden hatten sie mit einer eilig zusammengerafften, im Verhältnis geringen Mannschaft einen glänzenden Sieg davongetragen. Auf das ehrenvollste empfing sie der König, und aus jenem Munde erhielten ihre Taten das schönste Lob. In den Siegesjubel mischten sich andere Freudenklänge. Gerade damals feierte Heinrich die Hochzeit seines ältesten Sohnes Otto. Aus dem königlichen Geschlecht der stammverwandten Angelsachsen hatte er ihm die Lebensgefährtin erkoren; die schöne Editha, König Edwards Tochter und eine Schwester König Athelstans, der damals mit starker Hand England beherrschte, sollte Otto zum Altar führen. Und so geschmeichelt hatte sich Athelstan durch Heinrichs Werbung gefühlt; daß er nicht nur Editha, sondern auch deren Schwester Elgiva nach Deutschland hinübersandte; zwischen beiden möchten Heinrich und Otto wählen. Von Althelstans Kanzler Thorketul begleitet, schiffen die Fürstinnen den Rhein hinauf bis Köln, wo sie von Heinrichs Gesandten empfangen wurden. Editha blieb die Erkorene, und alsbald wurde die Vermählung mit großer Pracht gefeiert. Als eine reiche Morgengabe empfing Editha von ihrem Gemahl Magdeburg und viele schöne Güter im Sachsenlande. Nach einem Jahre gebar sie einen Sohn, der den Namen Luidolf erhielt. Alles Volk begrüßte mit Jubel die Geburt dieses Kindes, in dem man den Herrscher der Zukunft sah; niemand ahnte, wie schwere Schicksale dieses Haupt dereinst treffen sollten.

Noch einmal zog König Heinrich im Jahre 932 gegen die Wenden; diesmal galt es den Lausitzern auf beiden Seiten der oberen Spree. Von den Lande der Dalemincier aus, in dem er die starke Feste Meißen erbaut hatte, unternahm er den Zug, ging über die Elbe und drang ungefährdet in das Land der Feinde ein. Zwischen Dahme und Schlieben liegt jetzt ein kleiner Flecken mit Namen Lebusa: das war damals die Hauptfeste der Lausitzer, sie faste zehntausend Bewohner, hatte zwölf Tore und starke Mauern, von denen man noch Ruinen sieht. Lebusa wurde von Heinrich belagert und mußte sich ergeben; darauf wurde das ganze Lausitzerland dem König zinspflichtig. Viel Blut ist gewiß auch hier geflossen, denn gegen Wenden ließ Heinrich das Schwert nicht in der Scheide. Kräftig gedeiht nun seit Jahrhunderten deutsches Leben zwischen Elbe und Oder, aber es ist auf einem Boden entsprossen, von dem jede Scholle mit Blut getränkt ist. Es waren eherne Zeiten, wo deutsche Sitte, Sprache und mit ihnen das Christentum in diese Gegenden gepflanzt wurde; schwer wie Eisen hat die Hand der Sachsen auf den Wenden geruht und sie endlich zermalmt. Wenn sie unter solchem Joche murrten; sich noch oftmals gegen ihre Dränger erhoben und in den Kampf der Verzweiflung stürzten, wer wollte sie deshalb verklagen?

Die neun Jahre des Waffensillstandes mit den Ungarn waren inzwischen dem Ende entgegengerückt, und der Krieg mit diesen schlimmsten Feinden des Reichs drohte von neuem. Heinrich, wir sahen es, hatte die Frist trefflich genutzt. Sachsen war durch feste Orte geschützt, dem Könige stand ein im Kriege erprobtes, ihm treu anhängliches Heer zu Gebote: jetzt war es Zeit, sich mit dem alten Gegner zu messen.

Der König berief daher einen großen Landtag und sprach hier, wie Widukind von Korvei berichtet, in folgender Weise zu seinen Sachsen: „Wie große Verwirrung einst in eurem Lande geherrscht hat und wie ihr jetzt davon befreit seid, wißt ihr selbst am besten, denn ihr erlagt ja unter der Last der inneren Fehden und auswärtigen Kriege. Aber unter Gottes Beistand habe ich es durch meine Sorge und eure Tapferkeit nun so weit gebracht, daß Friede und Eintracht allerorten herrschen, daß die Wenden unterjocht sind und jetzt uns dienen. *Eines* jedoch ist noch übrig: gegen die Ungarn, den Feind aller, müssen wir allzumal zu den Waffen greifen.

Euch, eure Söhne und Töchter habe ich bisher, um die Säckel dieses Feindes zu füllen, geschätzt; jetzt muß ich die Kirchen Gottes und die Diener des Herrn berauben und plündern, denn nichts ist sonst uns geblieben als die nackten Leiber. Erwäget daher selbst und wählet, was ich tun soll. Soll ich nun auch das, was dem Dienste des Herrn geweiht ist, nehmen und seinen Feinden geben, um uns von Knechtschaft zu lösen? Oder soll ich nicht lieber, was wir bisher den Feinden gegeben, den Altären des Herrn zum Opfer weihen, auf daß er, der uns erschaffen und erlöset hat, unsere Bande löse?“ Da erhob alles Volk seine Stimme zum Himmel und rief: „Der wahre, lebendige Gott, der treu und gerecht ist in allen seinen Wegen und heilig in seinen Werken, mache uns frei von unseren Banden!“ Und sie schwuren, dem Könige beizustehen in allen Gefahren und ihn nimmerdar zu verlassen. So ging das Volk auseinander.

Bald darauf erschienen Gesandte der Ungarn, den Tribut wie gewöhnlich zu fordern, aber mit leeren Säckel kehrten sie diesmal heim. Da sattelten schnell die Reiterscharen der Ungarn, und unermeßliche Schwärme nahmen durch das Land der Dalemincier ihren Weg gegen Abend. Sie forderten Hilfe und Geld von den Daleminciern; doch diese wußten, Heinrich sei gerüstet, und statt des geforderten Tributs warfen sie höhnisch einen fetten Hund den Ungarn hin. So ergrimmt die Ungarn über diese Unbill waren, so ließen sie sich doch nicht Zeit zur Rache, sondern eilten in das Thüringerland, das sie im Winter des Jahres 923 auf 933 verheerten. Als dann Thüringen die große Zahl der Feinde nicht länger ernähren konnte, brach ein Teil des Heeres weiter nach Abend auf, um von einer anderen Seite in Sachsen einzufallen.

Schon hatte Heinrich ein starkes Reiterheer aus Sachsen und Thüringen gesammelt und den Heerbann aufgeboten; auch aus Bayern und den anderen ihm unterworfenen Ländern waren manche Ritter, wie erzählt wird, zu seinen Fahnen geeilt. Ruhig wartete er des Augenblicks, wo die zahllosen Schwärme der Ungarn sich trennten. Kaum hatte aber jene Schar sich geschieden und den Weg gegen Abend genommen, so griffen die Sachsen und Thüringer herzhaft sie an. In einer blutigen Schlacht fielen die Führer der Feinde, und ihre Scharen zerstoben nach allen Seiten. Viele kamen im Winterfrost um, andere starben vor Hunger; eine große Zahl geriet in Gefangenschaft und fand hier einen jammervollen Tod; „wie sie es wert war“, sagt der Korveier Mönch.

Der andere, größere Teil des Ungarnheeres aber, der im Osten zurückgeblieben war und noch in Thüringen hauste, hatte indessen Kunde erhalten, in der Nähe sei eine Burg, in der eine Schwester des Königs wohnte – sie war Herzog Otto nicht in der Ehe geboren und einem Thüringer namens Wido vermählt –, und viel Gold und Silber liegt dort. Daher brachen sie sogleich auf und griffen im Sturme jene Burg an; auch würden sie dieselbe beim ersten Angriff genommen haben, wenn nicht der Einbruch der Nacht dem Kampfe ein Ziel gesetzt hätte. Kaum aber ruhten ihre Waffen, so hörten sie von der Niederlage der Ihrigen, dem Siege der Sachsen, und wie König Heinrich mit einem starken Heer auf sie losrücke. Da überfiel sie gewaltige Furcht; sie zündeten große Feuerzeichen an, daß ihre zerstreuten Scharen sich sammelten, und traten sofort den Rückzug an.

Heinrich lagerte in der derselben Nacht unfern von den Ungarn bei einem Orte, damals Riade genannt, vielleicht dem heutigen Dorf Rietheburg an der Unstrut in der goldenen Aue, wo rings umher viele Burgen der Liudolfinger lagen. Als der Morgen anbrach und man des Feindes Nähe erfuhr, beschloß der König sofort, sie anzugreifen, und stellte sein Heer in Schlachtreihe auf. Er ermahnte die Seinen, sie sollten auf Gottes Gnade all ihre Hoffnung setzen, dann würde er auch heute mit ihnen sein, wie in so vielen anderen Schlachten; die Ungarn seien des Reichs, seien ihrer aller Feinde, es gelte das Vaterland und ihre Väter zu rächen; bald würden die Feinde weichen, wenn sie nur tapfer darauf losgingen und wacker sich schlügen. Da schwoll jedem im Heere das Herz voll Mut; mit Lust sahen sie, wie ihr König bald vorn, bald in der Mitte, bald in den letzten Reihen des Heeres sich auf dem Rosse tummelte und die Fahne des Erzengels Michael, das Hauptbanner des Reichs, überall vor ihm wehte. Der König aber fürchtete, wenn die Ungarn sogleich die gewappneten Ritterscharen der Sachsen zu Gesicht bekämen, so möchten sie nicht standhalten, sondern sofort auseinander sprengen und einen entscheidenden Schlag vereiteln. Daher schickte er zuerst 1000 Mann thüringisches Fußvolk mit nur wenigen gewappneten Rittern vor. Wenn die sich zeigten, dachte er, würden die Ungarn mit der kleinen

Schar anbinden und so bis an die Schlachtordnung seines Heeres verlockt werden. Und so geschah es. Die Ungarn wagten sich bis nahe an die Schlachtordnung des Königs; sobald sie aber seiner Ritterscharen ansichtig wurden, wandten sie sich zur Flucht. Und mit solcher Eile jagten sie davon, daß, obwohl man sie zwei Meilen verfolgte, doch wenige von ihnen gefangen oder niedergemacht wurden; ihr Lager aber erstürmte der König und befreite dort alle Gefangenen. Es war der 15. März des Jahres 933, ein Freudentag für viele, nach ihm hat man, solange Heinrich regierte, keinen Ungarn mehr auf deutschem Boden gesehen.

Als dieser denkwürdige Sieg erfochten war, fand der Jubel im Heer und im ganzen Sachsenlande kein Ende. Als Vater des Vaterlandes begrüßten Heinrich sein Heer und sein Volk; sie priesen ihn als Weltbeherrscher und Kaiser, gleich als ob sie die Größe und Macht ahnten, die seinem Sohne Otto vorbehalten war. Er aber gab Gott die Ehre des Sieges; dem göttlichen Beistande allein maß er bei, was ihm gelungen war, und den Tribut, den er sonst den Feinden gezahlt, gab er jetzt der Kirche, um ihn der Armut zu spenden. Weit über alle Welt verbreitet sich der Ruhm des großen Sachsenkönigs, der zuerst die gefürchteten Ungarn in einem großen Kampf überwunden und aus seinem Lande verjagt hatte.

Und auch den letzten Feind des deutschen Namens sollte Heinrichs Schwert treffen, die Dänen. Diese hatten längst die Grenzen überschritten, welche einst Kaiser Karl ihrer Herrschaft gesteckt hatte. Nicht allein die Grenzmark zwischen Eider, Treene und Schlei hatten sie in Besitz genommen, sondern auch nach der unglücklichen Schlacht, in der Herzog Brun fiel, alles Land nördlich der Elbe mit Hilfe der Wenden an sich gerissen und die fruchtbaren Gegenden des Holsteinerlandes mit Feuer und Schwert verwüstet; die gesamte deutsche Bevölkerung, welche sich hier angesiedelt hatte, war über die Elbe gedrängt, und kaum fand man diesseits des breiten Stroms Sicherheit vor den Räubereien der Feinde. Nur allmählich gelang es, die Dänen hier zurückzuweisen, so daß die Sachsen in ihre alten überelbischen Sitze zurückkehren konnten. Aber noch von anderer Seite wurden die Deutschen von den Dänen bedrängt; denn immer aufs neue landeten nordische Seeräuber auf leichten Schiffen an den Küsten von Friesland und drangen plündernd tief in Sachsen und Lothringen ein.

Mehrmals scheinen die Dänen von den Sachsen überwältigt zu sein, da wir erfahren, daß Heinrich schon im Jahre 931 Fürsten der Abodriten und Dänen taufen ließ. Aber der Kampf war nicht ausgekämpft. Deshalb erhob sich noch einmal am Ende seiner Laufbahn der alternde Held und führte sein Heer über die Grenzen der Dänen (934). Ihr König Gorm der Alte, obwohl in vielen Schlachten erprobt als ein glücklicher Streiter, der zuerst die Reiche der Dänen auf den Inseln, in Schonen und Jütland vereinte, wagte dennoch nicht, dem Sieger über die Ungarn im offenen Kampfe zu begegnen. Er bat um Frieden und versprach, sich jeder Bedingung zu fügen. So stellte Heinrich die alten Grenzen des Reichs auch hier wieder her und gab, in dem er an sächsische Kriegsleute die verlassenen Landstriche zu Lehen erteilte, diesen nördlichsten Gegenden seines Reichs eine ähnliche Kriegsverfassung wie den von den Wenden eroberten Marken. Die Länder zwischen Eider, Treene und Schlei, nachmals die Mark Schleswig genannt, blieben dem Deutschen Reiche, bis Konrad II. beinahe hundert Jahre später das Land bis zur Elbe den Dänen abtrat. Wohl schien die Abtretung durch die Verhältnisse geboten – aber eine Tat des Segens war es nicht, daß er die Grenzen verrückte, die Karl der Große gesteckt und Heinrich mit weiser Umsicht hergestellt hatte.

5. Die letzten Zeiten Heinrichs I.

Wie das Glück alle Unternehmungen König Heinrichs im Sachsenlande und im ganzen Reiche begleitete, so gedieh ihm auch alles im eigenen Hause zur Lust und Freude.

In Mathilde war Heinrich ein ebenso tätiges als frommes und liebreiches Weib beschieden. Ihr milder und friedlicher Sinn, ihr unermüdliches Wirken für das Wohl anderer standen dem König stets hilfreich zur Seite. Mit ihren Gebeten bei Tag und Nacht unterstützte sie die Unternehmungen ihres Gemahls; sie war die Zuflucht der Leidenden und der bedrängten Unschuld; oft trat sie einem strengen Urteil des Königs mit ihrer Fürbitte entgegen und ruhte nicht eher, als bis der Unmut gekühlt und das Wort der Gnade dem Munde ihres Gemahls entfallen war. Bereitwillig erkannte Heinrich an, wieviel er der trefflichen Frau dankte, und schenkte ihr seine schönen Güter zu Quedlinburg, Pöhlde, Nordhausen, Grona und Duderstadt als Wittum.

Fünf treffliche und meist hochbegabte Kinder schenkte Mathilde ihrem Gemahl. Nach Otto, ihrem ältesten Sohn, hatte sie noch als Herzogin zwei Töchter geboren, Gerberge und Hedwig; dann war sie alsbald nach der Thronbesteigung Heinrichs eines Sohnes genesen, der nach dem Vater den Namen erhielt; endlich hatte sie dem Gemahl noch im sechzehnten Jahre ihrer Ehe einen Sohn geschenkt, der Brun genannt wurde. Wenig später verließ Gerberge das Vaterhaus und wurde Herzog Giselbert vermählt, ihre Stelle ersetzte die schön und fromme Edtitha, des jungen Ottos Gemahlin. Ottos und Gerberges erste Kinder wurden noch bei Lebzeiten des Großvaters geboren.

Seinen jüngsten Sohn Brun bestimmte Heinrich dem geistlichen Stande und übergab ihn in einem Alter von etwa vier Jahren der Schule des klugen Bischofs Balderich von Utrecht. Gewiß geschah dies zur größten Freude der frommen Königin, die, von jeher der Kirche eifrig ergeben, das Gemüt des Gemahls, das infolge schlimmer Erfahrungen mit dem Klerus nicht eben geneigt war, in den späteren Jahren den Ansprüchen desselben mehr zugewandt hatte. Dem Glauben seiner Zeit war Heinrich stets von ganzer Seele zugetan, und wir hören, daß er besonders auf den Besitz kostbarer Reliquien einen großen Wert legte. König Rudolf von Burgund gewann sich seine Freundschaft durch die Schenkung der heiligen Lanze, in deren Schaft Nägel vom Kreuze des Herrn waren und seit dem zu den Reichskleinodien gezählt wurde. König Karl suchte durch Übersendung der Hand des heil. Dionysius Heinrichs Beistand zu gewinnen, und dieser nahm, wie Widukind erzählt, das kostbare Geschenk mit Ausdrücken der höchsten Dankbarkeit an, kniete vor den Reliquien nieder und erzeigte ihnen die größte Verehrung. Aber mit welcher Andacht auch Heinrich alles umfaßte, was jene Zeit für heilig hielt, für die Geistlichkeit und die besonderen Angelegenheiten der Kirche zeigte er doch erst in den späteren Lebensjahren eine lebhaftere Teilnahme. Es ist bereits berührt worden, welche Sorgfalt er da der Kirchen- und Klosterzucht zuwandte und es scheint nicht unglaublich, daß er, wie Bischof Luitprand von Cremona versichert, vor der Ungarnschlacht feierlich gelobt habe, er wolle sich mit Simonie nicht mehr beflecken und dem Handel mit den geistlichen Stellen für alle Folge entsagen.

Gegen Ende seiner Lebenszeit dachte Heinrich auch daran, gleich seinen Ahnen Hand an eine Klosterstiftung zu legen. Am Fuße des Harzes, auf seiner Pfalz zu Quedlinburg, weilte er oft und gerne mit Mathilde, der er hier auch den Witwensitz bestimmt hatte; hier wollte er nun ein Kloster begründen, in welchem er selbst seine Ruhestätte zu finden hoffte. Mit Eifer betrieb er das Werk, nicht minder eifrig Mathilde, die es wahrscheinlich angeregt hatte. Auf einer weitaussehenden Höhe, die sich unmittelbar über die Pfalz erhob, wurde sofort mit dem Bau der Kirche begonnen. Als man mit dem Werke beschäftigt war, vernahm Heinrich, daß die Nonnen im Kloster Wendhausen, in unwegsamer Gegend gelegen, wo die Bode bei Thale zwischen hohen Felsen hervorbricht, mit Mangel und Widerwärtigkeiten kämpften, die sie um so mehr bedrückten, als sie, aus vornehmen Geschlechtern des

Landes, wenig an Entbehrungen gewöhnt waren. Die Verwandten dieser Nonnen baten den König, er möchte dieselben nach Quedlinburg versetzen, und dies entsprach zugleich dem Wunsche Mathildens, die auf vornehme Geburt nicht geringen Wert legte, da edles Geschlecht nach ihrer Meinung auch edle Denkungsart verbürgte. Wie sie nun nichts mehr wünschte, als daß die neue Stiftung, für die sie die größte Teilnahme empfand, eine Pflanzstätte edler Sitten und hoher christlicher Tugenden für das ganze Sachsenland werden sollte, legte sie die Sache ihrem Gemahl dringend an das Herz, und der König entschied sich für die Verlegung des Klosters nach Quedlinburg.

Es wird uns glaublich versichert, der König habe noch kurz vor seinem Tode an eine Reise nach Rom gedacht. Was zog ihn dorthin? Wollte er, der die Königskrone aus Bischofshand verschmäht hatte, in St. Peters Kirche die Kaiserskrone aus der Hand des Papstes empfangen wie einst Karl der Große und nach ihm so mancher andere aus Karls Geschlecht? Wollte er das abendländische Kaisertum wieder aufrichten, nach dem es seit mehreren Jahren ruhte? Kaum vermag man es zu glauben, wenn man das ganze Leben des Mannes bedenkt, der alle seine Pläne und Absichten in den Grenzen des Erreichbaren beschloß und dessen Wünsche nirgends über die Marken der deutschen Länder hinaus reichten. Vielleicht war es etwas anderes, was ihn bewegte. Ein mächtiger Herzensdrang zog seit Jahrhunderten die Sachsen zu den heiligen Stellen nach Rom, zum Grabe des Apostels Petrus, dem sie sich zu eigen geweiht hatten. So pilgerten die Könige der überseeischen Sachsen Ine und Athelwulf nach Rom, so Heinrichs Großvater Liudolf mit der frommen Oda, so noch später der Sachse Gero, der seine gegen die Wenden siegreiche Waffen an den Gräbern der Apostel aufhing; so wollte vielleicht auch Heinrich nicht als Kriegsherr, sondern als einfacher Pilger nach Rom ziehen, um am Abend seines Lebens an den Stellen zu beten, wo die Apostel bluteten, und hier an hochheiliger Stätte seinen Ruhm Gott willig zum Opfer bringen. Wie dem auch sei, es blieb dem Könige dieser letzte Wunsch versagt.

Heinrich war in den Kämpfen des Lebens gealtert und sein einst so kräftiger Körper wurde gebrechlich. Im Herbst des Jahres 935 hielt er sich in dem waldigen Harze auf, wo er gern der Jagdlust oblag, und verweilte längere Zeit auf seiner Burg Bodfeld, die zwischen Elbingerode und Rübeland lag, wo die Bode über mächtige Felsen daherbraust. Kaum bezeichnen jetzt noch spärliche Reste die Stelle, wo unsere gewaltigsten Herrscher oft und gern gehaust haben und einer derselben mehr als hundert Jahre später den letzten Atem aushauchte. Hier traf den König ein Schlaganfall; er war nicht tödlich, aber er mahnte ihn, der letzten Stunde zu gedenken und zu ordnen, was ihm in dieser Welt zu ordnen blieb.

Zuerst dachte Heinrich des Vaterlandes, der Nachfolge im Reich. Er konnte und wollte nicht abermals alles aufs Ungewisse gestellt sein lassen. Unfraglich bildeten die deutschen Länder ein Wahlreich: doch war nach Heinrichs glücklichen Taten nicht daran zu denken, daß man bei der Wahl das sächsische Haus wieder hätte verlassen können. Die Franken selbst fühlten, was sie gewonnen hatten; als im Jahre 931 Heinrich durch Franken zog, da hatte ihn Herzog Eberhard, alle Bischöfe und Grafen auf das höchste geehrt, jeder einzelne ihm auf seiner Burg herrliche Feste bereitet und das Beste seiner Habe zum Geschenk dargebracht. Wohl aber hatte Heinrich den Ehrgeiz seiner Söhne zu fürchten und die Ansprüche, die sich aus ihrer verschiedenen Geburt herleiten ließen. Thankmar, der älteste Sohn, war aus einer Ehe geboren, welche die Kirche nicht anerkannt hatte; Otto war erzeugt, als der Vater noch *Herzog* war; des *Königs* Erstgeborener war sein dritter Sohn Heinrich. Der König wählte Otto als den ältesten Sohn aus seiner kirchlich anerkannten Ehe zum Nachfolger, in dem er überdies einen höherstrebenden Geist, einen kraftvolleren Sinn erkannte als in Heinrich, obwohl dieser ihm selbst ähnlicher und der Mutter Liebling war. Als sein Entschluß gefaßt war, berief er die Großen des Reichs nach Erfurt; hier wollte er ihnen die Nachfolge Ottos empfehlen. Er konnte um so eher auf ihre Willfährigkeit rechnen, als sie sich einst ja auch Konrads Wunsch gefügt hatten.

Im Anfang des Jahres 936 kamen die Großen aus allen Teilen des Reichs zu Erfurt zusammen; hier erschien vor ihnen zum letzten Male König Heinrich und empfahl ihnen seinen Sohn Otto zum künftigen König. Nach reiflicher Überlegung erklärten auch sie sich für Otto. Auch seiner kirchlichen Stiftung gedachte hier

Heinrich und räumte die letzten Schwierigkeiten aus dem Wege, die sich der Verlegung Klosters Wendhausen nach Quedlinburg entgegenstellten. Endlich verfügte der König auch über sein Haus. Otto sollte fortan das Haupt desselben sein; unter ihn und seine anderen Söhne verteilte er seine Eigengüter und seinen Schatz; auch Thankmar wurde reich bedacht, da ihm die große Erbschaft seiner Mutter entgangen war, welche der König an sich behalten hatte.

Nachdem die Fürstenversammlung in Erfurt sich getrennt hatte, begab sich Heinrich mit geringer Begleitung nach Memleben an der Unstrut in der goldenen Aue; damals eine Pfalz, neben der sich bald ein prächtiges Kloster erhob, jetzt ein schlichtes Dorf, in dem aber ehrwürdige Reste eines stattlichen Kirchenbaus an die Zeiten seines früheren Glanzes erinnern. Hier traf den König ein neuer Schlaganfall, und er fühlte, sein Ende sei nahe. Da rief er Mathilde, wie der spätere Biograph derselben erzählt, an sein Lager, sprach erst lange still mit ihr, dann aber mit vernehmlicher Stimme: „Mein treues, geliebtes Weib, ich danke dem Herrn Christus, daß ich vor dir aus der Welt scheide. Keiner gewann je ein so frommes, in jeder Tugend erprobtes Weib wie ich. Du hast mich oft im Zorn besänftigt, mir zu allen Zeiten nützlichen Rat gegeben, mich, wenn ich irrte, auf den Pfad der Gerechtigkeit zurückgeführt; du hast mich fleißig ermahnt, mich derer anzunehmen, die Gewalt erlitten: habe Dank für dies alles! Ich empfehle Gott und der Fürbitte seiner Auserwählten dich und unsere Kinder wie auch meine Seele, die nun diesen Leib verlassen muß.“ Auch Mathilde dankte in tiefer Rührung ihrem Gemahl für alle bewiesene Liebe und Treue, dann verließ sie sein Sterbelager und ging in die Burgkirche, für das Seelenheil ihres sterbenden Gatten zu beten. Bald darauf hauchte Heinrich in Gegenwart seiner Söhne und einiger vornehmer Sachsen den Atem aus. Der Klageruf drang schnell in die Kirche und zu den Ohren der Königin. Sie faßte sich und fragte, ob nicht ein Priester da sei, der noch keine Speise genommen und sogleich eine Seelenmesse für ihren dahingeschiedenen Herrn und Gemahl lesen könne. Es war schon hoch am Tage, aber ein Priester mit Namen Adaldag hatte noch nichts an dem Tage genossen. So las er die erste Seelenmesse für König Heinrich, und die Königin dankte ihm sogleich mit den goldenen Spangen, die sie am Arm zu tragen pflegte, und hat auch später treulich seiner gedacht. Als die Messe beendet war, trat sie in das Sterbegemach. Sie weinte bitterlich, aber trug doch mit Ergebung in Gottes Willen den gewaltigen Schmerz. Zu ihren Söhnen, die weinend am Lager standen, sich wendend, sprach sie: „Meine teuren Söhne, schreibt euch in das Herz, was ihr hier sehet, ehret Gott und fürchtet ihn, der Macht hat, solches zu tun.“ Es war am Sonnabend, dem 2. Juli des Jahres 936, an dem König Heinrich endete, nach dem er sein Leben beinah auf sechzig Jahre gebracht und siebzehn Jahre über die deutschen Länder regiert hatte.

Das Grab wurde Heinrich in Quedlinburg bestellt, in dem Kloster, das er selbst begründet hatte. In der dem heiligen Petrus geweihten Kirche vor dem Altar wurde unter Tränen und Wehklagen einer unzählbaren Menschenmenge, die herbeigeströmt war, die Leiche beigesetzt. Noch ruht sie an ihrer alten Stelle, und wer nach Quedlinburg kommt, besucht gern die geweihte Stätte. In einem schwach erhellten Raume der Unterkirche, die man dort den alten Münster nennt, bezeichnet eine einfache Marmorplatte Heinrichs Grab. Die Platte ist geborsten und in eichene Bohlen gefaßt, die von vier kurzen Pfosten an den Ecken getragen werden. Kein Sonnenstrahl dringt zu diesem Königsgrabe, und wer es sieht, meint wohl dem großen deutschen Fürsten gezieme ein stattliches Grabmahl am hellen Tageslicht. Und doch möchte alle Kunst kein passenderes Monument dem Manne errichten, der das Große gern im Stillen vollführte und dessen Tugenden vielleicht die Schlichtheit die größte war.

Blicken wir von seinem Grabe noch einmal auf sein reich gesegnetes Leben zurück, so werden wir die Summe desselben kaum besser zusammenfassen können als mit den Worten des kölnischen Klerikers Ruotger, der das Leben Bruns, des jüngsten Sohnes König Heinrichs, trefflich beschrieben hat. „Der Tag würde nicht ausreichen“, sagte er, „wollte man erzählen, wie Heinrich es dahin brachte, daß der schönste und herrlichste Friede dem Reiche erblühte, das er in dem traurigsten Zustande übernahm; denn alle Teile desselben wurden nicht minder durch die unaufhörlichen Angriffe der Nachbarn als durch die greulichen Fehden unter Genossen und Gutsfreunden auf das Schrecklichste heimgesucht. Von hier drohte das wilde, zu Land und zur See gleich gewaltige Dänenvolk Unheil und Verderben, von dort die knirschende Wut der vielgespaltenen Slawenstämme, und zugleich verwüstete das grausame Ungarnvolk die meisten Länder des Reichs weit und breit mit Feuer und Schwert jenseits des Rheins war alles im Aufstande, und die Großen selbst des also beschränkten Reichs wüteten gegen ihr eigenes Fleisch und Blut, so daß es unmöglich schien, dem Verderben Einhalt zu tun. Mit starker Hand die Schäden aus dem gesunden Fleische zu schneiden oder sie auszuheilen, dazu gehörte wahrlich die erprobteste Tüchtigkeit und Ausdauer ohnegleichen. Aber Heinrich gelang es, und in kurzer Zeit verbreitete sich durch Gottes Gnade eine so gewaltige Furcht vor den Seinen unter den fremden Völkern, wie diese sonst nie gekannt hatten, und eine solche Eintracht verband fortan alle Bewohner des Reichs, wie sie auch in den mächtigsten Reichen zuvor nie gefunden wurde."

Man vergleiche Heinrich nicht mit jenen gewaltigen Kriegsfürsten und Eroberern, die große Länder und weite Gebiete ihrem Schwert unterwarfen und die bisherige Ordnung der weltlichen Dinge gewaltsam umwandelten, auch nicht mit den großen leuchtenden Geistern, welche der Entwicklung des menschlichen Geistes neue Bahnen für Jahrhunderte vorschrieben: solche Ziele hat Heinrich sich weder gesteckt noch erreicht. Will man Fürsten seines gleichen suchen, so wird man sie unter den Königen finden, welche die überseeischen Sachsen zu *einem* Volke einten, in Egbert, Alfred und Edward dem Älteren. Wie dieser Streben nicht weiterging, als Einheit und Zusammenhang in die Unternehmungen und Verhältnisse ihrer Völker zu bringen, ihr Reich vor der Fremdherrschaft zu sichern, und die Keime höheren staatlichen Lebens in ihren Völkern zu pflegen; so wirkt auch Heinrich, und so hat er Großes und Folgenreiches geleistet. Schon seine Zeit hat ihn als den Gründer eines neuen Reichs anerkannt, eines Reichs, das sich auf das Ostfränkische gründet und von ihm mit dem Namen auch die Formen der Herrschaft entlehnt, sich in der tat aber, wie es auf freier Einigung der deutschen Stämme beruht, als Deutsches Reich darstellt. Als Gründer dieses Reichs hat Heinrich für uns Deutsche eine Bedeutung, die ihn den ersten Männern unserer Geschichte an die Seite stellt. Erst durch die Einigung der deutschen Stämme zu einer staatlichen Gemeinschaft, zu einem in sich abgeschlossenen, auf sich beruhenden und nach außen gesicherten Reiche, konnte sich ein klares nationales Bewußtsein unter den Deutschen herausbilden; erst jetzt fing man an, die Deutschen wie hier von den romanischen Völkern der Monarchie Karls des Großen so dort von der skandinavischen Bevölkerung des Nordens und den überseeischen Angelsachsen bestimmter zu scheiden. Mit Heinrich beginnt die Geschichte des Deutschen Reichs und des deutschen Volkes, wie man von jener Zeit bis auf den heutigen Tag den Begriff desselben gefaßt hat. So hat Heinrich eine Saat ausgestreut, die herrlich aufgegangen ist und aus der jede Ernte zu neuen Ernten geführt hat, eine freilich ergiebiger als die andere, aber keine ohne den Segen des Himmels.

„König Heinrich war" – so zeugt Widukind von Korvei – „der größte König Europas zu seiner Zeit, an geistigen und körperlichen Gaben keinem anderem nachstehend, aber er hinterließ einen Sohn, größer als er, und diesem Sohne hinterließ er ein großes, weites Reich, das er nicht von seinen Vätern ererbt, sondern selbst erworben und allein Gottes Gnade zu danken hatte."

6. Otto I. Wahl und Krönung

Als Heinrich nicht mehr war, versammelten sich alsbald die Fanken und Sachsen zur Wahl des neuen Königs. Denn waren früher die Franken allein der herrschende Stamm im Reiche gewesen, so teilten sie jetzt die Macht mit den Sachsen. Auf der Vereinigung dieser beiden Stämme beruhte die Gewalt, die Heinrich begründet hatte; Sachsen und Franken bildeten gleichsam den Kern des Reichs, welchen die anderen deutschen Länder – Schwaben, Bayern und Lothringen – noch in loserem Zusammenhange umschlossen.

Hatte auch Heinrich schon Otto, seinen ältesten Sohn von Mathilde, als seinen dereinstigen Nachfolger bezeichnet und die Zustimmung der Fürsten zu dessen Wahl gewonnen, so war doch die Wahlhandlung selbst dadurch keineswegs beseitigt, und schon mochten sich selbst hier und da Zweifel regen, ob es geraten sei, nach dem Willen des Vaters Otto auf den Thron zu erheben.

Manche legten Gewicht darauf, daß Heinrich, der zweite Sohn Heinrichs, im Königsbette erzeugt war, während Otto, der vor Heinrichs Thronbesteigung das Licht der Welt erblickt hatte, nur zum Herzog von Sachsen geboren schien. Der junge Heinrich selbst soll, als ihm Otto auf den Reichstage zu Erfurt durch die Wahl des Vaters vorgezogen wurde, erbittert und voll kindlichen Trotzes die Worte gesprochen haben: „*Edleres* Blut rinnt in meinen Adern." So gewiß auch Mathilde den letzten Willen ihres Gemahls ehrte und die Pflicht der Mutter, den Frieden zwischen ihren Söhnen zu erhalten, nie aus den Augen ließ, so gewiß hing doch ihr ganzes Herz an Heinrich, in dem sie das Ebenbild des Vaters erblickte. Keiner der Jünglinge im Sachsenlande kam ihm, der eben damals zu den Jahren der Mannbarkeit heranreifte, an Schönheit gleich; mit bewunderungswürdiger Geschicklichkeit führte er die Waffen, unermüdlich war er bei Mühen und Anstrengungen, und obwohl er heißblütig und voll brennenden Ehrgeizes war, *schien* er in allem bedachtsam. Wenn ein strenger Ernst, ein finsterer Zug schon früher Jugend an seine Stirn umdüsterte, so wußte man, daß er auch das vom Vater gerbt hatte, den nimmer ein leichtfertiges Wort entflohen war, der selbst beim Spiele seine gebietende Haltung niemals verloren hatte. Leicht gewann sich so Heinrich wie einst sein Vater die Herzen der Menschen, und besonders sah man im Sachsenlande gern auf den fürstlichen Jüngling, während sein älterer Bruder nicht gleicher Gunst sich erfreute.

Denn in Otto regte sich ein anderer Geist, den die meisten für Stolz und Hoffahrt hielten und den selbst die Mutter lange nicht zu fassen vermochte. Er zählte erst vierundzwanzig Jahre, doch ahnte man in ihm schon den Mann, dem ein festes Regiment Bedürfnis war, der Ergebenheit und Gehorsam unweigerlich verlangte und der den Thron um mehr als eine Stufe zu erhöhen gedachte. Mit Selbstgefühl trat er auf, sein Blick schweifte hoch und weit, und hell strahlende Tugenden konnte niemand in ihm verkennen, vor allem mußte unerschütterliches Gottvertrauen, felsenfeste Treue gegen seine Freunde und Großmut gegen gedemütigte Feinde jedermann an ihm rühmen. Man sah ihn meist heiter und freundlich erscheinen, er ergötzte sich gern auf der Falkenjagd, da hörte man ihn wohl auf abgelegenen Pfaden die lieblichsten Weisen singen. Offen trat er jedem entgegen, niemand zeigte sich weniger mißtrauisch: und doch erweckte seine Nähe mehr Bangigkeit als Vertrauen. Brauste er in Leidenschaft auf, so war sein Zorn schrecklich, und selbst die ihm zunächst standen, haben ihn oft hart empfunden. Mit Heinrich hatte er von frühester Kindheit an in Hader gelebt; nie wollte die beiden Brüder ein und dasselbe. Die Sachsen, in denen das Gefühl für unbeschränkte Freiheit noch so lebendig war, fürchteten diesen Otto mehr, als sie in liebten.

Wie so Neigung und Stimmung auch wechseln mochten, als es zur Wahl kam, blieb man doch dem König Heinrich gegebenen Versprechen treu und ohne Widerspruch wurde Otto von den Franken und Sachsen zum König erwählt. Aber diese Wahl, die in gleicher Weise erfolgte wie einst die Wahl König Heinrichs, schien schon nicht mehr ganz den Verhältnissen des Reichs zu entsprechen, und wohl Otto selbst verlangte nach einer vollständigeren Anerkennung seiner königlichen Stellung. Man bestimmte daher, zu Aachen, in der alten Kaiserburg Karls des Großen, hätten die Herzöge, Grafen und die vornehmsten Reichsvasallen aus allen deutschen Ländern sich zu versammeln, um die getroffene Wahl allgemein anzuerkennen und dem neuen Könige zu huldigen, der dann nach alten Brauch gesalbt und gekrönt werden sollte.

Und so geschah es. Um den ersten August des Jahres 936 versammelten sich in der Kaiserpfalz zu Aachen, welche gleich dem anstoßenden Münster Karl der Große erbauen und Säulen und Mauern dazu aus Italien hatte herbeischaffen lassen, die Großen aus allen deutschen Ländern. In der Säulenhalle, welche die Pfalz mit dem Münster verband, erhoben sie Otto auf einen Thron und gelobten ihm unter Handschlag Treue auf immerdar wie Beistand gegen seine Widersacher. So huldigten sie ihm nach alter Sitte auf fränkischer Erde als Karls des Großen Nachfolger und *König der Franken*. Deshalb hatte Otto auch sein weites sächsisches Kleid mit dem knappen fränkischen Gewande vertauscht. Nur als Franke und auf fränkischem Boden, meinte man damals und hat man noch lange nachher gemeint, könne der neue König die Krone empfangen; der König, hieß es, hat fränkisches Recht, sobald er erkoren ist, von welchem Stamm er auch geboren sein mag.

Nach der Huldigung begab sich Otto, von den Herzögen, Grafen und Herren begleitet, im feierlichem Zuge zum Münster. Wer nach Aachen kommt, wird diese Kirche heute noch sehen. In der Gestalt eines Achtecks steigt sie zu mächtiger Höhe empor, und oben umkreist sie ein zwiefacher Umgang von mit Säulen gezierten Arkaden; in der Mitte aber auf dem Boden ist die Stelle bezeichnet, wo Kaiser Karl das Grab gefunden. Die Gänge oben erfüllte damals dicht gedrängt das Volk, das von weit und breit zum großen Fest herbeigeströmt war. In dem unteren Raume aber erwartete Erzbischof Hildebert von Mainz – der sich erst nach langem Hader mit den Erzbischöfen von Köln und Trier das Recht der Krönung erstritten hatte – mit allen Erzbischöfen, Bischöfen und Priestern, die sich eingestellt hatten, den jungen König. Als dieser an der Pforte erschien, schritt er ihm entgegen, den Krumstab in der Rechten und führte ihn mit der linken bis in die Mitte des Münsters, wo Kaiser Karls Grabstein liegt und Otto von allen

Seiten erblickt werden konnte. Hier wandte er sich um und rief laut zu dem Volke: „Sehet, ich führe euch Otto zu, den Gott zu eurem König erwählt, König Heinrich bestimmt und alle Fürsten erhoben haben. Gefällt euch solche Wahl. So erhebet eure rechte zum Himmel!“ Alle erhoben die Hände und donnernd hallte es in der Runde: „Heil und Segen dem neuen Herrscher!“

Darauf schritt der Erzbischof mit Otto bis zum Altar vor, wo Schwert und Wehrgehenk, Mantel und Spangen, Zepter, Stab und Diadem, die Zeichen der königlichen Würde, bereit lagen. Zuerst nahm er Schwert und Wehrgehenk und sprach zum Könige gewendet: „Nimm hin dies Schwert und triff damit alle Feinde des Herrn, Heiden und schlechte Christen; denn darum hat dir Gottes Wille alle Gewalt über das Reich der Franken verliehen, daß die ganze Christenheit sicheren Frieden gewinne.“ Dann ergriff er den Mantel mit den Spangen und legte ihm denselben an mit folgenden Worten: „Die Säume dieses Gewands, die bis zur Erde herabwallen, sollen dich mahnen, auszuharren im Eifer für den Glauben und in der Sorge für den Frieden bis an das Ende.“ Und als er ihm Zepter und Stab überreichte, sprach er: „An diesen Zeichen lerne, daß du väterlich züchtigen sollst, die dir untergeben sind.“ „Vor allem aber“, fuhr er fort, „strecke deine Hand aus voll Barmherzigkeit gegen die Diener Gottes wie gegen die Witwen und Waisen, und nimmer versiege auf deinem Haupte das Öl des Erbarmens, auf daß du hier und dort die unvergängliche Krone zum Lohn empfangest.“ Mit diesen Worten nahm er das Ölhorn, salbte ihn mit heiligen Öle, das der Kirche als Zeichen der Barmherzigkeit ansieht und setzte ihm unter Beihilfe des Erzbischofs Wikfried von Köln das goldene Diadem auf das Haupt.

Als so die Krönung vollbracht, stieg Otto, schon im Glanze der Krone, zum Throne Karls des Großen, dem Erzsitz des Reichs, wie man alsbald ihn nannte, empor. Zwischen zwei Marmorsäulen von wunderbarer Schönheit war er erhöht; der König konnte von dort das ganze versammelte Volk überblicken und selbst von allen gesehen werden. Hier blieb er, während die Messe gehalten wurde, dann stieg er vom Throne herab und kehrte zur Pfalz Karls des Großen zurück.

In der Pfalz war inzwischen an marmorner Tafel das Königsmahl mit auserlesener Pracht bereitet. Mit den Bischöfen und Herren setzte sich der neue König zu Tische und es dienten ihm beim Königsmahle die Herzöge der deutschen Länder. So ist es damals zuerst geschehen und oft dann in der Folge; es war ein Zeichen, daß die Herzöge der einzelnen Länder den König, der über das ganze Volk gesetzt war, als ihren Herrn erkannten, daß sie nichts anderes sein sollten und wollten als die Ersten seines Gefolges. Denn wie an dem Hofhalt der deutschen Fürsten von alters her die mächtigsten und angesehensten unter den Gefolgsgenossen als Mundschenk, Kämmerer, Truchseß und Marschall die Person der Fürsten umgaben und ihrer warteten: so leistete damals der Lothringerherzog Giselbert, in dessen Gebiet Aachen lag, die Dienste des Kämmerers und ordnete die ganze Feier, der Frankenherzog Eberhard sorgte als Truchseß für die Tafel, der Schwabenherzog Hermann stand als oberster Mundschenk den Schenken vor, und Arnulf von Bayern nahm für die Ritter und ihre Pferde als Marschall Bedacht, wie er auch die Stellen bezeichnet hatte, wo man lagern und die Zelte aufschlagen konnte. Denn die alte Kaiserstadt reichte nicht aus, die Zahl aller der Herren, die nach Aachen geritten waren, in sich zu fassen. Als die Festlichkeiten beendet waren, lohnte Otto einem jeden der Großen mit reichlicher Gunst und großen Geschenken, und froh kehrten alle in die Heimat zurück.

Ein solches Fest hatten die deutschen Völker nie bisher gesehen, und nie ist eine Krönungsfeier von gleicher Bedeutung wieder begangen. Sie gab dem Baue, den König Heinrichs Taten begründet hatten, die Weihe. Die Vereinigung aller deutschen Stämme unter *ein* Haupt fand hier ihren öffentlichen Ausdruck, man beging gleichsam das Fest der Gründung des neuen Reichs. Die Herrschaft, welche die Nachkommen Karls des Großen über die deutschen Lande geübt hatten, war gebrochen und vernichtet; es hatte eine neue Ordnung der Dinge begonnen, als sich die Großen aus allen deutschen Gauen freiwillig einem Herrscher beugten, der dem sächsischen, jenem reinsten deutschen Stamme entsprossen war, der zuletzt die alte Freiheit der Väter verteidigt hatte. Die Krone der Franken mit ihrem verblichenen Scheine hatte König Heinrich verschmäht; erst durch seine Taten gewann sie frischen Glanz, und strahlend empfing sie jetzt als Deutschlands Krone sein Sohn in der Kaiserstadt Karls des Großen aus Priestershand. Es war keine leere Förmlichkeit, wenn die Fürsten, die einst sein Vater als ihren Lehnsherrn anerkannt hatten, jetzt ihm Dienste leisteten, wie sie selbst von ihren Mannen empfingen. Das Königtum war schon mehr als eine Vorstandschaft des sächsischen Herzogs und Otto ganz der Mann, um jedes Recht aufzunehmen, das nur je ein König in deutschen Landen bessesen hatte. Erscheint Heinrich fast noch mehr als Sachsenfürst denn als König der Deutschen, so war Otto, obschon auch er sich König der Franken nannte, doch vom Beginn seines Regiments im vollen und ganzen Sinne des Wortes ein König der Deutschen.

7. Die Jahre der Prüfung

Viele, die eine Krone tragen, haben gestanden, sie sei eine Last, die des Sterblichen Kraft fast erdrücke. Und von keiner Krone hat dies mehr gegolten als von der Krone des deutschen Reichs, zumal in dieser Zeit seiner ersten Bildung und der gewaltigen Bewegungen, welche dieselbe begleiteten. Wessen Haupt damals diese Krone geziert hat, der ist nicht leicht durch das Leben gewandelt, sondern in zahllosen inneren und äußeren Kämpfen hat er es erproben müssen, daß er ein Mann sei vor anderen Männern. Auch für Otto kamen bald genug die Jahre der Prüfung, in denen er dartun sollte, ob er des großen Vaters würdiger Sohn und seine jugendliche Hand stark genug sei, die Bande der Einheit, die jener um die deutschen Lande geschlungen, zu erhalten und zu festigen.

Kaum war die Nachricht von Heinrichs Tode zu den slawischen Völkern im Osten gedrungen, so erhoben sich die streitbarsten unter ihnen, um das Joch der Sachsen abzuschütteln: die Böhmen und die wendischen Stämme, die an der unteren Elbe wohnten. Der fromme Böhmerherzog Wenzel, der sein Land den Sachsen untergeben hatte, war schon in den letzten Tagen Heinrichs unter den Mordstreichen seines Bruders Boleslaw, eines kühnen, trotzigen Mannes, dem die Freiheit seines Volkes höher stand als das Leben des Bruders, gefallen. Kaum hatte Boleslaw selbst die herzogliche Macht an sich gerissen, so verweigerte er den Sachsen den Gehorsam und rüstete sich, der Gewalt mit Gewalt zu begegnen. Voll Mißtrauen sah er dabei auf einen benachbarten slawischen Häuptling, der sich willig den Deutschen unterworfen hatte; gegen ihn begann er zuerst den Krieg. Zwar zog dem Bedrängten ein deutsches Heer, das aus Sachsen und Thüringen aufgeboten war, mit jener von König Heinrich begründeten, übel berüchtigten Merseburger Schar zur Hilfe, aber Boleslaw ließ sich nicht schrecken und drang in das Land seines Gegners ein. Er teilte sein Heer, überfiel einzeln die getrennten Scharen der Sachsen und Thüringer und vernichtete beide. Ohne weiteren Widerstand zu finden, zog er dann gegen die Hauptfeste jenes Häuptlings, nahm sie mit Sturm und machte sie dem Erdboden gleich. Was auch die Sachsen fortan unternahmen, um den verschlagenen und kampflustigen Böhmenherzog zum Gehorsam zu zwingen, doch behauptete er sich in voller Selbständigkeit bis in das zehnte Jahr der Regierung Ottos, wo Böhmen endlich genötigt wurde, sich abermals der fremden Herrschaft zu beugen.

Schneller wurden die empörten wendischen Stämme des Nordens unterworfen, gegen die der junge König selbst sogleich nach seiner Krönung zu Felde zog. Wohl traute er sich selbst noch nicht Erfahrung genug zu, um die schwere und gefährliche Kunst des Krieges zu üben; er übergab deshalb die Führung des Heeres, sobald er die Grenzen des Feindes überschritten hatte, einem tapferen und sehr verständigen Manne aus Sachsenland, Hermann, den man als den Billinger zu bezeichnen pflegt. Dieser Hermann, dem später noch größere Ehren zuteil werden sollten, war keineswegs, wie man später gefabelt hat, von niederer Herkunft, sondern gehörte einem sehr vornehmen Geschlechte an und war dem königlichen Hause selbst nahe verwandt. Ottos Urgroßmutter Oda stammte aus dem Geschlechte der Billinger, und eine Schwester der Königin Mathilde war Hermanns älterem Bruder Wichmann vermählt. Mit scharfem Blick hatte Otto den rechten Mann getroffen, aber seine Wahl erregte Neid und Mißgunst unter den stolzen sächsischen Großen, unter denen viele sich gleiche Würdigkeit zu solcher Stellung zutrauten und sich dem noch unerprobten Urteil des Jünglings nicht fügen wollten. Vor allem war Hermanns eigener Bruder Wichmann bitter erzürnt und verließ das Heer; Eckard, ein anderer vornehmer sächsischer Herr, wollte lieber den gewissen Tod durch der Wenden Hand suchen als Hermanns Glück mit seinen Augen sehen. Groll gegen den König, Eifersucht gegen den Günstling waren in aller Herzen, standen auf den Mienen aller zu lesen. Aber Hermanns Tapferkeit machte seine Neider zuschanden. Er griff die Feinde an, schlug sie aufs Haupt und beendete in kürzester Zeit den Krieg. Schon im September 936 unterwarfen sich die Wenden und zahlten den gewohnten Tribut.

Der König ließ als Markgrafen über die Länder an der unteren Elbe den wackeren Hermann zurück und kehrte von seinem ersten Feldzuge mit einem siegreichen Heere heim.

Doch schon in dem Frühjahr des folgenden Jahres stürmten aufs neue die Ungarn heran; sie wußten, Heinrich war nicht mehr, und wollten die Tapferkeit des neuen Königs auf die Probe stellen. In unermeßlichen Scharen ergossen sie sich über Deutschlands Grenzen und zogen durch Franken, um auf einem neuen Wege dann von Abend in Sachsen einzudringen. Aber schnell sammelte Otto sein Heer; ehe sie noch die Grenzen Sachsens erreichten, stellte er sich ihnen entgegen, griff sie an und trieb sie in die Flucht. Sie wandten sich darauf den westlichen Gegenden zu, von Otto unablässig verfolgt, bis sie die Grenzen des deutschen Reichs verlassen hatten. Über die Ebenen Frankreichs schweiften ihre Reiterscharen bis zur Loire; schrecklicher als je zuvor verheerten sie das arme Land, wo niemand war, der wie Heinrich und Otto dem Strome der Verheerung wehren konnte.

Denn innerer Zwiespalt herrschte im Reich der Westfranken allerorten. König Rudolf war kurz vor Heinrich gestorben. Hugo, der mächtigste Große des Landes, ein Sohn jenes Norbert, der sich gegen Karl den Einfältigen zum König aufgeworfen hatte, und ein Neffe König Odos, hatte der verlockenden Aussicht, den Thron zu besteigen, durch das Beispiel seiner Vorfahren gewarnt, klüglich entsagt, aber freilich nur, um gefahrloser unter dem Deckmantel gesetzlichen Gehorsams die Herrschaft üben zu können. Er war es, der Ludwig, König Karls Sohn, der vordem über das Meer zu seinem Oheim König Athelstan nach England geflüchtet war, auf den Thron der Väter zurückführte; unter dem Schutze des königlichen Namens gedachte er seine eigene Macht am sichersten zu vermehren. Er, der sich Herzog der Franken von Gottes Gnaden und den Zweiten nach dem König in allen dessen Reichen nannte, meinte, in Wahrheit überall der Erste zu sein; sobald daher Ludwig zu zeigen anfing, daß er seine Krone nicht zum Schein tragen wolle, entfernte sich Hugo von ihm. Aber die königliche Gewalt war ohne die Stütze des mächtigen Herzogs überaus schwach; sofort begannen die Fehden im Reiche nach alter Weise, und niemand war imstande, ihnen zu steuern. Hugo, den die Herrschsucht nicht ruhen ließ, verstärkte nicht nur seine Gewalt im Lande selbst, sondern sah sich auch nach mächtigen Bundesgenossen im Auslande um; einen besseren vermochte er nicht zu finden als König Otto, dessen Schwester Hedwig er jetzt zur Ehe begehrte. Otto gab dem mächtigen Herzog die Schwester, vielleicht in der Hoffnung, daß sie für Ludwig, den Neffen seiner Gemahlin Editha, Hugo gewinnen würde. Aber eine dauernde Ausgleichung zwischen dem Könige und Hugo schien unmöglich. So war Frankreich von dem Hader der Parteien zerrissen und mußte, was Deutschland so bitter empfunden hatte, abermals auch an sich erfahren: daß ein uneiniges Land die gewisse Beute der Feinde ist.

Doch nicht lange nachher kamen die inneren Kämpfe auch in unserem Vaterlande aufs neue zum Ausbruch. König Heinrichs friedfertiger und doch allen Stürmen gebietender Geist hatte die Erde verlassen, und noch wußte man nicht, ob der stolzere Sinn des Sohnes, wie er wohl zu reizen vermochte, auch Kraft genug besaß, ein trotziges, ungestümes und freiheitslustiges Geschlecht im Zaume zu halten und nach seinen Absichten zu lenken.

Auf der Vereinigung der Franken und Sachsen beruhte noch vor allem, wie wir sahen, die Macht des Königs. Löste sich jene, so war auch diese in Frage gestellt; nichts war daher bedenklicher, als daß sich bald nach Heinrichs Tode jenes Band sichtlich lockerte. Kein Zweifel waltet darüber ob, daß nicht die Franken, sondern die Sachsen den ersten Anlaß zu neuem Unfrieden boten; ein sächsischer Mann selbst berichtet es. „Die Sachsen waren stolz darauf geworden", sagt Widukind von Korvei, „daß die königliche Herrschaft an ihren Stamm gekommen war, und wollten keinem Manne anderen Stammes mehr dienen. Trugen sie von einem solchen ein Lehen, so leisteten sie ihm als ihrem Lohnsherrn nicht die gebührende Pflicht, sondern taten, als ob sie alles nur ihrem Landesmanne, dem König, zu danken hätten." Händel mannigfacher Art entstanden hieraus zwischen sächsischen Vasallen und fränkischen Lehnsherren, bei denen, wie es scheint, Otto nicht ohne parteiische Teilnahme für seine Landsleute geblieben ist, zumal ihm hier ein Mittel geboten war, die Königsgewalt gegen den übermächtigen fränkischen Adel zu stärken.

Solche Streitigkeiten brachen vornehmlich im Hessenlande aus, wo Herzog Eberhard große Güter an der Diemel besaß und der Sachse Bruning, der sein Lehnsmann war, ihm offen den Gehorsam verweigerte. Darüber geriet Eberhard in heftigen Zorn. Diese stolzen Sachsen, meinte er, schuldeten ihm alles, und es könne ihm niemand verargen, daß er sich selbst sein Recht nehme, ohne erst vor den Richterstuhl des sächsischen Königs zu treten. Viele fränkische Große billigten dies und sagten ihm ihren Beistand bei allem zu, was er zu unternehmen gedächte. Eberhard sammelte also ein Heer, rückte gegen Hellmern, die feste Burg des Bruning, steckte sie in Brand und ließ alle, die darin hausten, mit dem Schwerte erwürgen. Doch kaum vernahm Otto von diesem Bruch des Landfriedens, so rief er Eberhard und alle die fränkischen Herren, die ihm Unterstützung geliehen, vor sein Gericht. Wie sie nun auch sich damit zu rechtfertigen suchten, daß sie nichts gegen des Königs Majestät im Schilde geführt, sondern nur nach Fehderecht den ihnen und ihren Genossen angetanen Schimpf gerächt hätten: der König verurteilte Eberhard zu einer Buße von hundert Pfund Silber, deren Wert er in edlen Rossen zahlen sollte, die anderen aber zu der schändenden Strafe, öffentlich Hunde nach der königlichen Pfalz zu Magdeburg zu tragen. Daß Bruning und seine Genossen bestraft seien, wird nirgends berichtet, obwohl sie durch ihren Übermut den Handel veranlaßt hatten.

Als Eberhard und seine Freunde die empfindliche Strafe abgebüßt hatten, nahm sie der König zwar gnädig in seiner Pfalz auf und ließ keinen unbeschenkt nach Hause ziehen: aber man kann sich vorstellen, wie diese Franken heimkehrten, wie sie von diesem Könige dachten, der, kaum in das Jünglingsalter getreten, so hoch sein Haupt erhob. Und wie mußte es in Eberhards Herzen toben, der da wähnte, einst die Macht aus den Händen gegeben zu haben, die sich nun so verletzend gegen ihn wandte! Des Königs Gnade hatte ihn nicht versöhnt, sondern auf das tiefste erbittert. Er sann auf Rache, seine Freunde schürten seinen Zorn und zeigten sich bereit, jedes Wagnis mit ihm zu teilen. Auch fehlte es ihm nicht an einem großen Anhange im Frankenland; denn er war ein Mann von guter Laune, umgänglich mit seinesgleichen wie mit Leuten, die unter ihm standen, seine Hand war offen den Armen, sein Haus den Freunden. Überdies war er der Erste im Lande, in seinem Geschlechte war noch vor kurzem die Krone gewesen, und dreißig Jahre lang hatte keiner dem Throne näher gestanden als er. Meinten doch manche im Sachsenlande selbst, obgleich er gegen

Sachsen seine Fehde geführt hatte, es sei ihm bitteres Unrecht geschehen, und hielten es im geheimen mit ihm gegen den König.

Wir wissen, wie Hermanns des Billingers Erhebung viele vornehme Sachsen gegen den König mit Groll erfüllt hatte. Noch immer hielt sich selbst Hermanns Bruder Wichmann von der Nähe des Königs fern, tiefen Unmut im Herzen, und doch war er der Besten einer, angesehen bei allem Volk, tapfer wie wenige, des Krieges kundig, hochgesinnt und von solcher Klugheit, daß man meinte, es ständen ihm überirdische Kräfte zu Gebote. Bald mußte der König eine andere wichtige Wahl treffen, und auch sie trug ihm der Feindschaft nicht wenig ein. Graf Siegfried, der mächtigste Mann im Sachsenlande nach dem König, war eben gestorben; er, der einst, als der König nach Aachen zog, das ganze Land verwaltet hatte und dem die unterworfenen Wenden an der mittleren Elbe bis zur Oder hin untergeben waren. Vieler Blicke richteten sich auf diese hohe und gewichtige Stellung, aber niemand glaubte mehr Anspruch darauf zu haben, als Thankmar, König Heinrichs Sohn von der Hatheburg, Ottos älterer Stiefbruder. Denn Graf Siegfried war mit seiner Mutter Geschwisterkind gewesen, und er sah dessen Grafschaft gleichsam als sein Erbe an. Auch war kein Zweifel daran, er war ein kühner Krieger, ein kluger Mann, der sich und andere zu beraten wußte. Aber diese Tugenden waren nicht ohne Makel: ausschweifend lebte er unter den Waffen, und sein Gemüt war von Habsucht und Rachgier nicht frei. Mußte es bei solcher Sinnesart ihn schon mit Ingrimm erfüllen, daß durch einen unverdienten Makel seiner Geburt ihm die Krone entgangen, ihm sogar das große Erbe seiner Mutter entzogen war, wie reich ihn auch der Vater dafür mit Gütern entschädigt hatte: so loderte nun sein Zorn in hellen Flammen auf, als ihm Siegfrieds Stellung von Otto versagt und dem Grafen Gero am Unterharz, aus einem noch wenig bekannten Geschlechte, übertragen wurde. Er, der Königssohn, sah sich in den frischesten Jahren von der Bahn des Ruhmes unverdient ausgeschlossen; er meinte, sich den Weg zur Größe mit Gewalt bahnen zu müssen, den man ihm geflissentlich, wie er wähnte, versperren wollte. Genossen, die das verderbliche Feuer schürten, fehlten nicht, und bald standen Eberhard und Thankmar in geheimer Verbindung, jeder an der Spitze eines bedeutenden Anhangs.

Während so die Verschwörung gegen die königliche Macht in Franken und Sachsen im stillen immer weiter um sich griff, war Bayern bereits im offenen Aufstand. Ein Jahr nach der Krönung zu Aachen starb Herzog Arnulf (14. Juli 937) und hinterließ mehrere Söhne. Die Zeit schien diesen günstig, die Oberherrschaft der Sachsen abzuschütteln. Eberhard, der älteste Sohn, ergriff ohne weiteres das herzogliche Banner; er weigerte sich in übermütigem Trotze, in der Pfalz des Königs zu erscheinen, ihm zu huldigen und aus seiner Hand die herzogliche Gewalt zu empfangen. An einem zahlreichen Anhang gebrach es den Söhnen Arnulfs in Bayern nicht, und in der Tat nahmen die Dinge hier sofort eine für das Reich sehr gefährliche Wendung. Daher ging Otto im Anfange des Jahres 938 selbst nach Bayern. Er hoffte, gütlich, wie einst sein Vater Herzog Arnulf, so jetzt dessen hochfahrenden Sohn zum Gehorsam zu bringen, aber er hatte sich getäuscht und wurde inne, daß nur durch Gewalt der Trotz der Arnulfinger zu beugen war. Da sammelte er noch in demselben Jahre ein zahlreiches Heer, drang mit Waffengewalt in Bayern ein und unterwarf sich schnell das ganze Land. Eberhard war rettungslos verloren; er mußte dem Urteilsspruche des Königs sich fügen, wurde des Landes verwiesen und verschwindet spurlos seitdem aus der Geschichte.

Mit der herzoglichen Fahne von Bayern belehnte der König einen Bruder Herzog Arnulfs, Berchthold mit Namen, der schon bei Lebzeiten Anulfs Kärnten mit dem herzoglichen Titel verwaltet hatte und im Streit mit Eberhard die Partei des Königs ergriffen zu haben scheint. Aber Berchthold erhielt nicht die volle Gewalt seines Bruders; denn das Recht, die Bistümer des Landes zu besetzen – jenes Vorrecht, welches die wichtigste Bedingung bei Arnulfs Unterwerfung gebildet hatte –, wurde Berchthold entzogen und der Krone vorbehalten. Überdies wurde für den zweiten Sohn Herzog Arnulfs, der den Namen des Vaters führte, eine neue Stellung in Bayern geschaffen, welche der Vollgewalt des Herzogtums sichtlichen Abbruch tat; Arnulf wurde nämlich zum Pfalzgrafen in Bayern eingesetzt. Die Stellung der Pfalzgrafen war längst im fränkischen Reiche bekannt, gewann aber hier eine neue Bedeutung. War bisher der Pfalzgraf der Vertreter und Beisitzer des Königs im Hofgericht gewesen, so wurde ihm jetzt in Bayern neben den richterlichen Pflichten auch die Aufsicht über die königlichen Burgen, Güter und Lehen wie über die Einkünfte des Reichs übertragen: die Befugnisse der Königsboten in der karolingischen Monarchie verbanden sich gleichsam mit der alten Amtsgewalt des Pfalzgrafen, der so eine ständige Gewalt im Lande erhielt und ein zu fürchtender Nebenbuhler des Herzogs werden konnte.

Von unberechenbarer Wichtigkeit war, was hier in Bayern geschah; nicht allein deshalb, weil hierdurch erst Bayern näher dem Reiche verbunden wurde, sondern noch viel mehr, weil sich aus diesem Falle zuerst klar ergab, wie anders Otto die Stellung der Herzöge zur königlichen Gewalt ansah als einst sein Vater. Ihm galt das Herzogtum weder als ein erblichen Lehen, noch machte er es von Volkswahl abhängig, sondern er sah in demselben lediglich ein Reichsamt, das er nach freier Entschließung erteilte, und dem er nicht gewillt war irgendwelche Vorrechte zu überlassen, die nach der Meinung der Zeit der Krone gebührten. Die selbständige Macht der herzoglichen Häuser zu brechen, erschient als das nächste Ziel, welches er seinem Regiment gesteckt hatte, und auch das zeigte sich hier bereits, wie er zu diesem Ziele durch Teilung der Interessen in den herzoglichen Familien selbst zu gelangen hoffte. Er schwächte die Macht des bayrischen Hauses, indem er ein Glied desselben gegen das andere erhob, und er verband die Zukunft dieses Hauses enger dem Reiche und seinem eigenen Geschlechte, als er um dieselbe Zeit Herzog Arnulfs schöne Tochter Judith seinem Bruder Heinrich vermählte und so eine Verbindung schloß, die von den bedeutendsten Folgen wurde.

Inzwischen war der junge König auch anderen großen Gefahren entgangen. Was Eberhard, dem Frankenherzog, widerfahren war und was sich in Bayern zutrug, mußte die großen Vasallen des Reichs mit schweren Besorgnissen erfüllen. Wie anders griff dieser junge König in die Angelegenheiten der einzelnen Länder ein, als es Heinrich getan hatte, wie anders dachte er von seiner Stellung als König? Eine Macht schien der Sachse an sich zu reißen, wie seit den blühendsten Tagen der Frankenherrschaft kein König mehr in den deutschen Ländern beansprucht hatte. Es war vorauszusehen, daß es zu einem neuen Kampf auf Tod und Leben zwischen der königlichen Gewalt und der herzoglichen kommen mußte, und dieser Kampf drohte um so gefährlicher für Otto zu werden, weil es seinen Gegnern gelang, die Eintracht in seiner eigenen Familie zu stören.

Denn schon stand Herzog Eberhard mit Thankmar im geheimen Bunde und wagte, während der König mit Bayern beschäftigt schien, offen die Fahne des Aufstandes zu erheben. Aufs neue überfiel er, des Königs Urteilsspruch verachtend, Bruning mit Waffengewalt; ein allgemeiner Kampf entspann sich in Hessen zwischen den Franken und den dort angesessenen Sachsen, der sich auch über Westfalen verbreitete. Mit besonderer Erbitterung wurde derselbe zwischen Eberhards Vasallen und den Vasallen Heinrichs, des königlichen Bruders, geführt, und bald entwickelte sich aus den Händeln der Vasallen ein hitziger Streit zwischen den beiden mächtigen Herren selbst. Die Acker wurden gegenseitig verwüstet, die Häuser eingeäschert, Mord und Zerstörung herrschten allerorten. Mit Bekümmernis hörte Otto von diesen Greueln und berief einen allgemeinen Reichstag nach dem Hofe zu Steele an der Ruhr, unweit Essen auf westfälischem Boden; hier sollten die Ruhestörer erscheinen und das Urteil über die gesprochen werden. Aber Herzog Eberhard und seine Freunde, die nicht zum zweitenmal Hunde nach des Königs Pfalz tragen wollten, stellten sich nicht, und offenkundig war es nun, sie seien Empörer, welche des Königs Gebot nicht mehr Gehorsam schuldig zu sein glaubten. Dennoch verzieh ihnen Otto; durch Nachgiebigkeit hoffte er noch diesem Zwist ein Ende zu machen, der unübersehbare Folgen, wenn er weiter und weiter um sich griff, nach sich ziehen und wohl gar die Einheit des Reichs gefährden konnte.

Aber erbitterte Gemüter werden durch Nachgiebigkeit nur gereizt, und vielen erschien die Milde des Königs als Schwäche. Der Empörer legten die Waffen nicht nur nicht nieder, sondern von Tag zu Tag wuchs die Vermessenheit, wuchs der Greuel der Zerstörung in Hessen, Franken und Westfalen. Die schlimmen Tage König Konrads schienen zurückgekehrt. Schon schlossen sich auch die Mißvergnügten unter den Sachsen an Eberhard an; endlich ergriff selbst Thankmar, des Königs Bruder, offen die Waffen. Er sammelte seine Freunde um sich und überfiel in einer dunklen Nacht die Feste Belecke in Westfalen, etwas südlich von Lippstadt. Hier hielt sich gerade damals sein Stiefbruder Heinrich auf; er nahm ihn gefangen, führte ihn gebunden wie einen gemeinen

Knecht mit sich fort und sandte ihn Eberhard als das beste Unterpfand ihres Bundes zu. Die reiche Burg übergab er seinen Kriegern zur Plünderung, verheerend durchzog er weiter Westfalen und setzte sich endlich in der alten Eresburg fest. Von dort aus verwüstete er mit seinen Scharen weit und breit das Land.

Schwierig war Ottos Lage. Unheil stürmte auf Unheil herein, und nirgends sah er sichere Hoffnung auf Hilfe. Kaum fand er zuverlässige Freunde in Franken und Sachsen, und noch weniger konnte er auf Beistand in den anderen Ländern rechnen. Herzog Hermann von Schaben war Eberhards Vetter, Bayern hatte sich vom Reiche so gut wie losgesagt, und Lothringen war mit seinem Herzoge Giselbert stets von schwankender Treue.

Unerwartet fanden sich Freunde in solcher Not. Der kluge Graf Wichmann, der bis dahin still und verdrossen daheim gesessen hatte, ging in sich, als er die Greuel des Bürgerkrieges sah und das traurige Ende desselben bedachte. Er begab sich zum Könige und gewann sich dessen Gnade wieder, die er sich auch bis zu seinem Ende erhielt, durch treue Dienste den alten Fehl in Vergessenheit bringend. Viele im Sachsenlande folgten gewiß dem Beispiele des hochangesehenen Mannes. Aber noch wichtiger war es, daß Herzog Eberhard mit seinen eigenen Verwandten in Zwist geriet; eine Spaltung des Herzogshauses gab Otto hier den Sieg in die Hände wie bald darauf in Bayern. Vor Belecke war nämlich Gebehard, der Sohn des Grafen Udo von der Wetterau, gefallen. Der Tod dieses jungen Mannes wurde die Veranlassung zu unversöhnlicher Feindschaft in Herzog Eberhards eigener Familie: zunächst geriet der Herzog mit seinem Vetter Udo, dem Vater des Gefallenen, in Hader, bald aber ergriffen Udos Partei auch sein Bruder Herzog Hermann von Schwaben und beider Vetter, der Graf Konrad von Niederlahngau, den man Kurzbold nannte – sie alle schlossen sich aus Haß gegen Eberhard alsbald aufs engste an Otto an. Diese Spaltung der Konradiner rettete das Reich und den König.

Indem Eberhard mit seinem eigenen Hause zerfiel, wandte sich das Glück von ihm ab, und noch schneller als er gelangte Thankmar an das Ziel der traurigen Laufbahn, die er in wilder Leidenschaft betreten hatte. Otto konnte Thankmars Treiben nicht länger ungeahndet ansehen. So schwer es ihm fiel, brach er mit einem Heere gegen den Bruder auf und zog gegen die Eresburg

(Juli 938). Die Bewohner öffneten dem Herrn freiwillig die Tore, und Thankmar blieb keine Rettung, als in die dem heiligen Petrus geweihte Kirche des Ortes zu flüchten. Wütend verfolgten den Flüchtigen hierhin die Leute des Königs, vor allen die Mannen Heinrichs, die ihren Herrn zu rächen gedachten. Sie erbrachen die Tür des Heiligtums; mit bewaffneter Hand – was heilige Scheu und die Gesetze der Kirche untersagten – drangen sie in das Gotteshaus. Thankmar steht am Altar, seinen Schild und die goldene Kette, das Zeichen seiner vornehmen Geburt, hatte er, bis zum Tode erschöpft, hier niedergelegt. Dennoch läßt er sich noch einmal in einen Kampf ein. Ein Sachse, mit Namen Thiatbold, trifft ihn, und Schmähungen begleiten den glücklichen Streich: aber sofort gibt ihn Thankbar mit noch besserem Erfolge zurück, und Thiatbold haucht am Altar den Atem aus. Immer heißer entbrennt der Streit. Tapfer verteidigt sich Thankmar, bis ihn ein Wurfspeer im Rücken trifft, der durch das Kirchenfenster, das dem Altar zunächst gelegen, auf ihn geschleudert war. Rettungslos sinkt er endlich am Altar hin; ein Krieger Ottos, mit Namen Maincia, gab ihm den letzten Stoß und raubte die goldene Kette des Königssohnes vom Altare.

Otto hatte nichts von allem, was geschah, geboten; mit tiefem Schmerz vernahm er davon die Kunde. Wohl ergrimmte sein Herz über die Greuel, die an heiliger Stätte geschehen, aber es war nicht die Zeit, sich durch Strenge die Gemüter der Getreuen zu entfremden. Tief beklagte er das Schicksal seines unglücklichen Bruders und verschmähte es nicht, den Seinigen zu bezeugen, wie sehr er die Tapferkeit und Umsicht dieses Bruders zu schätzen gewußt habe, dem freilich zur Größe und damit alles gefehlt hatte, die Selbstbeherrschung. Ein ungestümer Geist hatte sich in seinem Trotze früh zu Fall gebracht, denn Thankmar hatte noch nicht sein dreißigstes Jahr erreicht. Über vier vornehme Männer, die mit Thankmar gemeinschaftliche Sache gemacht hatten und in der Eresburg in die Hände der Königlichen gefallen waren, wurde nach fränkischem Rechte gerichtet, und sie fanden durch den Strang ihren Tod. Auch die anderen sächsischen Burgen, die Eberhard und Thankbar genommen hatten, ergaben sich wieder dem Könige, und Herzog Eberhard selbst mußte bald daran denken, seinen Frieden mit Otto zu machen, da ihn schon sein ganzer Anhang verließ.

Eberhard warf sich dem jungen Heinrich zu Füßen, der noch in seiner Gewalt war. Er erbat sich von dem schwer gekränkten Königssohne Verzeihung und erhielt sie – aber um welchen Preis! Wir wissen, Heinrich hatte früh sein Auge zur Krone erhoben und wähnte, nicht ohne ein Anrecht auf dieselbe zu sein; gewiß nicht ohne Absicht hatte man ihn von der Krönung zu Aachen ferngehalten und damals unter die Aufsicht des Grafen Siegfried gestellt. Wie hätten ihn die letzten Zeiten nicht belehren sollen, daß Otto viele und erbitterte Feinde hatte? Nichts war natürlicher, als daß alle Mißvergnügten im Sachsenlande auf ihn blickten, und leicht ist zu begreifen, daß die Worte der Unzufriedenen seinem törichten Wahne neue Nahrung boten. War seine Seele von Herrschsucht nicht frei, so mußten die Jahre, die ihn der Selbständigkeit entgegenführten, immer mehr die gefährliche Leidenschaft in ihm nähren. Wir erfahren nicht, wie die Pläne Heinrichs allmählich entstanden sind, aber schon in Eberhards Banden war der Entschluß in ihm gereift, den Bruder zu entthronen und die Herrschaft an sich zu reißen. Wie bitter er daher auch Herzog Eberhard zürnen mochte, wie verschieden ihre Endzwecke waren, in *einem* Punkte trafen sie zusammen, in ihrem Haß gegen Otto. Der Augenblick war gekommen, wo Heinrich den Frankenherzog für seine Pläne gewinnen konnte; er versprach ihm Verzeihung für alle Unbill, die er erlitten, wenn er mit ihm einen Bund gegen den König zu schließen und ihm zur Krone zu verhelfen gelobte. Eberhard, der unversöhnliche Feind Ottos, bot willig die Hand. Wie hätte er Anstand nehmen sollen, den Zwist im königlichen Hause zu nähren, da der König den Unfrieden in seiner eigenen Familie so gut zu nutzen gewußt hatte? Das Bündnis wurde geschlossen. Als Freund schied Heinrich von Eberhard; wie anders, als er gekommen war! Er kehrte frei zu Otto zurück, und als sich da die Brüder nach langer Zeit wiedersahen, war Ottos Freude reiner und wahrer als die seines Bruders, dem arge List in der Seele wohnte.

Auch Eberhard durfte sich wieder dem König nahen. Der Erzbischof Friedrich von Mainz, der vor kurzem auf Hildebert gefolgt war und den jene Zeit für ein Wunder von Klugheit und Frömmigkeit hielt, verwandte sich für den Mann, der sich so schwer gegen den König versündigt hatte. Otto ließ Eberhard vor sich kommen.

Der Frankenherzog beugte seine Knie vor dem jungen König und stellte all sein Hab und Gut, Leib und Leben dem Sieger anheim. Nicht ungestraft durfte Otto ein so schweres Verbrechen belassen, aber er wollte den hochgestellten Mann auch nicht durch harte Strafe aufs neue reizen: deshalb verbannte er ihn auf kurze Zeit aus der Heimat, indem er ihn nach Hildesheim auf sächsischen Boden schickte. Doch bald nahm er ihn wieder zu Gnaden an und gab ihm, nachdem er feierlich abermals Treue gelobt hatte, alle frühere Macht und Ehre zurück. Er ahnte nicht, daß in der Brust dieses Mannes trotz seines Gelübdes schon die Keime einer neuen Empörung ruhten.

Noch hatte Otto diese Wirren nicht beendigt, als abermals die Ungarn in Sachsen einbrachen, jede Zwietracht im Lande zu neuen Raubzügen benutzend. Sie hatten ihren Weg durch Thüringen genommen und da, wo die Bode sich vom Harz durch ein fruchtbares Land ergießt, schlugen sie ihre Zelte auf und verheerten weithin die Umgegend. Als aber einer ihrer Führer von dort mit einem großen Teile des Heeres gegen die Steterburg zwischen Braunschweig und Wolfenbüttel aufbrach, überfiel sie ein Platzregen. Durchnäßt und erschöpft langten sie vor der Burg an, so daß die Burgmannen, als sie den kläglichen Zustand der Feinde sahen, einen Ausfall wagten. Mit gewaltigem Geschrei drangen sie aus den Toren und warfen sich auf die bestürzten Ungarn, die sich sogleich zur Flucht wandten. Viele wurden erschlagen, eine große Menge von Pferden wie auch einige Feldzeichen der Feinde kamen in die Hände der Sachsen. Als dann die Ungarn in wilder Flucht fortstürmten, fielen auch die Bewohner der anderen umliegenden Festen über sie her, und nur wenige dieser Schar entrannen dem Verderben. Der Führer selbst endete elend sein Leben; man drängte ihn in eine Pfütze, hier wurde er erschlagen. Eine andere Schar, die weiter nach Mitternacht ihren Weg genommen hatte, wurde durch die List eines wendischen Wegweisers, dem sie sich anvertraut hatte, in die Gegend geführt, wo Aller und Ohre ihre Gewässer sammeln und die man schon damals, wie noch heute, den Drömling nannte. Es ist ein weiter mit Erlen, niederen Sträuchern, Röhricht und Schilf dicht bewachsener, sumpfiger Landstrich, unwirtbar und schaurig, wo nach den Volksglauben der wilde Jäger haust. In diese Sümpfe wurden die Ungarn verlockt, hier von den

Sachsen umstellt und fast sämtlich niedergemacht. Der Führer dieser Schar entkam dem Tode; er wurde gefangen, zum König geführt und gegen ein großes Lösegeld freigegeben. Auch die an der Bode zurückgeblieben waren, brachen nach kurzer Zeit, durch solche Unglücksfälle erschreckt, ihr Lager ab und sattelten die Pferde zum Heimritt. Seitdem hat das nördliche Deutschland die verheerenden Züge der Ungarn nicht mehr zu ertragen gehabt; von dieser schlimmsten aller Plagen blieb es fortan verschont. Ohne den König hatte sich das Land diesmal gerettet: das dankte es vornehmlich König Heinrichs Burgen.

Am Schluß des Jahres 938 konnte der König, so reich an Sorgen es gewesen war, doch mit Befriedigung auf dasselbe zurückblicken; er wußte nicht, daß ein weit schwereres vor ihm lag und er am Anfang des Kampfes, nicht an dessen Ende stand.

8. Heinrichs Vergehen und Reue

Während Otto sich sicher wähnte, umlauerte ihn der Verrat, der Verrat des eigenen Bruders.

Mit großer Hast arbeitete Heinrich im geheimen für seine Pläne. Durch Freigebigkeit kettete er seine alten Freunde in Sachsen und Thüringen enger an sich und gewann sich neue. Mit seinem Schwager Herzog Giselbert von Lothringen, dessen Treue gegen Otto längst zweifelhaft war, knüpfte er Verhandlungen an, und es gelang ihm, denselben für seine Absichten zu gewinnen. Nicht daß Giselbert an Heinrichs Erhöhung besonderen Anteil genommen, er wünschte nur Ottos Fall, um selbst zu steigen. In seinem unruhigen Gemüte lebte das Verlangen, Lothringen zu einem Königreich zu erheben, wie es das reiche Land schon vor Zeiten gewesen war.

Sobald Eberhard nach Franken zurückgekehrt war, schien der Augenblick gekommen, die Waffen der Empörung abermals zu erheben. Im Anfang des Jahres 939 versammelte deshalb Heinrich zu Saalfeld, am Abhang des Thüringer Waldes, wo sich die Grenzen Thüringens und Frankens berühren, seine zahlreichen Anhänger; hier wurde bei festlichem Gelage nach alter Sitte der Deutschen das verbrecherische Unternehmen beraten. Viele waren erschienen und gelobten, durch reiche Geschenke gewonnen, Heinrich Unterstützung; aber die Mehrzahl war doch nicht gemeint, um dieses ehrgeizigen Jünglings willen ihre ganze Zukunft auf das Spiel zu setzen. Bräche der Krieg in ihrer Nähe aus, dachten sie, dann würden sie genötigt sein, offen Partei zu ergreifen, und hätten, wenn Otto die Oberhand behielte, schwer ihre Schuld zu büßen; daher wünschten sie lieber die erste Entscheidung in der Ferne, um nach ihr den letzten Entschluß zu fassen. Sie gaben deshalb Heinrich einen Rat, bei dem sie mehr die eigene Sicherheit als seinen Vorteil im Auge hatten. Er solle Sachsen verlassen, sagten sie ihm, seine Burgen hier und in Thüringen in die Hände treuer Freunde übergeben und selbst nach Lothringen zu Giselberg eilen, um dort das Zeichen zum Aufstand zu geben. Heinrich war zu unerfahren, um die Gefahr und die eigennützige Absicht dieses Rats zu durchschauen; sobald die Versammlung aufgelöst war, verließ er in der Tat ohne des Königs Wissen das Land und eilte dem Rheine zu. Seine Burgen, unter denen Dortmund im Westfalenlande und in den östlichen Gegenden Sachsens Merseburg und Scheidungen die wichtigsten waren, hatte er Männern anvertraut, auf deren Treue er sich glaubte unbedingt verlassen zu können. Offen war es erklärt, daß er seine Wege von denen des Bruders trennte; seine Untreue war niemandem mehr ein Geheimnis.

So ausgebreitet die Verschwörung war, hatte man dennoch bis dahin streng das Geheimnis bewahrt. Daher erregte die Nachricht, als sie durch das Land lief, allgemeine Bestürzung. Niemand hatte einen so tiefgreifenden Zwiespalt der Brüder geahnt, niemand wußte den Grund von Heinrichs Empörung. Aber wohl niemand war im Sachsenlande betroffener über die Nachricht von diesen Dingen als Otto selbst; er wollte sie nicht glauben, als er sie vernahm. Dennoch faßte er sich schnell, sammelte ein Heer und eilte, Heinrich folgend, dem Rheine zu. Als er bei Dortmund vorüberkam und die Burgmannen von seinem Anmarsch hörten, da gedachten sie an die Eresburg und an Thankbar und öffneten sofort dem Könige die Tore. Hagen, dem Heinrich die Burg anvertraut und der viel bei ihm galt, unterwarf sich ohne Widerstand und versprach, wie Otto es wünschte, selbst zu Heinrich zu eilen, um ihn von seinem Unternehmen auf alle Weise abzuhalten; gelänge ihm dies nicht, so werde er doch selbst zurückkehren und seine Person dem Könige stellen. Als er dies mit einem hohen Eide beschworen, entließ ihn der König und rückte mit seinem Heere bis zum Rhein, da wo die Lippe sich in denselben mündet, in Eile vor.

Schon war ein Teil von Ottos Heer über den Fluß gesetzt, er selbst aber mit der Hauptmacht stand noch am diesseitigen Ufer, als Hagen sich wieder einstellte. Umsonst waren seine Bitten gewesen; Heinrich und Giselbert waren schon zum Kampfe gerüstet, und ihre Truppen standen nahe dem Rheine. Hagen kehrte zurück, sein Wort zu lösen, doch Heinrichs Heer folgte ihm auf den Fersen. Den verfehlten Zweck seiner Sendung wagte er nicht sofort dem Könige zu gestehen; mit ehrfurchtsvollen Worten begrüßte er ihn und sprach: „Dein Bruder, mein Landesherr, wünscht dir, o König, eine lange und gesegnete Regierung und läßt dir melden, er werde sogleich erscheinen, um dir aufzuwarten." Und als Otto noch fragte, ob Heinrich freundliche oder feindliche Absichten im Schilde führe, siehe, da zeigt sich schon am Ufer des Flusses ein großes Heer; im langen Zuge mit erhobenen Bannern schreitet es vor und nimmt die Richtung gegen den Teil der königlichen Streitmacht, der den Rhein bereits überschritten hatte. Otto erschrickt, wendet sich zu Hagen und ruft: „Was sind das für Scharen? Und was wollen Sie?" Aber ruhig erwidert ihm dieser: „Das ist mein Lehnsherr, dein Bruder. Wäre er meinem Rate gefolgt, so wäre es anders gekommen. Ich aber bin hier, wie ich geschworen habe."

Unruhig ritt Otto auf und ab am Gestade, des Gemütes heftige Regungen nicht mehr beherrschend. Nirgends waren Schiffe, um das Heer in Eile überzusetzen, und nicht Verwegenheit, Unmöglichkeit war es, anders die mächtige Breite des Flusses zu überschreiten. Wie aber sollte die kleine Macht drüben dem unerwarteten Angriff begegnen? Ihrer schien der sichere Tod zu harren, kaum war nur an Gegenwehr zu denken. Da sprang Otto vom Pferde und warf sich mit seinen Kriegern auf die Knie nieder vor jener heiligen Lanze, welche die Nägel vom Kreuze des Herrn in ihrem Schafte trug. Zum Himmel erhob er seine Hände und rief: „Herr, der du alles geschaffen hast und alles lenkst, siehe herab auf dieses Volk, an dessen Spitze du mich gestellt, und entreiße es den Feinden, auf daß alle Welt es erfahre, daß kein Sterblicher widerstreben könne deinem Willen. Denn du vermagst alles, du lebst und regierst in Ewigkeit!" So betete Otto für sich und sein Volk.

Die aber jenseits des Flusses standen und den Feind auf sich anrücken sahen, ließen schnell ihr Gepäck nach Xanten bringen und stellten sich bei Birten auf, um den Feind zu erwarten. Zwischen ihnen und den Lothringern lag hier ein Teich, der sie vor dem ersten Angriff schützte; zugleich wagten sie, so gering ihre Anzahl und so schlecht ihre Ausrüstung war – kaum über hundert sächsische Männer in voller Rüstung sollen dabei gewesen sein –, mit verzweifelter Kühnheit selbst einen Angriff auf den Rücken des Feindes; sie teilten sich, und ein Teil von ihnen umging die Lothringer und griff sie aus einem Hinterhalt an. Das hatten Heinrich und Giselbert nicht vermuten können, und alsbald entstand Verwirrung in ihren Reihen. Als einige der Sachsen dies bemerkten, faßten sie Hoffnung und wandten sich zu einer List. Sie riefen in französischer Sprache, deren manche unter ihnen kundig waren: „Fliehet! Fliehet! Rette sich, wer kann!“ Die Lothringer merkten den Anschlag nicht, sondern meinten, alles sei verloren, es warnten sie ihre Genossen und Freunde, und warfen sich in wilde Flucht. Viele wurden getötet oder gerieten in Gefangenschaft; das ganze Gepäck der Lothringer machte man zur Beute. Aber auch von den Sachsen kamen nicht wenige um, unter ihnen jener Maincia, der Thankmar getötet. Von Heinrichs eigener Hand erhielt Ailbert, den man den Weißen nannte, eine tödliche Wunde und starb nach wenigen Tagen. Heinrich selbst wurde schwer verwundet, und man meinte im Anfange, die Schlacht habe auch ihm das Leben gekostet, aber ein dreifaches Panzerhemd hatte die Gewalt des auf seinen Arm geführten Streiches gemindert; doch behielt er infolge der Wunde einen schmerzvollen Schaden, der die Ursache seines frühen Todes gewesen sein soll.

So erzählt Widukind von Korvei die merkwürdigen Vorgänge an dem folgenreichen Tage von Birten. Wunderbar genug ist, was er meldet, und kaum minder wunderbar, was die anderen Quellen von diesem Siege berichten. Was sie melden – die frühesten sind etwa zwanzig Jahre nach dem Ereignisse niedergeschrieben –, beruht auf mündlicher Überlieferung des Volkes, in der sich das Überraschende bald zu wunderreicher Dichtung gestaltet. Wir sehen, auch diesen Kampf erfaßte die Volkssage, aber es sind jetzt nicht mehr die Herzöge, sondern der König, für den sie Partei nimmt. Wie schwer aber Sage und Geschichte hier zu scheiden sein mag, gewiß scheint, daß bei Birten eine kleine Zahl, die für die gerechte Sache focht, einen glänzenden Sieg über eine gewaltige Übermacht von Feinden davontrug. Otto selbst und seine Zeit schrieben den Sieg der Kraft des Gebets zu und sahen eine unmittelbare Fügung Gottes in ihm, und wunderbarer scheint in der Tat selten ein Sieg erfochten. Je unerwarteter der Schlag Heinrich und die Seinen betroffen hatte, desto mehr nahm er ihnen den Mut. Otto erfolgte, nachdem er sein Heer über den Rhein gesetzt, Heinrich und Giselbert, die ihm nirgends mehr standhielten, und machte erst halt, als er erfuhr, daß Heinrich Lothringen verlassen habe und auf dem Wege nach Sachsen sei.

Auch hier hatten indessen die Sachen für Heinrich eine unglückliche Wendung genommen. Der thüringische Graf Dadi, der an der Saale zu Hause war, ließ eiligst die Nachricht von dem Siege des Königs und zugleich die irrige Botschaft von Heinrichs Tode durch Thüringen und die östlichen Gegenden Sachsens verbreiten. Er riet den Befehlshabern der Burgen, die sich gegen Otto erklärt hatten, schnell ihren Frieden zu machen, und diese folgten um so eher dem Rate, als auch auf jene Anhänger Heinrichs, die den Ausgang der Dinge erst aus der Ferne hatten abwarten wollen, nach dem Kampfe von Birten nicht mehr zu zählen war. Die meisten Burgen Heinrichs unterwarfen sich daher sofort dem Könige; nur Merseburg und Scheidungen blieben auf Heinrichs Seite. Wohl erkannte jetzt der junge Fürst, wie übelberaten er Sachsen verlassen hatte, und eilte, nur von neun Rittern begleitet, nach der Heimat zurück, um zu retten, was noch zu retten sei. Doch es war zu spät; ganz Sachsen und Thüringen hatten sich bereits für den König erklärt. Es blieb Heinrich nichts übrig, als sich in Merseburg einzuschließen.

Aber auch Otto kehrte eilend nach Sachsen zurück; er folgte dem Bruder auf dem Fuße und belagerte ihn alsbald mit starker Heeresmacht in Merseburg. Zwei Monate lang hielt sich die Burg, mußte aber sich endlich der Übermacht ergeben. Heinrich zog ab, nachdem ihm ein Waffenstillstand von dreißig Tagen bewilligt war, binnen welcher Frist er ihm freistehen sollte, mit den Vasallen und Dienstleuten, die bei ihm aushalten wollten, Sachsen zu räumen; wer aber von diesen zum Könige überzutreten gewillt sei, dem solle ungehindert dies freistehen. So mußte Heinrich auch das heimatliche Sachsen verlassen, das nun auf wenige Sommertage von den inneren Fehden ruhte.

An den östlichen Grenzen ruhten indessen auch jetzt nicht die Waffen. Während des inneren Krieges hatten sich die Wenden von neuem empört und ein sächsisches Heer unter Haika vernichtet. Jetzt, meinten sie, sei ihre Zeit, da die Herrschaft der Sachsen von allen Seiten bedrängt war. Aber unermüdlich, wo es galt, die Macht des Reichs aufrechtzuerhalten, rückte Otto gegen die Wenden an, trieb mehrmals ihre Scharen auseinander und nahm ihrem ersten Angriff die Wirkung. Dann überließ er die Fortsetzung dieses Krieges dem Grafen Gero, um sich selbst abermals gegen Heinrich zu wenden, der sich wieder nach Lothringen begeben hatte und hier zu neuem Kampfe rüstete.

Der zweite Feldzug dieses denkwürdigen Jahres wurde nach kurzer Ruhe eröffnet. Noch einmal wurde das blutige Spiel erneuert; immer höher trieb man es; alles setzte man ein, um alles zu gewinnen oder zu verlieren.

Heinrich und Giselbert sahen sich diesmal nach neuem Beistand um. Sie scheuten sich nicht, auch Frankreich, damals wie immer des deutschen Reichs schlimmsten Feind, in den inneren Zwiespalt hineinzuziehen. Herzog Giselbert gab für den Augenblick sogar seine Pläne für Lothringens Selbständigkeit auf und huldigte mit vielen Großen im Lande König Ludwig von Frankreich; um diesen Preis stellte Ludwig ein Heer an des Reichs Grenze, die Empörung zu unterstützen bereit. Sollte Lothringen nicht verlorengehen, so war, wie Otto einsah, kein Augenblick zu verlieren, keine Schonung zu üben. Mit großer Heeresmacht eilte er deshalb aus Sachsen herbei und drang sofort tief in Lothringen ein. Mit Feuer und Schwert vertilgte er auf seiner Straße alles, was einem Gebote sich nicht fügte, und solche Furcht verbreitete dieser verheerende Zug, daß bald niemand mehr Widerstand wagte. König Ludwig zog sich von der Grenze nach seiner festen Stadt Laon zurück, und Herzog Giselbert schloß sich in die Burg Chèvremont ein. Chèvremont, das ist Ziegenberg, wurde sie genannt, weil sie auf einem Felsen unweit von Lüttich so hoch und so unzugänglich lag, daß man meinte, nur Ziegen könnten die Höhe erklimmen. Eng umschloß hier Otto den Herzog, aber doch entkam der schlaue Mann seinen Händen, und nicht einmal die Burg ließ sich bezwingen.

Denn schon rief man dringend den König abermals nach Sachsen zurück, das von allen Seiten bedroht war. Noch hatten die Wenden die Waffen nicht niedergelegt, und bereits regten sich auch die Dänen. Unvollendet mußte Otto daher den Krieg in

Lothringen verlassen, der Treue seiner Freunde das begonnene Werk vertrauen und sich durch neue Verbindungen stärken. Er hielt deshalb eine Zusammenkunft mit seinem Schwager Herzog Hugo von Franzien und schloß mit ihm einen Bund gegen König Ludwig, jetzt ihren gemeinschaftlichen Gegner. Während Hugo den Krieg gegen Ludwig führte, sollte der junge Graf Immo, den Otto erst vor kurzem für sich gewonnen hatte, Giselbert in Lothringen beschäftigen.

Dieser Immo galt für den klügsten und verschlagensten Kopf damals im ganzen Lothringerlande. Giselbert selbst hatte ihn erziehen lassen und dann auf niemandes Rat mehr gehört als auf den des jüngeren Freundes. Aber Immo sah bald, daß Otto ein anderer Mann sei als Giselbert, und schloß seinen Bund mit dem mächtigen König gegen seinen früheren Herrn und Wohltäter. Viel Ungemach bereitete er darauf dem Herzoge und manchen wohlersonnenen Streich, und man hat lange unter dem Volke zu sagen gewußt von Immo, dem schlauen Grafen. Was man sich von ihm erzählte, hat Widukind von Korvei uns zum Teil überliefert. Es trieben enst, meldet er, die Hirten des Herzogs eine Herde Schweine vor Immos Burg vorbei, da ließ dieser ein Ferkel vor das Burgtor stoßen, und als dies wieder hinein wollte, wurde ihm weit das Tor geöffnet; sofort liefen des Herzogs Schweine alle dem Ferkel nach und kamen so in die Hände des Feindes. Da, über diesen Streich ergrimmt, Giselbert eine Schar aufbot und gegen Immos Burg anzog, zerbrach dieser einige Bienenkörbe und warf sie von oben herab auf die Reiter, als sie die Mauer sich nahten; die Bienen fielen die Pferde an und machten sie toll und wild, so daß die Reiter nicht mehr fest in dem Sattel saßen. Lachend sah Immo indessen von der Mauer die Verwirrung an und drohte mit einem Ausfall. Solche Streiche und andere gleicher Art gefielen dem Herzoge so schlecht, daß er alsbald die Burg verließ. „Mit Immo allein“, soll er beim Abzug gesagt haben, „habe ich alle Lothringer im Zaum gehalten, aber ihn allein kann ich mit allen Lothringern nicht fahen.“

Was Immo jedoch unternahm, er vermochte nicht zu hindern, daß Giselbert aufs neue zu Kräften kam. Denn kaum hatte Otto Lothringen verlassen, so rückte König Ludwig abermals vor, überschritt die Grenze und ließ sich zu Verdun huldigen. Ungehindert drang er in den Elsaß ein, wo die Anhänger Ottos vertrieben wurden. Zu derselben Zeit hatte sich auch Herzog Eberhard, der bis dahin müßig den Ausgang des Kampfes abgewartet hatte, eidbrüchig wieder erhoben. Jetzt, glaubte er, sei auch für ihn die Zeit gekommen, die Maske abzuwerfen und der Rache freien Lauf zu lassen. Er, der nicht nur in Heinrich, sondern auch in Giselbert die Hoffnung auf Kronen genährt haben soll, dachte zugleich, wie erzählt wird, jetzt selbst daran, die Krone, die er einst aus den Händen gegeben, sich zu gewinnen und jene beide um den Siegespreis zu betrügen. Zu seiner Gemahlin soll er geäußert haben: „Heute scherzest du noch auf dem Schoße des Herzogs, bald wirst du in den Armen des Königs ruhen."

Eberhards Leute besetzten Breisach, einen schon von den Römern umwallten Ort und bis auf die letzten Zeiten immer eine wichtige Feste am Oberrhein; auf einem einzeln stehenden Felsen belegen, von dem Flusse inselartig umzogen, beherrscht sie die Gegend weit und breit. Auch andere Burgen am Rhein wurden von Eberhards Mannen besetzt; er selbst aber begab sich zu Giselbert und Heinrich und führte ein neues Heer ihnen zu.

Schon war es Spätherbst, und immer schlimmer, immer trauriger wurden die Verwicklungen dieses Jahres. Schon war Otto von Kampf zu Kampf, von Belagerung zu Belagerung gestürmt, von Sachsen nach Lothringen, von dort zurück bis an die Grenzen der Wenden, dann abermals nach Lothringen und wiederum nach Sachsen zurück. Und zum drittenmal mußte er jetzt an den Rhein ziehen, den gefahrvollsten aller Kämpfe bestehen. Welch wirres, unruhvolles Dasein war dem königlichen Jüngling zuteil, und doch beneidete ihm der eigene Bruder die Krone.

Otto, je größer die Gefahren, desto unerschrockener und kühner, voll Gottvertrauen mitten unter den gewaltigen Schlägen des Geschicks, eilte abermals auf den Kampfplatz. Er wandte sich jetzt gegen die Orte am Rhein, die in Eberhards Händen waren, belagerte Breisach und die anderen hier vom Feinde besetzten Burgen und sandte zugleich den Erzbischof Friedrich von Mainz als Unterhändler an Eberhard, daß er ihn auffordere, sich zu ergeben. Friedrich dachte anders wie Otto; er wollte eine Ausgleichung zwischen der königlichen und herzoglichen Gewalt, den Frieden um jeden Preis. Deshalb überschritt er seine Vollmacht, gewährte mehr, als ihm befohlen war, und gab sogar seinen Eid zum Pfande, Otto werde alles, was abgemacht sei, unbedingt genehmigen. Aber Otto konnte und wollte sich nicht an das unbedachte Versprechen des Priesters binden, obwohl er voraussah, daß er in ihm dem ersten Bischofe des Reichs und einem Manne von größtem Ansehen, sich einen neuen gefährlichen Feind erwecken würde. Er verwarf den Vertrag, und sofort geschah, was er erwarten konnte. Friedrich unterhandelte mit den Feinden des Königs und machte sich anheischig, in Metz mit seinen Dienstleuten zu ihnen zu stoßen. Gleiches tat Bischof Rothard von Straßburg, und die Treue wankte bei vielen im Heere des Königs, namentlich bei den Bischöfen, welche Erzbischof Friedrich der königlichen Sache mehr und mehr abtrünnig machte. Wie oft hatten diese Bischöfe gegen die weltlichen Herren bei den Königen Schutz gesucht und gefunden; schien es doch lange, als ob das Königtum allein um ihretwillen da sei und nur durch sie noch erhalten werde. Bemerkenswert genug, daß auch sie in der Stunde der Gefahr nun treulos sich wandten. Wahrlich nicht ihnen ist es zu danken, wenn das Reich aus diesen Kämpfen siegreich hervorging.

Noch war Erzbischof Friedrich, noch waren die anderen Bischöfe im Lager des Königs, obschon sie bereits mit dem Feinde unterhandelten: da lief die Nachricht ein, Eberhard und Giselbert seien bei Andernach über den Rhein gegangen, um das diesseitige Ufer des Flusses zu verheeren, nachdem schon alles Land jenseits desselben in ihrer Gewalt sei. Sofort verließen jene Treulosen heimlich bei Nacht das Heer des Königs und in so schimpflicher Eile, daß sie selbst ihr Gepäck aufgaben. Viele Kleinmütige folgten dem schlimmen Beispiel; scharenweise floh man aus dem Lager und stürzte sich zum Verrat. Alle Hoffnung – so sagt ein sächsischer Mann selbst, der ehrliche Widukind – war verschwunden, daß die Herrschaft der Sachsen ferner bestehen könnte.

Nie hat sich Otto größer gezeigt als damals. Bei der allgemeinen Bestürzung bewahrte er unerschütterliche Ruhe; ob wenige vom Heere ihm treu blieben, schaltete er mit einer Sicherheit, als ob ihm nirgends Hemmnisse im Wege ständen, als regiere er in aller Fülle der Macht. Hier gerade erprobte er sich als ein wahrer König, dem die Majestät und Hoheit, wie sie ihm angeboren, durch kein widriges Geschickt geraubt werden kann. Ein mächtiger Graf, wird erzählt, drohte zu jener Zeit, auch er werde den König verlassen, wenn er ihm nicht die Einkünfte von Lorsch, einer reichen Abtei unweit Heidelberg, verleihen wolle. „Es steht geschrieben", antwortete ihm Otto, „ihr sollt das Heiligtum nicht den Hunden vorwerfen. Willst du mich aber wie die anderen verlassen, so tue es je eher, je lieber!" Da errötete der Graf und warf sich dem König zu Füßen.

In solcher Not mochte Otto an den Kampf bei Birten gedenken, wie wunderbar ihn der Herr damals errettet und ihm den Sieg verliehen hatte. Und wunderbar wurde er auch diesmal aus seiner Bedrängnis befreit; wenigstens ist wunderbar genug, was sich das Volk auch von diesem Siege erzählte und unsere Quellen ihm nacherzählen. Unerwartet, das unterliegt keinem Zweifel, war abermals der Umschwung der Dinge, wenn wir gleich kaum im einzelnen zu erkennen vermögen, wie er erfolgte. Je größer die Not, desto vollständiger die Erlösung.

Niemand hatte von dem verheerenden Zuge Giselberts und Eberhards über den Rhein mehr zu besorgen als die Grafen Udo und Konrad Kurzbold, Eberhards Vettern, welche die fränkischen Gaue am Rhein, Main und Lahn besaßen und sich, wie erzählt ist, mit Eberhard verfeindet und an Otto angeschlossen hatten. Diese schickte der König jetzt mit Herzog Hermann von Schwaben, Udos Bruder, gegen die aufrührerischen Herzöge ab. Mit einem mäßigen Heere zogen sie aus und wagten deshalb keinen entscheidenden Kampf. Da ereignete sich, wie Bischof Liudprand von Cremona berichtet, daß sie eines Tages auf einen Priester stießen, der überlaut weinte und schrie. Als sie ihn nach der Ursache seines Kummers fragten, sprach er: „Ich komme aus den Händen der Räuber; mein Pferd, meine einzige Habe, ist mir von ihnen genommen, und sie haben mich zum armen Manne gemacht." Emsig forschten Udo und Konrad darauf weiter, ob und wo er Eberhard und Gieselbert gesehen, und sie erfuhren, jene seien bereits auf dem Rückzuge, ja sie hätten sogar schon den größten Teil ihres Heeres und ihre Beute bei Andernach wieder über den Rhein gebracht; nur sie selbst, von wenigen Leuten begleitet, seien noch diesseits des Flusses und ganz in der Nähe, wo sie unbesorgt ihr Mahl verzehrten. Da machten Konrad und Udo sich sogleich kampfbereit und eilten nach der bezeichneten Stelle. Sie fanden die Herzöge bei den Freuden des Brettspiels, das sie alsbald verließen, um ein gefährliches Spiel zu beginnen. Ein hartnäckiger Kampf, Mann gegen Mann, entspann sich. Eberhard wehrt sich wie ein Held, Wunde empfängt er auf Wunde, aber jede gibt er zurück, bis er endlich zusammensinkt und seinen Geist aufgibt. Giselbert ergreift die Flucht, mit mehreren anderen wirft er sich in einen Kahn; doch der Kahn wird überfüllt, sinkt und begräbt ihn mit den Seinen in den Fluten des Rheins. So endeten die Herzöge von Franken und Lothringen ihren Verrat und ihr Leben, und Giselbert erhielt nicht einmal die Ehre eines christlichen Begräbnisses. Denn die einen sagen, niemals sei seine Leiche im Flusse gefunden worden; die anderen, Fischer hätten sie herausgezogen, sie der Waffen beraubt und heimlich verscharrt.

Als sich dies zutrug, stand Otto noch fern bei Breisach am oberen Rhein. Eines Morgens – so erzählt Liuprand weiter – bestieg Otto sein Pferd, um in einer fernliegenden Kirche sein Morgengebet, das er nie versäumte, zu verrichten. Da sah er einen Mann in großer Hast die Straße ziehen, und als derselbe nah und näher kam, erkannte er, es sei ein Bote, und Frohes verkündete sein lautes Jauchzen. Bald kam der Mann heran und brachte die große Kunde von Eberhards und Giselberts Tode. Als Otto die ersten Worte vernommen hatte, gebot er dem Boten zu schweigen, stieg vom Pferde und warf sich auf die Knie, um dem Herrn zu danken, der ihn abermals so wunderbar errettet hatte. Dann setzte er ruhig den Weg zur Kirche fort.

Breisach und die anderen Burgen ergaben sich, nachdem Eberhards Tod bekannt wurde; der König konnte nach kurzer Zeit den Elsaß und Schwaben verlassen und sich nach Franken begeben. Erzbischof Friedrich kehrte beschämt jetzt zu ihm zurück, da die Mainzer – schon damals bewiesen die Städter am Rhein Anhänglichkeit an das Reich – ihrem treulosen Bischof die Tore gesperrt hatten. Mit gelinder Strafe kamen er und Bischof Rothard davon; auf kurze Zeit entfernte sie Otto aus ihren Städten, aber bald kehrten sie dahin zurück, und der König, der Geistlichkeit weniger abhold als sie ihm, schien schnell zu vergessen, wie diese Bischöfe ihn schmählich verraten hatten.

Heinrich wollte sich nach dem Ereignis, das alle seine Hoffnungen vereitelte, nach Chèvremont flüchten, aber die eigene Schwester, Giselberts Witwe, schloß ihm aus Furcht vor Ottos Zorn die Tore. Keine andere Zuflucht blieb ihm als Frankreich, wo König Ludwig sich seiner annahm und sogar noch einmal einen Einfall in Lothringen wagte. Aber schnell zog ihm Otto von Franken aus entgegen, und sofort trat Ludwig den Rückzug an, auf dem ihm Giselberts Witwe als Flüchtige folgte. Fast niemand wagte für den Augenblick in Lothringen dem Sachsen weiteren Widerstand zu leisten. Auch Heinrich hielt es jetzt für geraten, seine Waffen niederzulegen; er unterwarf sich demütig dem Bruder. Um König Ludwig im eigenen Reiche zu beschäftigen, erneuerte Otto das Bündnis mit seinem Schwager Herzog Hugo von Franzien, dann zog er über den Rhein und kehrte in sein Sachsenland zurück. Die Feldzüge dieses mühereichen und verhängnisvollen Jahres waren beendet.

Es war ein schweres Jahr gewesen, und um seine Leiden voll zu machen, schloß es mit einem ungemein strengen Winter, dem eine Hungersnot folgte: und doch war es so reich an Segen für unser deutsches Vaterland wie wenig andere. Denn in den Stürmen desselben erprobte sich nicht nur die Kraft des jungen Königs, auch in Unwettern sich und sein Volk zu schützen, sondern es zeigte sich zugleich, daß der Baum deutscher Einheit, den König Heinrichs Hand gepflanzt, schon feste Wurzeln geschlagen hatte. Denn wahrlich nicht darum griffen die Herzöge Eberhard und Giselbert und der König Ludwig von Frankreich so oft zu den Waffen, um dem einen Bruder die Krone zu nehmen und sie dem anderen auf das Haupt zu setzen, das heißt nur den Namen des sächsischen Herrn zu wechseln. Was sie auch dem unerfahrenen Heinrich zuflüstern mochten, Eberhard würde niemals, ohne seine und Frankens Selbständigkeit zu wahren, einen Frieden mit den Sachsen geschlossen haben, Giselbert strebte selbst nach Lothringens Königskrone, und nimmer hätte ohne einen Siegespreis von deutschem Boden Ludwig seine Waffen, wenn er sie glücklich geführt hätte, niedergelegt. Es war in der Tat ein Kampf nicht allein zwischen dem König und den großen Vasallen des Reichs, es war ein Kampf zugleich um die Einheit der deutschen Länder, und Otto verfocht nicht allein *seine* Stellung, er verfocht nicht minder die

Zukunft des deutschen Volkes. Jetzt erst konnte die Einheit des Reichs fest und haltbar erscheinen, da sie in diesem Feuer nicht allein geprüft, sondern so gestählt war, daß sie auch ferneren Angriffen zu trotzen vermochte. Wenn das Deutsche Reich unter Heinrich fast nur wie ein Staatenbund unter einem Oberhaupt mit beschränkten Rechten anzusehen war, so zeigte sich jetzt, daß Otto vor allem durch ein starkes Königtum den Zusammenhang der deutschen Länder erhalten wollte, daß er eine Gewalt in Anspruch nahm, wie sie keinem andern Könige Europas damals in seinem Reiche zustand.

Von den vier Herzögen, die Otto in Aachen gehuldigt hatten, waren zwei im Kampfe als Empörer überwunden worden, ein dritter war schon vorher in Frieden abgeschieden, hatte aber seine Macht nicht vererben können. Von seiner ursprünglichen Bedeutung hatte das Herzogtum unfraglich in diesen Zerwürfnissen vieles verloren, und sein Verlust war zum Gewinn für das siegreiche Königtum geworden; nicht *neben*, sondern nur *unter* demselben konnte es sich erhalten. Nicht ohne Einwirkung auf die Verschmelzung der deutschen Stämme blieb es, daß so die Reichsgewalt sich über die Führer der Stämme erhob, und auch das verdient Beachtung, daß das alte Übergewicht des fränkischen Stammes erst in diesen Kämpfen völlig gebrochen wurde. Fortan standen die Franken nicht mehr *über* sondern *neben* den Sachsen, Bayern und Schwaben, und nur aus solcher Gleichstellung konnte sich ein wahrhaft nationales Reich in den deutschen Ländern entwickeln.

Gerade Bayern und Schwaben, die sich König Heinrich nur mit Widerstreben unterworfen hatten und bis dahin nur lose mit dem Reiche zusammenhingen, haben damals in gefahrvoller Zeit treu zu dem Königtum gehalten. Otto erkannte dies dankbar und suchte sich auf das engste mit den Herzögen dieser Länder zu verbinden; die reiche Verlassenschaft Herzog Eberhards kam meistenteils ihnen zugute.

Schon längst gehörten die Marken am Böhmer Walde, die Gegend an Naab und Regen, die man später die Oberpfalz nannte, zum bayerischen Herzogtum; jetzt erhielt Berchthold, der Bayernherzog, auch die Gaue bis zum Main und zum Spessart, die bis dahin zum Herzogtum Franken gezählt waren, so daß Bayern schon damals diese Landstriche gewann, die es jetzt wieder unter seinem Kriegszepter vereinigt. Auch wünschte Otto durch verwandtschaftliche Bande mit Herzog Berchthold näher verbunden zu werden und bot ihm deshalb Giselberts Witwe Gerberge oder deren eben zu mannbaren Jahren heranreifende Tochter zur Ehe an. Berchthold wählte die Tochter, doch soll sie bereits vor der Hochzeit gestorben sein. Allmählich kam Bayern, das Otto noch vor kurzem mit einem Heere hatte betreten müssen, in ein enges Verhältnis zum Reiche, nicht aus Zwang allein, sondern halb willig, halb den Umständen weichend.

Ähnlich gestalteten sich die Verhältnisse Schwabens, dessen Herzog, der fränkische Hermann, Otto in dem Kriege so wichtige Dienste geleistet hatte. Die große Eigengüter Eberhards fielen besonders ihm, seinem Bruder Udo und seinem Vetter Konrad Kurzbold zu. Sie alle gewannen durch Eberhards Fall und verbanden sich immer fester dem jungen König, der in ihnen mit Recht fortan Hauptstützen seiner Gewalt sah. Die ausgedehnten Lehngüter Eberhards wurden teils eingezogen, teils der Kirche geschenkt, teils neu vergeben. Einen eigenen Herzog setzte Otto in Franken nicht wieder ein; der König selbst galt fortan als der geborene Herzog der Franken. Der erste Mann im Frankenland war nach Eberhards Fall Graf Konrad, Werners Sohn, den man den Roten nannte. Mit den ererbten Grafschaften am linken Rheinufer, um Worms und Speyer, verband er reichgesegnete Gaue auf der anderen Seite des Stroms am Main und Neckar. Er stand dem Könige nahe und sollte ihm bald noch um vieles näher treten.

Schwerer waren die Verhältnisse Lothringens zu ordnen. Wenn man auch, der Not gehorchend, sich Otto gebeugt hatte, so war bei dem unruhigen Geist des Volkes doch nicht auf dauernden Gehorsam zu rechnen. Otto übertrug, als er das Land verließ, dem Grafen Otto, Richwins Sohn, dort vorläufig die höchste Gewalt und übergab ihm Giselberts Sohn Heinrich, einen Knaben, der gute Hoffnungen erweckte. Graf Otto fand Arbeit genug im Lothringenlande. Denn viele regten sich bald wieder gegen die Herrschaft der Sachsen und sammelten sich um Bischof Adalbero von Metz, der sich nie dem Könige gebeugt hatte. Giselberts Neffen hatten sich zwar im Drange des Augenblicks dem Könige unterworfen, aber sobald dieser den Rücken wandte, weigerten sie sich, ihre Burgen auszuliefern. Auch Chèvremont hielten noch immer die Brüder Ansfried und Arnald besetzt, und Übleres hatte man sich von ihnen zu versehen. Da aber half, wie Widukind erzählt, wieder der kluge Graf Immo. „Drei können mehr als einer", ließ er den Brüdern sagen, „und wenn wir einig sind, weshalb sollten wir dann den Sachsen dienen? Haben sie euch wohl zu besiegen vermocht? Wie viel weniger werden sie uns miteinander überwinden! Ich freilich habe den Besten der Sterblichen, Herzog Giselberg, der mich von klein an erzogen, mich wie einen Freund geehrt und mir große Macht verliehen hat, unseren gemeinsamen Gebieter, schändlich verlassen und mich mit Lebensgefahr dem Sachsen verbündet. Aber was war mein Lohn? Nur Schimpf und Schande habe ich davongetragen; mit den Waffen in der Hand ist man über mich gekommen und hat mich aus einem freien Manne fast zum Knechte gemacht." Und in der Tat hatte Immo kurz zuvor eine Fehde gegen die Getreuen des Königs gehabt, war in seiner Burg belagert worden und hatte dieselbe übergeben müssen; aber man meinte, dies alles seien nur listige Streiche gewesen, um andere leichter zu täuschen. „Sehet", so ließ er den Brüdern weiter melden, „nun wende ich mich an euch, damit wir zusammen unternehmen, was uns allen frommt, und daß ihr in meine Treue keinen Zweifel setzt, will ich dir, Ansfried, meine einzige Tochter verloben. Bestimmt also einen Ort, wo wir uns treffen; dort verhandeln wir alles ohne Zwischenträger am besten." Ansfried und Arnald waren nicht gerade vom weichsten Stoff gemacht und wußten längst, wessen sie sich von Immo zu versehen hatten. Dennoch ließen sie sich überreden und gingen in die Falle. Sie bestimmten Ort und Stunde zu einem Gespräch und erschien daselbst. Da aber bemächtigte sich Immo, der Bewaffnete in einen Versteck gelegt hatte, ihrer und schickte sie unter sicherer Bedekkung zum König. „Arnald", ließ er ihm sagen, „ist weicherer Art, da bedarf es nicht Ketten und Geißelhiebe; wenn man ihm droht, sagt er alles, was er weiß. Aber Ansfried ist härter als Eisen; wenn dem die härtesten Foltern etwas entlockten, wäre es viel." Otto hielt sie eine Zeitlang in Haft, dann entließ er sie gnädig. Er sah ein, daß die Ruhe Lothringens vornehmlich davon abhing, daß König Ludwig zum Frieden genötigt wurde.

Ludwig war ein um so gefährlicherer Gegner, als er sich inzwischen mit Gerberge, Giselberts Witwe, vermählt hatte. Da er die

Seele alles ferneren Widerstands zu sein schien, rüstete Otto gegen ihn ein großes Heer und drang im Sommer 940 in Frankreich ein. Bis zur Seine rückte er vor, wo Herzog Hugo mit seinen Anhängern ihm in aller Form den Huldigungseid leistete. Aber Ludwig war nicht überwunden. Noch in demselben Winter machte er einen neuen Einfall in Lothringen, und ohne Frieden, nur durch einen Waffenstillstand wurde der Feldzug beendigt. Während des folgenden Jahres hatte Ludwig genug im eigenen Lande zu tun und führte seine Sache zu unglücklich gegen Herzog Hugo, als daß er seine Waffen nach außen hätte wenden können, aber zu einem Friedensschluß mit Otto bequemte er sich auch jetzt noch nicht. Erst gegen Ende des Jahres 942, als die Könige zu Vouziers an der Aisne, wo die Grenzen ihrer Reiche sich berührten, eine Zusammenkunft hielten, wurde der Friede und zugleich ein engeres Freundschaftsbündnis zwischen ihnen geschlossen. Gewiß war es besonders Gerberge, die das Einverständnis zwischen ihrem Gemahl und ihrem Bruder herbeiführte. Auch gelang es Otto, seine feindlichen Schwäger bald darauf zu versöhnen. Indem sich König Ludwig an Hugo zu dem Herzogtum Franzien noch das französische Burgund zu verleihen entschloß, erkannte dieser wieder die Oberhoheit Ludwigs an; mit vereinten Kräften hofften beide dann das Küstenland an der unteren Seine, das vor mehr als dreißig Jahren an die Normannen abgetreten war, diesen wieder entreißen zu können. Nachdem die Könige und Herzog Hugo sich versöhnt hatten, tobten allmählich die Stürme in Lothringen aus, und das ganze Land unterwarf sich endlich aufs neue dem Gebote des Sachsen.

Indessen war auch Heinrich, dessen Herrschsucht vor allem diese Stürme erregt hatte, zur Ruhe gelangt, aber nicht um einen leichten Preis. Durch schwere Vergehungen und harte Kämpfe führte ihn noch das Leben, bis die verzehrende Leidenschaft in seinem Herzen erstarb. Die schweren Geschicke des Jahres 939 hatten ihn tief gebeugt, aber nicht belehrt und gebessert. Als er alle seine Hoffnungen vereitelt sah, hatte er sich wohl seinem königlichen Bruder unterworfen, aber sein Gemüt war doch fern von wahrer Reue geblieben. Aufrichtig hatte Otto die Hand dem Bruder zur Versöhnung geboten. Alles verzieh er ihm und behielt ihn nur kurze Zeit bei sich unter strenger Bewachung; bald entließ er ihn gnädig und stattete ihn sogar mit der herzoglichen Gewalt in Lothringen aus. So mochte er hoffen, dieses Land und den Bruder zugleich dauernd an sich zu fesseln.

Aber Lothringen war Heinrich nicht genug; die Ansprüche, die er an das Leben machte, wurden in diesem fremden Land und unter diesem ihm fremden Volke in keiner Weise befriedigt. Er geriet, unmutig wie er war, allerorten in Unfriede, konnte sich schon nach kurzer Zeit in seiner Stellung nicht mehr behaupten und verließ endlich flüchtig das Land. Wie es scheint, mißbilligte Otto das Verhalten des Bruders; er entzog ihm die kaum überantwortete Gewalt und bekleidete mit derselben jenen Otto, Richwins Sohn, der schon vorher das Land verwaltet hatte. Aufs neue war Heinrichs Ehrgeiz verletzt, aufs neue entbrannte der kaum bezwungene Haß gegen den Bruder, und die erste Gelegenheit, seine alten verbrecherischen Pläne aufzunehmen, ergriff er mit Hast. Je erbitterter sein Gemüt war, desto unbedachter folgte er einem täuschenden Schimmer der Hoffnung und ließ sich von ihm in das Verderben verlocken.

Unzufriedenheit herrschte seit längerer Zeit, wie Heinrich erfuhr, unter den königlichen Vasallen und Dienstleuten, welche in den östlichen Grenzen Sachsens angesiedelt waren und unter dem Befehl des Markgrafen Gero standen. Unausgesetzt mußten sie im Kriege gegen die Wenden stehen: dieser Krieg war mühevoll und legte viele Entbehrungen auf, und doch fielen die Belohnungen meist kärglicher aus, als man erwartete, da der Tribut von den empörten Wenden nicht regelmäßig beizutreiben war, so daß Gero oft selbst in die größte Not geriet. Man verweigerte endlich dem Markgrafen offen den Gehorsam und beschwerte sich bei dem König über seine Strenge und Kargheit. Als sich dieser, wie billig, des treuen Dieners annahm, wandte sich sofort der Unmut des Mißvergnügten auch gegen ihn selbst. Kaum wurde dies Heinrich bekannt, so nährte er durch Geschenke und Versprechungen die Unzufriedenheit. Boten liefen hin und wieder, und nach kurzer Zeit standen viele streitbare Männer mit ihm im geheimen Bunde. Heinrich befand sich wiederum an der Spitze einer weit durch Sachsen verbreiteten Verschwörung.

Auch an anderen Orten hatte der König Feinde, die sich jetzt abermals an Heinrich anschlossen. So wurde selbst der Erzbischof

Friedrich von Mainz, der doch kurz zuvor die Gnade des Königs erfahren hatte, der Mitwissenschaft um einen Anschlag beschuldigt, der gegen das Leben des Königs gerichtet war. Bei dem nächsten Osterfeste (941), welches der König in dem östlichen Sachsen zu feiern beabsichtigte und wo auch Heinrich sich einstellen sollte, gedachte man den älteren Bruder, den man im offenen Felde nicht zu besiegen vermochte, durch Mord aus dem Wege zu räumen, um den jüngeren auf den Thron zu setzen. So verderbte die Herrschsucht die Seele Heinrichs, eines jungen und sonst edler Regungen fähigen Fürsten, daß er nicht einmal vor dem Brudermord zurückschauderte.

Gott schützte den König auch hier. Der höllische Plan blieb lange im Dunkeln, wurde aber zuletzt doch verraten. Die Verschworenen sammelten sich zu Quedlinburg um den König, der schon ihre Absicht kannte, aber durch die Schrecken des Gerichts die Würde des Festes nicht beeinträchtigen wollte. Ruhig feierte er Ostern in gewohnter Weise, nur ließ er sich Tag und Nacht von getreuen Vasallen umgeben. Erst als die festlichen Tage vorüber waren, wurden die Verschworenen, welche die Vorsichtsmaßregeln des Königs bereits mit Besorgnis erfüllt hatten, zusamt ergriffen. Mehrere von ihnen fanden den verdienten Tod nach dem Gesetz durch Henkershand; andere wurden mit Verbannung und Einziehung ihrer Güter bestraft. Erzbischof Friedrich reinigte sich von dem auf ihm ruhenden Verdacht, indem er vor allem Volk zum Beweise seiner Unschuld das Abendmahl nahm. Heinrich rettete sich durch die Flucht; niemand wußte einige Zeit, wo er lebte.

Der scheußliche Anschlag war mißglückt, und bald dankte wohl Heinrich selbst auf das innigste Gott, daß er das Leben des Bruders geschützt hatte. Denn in diesen Tagen bitterster Not fand endlich die Reue Eingang in Heinrichs Seele. Er stellt sich in Person dem Bruder, als dessen Gemüt durch die Bitte der Mutter und die Verwendung der Bischöfe erweicht war. Otto verzieh auch diesmal. „Du hast meine Gnade nicht verdient", sagte er zu ihm, „da du aber dich demütigst, will ich kein Leid dir zufügen." Er ließ ihn nach der königlichen Pfalz zu Ingelheim am Rhein bringen und dort streng bewachen. Aber unerträglich waren dem Jüngling, dem königliches Blut in den Adern rollte, die enge Haft und die Strenge der Wächter; ihnen zu entgehen, schien ihm kein Schritt zu gewagt. Heimlich bei Nacht, von einem Geistlichen unterstützt, verließ er das Gefängnis und wandte sich nach Frankfurt, wo Otto das Weihnachtsfest feierte. Als nun hier im Dome in der Frühe des Christtags die himmlischen Lieder den König umtönten, sah er seinen Bruder im härenen Gewande mit entblößten Füßen sich vor ihm auf den eisigen Boden werden; abermals hörte er aus seinem Munde, und diesmal aus tiefster Seele, die Bitte um Gnade. Noch hallte in Ottos Herzen der Gesang der Himmlischen wieder: „Friede auf Erden!" – und so verzieh er auch diesmal dem Bruder und tilgte ganz dessen Schuld, obwohl er ihm nach dem Höchsten, was ihm Gott verliehen, nach seiner Krone, ohne vor irgendeinem Frevel zurückzubeben, gestanden hatte. Der König erhob seinen Bruder vom Boden und gab ihm die Freiheit.

Dieser Weihnachtstag des Jahres 941 war das schöne Versöhnungsfest Ottos und Heinrichs: von diesem Tage an haben sie wahrhaft wie Brüder gelebt, und man hat nachher gesungen und gesagt von ihrer Liebe und Eintracht. Heinrich schien seitdem völlig umgewandelt, seine Herrschsucht wurde mindestens Otto gegenüber zur tiefsten Ergebenheit; es war, als ob er sein ganzes Bestreben nur dahin richte, die Absichten seines Bruders zu unterstützen und den Willen desselben zu erfüllen. Jetzt gediehen auch seine bedeutenden Gaben dem Vaterlande zum Heil, die vorher so viel Unsegen über dasselbe verbreitet hatten. Große Vergehen suchte er durch große Verdienste im Herzen des Bruders vergessen zu machen. Fortan wollten die Brüder stets ein und dasselbe, und man hat bald gemeint, es sei, als ob sie zusammen das Reich regierten.

9. Befestigung der königlichen Gewalt

Die Stürme, welche die Herrschaft Ottos und mit ihr die Einheit des Reichs bedrohten, hatten ausgetobt; ruhigere Zeiten traten ein, in denen auf friedliche Weise für die festere Einigung der deutschen Stämme zu *einem* Volke sich wirken ließ. Die königliche Macht erhob sich wieder in den deutschen Ländern, ihres Namens und ihrer Bedeutung würdig, über alle anderen Gewalten, und mit je festerer Hand der junge König die Zügel des Regiments führte, desto enger schürzten sich die Bande der deutschen Stämme, desto mehr erstarkte der Glaube an die Dauer des einigen Reichs.

Es war ein neues Reich, das Heinrich und Otto begründet hatten, aber es knüpfte doch, wie wir wissen, an jenes fränkische an, von dem es auch den Namen beibehielt. Hatte sich schon Heinrich als den unmittelbaren Nachfolger des Karolinger betrachtet, so tat dies Otto noch in bei weitem höheren Maße. An dem Kaisersitz Karls des Großen hatte er sich huldigen und krönen lassen; die volle Regierungsgewalt der fränkischen Könige sah er gleichsam als eine Erbschaft an, die ihm mit seiner Erhebung zufiel. Niemals hat er gewiß daran gezweifelt, daß die Kapitularien Karls und seiner Nachfolger noch in voller Rechtskraft beständen, wie er denn nach fränkischem Recht den Hochverrat und Landfriedensbruch mit dem Tode bestrafte. Wenn aber auch die Kapitularien als allgemeines Reichsrecht galten, so konnte ihre Anwendung doch nur eine sehr freie sein. Denn wie hatten sich doch gerade die Verhältnisse, welche die Kapitularien besonders ins Auge faßten, so völlig geändert! Die Beschickung der einzelnen Teile des Reichs durch Königsboten hatte aufgehört, die Immunitäten, d. h. die gefreiten Besitzungen der Kirche und der weltlichen Großen, hatten eine früher kaum geahnte Ausdehnung gewonnen, das Vasallentum war zu einer selbständigeren Stellung gediehen, die Grafen standen durch die Erhebung der herzoglichen Gewalt der Krone ferner als früher, die Wehrkraft des Volkes endlich beruhte schon mehr in dem Vasallenheer als in dem Heerbann. Die Kapitularien hätten einer vollständigen Revision unterworfen oder doch vielfach ergänzt werden müssen, um sie den neuen Verhältnissen anzupassen.

Für die ganze weitere Entwicklung des Reichs ist es nun von den wichtigsten Folgen gewesen, daß weder das eine noch das andere erfolgte. Denn nicht durch viele neue und am wenigsten durch geschriebene Gesetze herrschte der Sachse. Wahrlich kein blinder Zufall ist es, daß so weniges von geschriebenem Recht aus jener Zeit vorliegt. Es ist ein scharfes Kennzeichen hierfür, wie das neue Reich sich mehr auf rein deutscher Grundlage erbaute, daß das geschriebene Reichsrecht sogleich durch das Gewohnheitsrecht zurückgedrängt wurde und jenes sich bald nur so weit noch behaupten konnte, als es bereits in Fleisch und Blut des Volkes eingedrungen war; galt doch selbst noch in einer späteren Zeit, wo das geschriebene Recht wieder zu größerer Geltung kam, der Grundsatz, daß das Reich mehr nach dem alten Brauche der Väter als nach geschriebenen Gesetzen regiert werde. Und wie mit den Kapitularien erging es mit den geschriebenen Volksrechten; auch sie, dem Volke schon wegen der Sprache fremd, kamen allmählich in Vergessenheit. Überall trug das ungeschriebene Herkommen den Sieg über das geschriebene Gesetz davon. Gewohnheit und Sitte wurden wie in den öffentlichen so auch in den Privatverhältnissen abermals die wichtigsten Quellen des Rechts. Nur im Sinne und Herzen des Volkes lebte das Recht der Vorfahren fort, und wie es hier tiefe Wurzeln schlug, trieb es aus sich selbst frische Sprossen und verjüngte sich immer von neuem.

Alles Gericht wurde damals noch öffentlich gehalten. Das Landgericht hegten die Herzöge, das Gericht an den Malstätten der Gaue die Grafen des Königs oder ihre Unterbeamten, in den Immunitäten die Herren oder ihre Vögte und Meier; dem Lehnsgericht saß der Lehnsherr, dem Hofgericht der Hofherr vor. Wie in dem Gericht über die freien Männer nicht des Königs Richter das Urteil sprach, sondern die rechtskundigen Schöffen von vollfreier Geburt es fanden und der Umstand, d. h. die dem Gericht außer den Schöffen beiwohnenden Freien, mit ihrem Rat die Urteiler unterstützten und ihren Spruch belobten oder tadelten, so bildeten sich ähnliche Formen des Verfahrens auch in den anderen Gerichten aus; überall zeigt sich der Richter von rechtskundigen Männern aus dem Stande der Parteien umgeben, und überall nimmt das Volk noch an der Verhandlung einen unmittelbaren Anteil. Kein kunstreiches, fremdes Recht war es, das unverstanden über dem Volke und seinem Tun waltete. Recht und Gesetz waren noch nicht in die Scheiberstuben gebannt, aus denen unsere Zeit sie mit großer Mühe und geringem Erfolge zu befreien sucht, sondern mit Sitte und Herkommen waren beide innig verbunden, jedem vertraut, zu allen Zeiten gegenwärtig, mit dem ganzen Dasein des Volkes innerlichst verwachsen. So entwickelte sich das Königsrecht, die Volksrechte, die Lehn- und Dienstrechte nach Sitte und Herkommen frei in der größten Mannigfaltigkeit.

Die Einwirkung des Königs auf die Rechtsentwicklung mußte unter diesen Umständen eine sehr beschränkte sein. Nur wenn das Gewohnheitsrecht unsicher war, wurde die Entscheidung des Königs mit Notwendigkeit gefordert. Waren die Schöffen in ihrer Mehrheit des Rechts nicht weise oder wurde ihr Spruch angefochten, so mußte die Sache an ein anderes Gericht und, fand sich sonst nirgends Rat, zuletzt an den König gebracht werden. Aber selbst dann entschied er nicht nach eigener Willkür, sondern bestellte Schöffen, um unter seinem Vorsitz das Urteil zu finden. Waren auch sie des Rechts nicht weise, so war es Sitte, Schiedrichter zu ernennen, die aus freier Willkür eine Entscheidung trafen. Wie widerwillig aber Otto zu dieser Auskunft schritt und lieber einen anderen Ausweg vorzog, zeigt eine Streitfrage, die auf dem Reichstage zu Steele im Jahre 938 verhandelt wurde.

Man stritt darüber, ob, wenn ein Erblasser neben Söhnen auch Enkel von bereits verstorbenen Söhnen hinterließe, die letzteren in die Stelle ihrer Väter träten und so mit ihren Oheimen erbten oder nicht. Ursprünglich hatte das deutsche Recht die entfernteren Glieder der Sippe, solange nähere am Leben waren, ausgeschlossen, doch waren schon unter den Merowingern in Austrasien zugunsten der Enkel in diesem Falle besondere Bestimmungen getroffen worden; seitdem scheint das neue Recht mit dem alten gekämpft zu haben. Man verlangte jetzt eine Entscheidung von

Otto, und dieser legte die Sache dem auf dem Tage zu Steele versammelten Volke vor. Man beschloß hier, die Sache solle durch Schiedsrichter entschieden werden. Aber Otto wollte nicht, daß angesehene und erfahrene Männer durch einen Spruch, der mit Notwendigkeit vielfache Interessen verletzte, einer übeln Behandlung ausgesetzt würden: deshalb wies er den Beschluß der Versammlung zurück und stellte die Entscheidung der Allweisheit Gottes anheim. Durch einen Kampf, in dem man Gottes Gericht sah, beschloß er die Frage zum Austrag zu bringen. Im Kampfe siegten die Streiter für die Enkel, und es wurde demnach gesetzlich für ewige Zeiten bestimmt, daß die Enkel in die Stelle ihrer verstorbenen Väter treten und mit den Oheimen das Erbe teilen sollten. So ist es denn auch meist nachdem in den deutschen Ländern gehalten worden, obwohl an vielen Orten sich die uralte Sitte zum Nachteile der Enkel später von neuem festsetzte.

In einer Zeit, die Himmel und Erde so fern voneinandergerückt hat, wie man in jenen Tagen sie nahe verband, hat man Ottos Verfahren in dieser Sache vielfach als ungeschickt und barbarisch gescholten: aber doch war durch und durch deutsch, daß er jede willkürliche Entscheidung des Rechtsgrundsatzes abwies, wie es tief in seiner sächsischen Natur beruhte, daß er die Entscheidung gerade durch den Kampf wählte. Sahen die Germanen von jeher im Zweikampfe ein Gottesurteil, so hatte diese Vorstellung sich besonders bei den Sachsen erhalten. Es konnte damals und noch später jeder freie Sachse, wenn er das Urteil der Richter gescholten hatte, zu dem Könige ziehen und dort selbst sieben seiner Genossen gegen andere sieben seine Sache im Kampfe durchfechten; ebenso diente den Sachsen häufig der gerichtliche Kampf als Beweismittel, um die Ungerechtigkeit einer Beschuldigung oder die Wahrheit einer Behauptung darzutun. Otto handelte also in dem Sinne und nach den Vorstellungen seines Volkes sowohl in diesem Falle wie in einem späteren, wo er den gerichtlichen Zweikampf in Italien gegen die bereits erstorbene Sitte gesetzlich wieder einführte und dadurch viel dazu beitrug, daß derselbe sich in der Folge über das Abendland abermals weiter und weiter verbreitete. Wie man jetzt auch übe das Kampfgericht denken mag, die häufige Anwendung desselben zu jener Zeit beweist, daß man lieber sein gutes Recht dem allmächtigen Gott als der Willkür der Menschen anheimstellte, und daß selbst der König sich nicht als Herr des Gesetzes ansah. Wo Sitte und Herkommen das Recht nicht wiesen, unterstellte man sich dem Urteil des Weltrichters.

So wenig Einfluß der König hiernach auf die Rechtsbildung und Rechtsentwicklung in seinem Reiche hatte, so sehr sah man es dagegen als seine Aufgabe an, darüber zu wachen, daß jedem sein gutes Recht werde und die Richter niemandem Gewalt täten. Je geneigter die Zeit zu Gewalttaten war und je freieren Spielraum des geschriebenen Rechts dem Frevler ließ, desto mehr bedurfte das Recht des starken Schutzes der königlichen Macht. Unaufhörlich saß der König selbst zu Gericht, sei es, um über Reichsfürsten und Reichsvasallen zu richten, sei es, weil seine Hilfe von niederen Leuten angerufen wurde. Die Sicherung der althergebrachten Rechte, die Wahrung des Landfriedens, der Schutz der Kirche und der Hilflosen wurden nächst der Kriegsführung als die wichtigsten und wesentlichsten Pflichten des Königs angesehen. Aus seiner Stellung als oberster Gerichtsherr, Kriegsherr, Schutzherr der Kirche flossen alle die einzelnen Rechte und Befugnisse, die er neben seiner oberlehnsherrlichen Gewalt über die Vasallen, über die Gesamtheit des Volkes übte.

Über den Umfang der königlichen Rechte war des Streits nicht wenig, aber innerhalb des der Reichsgewalt einmal eingeräumten Gebiets waltete der König in freier Macht nach eigener Entschließung, ohne irgend durch hemmende Fesseln und Formen beschränkt zu sein. Wir finden keine regelmäßigen Reichs- und Kirchenversammlungen mehr wie in den Zeiten der Karolinger, die Ordnungen des Hofes verlieren ihre strenge Geschlossenheit, der Staatsrat verschwindet; auch die Provinzialverwaltung wird eine ungebundenere, da an die Stelle der Königsboten neben die Herzöge und Pfalzgrafen in gewissem Sinne der König selbst tritt. Die ganze Regierung Ottos trägt wie schon die seines Vaters einen vorwiegend persönlichen Charakter, und so eng sich sonst die Ordnungen des neuen Reichs an die des fränkischen anschlossen, zeigte sich doch auch in dieser freieren Stellung der königlichen Person eine Rückkehr zu dem altgermanischen Wesen. Nach freier Wahl zieht der König Männer seiner Gunst und seines Vertrauens an seinen Hof, mit denen er die Angelegenheiten des Staates berät und entscheidet. Aus ihrer Mitte erwählt er seine Grafen und

Bischöfe; ihnen erteilte er nach ihren Verdiensten um das Reich und seine Person die erledigten Reichslehen; sie erhalten die ausgedehntesten Privilegien oft in Anerkennung der allerpersönlichsten Dienste. Der König erscheint inmitten dieser seiner Großen fast nicht anders als ein alter Gefolgsherr unter seinen Mannen.

Die Reichsverwaltung hat keinen anderen festen Mittelpunkt als unmittelbar in der Person des Königs; der Hof selbst hat keine bleibende Stelle. Wo der König weilt, da ist das Reichsregiment und der Hof. Wenn sich Otto auch am liebsten auf seinen Burgen am Harz, am Kyffhäuser und in der goldenen Aue aufhielt, so finden wir ihn doch selten lange dort rasten. Überall durch das weite Gebiet seiner Herrschaft lagen seine Pfalzen zerstreut, und von einer Pfalz zieht er zur anderen. Sein Haus ist allerorten in den deutschen Landen, und überall will er selbst sehen und selbst entscheiden, was in seinem Hause vorgeht; wo ein Feind an den Grenzen droht, wo sich ein Aufruhr regt, wo eine gewichtige Entscheidung in Staat und Kirche zu treffen ist, ist er selbst sogleich zur Stelle. Ein unruhiges und unstetes Dasein hat er so zu führen, aber dies rastlose Wanderleben, das die Person des Königs allen Stämmen gleich nahe bringt, hat unfraglich viel dazu beigetragen, die Einheit des Reichs zu befestigen.

Einen besonderen Glanz pflegte der König um seine Person an den hohen kirchlichen Festen zu entfalten, zu Weihnachten, Ostern und Pfingsten. Da strömten die hohen geistlichen Würdenträger an seinen Hof und gaben durch ihre Gegenwart der heiligen Festfeier eine besondere Weihe; mit reichen Geschenken kamen die Herzöge und Grafen zu ihrem Lehnsherrn und beeiferten sich, ihre Ergebenheit ihm an den Tag zu legen; abhängige Fürsten der umwohnenden Völker brachten Tribut dar und beugten ihr Haupt dem gefürchteten Oberherrn; Gesandte befreundeter Könige erschienen von nahe und fern und fesselten durch die seltenen Gaben, die sie dem Könige zu Füßen legten, wie nicht minder durch ihre fremde Sitte und Sprache die Aufmerksamkeit der herbeieilenden Menge. Ein fröhliches und buntes Leben entfaltete sich da am Hofe, wo er auch weilen mochte. Feste drängten sich an Feste, Gelage an Gelage. Viel Kurzweil wurde getrieben, aber man erwog auch die ernstesten Dinge und oft nach alter Sitte bei den Freuden des Mahles. Über Krieg und Frieden wurde entschieden, Verträge mit fremden Königen und Völkern geschlossen oder gelöst, Bischöfe und Grafen ernannt, neue Belehnungen und Privilegien erteilt, wie auch meist das Fürstengericht mit diesen Hoftagen verbunden wurde.

Indem der König die an den hohen Festen ihn gerade umgebenden Großen über die wichtigsten Reichsgeschäfte zu Rate zog, traten die Hoftage gewissermaßen an die Stelle der karolingischen Reichstage: aber alles hatte den freiesten, ungebundensten Gang, und viel fehlte daran, daß die festen Formen jener Reichsversammlungen auf die Hoftage übergingen. Mehr mochte sich von diesen Formen auf den allgemeinen Reichstagen erhalten haben, zu denen zuweilen die Großen aus allen deutschen Ländern berufen wurden. Aber nur wenn es sich um einen langwierigen Kriegszug, um wichtige Rechtsbestimmungen oder die Ordnung der Nachfolge im Reiche handelte, scheinen sie zusammengetreten zu sein, und auch dann wurden die Verhandlungen, wie wir glauben müssen, nicht aufgezeichnet; mindestens sind keine Reichstagsverhandlungen aus jener Zeit auf uns gekommen. Wir wissen daher auch wenig oder nichts von der Weise, wie die Beratungen geführt sind. Häufiger traten dagegen auf den Befehl des Königs entweder in einzelnen deutschen Ländern oder im ganzen Reiche Kirchenversammlungen zusammen, die bei dem geistlich-weltlichen Charakter der Herrschaft nicht selten auch über die wichtigsten Staatsangelegenheiten zu beraten hatten oder mit Reichs- und Hoftagen verbunden wurden. Der König pflegte dann gewöhnlich selbst in der Mitte der Bischöfe zu erscheinen und hatte auf den Gang der Verhandlungen einen entscheidenden Einfluß. Hier herrschten strengere, durch das Herkommen geheiligte Formen der Beratung, die Verhandlungen wurden aufgeschrieben und sind uns zum Teil erhalten.

Obwohl sich das königliche Regiment innerhalb der ihm eingeräumten Grenzen mit einer großen Freiheit bewegte, war Ottos Königtum doch nichts weniger als unbeschränkt. Denn je unbestimmter die Grenzen der königlichen Gewalt noch waren und je weiter sie der hochstrebende Fürst auszudehnen suchte, um so mehr suchten die widerstrebenden Elemente sie zu verengen. Das Gefühl für die Einheit des Reichs war im Volke doch bei weitem nicht so lebendig wie das noch vor kurzem so mächtig wieder erwachte Stammesinteresse, das seiner Natur nach einer starken Reichsgewalt widerstrebte; der hohe weltliche Adel trachtete nach der Erblichkeit seiner Lehen und nach einer völlig selbständigen Gewalt in seinem großen Besitz; die Geistlichkeit, wenn sie auch zeitweise sich eng an die Krone anschloß, um sich vor den Gewalttaten des Adels zu retten, hatte doch ihre hierarchischen, der Reichsgewalt feindlichen Ideen keineswegs aufgegeben, und ob sie schon von dem Versuch, den Staat von sich abhängig zu machen, für den Augenblick abstehen mußte, verlangte sich doch eine möglichst unabhängige Stellung in bezug auf ihre geistlichen wie ihre weltlichen Gerechtsame – überall mußte ein König, der mit der Reichsgewalt ernst machte, auf die größten Hemmnisse stoßen.

Da keine Staatsverträge die gegenseitigen Rechte des Königs und der Reichsstände, der Kirche und des Staates feststellten, war es kein Rechtsstreit, den der König hier mit dem Adel und der Geistlichkeit führte, sondern lediglich eine Machtfrage, die zwischen ihnen stets in der Schwebe blieb und die weder durch geistige Waffen noch durch Gewalt zur letzten Entscheidung gebracht werden konnte. Denn nachdem Adel und Geistlichkeit unter den letzten Karolingern eine nur zu große Bedeutung gewonnen hatten und das Erbreich anerkanntermaßen ein Wahlreich geworden war, konnte es der Reichsgewalt nicht mehr gelingen, die geistliche und weltliche Aristokratie in das frühere Dienstverhältnis zurückzubringen; beide hatten vielmehr eine vom Königtum unabhängige Machtstellung errungen, aus der sie niemals mehr ganz sich verdrängen ließen. Aber andererseits hatte doch auch die Not der Zeit den deutschen Völkern gezeigt, daß sie ohne eine gesicherte Königsherrschaft die sichere Beute ihrer Feinde seien: das Königtum war also als eine Notwendigkeit von neuem erkannt worden, und noch mehr dadurch als durch den großen Sieg über die Herzöge war seine Zukunft gesichert. Der Widerstreit der Interessen, der Kampf um die Grenzen der gegenseitigen Rechte ließ sich daher zwischen der Krone und dem Adel, zwischen der Reichsgewalt und den lokalen Mächten niemals endgültig schlichten, sondern mußte sich nach der ganzen Lage der Dinge verewigen.

Otto stand anfangs in diesem Kampfe nicht in der günstigsten Stellung. Außer den Kräften, welche ihm Sachsen darbot, waren die Hilfsmittel des Reichs nicht so sehr in seinen wie in den Händen seiner Gegner; er fand seine Widersacher gerade in denen, die seine Diener und die Vollstrecker seiner Befehle sein sollten; die hohen Würdenträger, die vornehmsten Beamten des Reichs selbst waren es, in denen sich der Widerstand des Adels zusammenfaßte. Diese Beamten waren zugleich mächtige Herren mit eigenem Besitz und großem Reichtum, auf deren Gütern zahlreiche Hintersassen und Hörige wohnten; in ihren Vasallen und Ministerialien besaßen sie ein großes Kriegsgefolge und verfügten ohne große Schwierigkeiten über alle Streitkräfte ihrer Amtsbezirke; überdies waren sie es vornehmlich, welche die Krone dem Könige gegeben hatten und nach seinem Tode wieder über dieselbe geboten. Sehr ähnlich war die Stellung der Geistlichkeit dem Könige gegenüber, und außer andern Vorteilen ihres Standes besaß sie in dem geheiligten Ansehen desselben eine furchtbare, fast unwiderstehliche Waffe.

Karl der Große hatte die Macht des Adels durch Hebung des freien Standes zu beschränken gesucht; seine Bestrebungen waren ohne nachhaltigen Erfolg geblieben, und unmöglich war es für Otto, zu demselben Mittel zu greifen. Denn die Zahl der mittleren und kleinen freien Gutsbesitzer schmolz sichtlich auch in den deutschen Ländern. Wenn die alte Gauverfassung auch erhalten war und sich noch länger erhielt wurde doch die Ausdehnung der Immunitäten immer größer und größer; die Kriegsmacht des Reichs beruhte gar nicht mehr überwiegend auf dem Heerbann, sondern auf den berittenen Vasallenscharen, und König Heinrich selbst hatte eine Gestaltung des Kriegswesens angebahnt, welche die alte Volksfreiheit eher schwächen als kräftigen mußte. Was man damals *das Volk* nannte, war doch schon vorzugsweise der waffentragende Teil der Bevölkerung, jene Klassen, welche der Lehnsverband umfaßte. In dem Stande der niederen Freien war Otto also kein ausreichender Schutz mehr gegen den Adel gegeben: es blieb ihm vorläufig kaum ein anderes Mittel, seine königliche Macht zu behaupten, als seine Gegner in ihren Interessen zu spalten, den Adel durch den Adel, die Geistlichkeit durch die Geistlichkeit zu bekämpfen. Nur durch Bildung einer starken, ganz mit dem Königtum verwachsenen Partei unter Adel und Klerus ließ sich, wie es schien, die Macht der Krone halten und heben.

Noch immer schlossen sich alle gegen die Einheit des Reichs und die königliche Gewalt gerichteten Bestrebungen vorzüglich an das Herzogtum an. Alle provinziellen und lokalen Interessen, so tief in dem deutschen Wesen wurzelnd, waren dem Herzogtum verbündet, nicht minder alle Elemente des Adels, die nicht unmittelbaren Vorteil oder Gewinn an Ehre im Dienste des Königs fanden; selbst die hohe Geistlichkeit trug jetzt, wie sich zeigte, wenig Bedenken, sich den lange befehdeten Herzogtum zu nähern, wenn sie königlicher Übermacht entgegentreten zu müssen meinte. Daher war es von der äußersten Wichtigkeit, welche Stellung das Herzogtum einnehmen würde, nachdem es im Jahre 939 eine so gewaltige Niederlage erlitten hatte.

Der wiederholte Aufstand der Herzöge hatte dem Könige gleich im Anfange seiner Regierung hinreichend gezeigt, daß eine starke Reichsgewalt mit jener Fülle der Selbständigkeit, die Heinrich den Herzögen eingeräumt hatte, nicht dauernd bestehen könne: es war deshalb nicht anders zu erwarten, als daß Otto seinen Sieg benutzen würde, um ebenso die königliche Macht zu erweitern wie die der Herzöge zu schmälern. Denn das Herzogtum ganz zu beseitigen und damit auf die Bahn König Konrads zurückzukehren, dazu besaß er weder die Macht, noch erlaubte es ihm seine eigene Stellung, die ja im wesentlichen noch auf der herzoglichen Gewalt in Sachsen beruhte. Aber er konnte das Herzogtum durch sein persönliches Auftreten in den deutschen Ländern verdunkeln und zurückdrängen, dasselbe in seinen Befugnissen beschränken, seine Selbständigkeit durch die Belehnung ihm auf das engste verbundener Männer mindern, und keinen Augenblick nahm er Anstand, alle diese Wege zu betreten.

Nur in Franken hob Otto, wie wir sahen, das Herzogtum völlig auf, indem er es mit der Krone vereinigte. Es mußte für ihn von unermeßlicher Wichtigkeit sein, den Stamm, der so lange die Herrschaft über die deutschen Länder geführt hatte und der so stolze Erinnerungen nährte, ohne einen selbständigen Führer zu lassen. Aber nur dadurch wurde ihm die Aufhebung dieses Herzogtums möglich, daß er die noch lebenden Glieder der konradinischen Familie ganz in sein Interesse zog und die anderen aufstrebenden fränkischen Großen nach anderen Seiten beschäftigte. Die übrigen Herzogtümer blieben bestehen, aber davon war freilich keine Rede mehr, daß die Herzöge die wichtigsten Rechte des Königs selbständig übten, wie es noch unter Heinrich geschehen war. Das Recht über Krieg und Frieden lag nicht mehr in ihrer Hand, es sei denn, daß es den Schutz der Reichsgrenzen gegolten hätte; der Herzog von Bayern verlor jenes einst ausdrücklich bedungene Recht, die Bischofsstühle in seinem Lande zu besetzen. Überdies wurden in allen Provinzen mit Ausnahme Frankens nach und nach Pfalzgrafen bestellt. Sie dienten zur Beaufsichtigung der Reichsgüter, zur Überwachung der Reichseinkünfte und waren zu dem Ende mit besonderen richterlichen Befugnissen ausgestattet. Ihr Amt entsprach vielfach dem der Grafen, aber es erstreckte sich nicht auf einzelne Bezirke, sondern gleich dem Herzogtum auf ein ganzes Stammgebiet. Aber hier erscheinen sie vorzugsweise als die Vertreter des Reichs gegenüber den provinziellen Interessen, welche der Natur des Herzogtums nach dieses immer beherrschten. War der Pfalzgraf einst im Mittelpunkt der Monarchie der Beistand und Vertreter des Königs im höchsten Gericht gewesen, so wurde er jetzt der Hüter der königlichen Rechte in den einzelnen Ländern, die sich aus dem Ganzen gelöst und dann wieder zusammengeschlossen hatten, ohne deshalb ihre Selbständigkeit ganz zu verlieren. Es lag in der Natur dieses Reichsamtes, daß es die herzogliche Gewalt einschränken mußte. Nur deshalb scheint Franken keine besondere Pfalzgrafschaft gehabt zu haben, weil dort kein selbständiges Herzogtum mehr bestand.

Vor allem aber war der König bedacht, ihm ganz ergebene Männer mit der herzoglichen Gewalt zu bekleiden. Wenn es früher scheinen konnte, als ob das Herzogtum teils auf Erbrecht, teils auf Volkswahl beruhe, so nahm Otto von Anfang an die freie Besetzung desselben als ein unveräußerliches Recht der königlichen Gewalt in Anspruch und hat es niemals geduldet, daß ihm dies Recht bestritten werde. So verlieh er im Jahre 938 das Herzogtum Bayern, sodann Lothringen nach eigener Wahl, und wesentlich in gleicher Weise verfuhr er in der Folge, daß er auch später gegen Erbansprüche größere Schonung übte.

Der Herzog Otto von Lothringen starb im Jahre 944, bald darauf der junge Heinrich, Giselberts Sohn. Das Land bedurfte eines neuen Herzogs, und der König sah sich unter seinen Großen um, wem er die Obhut über das unruhige Volk anvertrauen könnte.

Seine Wahl fiel nicht auf einen Lothringer, sondern einen Franken, auf jenen Konrad den Roten, der ihm im Kampfe gegen die Herzöge so wichtige Dienste geleistet hatte und damals der Erste in seiner Gunst war. Es lag etwas Trotziges in der Art dieses Mannes; aber es war der Trotz, der begabten Naturen nicht selten eigen ist und oft ein Zeichen inneren Wertes scheint, den man am leichtesten verzeiht, wenn er mit so viel Mannhaftigkeit und Klugheit sich paart, wie sich in Konrad fanden. Im Lager und daheim galt er viel bei seinen Genossen; denn er war umsichtig im Rat, rasch in der Tat, ein Kriegsmann, der seinesgleichen suchte. Wenn einer, schien er der Mann, dies unruhige Volk der Lothringer zu bändigen; überdies stießen seine Grafschaften am Rhein und an der Nahe unmittelbar an das Lothringerland. Konrad erfüllte auf das beste die in ihn gesetzten Hoffnungen; er beruhigte bald das weite ihm übertragene Gebiet und stieg dadurch so hoch in der Gunst des Königs, daß dieser ihm vier Jahre später seine Tochter Liutgarde, als sie zu mannbaren Jahren heranreifte, zur Ehe gab.

Im Jahre 947 wurde auch in Bayern das Herzogtum abermals erledigt. Am 23. November starb herzog Berchthold, nachdem er treue Dienste dem sächsischen Hause geleistet und die Ungarn, als sie Bayern abermals angegriffen, bei Wels an der Traun (12. August 943) tapfer zurückgeschlagen hatte. Er hinterließ nur einen unmündigen Sohn, dem Otto das Herzogtum nicht übertragen wollte. Da verwandte sich Mathilde, die königliche Mutter, für ihren unglücklichen Sohn Heinrich; sie bat den König, er möchte nun seines Bruders gedenken, der so unsägliche Leiden erduldet. Otto gewährte ihre Bitte, und Heinrich, der ohnehin durch seine Gemahlin Judith, die durch Schönheit und Geist glänzende Tochter Herzog Arnulfs, dem Bayernlande nicht fernstand, wurde mit der herzoglichen Fahne von Bayern belehnt. Abermals wurde eine bedeutende Macht in seine Hände gelegt, die so oft frevelnd nach der Krone getrachtet hatten. Aber nie hat es Otto zu beklagten gehabt, nie täuschte Heinrich fortan das Vertrauen des Bruders. Heinrich stand noch in den Jünglingsjahren, und seine Seele dürstete nach Taten; er verlangte danach, dem Namen seines großen Vaters Ehre zu machen und jene großen Fehle gegen den Bruder in Vergessenheit zu bringen, deren man nur zu gut noch in den deutschen Landen gedachte. Jetzt fand er die Stelle, wo er seine

Tatkraft im löblichen Streben bewähren konnte; gegen die Feinde des Reichs innen und außen stand er, ein unermüdlicher Kämpfer, stets auf der Wacht. „Die Eintracht der Brüder“, sagt Widukind, „wurde bald auf dem ganzen Erdkreis gepriesen; einmütig erweiterten sie das Reich, bekämpften sie die Feinde und herrschten sie über ihr Volk.“

So änderte sich freilich die Stellung der Herzöge bedeutend. Wenn sich auch das Herzogtum und mit ihm die Besonderheit der deutschen Länder unter dem Königtum erhielt, so waren doch jene alten Nationalherzöge nicht mehr, die, aus den einzelnen Stämmen selbst hervorgegangen, als Vertreter derselben sich der Krone halb gezwungen, halb freiwillig unterworfen hatten. Die Herzöge dieser Zeit gehörten den Ländern, an deren Spitze sie standen, gar nicht oder nur durch ihre Frauen an und waren fast alle von dem neuen Könige eingesetzt, mit dessen Macht die ihrige eng verbunden war. Über Lothringen und das Schwabenland herrschten fränkische Männer, während Franken selbst unter dem Könige aus sächsischem Blut stand und über Bayern sein Bruder waltete. Nur in Sachsen hatte sich das alte Stammesherzogtum ungeschwächt erhalten und zur königlichen Gewalt über alle deutschen Länder erhoben, sonst erscheinen die Herzöge überall wieder mehr als Beamte des Königs, als daß sie eine selbständige Gewalt neben ihm besessen hätten. Nun erst ließ sich in Wahrheit wieder von einem Reiche in dem Sinne sprechen, wie es einst die Franken besessen hatten.

Irrig wäre es zu glauben, daß die Bedeutung des Herzogtums deshalb eine geringe und die Kraft desselben völlig gebrochen gewesen sei. Es war vielmehr die dem Herzog über sein Gebiet verliehene Gewalt noch immer so umfassend, daß man geradezu sagte: es regiere das Land. Er stand in demselben an der Spitze des ganzen Kriegswesens, hatte die Sorge über den Landfrieden, hielt Hof-, Gerichts- und Landtage, auf denen die Bischöfe, Äbte, Markgrafen, Grafen und Reichsvasallen im Lande vor ihm erscheinen mußten. Zu dem großen Erbgute, welches meist ohnehin der Herzog besaß, pflegten ihm große Reichslehen mit dem Herzogtum erteilt zu werden; auch erhielt er gewöhnlich in seinem Herzogtum mehrere Grafschaften von Bedeutung. So war er mit Rechten und Lehen ausgestattet, die ihm ein wahrhaft fürstliches

Ansehen sicherten. Aber wichtiger noch war, daß sich die mannigfaltigsten Stammesinteressen mit seiner Gewalt auch jetzt noch verbanden, und diese waren oft so stark und mächtig, daß sie selbst Männer, die dem Könige am nächsten standen, von ihm trennten. Es stand hier noch immer eine sehr bedrohliche Macht der Reichsgewalt gegenüber, wie auch in anderen Kreisen noch keineswegs aller Widerstand gegen dieselbe beseitigt war und besonders die hohe Geistlichkeit öfters eine bedenkliche Stellung einnahm. Aber dennoch war Otto schon zu dem Besitz einer Macht gelangt, wie sie seit Menschenaltern kein Fürst im Abendlande besessen hatte.

König Heinrich hatte die Herzöge durch den Vasalleneid an sich geknüpft, und das Lehnsverhältnis, in welches die Führer der deutschen Stämme so zu ihm traten, schien eine Zeitlang allein die deutschen Länder zusammenzuhalten. Auch Otto hatten, als er zu Aachen sich krönen ließ, alle geistlichen und weltlichen Fürsten des Reichs, die Herzöge, Bischöfe, Grafen und Reichsvasallen als ihrem Lehnsherrn geschworen, und das Lehnsverhältnis regelte daher zunächst alle Beziehungen des Königs zu den geistlichen und weltlichen Fürsten seines Reichs. Als Lehne wurden regelmäßig die Herzogtümer und Grafschaften, die Bistümer und Reichsabteien vom Könige verliehen. Wenn aber im Westfrankenreich das Vasallentum bei der bereits vom Adel durchgesetzten Erblichkeit der Lehen zu einer die königliche Gewalt unendlich hemmenden Fessel geworden war und zu einem Verhältnis erwuchs, welches dem Könige mehr Pflichten auferlegte als Rechte gab, so faßte Otto dagegen die Stellung der großen Reichsvasallen zu ihm als ihrem Lehnsherrn, trotz alles Widerstrebens derselben, streng nach der ursprünglichen Bedeutung des Lehnsverbandes auf: er sah in diesen mächtigen Großen nur seine ihm zu besonderem Dienste verpflichteten Mannen. Weder die Erblichkeit der Lehen gestand er ihnen zu noch irgendein bestimmtes Recht an der Regierung des Reichs noch besondere Gerechtsame, die dem Interesse des Reichs zu widerstreiten schienen. Wenn er die Herzöge und Grafen mit der befahnten Lanze belehnte, die geistlichen Würdenträger mit dem Hirtenstab, so mußten sie mit zusammengelegten Händen in seiner Hand den Huldigungseid leisten und darin geloben, zu aller Zeit ihm treu und gewärtig zu sein, ihm zu folgen, wohin er sie entbiete, und in keiner Not ihn zu verlassen: indem er nun diesen Eid nach seiner ganzen Schwere ihnen gegenüber geltend machte, ohne irgendeine andere Gegenbedingung einzugehen, als sie bei ihrem Lehen zu belassen, solange sie es nicht durch Untreue verwirkten, mußte der Lehnsverband die Fürsten des Reichs ihm eher fester verbinden als entfremden.

Aber freilich glaubte Otto noch andere und höhere Rechte zu besitzen, als die aus seiner Stellung als Oberlehnsherr folgten. Es war ihm, meinte er, von Gott selbst die höchste Gewalt über alles Volk in den deutschen Landen mit seiner Krone übertragen, und diese Krone gebe ihm über den Adel wie über alle anderen Stände des Volkes Rechte der umfassendsten Art, die nur durch das Herkommen der Väter und durch die Macht der Verhältnisse begrenzt würden. Er hielt sich, wenn er sich auch nicht nach fränkischer Sitte einen besonderen Eid der Treue von allen Freien schwören ließ, sondern sich mit der Anerkennung begnügte, welche das versammelte Volk bei seiner Krönung mit zum Himmel erhobenen Händen ausgesprochen hatte, doch für einen Volkskönig im eigentlichen Sinne des Wortes und nach den Vorstellungen, welche sich unter dem Einfluß des Christentums und der Geistlichkeit unter allen deutschen Stämmen von der königlichen Gewalt ausgebildet hatten.

Otto bedurfte bei seiner glänzenden Hofhaltung, bei der großen Freigebigkeit, die seine Stellung ihm zur Notwendigkeit machte, bei den vielen Umzügen und Heerzügen eines stets gefüllten Schatzes, und in der Tat standen ihm, sobald sich die Ordnung herstellte, sehr bedeutende Hilfsmittel zu Gebote. Neben dem Genuß eines sehr reichen Erbgutes hatte er die freie Verfügung über die gesamten Einkünfte der Krone, und so sehr diese auch durch die Schwäche der letzten Karolinger gemindert waren, boten sie nach Einführung eines strengeren Haushalts noch immer einen erheblichen Ertrag. Schön König Heinrich hatte, wie er überhaupt als ein guter Haushalter geschildert wird, die königlichen Einkünfte fester gehalten als andere Rechte des Reichs; unzweideutige Beweise liegen vor, daß er in Lothringen, Franken, Schwaben und Bayern in gleicher Weise über die Kammergüter verfügte wie in Sachsen, doch scheinen unter ihm noch die Herzöge selbst mit der Erhebung der Reichseinkünfte in jenen Ländern betraut gewesen zu sein. Otto dagegen verband wohl in der Regel die Einziehung der königlichen Gefälle in den einzelnen Ländern mit den neu errichteten Pfalzgrafschaften, was für die Hebung der Reichseinkünfte manche Vorteile darbieten mußte; in Franken, wo es keine Pfalzgrafschaften gab, wurden dieselben durch besondere königliche Beamten, Kammerboten genannt, eingetrieben und an den Fiskus abgeführt.

Die wichtigsten Einkünfte flossen aus dem Ertrage der großen, weit durch das ganze Reich zerstreuten königlichen Güter, die durch Ministerialien und Zinsleute bestellt und verwaltet wurden. Die mächtigen Königsforsten dienten wohl mehr der Jagdlust des Hofes, als sie eine ergiebige Geldquelle waren. Die Bergwerke wie überhaupt die Gewinnung der Metalle waren dem Könige vorbehalten und fingen bereits an, sich einträglich zu zeigen; wir wissen, daß man zu Ottos Zeiten die ersten Silberadern in Sachsen im Rammelsberg bei Goslar entdeckte und in Anbau nahm. Die Friedensgelder und Bannbußen flossen noch zum Teil dem Fiskus zu, verminderten sich jedoch durch die Ausdehnung der Immunitäten, während die zahlreichen Konfiskationen der letzten Zeit hauptsächlich dem Schatze zugute kamen. Die Zölle und Wegegelder wie der Ertrag des Münz- und Marktrechts gehörten ursprünglich dem Reiche allein und waren noch immer bedeutende Einnahmequellen, obgleich Otto gerade mit diesen Gerechtsamen nach dem Vorbild der Karolinger am freigebigsten war und die geistlichen Herren zum großen Teil die Zölle, die Münz- und Marktgerechtigkeiten innerhalb ihrer Immunitäten für sich gewannen.

Eine gleichmäßige Reichssteuer gab es nicht. Es ist bekannt, welchen Widerwillen der freie deutsche Mann gegen jede Schatzung empfand; soweit seine Macht reichte, erwehrte er sich jeder Besteuerung, in der er eine Minderung seiner Ehre und Freiheit sah. War daher auch einst von den fränkischen Königen in ihren gallischen Ländern eine Kopf- und Grundsteuer erhoben worden, so hatte sie sich doch keineswegs über die Gegenden des Rheins und jenseits des Rheins erstreckt. Manche der unterworfenen deutschen Völker hatten dagegen den Merowingern einen Tribut gezahlt – wir wissen dies von den Alemannen, Thüringern und Friesen –, aber dieser teils in Geld, teils in Naturalien abgetragene

Tribut war später entweder erlassen oder an kirchliche Stiftungen vergeben worden. Zu Ottos Zeiten forderte die Kammer unseres Wissens nur noch von den Thüringern zu ihrem großen Verdruß einen Schweinezins. In der Grafschaft Chur war bisher dem Könige ein Geldzins gezahlt worden, aber alsbald schenkte ihn Otto dem dortigen Bistum.

Viel bedeutender als diese vereinzelten Steuern waren die ursprünglich freiwilligen Abgaben, welche der König unter dem Namen von Ehrengeschenken nach alter Sitte empfing. Niemand pflegte sich ihm mit leeren Händen zu nahen; die geistlichen und weltlichen Großen brachten gemeinhin bedeutende Summen, um sich seine Huld zu gewinnen oder zu sichern. Es war hieraus mit der Zeit eine förmliche, oft sehr drückende Abgabe geworden, welche deshalb die reichen Abteien durch ein bestimmtes Abkommen regelten; so wissen wir, daß die Abtei Lorsch später gleich anderen jährlich hundert Mark Silber der Kammer zahlte. Nicht minder einträglich wurden, als Otto nach allen Seiten erobernd vordrang, die Tribute der unterworfenen Völker, die teils in Geld, teils in Naturalien abgetragen wurden, und schon damals empfing er mindestens zeitweise von den Wenden und Slawen erhebliche Summen.

Nimmt man hinzu, daß der König selbst, sein Hof und seine Beamten überall frei beherbergt und bewirtet, daß ihnen allerorten Vorspann und Fuhren unentgeltlich geleistet wurden, daß selbst bereits ausgetane Einkünfte des Reichs dem Könige, wo er hofhielt, wieder nach dem alten Ausdruck ledig wurden, daß ferner die Ausrüstung und Unterhaltung der Heeresmacht fast ganz den Vasallen zur Last fiel und die sonstigen Bedürfnisse des Heeres beim Durchzug durch das Reich von den Untertanen gestellt werden mußten, so begreift sich, daß Otto bei aller Freigebigkeit doch ein reicher König blieb, dem die Hilfsquellen zu den mannigfachen Unternehmungen, in welche ihn die Verhältnisse verwickelten, niemals versiegten. Es war dies von größter Wichtigkeit in einer Zeit, die bei geistiger Roheit gerade auf den Glanz der äußeren Erscheinung einen übermäßigen Wert legte, und unter Verhältnissen, die den König nötigten, einflußreiche Männer durch bedeutende Vergabungen an seinen Thron zu fesseln. Ohne einen stets gefüllten Schatz hätte Otto die Einheit des Reichs und die Würde des königlichen Namens unter den Deutschen kaum aufrechterhalten können.

Ein neues Reich war begründet, aber noch stand alles im Übergang und in der Gärung. Überall durchkreuzen sich die allgemeinen Interessen des Reichs mit den besonderen der einzelnen Länder und Stände, nirgends finden sich scharfe Grenzen zwischen den verschiedenen Gewalten gezogen, nirgends haben sich noch festere Formen für die neuen Verhältnisse ausgeprägt. Ziemlich regellos allerdings, aber doch auf selbständige Weise von innen heraus entwickelt sich das neuerwachte Leben des Volkes zu bestimmterer Gestaltung. Die eigentümlichsten und mannigfaltigsten Lebensformen bilden sich in den höheren wie in den niederen Kreisen des Staates aus; sie zeigen nicht immer einen Fortschritt gegen die Einrichtungen Karls des Großen, ja sie bezeichnen vielmehr zum guten Teil eine Rückkehr zu Zuständen, die bereits überwunden schienen – die Mißachtung des geschriebenen Gesetzes rächte sich in allen staatlichen Verhältnissen schwer genug –, aber sie entsprachen doch jedenfalls mehr dem Geiste des deutschen Volkes, wie sie frei aus ihm geboren waren.

Wo widerstrebenden Elementen soviel Raum bleibt, sich zu entfalten, wie in diesem deutschen Reiche, können Reibung und Kampf nicht fehlen; einen langwierigen und überaus erbitterten Streit sehen wir daher sich zwischen den die Zeit beherrschenden Mächten entspinnen und die verschiedensten Wendungen gewinnen. Das Lehnswesen ringt mit der alten Volksfreiheit; die alte Gauverfassung wird von den wachsenden Immunitäten mehr und mehr aufgelöst; das Volksheer muß dem Ritterheer weichen. Überall erhebt sich der weltliche und geistliche Adel über die Masse des Volkes zu früher nie gekannter Bedeutung, und eine Zeitlang konnte es scheinen, als ob die Magnaten die ganze Summe der Herrschaft an sich reißen würden. Aber dahin gelangten sie nicht; denn in dem Moment, wo sich Adel und Klerus in ihren Interessen trennten und über der Sicherung des eigenen Vorteils das Wohl des ganzen verabsäumten, wo der Adel sogar die Einheit des Reichs zu lösen suchte und sich ganz den alten Stammesinteresses hingab, erhob sich von neuem das fast beseitigte Königtum mit ungeahnter Energie.

Die ersten Regungen eines lebendigeren gemeinsamen Volksbewußtseins in den deutschen Stämmen und die sich aufdrängende Erkenntnis, daß sie in der Trennung allzumal eine Beute ihrer Feinde seien, waren es, die zur Herstellung des Königtums führten. Daher durchdringt sich die neue Reichsgewalt von Anfang an mit dem Gefühl für nationale Freiheit und Selbständigkeit wie mit der Erkenntnis, daß diese Güter nur durch eine engere Verschmelzung der deutschen Stämme zu sichern seien: so wirft sie sich alsbald in einen Kampf der gefährlichsten Art gegen alle Sonderbestrebungen des Adels, den sie siegreich besteht. Wenn nun auch die alte Volksfreiheit langsam ihrem Untergange entgegengeht, die Erbschaft derselben fällt nicht dem Adel allein zu, er muß sie vielmehr gutenteils dem Königtum überlassen.

Ein Glück fürwahr für das deutsche Volk war es, daß sich gerade in der Zeit, wo das Lehnswesen im Kampfe mit der Volksfreiheit entschieden die Oberhand gewann, ein kraftvolles Königtum erhob, welches sich in den Mittelpunkt der Dinge stellte und das Wohl der Gesamtheit wie die allgemeinen Interessen der Nation scharf in das Auge faßte, welches den Übermut der Mächtigen brechen und den niederen Mann gegen Vergewaltigung schützen konnte. Hier war, während das Volk in schroff gesonderte Stände mehr und mehr auseinanderfiel, mindestens wieder ein Anhaltspunkt für die Gesamtheit gegeben. Und wie anders hätte das aufkeimende Bewußtsein gemeinsamer Volkstümlichkeit unter den Deutschen erstarken können, da sich auf der einen Seite der Adel, sobald er sich als eine selbständige Macht fühlte, ganz den provinziellen Interessen hingab, während auf der anderen Seite die Geistlichkeit stets von neuem jenem Ideal einer theokratischen Universalmonarchie zustrebte, welches zu den nationalen Regungen im Gegensatz stand – wie anders als durch ein Königtum, wie es Otto unter den deutschen Stämmen aufrichtete?

10. Herstellung und Erweiterung der Marken

Durch seine ruhmvollen Siege über die äußeren Feinde des Reichs hatte König Heinrich vor allem das Reich begründet, aber nach seinem Tode hatten die Feinde die Grenzen aufs neue überschritten und kaum mindere Gefahren über die deutschen Länder gebracht als die Empörer. Wiederum hatten sich die Ungarn im Reiche gezeigt, und unaufhörlich waren die Grenzen Sachsens den Angriffen der Dänen und Wenden ausgesetzt. Gegen die Ungarn hatte sich endlich das Sachsenland selbst zu helfen gewußt; gegen die Wenden war der König wiederholt ausgezogen und hatte sie zurückgewiesen. Dennoch war selten lange an den nördlichen und östlichen Grenzen des Reichs Ruhe, und nur ein lange fortgesetzter Kampf, der alle Kräfte des Feindes brach, konnte zu dauernder Sicherheit führen. Den Frieden im Inneren benutzte daher der König, die Kräfte des Reichs gegen die Wenden und Dänen zu richten und durch starke Schutzwehren seinen Staat gegen Angriffe dieser Nachbarn zu sichern. Er selbst nahm an diesen Kämpfen teil, aber höher als sein eigener Ruhm strahlt hier das Verdienst, welches sich seine tapferen Heerführer erwarben.

Vor allem war Markgraf Gero der Schrecken der Feinde. Wir wissen, wie mißvergnügt die Sachsen waren, als Otto ihm, einem Mann ohne glänzende Abkunft, die Verteidigung der Grenzen gegen die Wenden übertrug: dennoch hatte der König gerade in ihm den rechten Mann für diese Stelle gefunden. Gero besaß Eigenschaften, die ihn in des Königs Augen höher stellten, als es selbst die vornehmste Geburt vermocht hätte. Er war erfahren im Kriege und nicht minder kundig der Staatsgeschäfte; auch wußte man, daß es ihm nicht an einer beredten Zunge fehlte, wenn er gleich seinen Verstand mehr in Taten als in Worten zu zeigen liebte. Galt es zu erwerben und zu gewinnen, so war er schnell auf dem Platze: aber zur rechten Zeit tat er auch willig die Hand auf, und mit Unrecht schalt man ihn karg und geizig. Überdies war er, obwohl ein strenger, oft harter Kriegsmann, doch fromm und gottesfürchtig; er sorgte gern für die Kirche und ihre Diener, was sie ihm nicht vergessen haben.

Geros Mark erstreckte sich von der Saale und mittleren Elbe bis zu der Oder. Hier wohnten manche Völker, die sich schon ganz der Sachsenherrschaft gefügt und ihre Selbständigkeit völlig verloren hatten, wie die Sorben und Dalemincier, so daß ihre Namen allmählich aus der Geschichte verschwinden; ihnen benachbart aber saßen andere wendische Stämme, die sich nur mit dem äußersten Widerwillen der fremden Herrschaft beugten und sich nach jeder Gelegenheit umsahen, das verhaßte Joch abzuwerfen. Es waren die Milzener an der oberen Spree, die Lausitzer, abwärts an demselben Flusse wohnend, die Heveller an der Havel, endlich die Redarier und Uckrer zwischen der oberen Havel und Oder; die beiden letzteren zu der mächtigen Völkerschaft der Liutizen gehörig, zu der auch noch außerhalb Geros Mark die Wilzen gerechnet wurden, welche sich in die Zirzipaner und Tolensaner spalteten und von der Peene und Tolense bis zum Meere hin wohnten.

Seit Gero seine Mark verwaltete, lag er unausgesetzt im Kampf. Denn Brand, Mord und Verwüstung übten unaufhörlich die ausständigen Wenden, und selbst die Kriegszüge des Königs, deren wir gedachten, wehrten nur auf kurze Zeit dem Verderben. Bisweilen trat eine trügerische Waffenruhe ein, die aber bei der Treulosigkeit der Wenden noch gefahrvoller schien als der offene Kampf. So machten sie einst einen Anschlag, um den Markgrafen, wenn er sich sicher dünkte, zu überfallen und zu töten; doch er war listiger als sie und vergalt ihnen ihre Tücke. Dreißig ihrer Häuptlinge lud er, als er von jenem Anschlage vernahm, zu einem festlichen Mahle; hier trank er ihnen tüchtig zu, bis sie vom Wein berauscht zu Boden sanken; so ließ er sie alle erschlagen, und noch lange wußte man davon zu sagen, wie er ihnen das Mahl gesegnet hatte.

Aber diese blutige Tat was das Zeichen zu einer neuen, allgemeinen Empörung der Wenden. Der alte Haß gegen die Deutschen flammte in voller Macht auf, und es galt einen Kampf auf

Leben und Tod. Viel machte der ergrimmte Feind dem tapferen Manne zu schaffen. „Denn so ist die Art der Slawen“, sagt Widukind von Korvei, „sie können, wenn es sein muß, unsägliche Beschwerden und Mühen ertragen und mit geringer Kost sich begnügen, so daß ihnen als leicht, ja als Lust erscheint, was die unsrigen nur unter Seufzen und Stöhnen über sich kommen lassen.“ Doch auch das ist Slawenart, daß jeder tun will, was ihm beliebt, und den eigenen Vorteil höher anschlägt als das Wohl des Ganzen. Es ist ein Volk ohne Zucht und Ordnung, wenn nicht ein unwiderstehlicher und als heilig verehrter Wille durch unerbittliche Strenge sie bändigt. Und so mußten sie denn doch zuletzt, so tapfer sie für ihre Freiheit kämpften, Geros Schwert unterliegen.

Auch Verräter fanden sich unter ihnen. So war ein Mann aus fürstlichem Geschlecht der Heveller, Tugumir mit Namen, schon zu König Heinrichs Zeiten in die Hände der Deutschen geraten: der versprach jetzt, für Geld und große Versprechungen Brandenburg und das umliegende Land in Geros Hände zu liefern. Er begab sich deshalb zu seinen Landsleuten zurück und erzählte, er sei heimlich den Deutschen entlaufen. Freudig nahm man ihn zu Brandenburg auf, da man gerade ihn jetzt für den rechten Mann zum Kampf gegen die Deutschen hielt, und übertrug ihm sogar die fürstliche Gewalt. Er aber trachtete zunächst nur danach, seinen Neffen, der außer ihm allein vom fürstlichen Stamm noch übrig war, in seine Gewalt zu bekommen; als das geschehen war, tötete er ihn und übergab nun Stadt und Land der Herrschaft der Sachsen. Nachdem Gero auf diese Weise in dem Herzen des Wendenlandes festen Fuß gefaßt hatte, drang er allmählich weiter bis zu der Oder vor und unterwarf hier abermals alle Völker der Zinspflicht.

Die nördlichen Wenden, die zu der Mark des Billingers Hermann gehörten, die Wagrier, die Abodriten, Zirzipaner und Tolensaner, von der Kieler Bucht bis zur Odermündung die Küsten der Ostsee bewohnend, hatten sich ebenfalls der allgemeinen Erhebung ihrer Stammesgenossen angeschlossen. Hermann hatte gegen sie einen harten Kampf zu bestehen. Ein sächsisches Heer wurde von diesen Nordstämmen der Wenden vernichtet, und nur mit großer Mühe machten der König und Hermann auch hier endlich dem Kriege ein Ende.

Von nun an walteten die Sachsen frei als Herren in den wendischen Gegenden bis zur Oder und befestigten hier ihre Herrschaft durch neue Ordnungen unter den unterworfenen Völkern. Überall in der Mark, d.h. dem eroberten Gebiet jenseits der alten Reichsgrenze, wurde die Bevölkerung zu einem Tribut verpflichtet, den die Wenden teils in Geld, teils in Lebensmitteln erlegten; außerdem mußten sie Frondienste mannigfacher Art dem Könige und seinen Vasallen leisten. Sonst bestellten sie ruhig ihr Feld und befanden sich kaum schlechter als vordem unter ihren Häuptlingen und Fürsten, die auch bei einzelnen Stämmen, wie bei den Abodriten, als Vasallen des Königs bestehen blieben. Die Masse des Volkes vertauschte meist nur einen Herrn mit dem anderen; denn ein Stand vollfreier Bauern war bei den Wenden unbekannt, und von adligen Geschlechtern war bisher die Masse des Volks beherrscht worden.

Der König nahm in den Marken gewöhnlich nur das Land in unmittelbaren Besitz, welches durch den Fall der Fürsten und Häuptlinge herrenloses Gut geworden war, und verteilte dies unter die zahlreichen Vasallen und Ministerialen, die er dort ansiedelte. Diese mußten dafür wie alle anderen königlichen Mannen stets zum Kriegsdienst bereit und gerüstet sein; sie bildeten gleichsam ein stehendes Heer an den Grenzen des Reichs, das in die zahlreichen Burgen verteilt war, welche die Deutschen in dem Wendenlande bereits vorfanden und nur stärker zu befestigen brauchten. Nach diesen Burgen zerfielen die Marken in eine große Menge von Burgwarten, mit welchem Namen man die Burg mit ihrem Distrikt bezeichnete. Jede Burg stand unter einem Burggrafen oder Kastellan, dem die Kriegsleute untergeben waren, die teils in der Burg, teils in der Stadt, die sich der Burg anbaute, teils auf dem Lande ihren Wohnsitz hatten; auch Grafen der Grenzgaue hatten häufig den Befehl über ein oder mehrere Burgwarte in dem wendischen Lande. Die Grafen, Kastellane und das ganze Kriegsvolk, das in den Marken stand, folgte der Fahne des Markgrafen oder Markherzogs, der ausgedehnte Rechte über sie übte, wie sie der stete Kriegsstand erforderlich machte. Gero übte diese Rechte in der südlichen wendischen Mark, Hermann in der nördlichen und zugleich in der dänischen, die bald darauf hergestellt wurde.

Auch die Dänen hatten sich während der inneren Streitigkeiten, wie erzählt ist, aufs neue erregt. Gorm dem Alten war im Jahre 936 sein Sohn Harald Blauzahn gefolgt, ein kühner Kriegsheld, der die vereinigte Dänenmacht zu ruhmvollen Unternehmungen zu benutzen gedachte. Nach allen Seiten richtete er seinen Blick, nach allen Seiten entsandte er seine Schiffe mit den verwegenen Nordlandssöhnen. Er stand in Verbindung mit jenen ihm stammverwandten Kriegsscharen, die vor einem Menschenalter auf französischem Boden eine Herrschaft begründet hatten; einen seiner Söhne entsandte er zu den Dänen in England, einen andern nach der preußischen Küste, um sich dort eine Herrschaft zu gründen; in Norwegen brachte er es dahin, daß man ihn als Oberherrscher anerkannte; an der Mündung der Oder legte er neben der wendischen Stadt Jumne die Jomsburg an, aus der er erobernd in das Wendenland eindrang. Ein Fürst von solchem Unternehmungsgeist konnte auch mit den Sachsen nicht Ruhe halten, und gleich einer seiner ersten Kriegszüge war gegen die von Heinrich hergestellte dänische Mark gerichtet. Die Grafen und königlichen Vasallen hielten dem Angriff nicht stand, sie wurden mit ihrem Kriegsvolk vernichtet und die sächsischen Ansiedelungen zwischen der Eider und dem Grenzwall zerstört. Hermann eilte mit einem Heere herbei, aber war dem übermächtigen Feinde nicht gewachsen. Man erzählt, er sei in diesem Kriege in Gefangenschaft geraten und so lange in den Händen der Dänen gewesen, daß er ihre Sprache erlernt habe. Lange tobte der Krieg; endlich soll König Otto selbst mit gewaltiger Heeresmacht aufgebrochen sein und ihm auf geraume Zeit durch einen raschen und glücklichen Feldzug ein Ziel gesetzt haben.

Nur sagenhafte Kunde aus einer späteren Zeit meldet von diesem Kriegszug. Der König drang, heißt es, tief in das Dänenland ein, kein Feind stellte sich ihm auf seinem Wege entgegen, mit Feuer und Schwert verwüstete er das Gebiet der Dänen und gelangte bis zu dem Meere, das Jütland im Norden begrenzt; hier schleuderte er seinen Speer weit hinaus in die Wogen, um nach alter Sitte damit das Meer als seines Reiches Grenze zu bezeichnen. Von des Königs Gegenwart, wird berichtet, erhielt das Meer den Namen „Ottensund“, und noch jetzt soll eine Uferstelle der Halbinsel Thyt gegenüber der Ottensand heißen. Auf dem Rückzuge, wird weiter erzählt, sei man endlich auf Harald gestoßen, der sich bei Schleswig zum Kampfe gestellt, aber Otto habe ihm den Sieg abgerungen und die Dänen zu den Schiffen getrieben.

Sowenig wir über die Einzelheiten der Kämpfe mit den Dänen, ebensowenig sind wir über den mit ihnen geschlossenen Frieden unterrichtet; aber auf welche Bedingungen er auch geschlossen sein mag, die Mark wurde behauptet, die deutschen Kolonien erneuert und die Obhut auch dieser Mark an Hermann übergeben.

Als die Wenden und Dänen überwunden waren, begann auch der Böhmenherzog Boleslaw, der durch manches Jahr den Krieg gegen die Deutschen mit gutem Erfolg geführt hatte, die Übermacht der feindlichen Waffen zu fürchten: er unterwarf sich und stellte für seine Treue Geiseln. Froh empfing Otto, als er sich gerade auf der Jagd befand, die Geiseln des Böhmen und zeigte sie triumphierend der um ihn versammelten Menge (947). Als Boleslaw einige Jahre später sich noch einmal gegen die deutsche Herrschaft erhob, brachte ihn Otto durch einen glücklichen Kriegszug, der ihn bis gegen Prag führte, schnell zum Gehorsam zurück (950). Der Böhmenherzog wurde wieder des Königs Vasall und zahlte ihm den lange vorenthaltenen Tribut. Die Wacht über die Treue des Böhmen wurde Herzog Heinrich von Bayern übertragen, dessen Herzogtum überall längs des Böhmerwaldes an das Gebiet des mächtigen Slawenfürsten grenzte.

Böhmen, das sich seitdem ruhig verhielt, bot einem jungen ehrgeizigen Fürsten, wie Heinrich war, keine Gelegenheit, sich Waffenruhm zu gewinnen; um so weiter öffnete sich für ihn die Siegesbahn in den niederen Gegenden an der Donau. Ein großer Teil des alten Reichsgebietes war hier noch in den Händen der Ungarn, denn nur mit Mühe hatte man das Land bis an die Enns behauptet. Überdies stürmten an der Donau entlang und durch die Täler der Alpen die Ungarn noch immer gegen die bayerischen und kärntnischen Grenzen an, jede sorglose Stunde nutzend, um ihre verheerenden Schwärme tief in das Land zu ergießen. Obwohl Herzog Berchthold schon mit den Ungarn glücklich gekämpft hatte, scheint es an einer geordneten Verteidigung der Marken doch zu seiner Zeit noch gefehlt zu haben. Wir hören wenig oder nichts von dem Bau neuer Grenzburgen in Bayern, wie sie in Sachsen bereits zu den Zeiten Königs Heinrichs entstanden; mit der Verteidigung der im Jahre 900 errichteten starken Ennsburg – es ist das heutige Enns – scheint man sich begnügt zu haben. War es schwierig, sich der Feinde auf eigenem Boden zu erwehren, so wagte man noch viel weniger, sie in ihrem Lande anzugreifen. Heinrich erst war es, der dem Kriege mit diesem unversöhnlichen Feinde der Christenheit eine neue glückliche Wendung gab.

Im Jahre 948 griffen die Ungarn bei einem Orte, Norrun genannt, ihn an, wurden aber geschlagen. Mit minderem Glück kämpfte Heinrich im folgenden Jahre gegen sie; bei einem Orte, mit Namen Louva, erlitten die Bayern große Verluste. Durch die schlecht bewachte Mark von Friaul, welche die Könige von Italien den Feinden fast preisgegeben hatten, drangen sie unaufhörlich in Heinrichs Gebiet ein; er verjagte sie auch hier und nahm Aquileja, die Hauptstadt der Mark, um sich von dieser Seite für die Folge zu sichern. Von den Höhen der Alpen breitete er so seine Gewalt bis zu den sumpfigen Küsten des Adriatischen Meeres aus. Dann drang er über die Enns in die weiten Ebenen am Donaustrom selbst ein, wo die Ungarn hausten. Zweimal schlug er sie auf das Haupt und soll seine Bayern bis über die Theiß geführt haben; weiter waren selbst die Heere Karls des Großen nicht vorgedrungen. Ohne von den Ungarn angegriffen zu werden, führte Heinrich sein Heer unverletzt in die Heimat zurück. Große Beute brachte er heim; unzählige Kostbarkeiten, welche die Ungarn aus allen Ländern Europas geraubt und in ihren Zelten angehäuft hatten, waren in seine Hände gefallen und wanderten jetzt nach Bayern. Es ist freilich nicht begründet, was schon damals geglaubt wurde, daß Heinrich seinem königlichen Bruder das Ungarnland unterworfen habe: aber so dunkel auch unsere Kunde von diesen Dingen ist, über allen Zweifel erhaben bleibt, daß Herzog Heinrich der erste war, der den gefürchtetsten Feind jener Zeit im eigenen Lande anzugreifen wagte, wie sein großer Vater einst zuerst mit diesem Feinde einen siegreichen Kampf bestanden hatte. Hier zeigte sich Heinrich als des Vaters würdiger Sohn, und der Ruhm seiner großen Kriegstaten tönte weithin durch die Welt. Heinrichs Siege gehören dem Jahr 950 an, und es war sehr zu beklagen, daß ihn andere Ereignisse bald von der eingeschlagenen Bahn ablenkten.

Wahrlich große und folgenreiche Taten waren es, die in dieser

Zeit teils der König selbst, teils für ihn Hermann, Gero und Heinrich vollführten. Nicht allein daß durch sie überall die Grenzen des Reichs im Norden und Osten gesichert und erweitert wurden, es beruht wesentlich auch auf ihnen, daß für die folgenden Zeiten der deutsche Einfluß in Ländern Raum gewann, die bis dahin dem staatlichen und kirchlichen Leben des Abendlandes ganz ferngestanden hatten. Die deutschen Länder, vordem die äußerste Grenzhut der abendländischen Bildung, wurden jetzt mehr und mehr in den Mittelpunkt des europäischen Lebens gerückt, und die Deutschen, welche bisher die Güter einer reicheren und höheren geistigen Entwicklung nur empfingen, wurden nun aufgefordert, sie auch anderen Völkern mitzuteilen. Dem deutschen Krieger folgte in die östlichen und nördlichen Zonen Europas der deutsche Priester, dem deutschen Priester der deutsche Kaufmann. Jetzt erst, da der Weltverkehr sich nicht in die germanischen Wälder verlief, sondern durch dieselben in fast neu entdeckte Länder führte, wurde auch das städtische Leben an der Donau und Elbe lebendiger; Handel und Gewerbe begannen hier in den Städten aufzublühen; es erwuchsen hier die ersten Anfänge eines Bürgerstandes, in dem die Volksfreiheit aufleben konnte, nachdem sie unter den Bauern zu ersterben drohte. Aber mitnichten erkannte man damals die große Bedeutung dessen, was man vollführte. Hätte man nur eine dunkle Ahnung davon gehabt, die Annalen jener Zeit würden von den Dänenkriegen schweigen, den Ungarnkrieg kaum mit wenigen Worten berühren und über die Unterwerfung der Wenden so unzusammenhängende Kunde geben.

Phot. Gesellschaft für Christliche Kunst, München

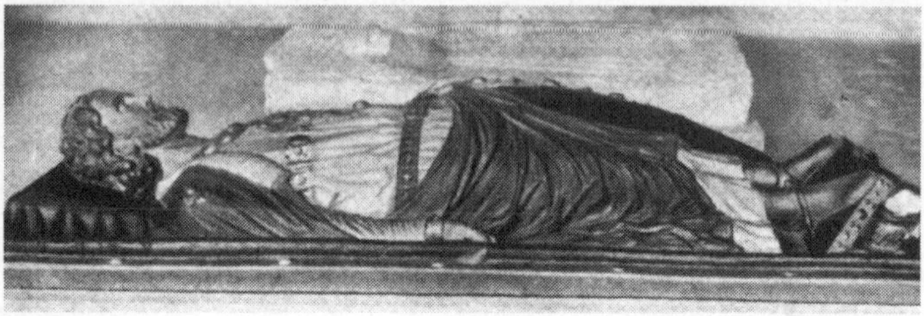

Aufnahme der Staatlichen Bildstelle, Berlin

Oben: Kaiser Heinrich V. als Mitstifter und Bischof Otto von Bamberg. Chorgemälde in der Klosterkirche Prüfenig. Zwischen 115060 entstanden. *Unten:* Grabmal Wiprechts von Groitzsch, Laurentiuskirche zu Pegau. Um 1230–40

11. Westfranken, Burgund und Italien

Während das Ostfränkische oder Deutsche Reich zu neuer Festigkeit gedieh, gerieten die romanischen Staaten, die aus der zersplitterten Monarchie Karls des Großen hervorgegangen waren, sichtlich mehr und mehr in Verfall. Die königliche Gewalt konnte sich in ihnen allen dem Adel und der Geistlichkeit gegenüber kaum noch erhalten, und die Freiheit der niederen Klassen des Volkes wurde vernichtet, da die waffenlose Menge schutzlos den Gewalttaten ihrer stets in Kriegsrüstung daherziehenden Herren ausgesetzt war. Überall verloren hier die verbindenden Reichsformen ihre Kraft, und ohne eine starke Gewalt, welche das Ganze umspannte, waren die einzelnen Landschaften zu schwach, sich gegen die auswärtigen Feinde zu schirmen. Die Araber und Ungarn stürzten sich, Geiern gleich, die das Aas wittern, über diese in der Auflösung begriffenen Staaten.

Schroffer als im ostfränkischen Reich waren m Westfrankenreich, das man schon anfing Frankreich schlechthin zu nennen, die nationalen Unterschiede der Bevölkerung. Hier saßen Britannen neben den Resten der Westgoten; mitten unter den unterjochten Römern wohnten die siegreichen Franken; auch nachdem besondere Königreiche den Namen der Burgunder erneut hatten, blieb in den Gegenden zwischen Marne und Seine im Frankenreiche selbst ein burgundisches Herzogtum; endlich hatte man innerhalb des Reichs normannische Scharen aufgenommen, die mit ihrer alten Sitte und Sprache zum Teil noch das Heidentum festhielten. Welches Sprachengemisch in diesem Reiche! Neben der romanischen Mundart des Südens bildete sich eine andere im Norden aus, mehr als jene durch germanische Einflüsse bestimmt; in manchen Teilen des Reichs erhielt sich daneben die fränkische Mundart, in anderen ertönte die Sprache des skandinavischen Nordens, und in der nordwestlichen Halbinsel sprach man die Sprache der Kelten. Teils diese nationalen Unterschiede, teils historische Verhältnisse anderer Art hatten das Reich in eine große Menge kleinerer oder größerer Territorien geschieden, die das Reich kaum noch zusammenhielt und die nach zufälligen Umständen sich bald trennten, bald wieder verbanden. Ob sie Herzogtümer, Markgrafschaften oder Grafschaften hießen, die königliche Macht galt in ihnen gleich wenig; sie waren fast selbständige Fürstentümer, die ihre Herren auf ihre Nachkommenschaft vererbten, wofern nicht eine überlegene Gewalt sie verdrängte. Die Herzöge von Franzien, Burgund, Aquitanien und der Normandie, die Markgrafen in Flandern, in der gotischen und spanischen Mark, die Grafen von Vermandois u. a. hatten bereits die schwächeren Grafen und Herren unter ihre Lehnshoheit gebracht und verteilten die reichen Bistümer innerhalb dieser Gebiete nach ihrem Belieben, oft an jüngere Söhne ihres Geschlechts. So gab es mächtige Herren in Fülle im Reiche, aber niemand war machtloser als ihr Oberlehnsherr, der König; selbst das letzte gewichtige Recht der Krone, die Bistümer des Landes zu verteilen, entriß man ihm oder verjagte die Bischöfe, die er ernannte.

Durch den Reichtum seiner Hilfsquellen hatte sich das Land nach den Verheerungen durch die Normannen schnell wieder erhoben. Der fruchtbare Boden lieferte Wein und Getreide in Fülle; es gab alte Städte mit dichter Bevölkerung und lebhaftem Verkehr; der Adel war kriegerisch, der Klerus nicht ohne Gelehrsamkeit; die von Karl dem Großen verbreitete Bildung war so weit in die höheren Klassen des Volkes eingedrungen, daß sie, obschon im Fortschritt gehemmt, doch nicht ganz vernichtet werden konnte. Aber trotz dieser Vorteile kam Frankreich durch die Vielherrschaft der Großen in den ärgerlichsten Verfall. Nachdem die Herzöge von Franzien und Burgund, die man zu Königen aufgeworfen, sich auf dem Thron nicht hatten behaupten können, hatte man endlich den letzten vom karolingischen Mannsstamm, den jungen Ludwig, wieder in das Reich seiner Väter zurückgeführt. Aber er dankte seine Erhebung einem Lehnsmann, der mächtiger war als er, dem Herzog Hugo von Franzien, dem Neffen König Odos, dem Sohne König Roberts, dem Schwager des mächtigen Königs jenseits des Rheins. Ludwig, seiner Väter nicht ganz unwert, suchte durch

Kriegsruhm das gesunkene Ansehen der Krone zu heben. Die Not seiner Lage trieb ihn in den Kampf gegen Lothringen; aber das Glück war, wie wir wissen, nicht mit seinen Waffen. Bald mußte er die Freundschaft König Ottos zu gewinnen suchen, und dies wurde ihm um so leichter, als seine Gemahlin Gerberge Ottos Schwester war.

In der Tat hatte Ludwigs Regiment fast keinen anderen Halt mehr als seine Verwandtschaft mit dem königlichen Hofe jenseits des Rheins. Mit den großen Vasallen, die ihn erhoben hatten, war er längst zerfallen; die Bischöfe, die er eingesetzt hatte, wurden vertrieben; selbst jener Erzbischof Artold von Reims, der ihn gekrönt hatte, mußte vor dem Eindringling Hugo, einem Sohne des Grafen Heribert von Vermandois, weichen; außer Laon war ihm nicht *eine* namhafte Burg im Lande geblieben. Der Königsname gab ihm kaum irgendwelche Gewalt; in Wahrheit war Herzog Hugo an der Spitze des weltlichen Adels der mächtigste Mann im Reiche. Es ist erzählt worden, wie König Otto endlich seine Schwäger versöhnte, wie aber Hugo nur dadurch zur Anerkennung des Königs bewogen werden konnte, daß er zu seinem Herzogtum Franzien noch das französische Burgund erhielt. Der gefährlichste Feind des Königtums wurde durch diesen Vertrag noch mächtiger, als er es bereits gewesen war.

Ludwig baute auf Hugos Beistand bei einem Unternehmen, welches die Macht der Krone noch einmal erheben konnte. Der Herzog Wilhelm von der Normandie war auf Anstiften des Grafen Arnulf von Flandern ermordet worden und die Normandie an Wilhelms unmündigen Sohn gekommen: die Jugend dieses Fürsten wollte nun Ludwig benutzen, um die Normannen aus ihrem Besitz wieder zu verdrängen. Vereint griffen in der Tat Ludwig und Hugo die Normannen an, aber während des Kampfes zerfielen sie abermals, und Ludwig geriet alsbald durch den Krieg in die größte Bedrängnis (945). Denn die Normannen hatten die stammverwandten Dänen um Beistand gebeten, und mit einer großen Zahl leichter Schiffe landete König Harald Blauzahn an der Küste der Normandie; alle Schrecken der alten Dänenzüge drohten dem Reiche aufs neue. Die Feinde Ludwigs wuchsen mit jedem Tage, während sein eigenes Heer durch Hugos Abfall zusammenschmolz: er erbot sich daher zu einer friedlichen Verständigung und verabredete zu dem Ende eine Zusammenkunft mit den feindlichen Führern. Arglistig überfielen hier die Dänen Ludwig und seine Begleiter: die meisten vom Gefolge des Königs wurden niedergemacht, er selbst auf der Flucht ergriffen, in Fesseln gelegt und in die Hände Herzog Hugos gegeben, der sich nicht scheute, seinen König und Schwager in den Kerker zu werfen, um ihm die letzten Reste der Herrschaft abzutrotzen. So war Ludwig wie einst sein unglücklicher Vater in der Macht seiner Feinde. Um seinen Schmerz zu mehren, mußte er vernehmen, daß ein Söhnchen, das ihm vor kurzem Gerberge geboren, in der Gewalt der Normannen gefallen war und bald darauf zu Rouen endete.

Wie hätte Otto gleichgültig diesen Dingen zusehen sollen? Um so mehr bekümmerten sie seine Seele, als das Los seiner Schwestern mit ihnen auf das inngiste verflochten war. Da nun einmal zwischen Ludwig und Hugo kein dauernder Friede möglich schien, mußte er die Sache des einen oder des anderen mit Kraft und Entschiedenheit ergreifen. Solange Ludwig Lothringen angriff, hatte Otto seinem Schwager Hugo sich geneigt gezeigt und diesem zuletzt noch einen Vertrag der günstigsten Art erwirkt; jetzt aber war seine Gesinnung gegen ihn völlig verändert. Er sah, dieser ehrgeizige und unruhige Mann werde nie Frieden halten und sich dem Könige, den er selbst einst erhoben hatte, nimmerdar fügen. Hugos Frevel erschien ihm jetzt als ein Angriff auf das Königtum selbst, und zuviel hatte er selbst von empörten Großen bereits gelitten, um nicht Ludwigs Geschick tief im Herzen wie sein eigenes zu empfinden. Kaum bedurfte es noch der dringenden Bitten Gerbergens, sich ihrer und ihrer Kinder zu erbarmen, kaum des Boten, der aus dem Gefängnis ihres Gemahls den Weg zu Otto zu finden wußte und das Versprechen brachte, niemals wolle Ludwig wieder nach Lothringen die Hand ausstrecken, nur möge sein Schwager ihm aus diesem Elend helfen. Bald erschien Hugo, als Otto am Rheine sich aufhielt, an dessen Hoflager und bat um eine Unterredung; aber Otto ließ ihm seine Tür nicht öffnen, sondern sandte den Lothringerherzog Konrad zu ihm hinaus, um die Mitteilungen zu empfangen, die er zu machen habe. Da wußte Hugo, was ihm beschieden war, und rüstete sich zum Kriege.

Es war an der Zeit, denn schon sammelte Otto seine Scharen aus allen Teilen des Reichs. Wohl mochte Hugos Herz jetzt Besorgnis beschleichen; er ließ den König frei, nachdem derselbe ein Jahr lang im Kerker geschmachtet hatte. Doch erkaufte der unglückliche Fürst auch jetzt noch teuer die Freiheit; Laon, die einzige Feste, die ihm geblieben und die Gerberge, ein mutiges Weib, tapfer verteidigt hatte, mußte er übergeben. So war er ein König, der kaum einen Fuß breit Landes sein nennen konnte, der nichts als Ansprüche besaß, die er selbst nicht zur Geltung zu bringen vermochte; Mut und Macht dazu konnte ihm nur noch von jenseits des Rheins kommen. Und bald rückte Otto mit einem Heere von etwa 32 000 gewappneten Rittern, dessen Hauptstärke die gefürchteten Sachsen waren, in Frankreich ein (946). Prahlerisch ließ Hugo an Otto melden, ihn bange nicht, denn bei seines Vaters Seele schwöre er, soviel Harnische und Helme blinkten in seinem Heere, wie Otto sein Lebtag nicht beieinander gesehen. Aber dieser antwortete ihm ruhig, er habe so viele Strohhüte bei sich, wie Hugo samt seinem Vater niemals zu Gesicht gekommen, und noch lange wurde dies Wort des Königs unter dem Volke nachgesagt. Unter den Strohhüten verstand Otto die Sachsen, die zur Sommerszeit einen breiten Strohhut zu tragen pflegten, und es war gerade ein heißer August, als man gegen Hugo ausrückte. Auch andere Prahlereien ließ der Herzog dem Könige melden, die dieser keiner Antwort für wert hielt. So sagte er, die Sachsen seien ein feiges Volk, ihre Speere so winzig, daß er ihrer wohl sieben in einem Becher verschlucke. Und waren die Speere der Sachsen – die Frameen der alten Germanen – auch kleiner als die gewichtigen Lanzen der fränkischen Ritter, so trafen sie doch besser zum Ziele.

Durch große Worte ließ sich Otto nicht schrecken. Unbeirrt drang er vor, und bald warf sich Ludwig in seine Arme. Vereint zogen sie gegen Laon, aber es schien unmöglich, die Stadt zu nehmen, die, hoch auf dem Berge belegen, von einer starken Mannschaft verteidigt wurde. Dagegen fiel Reims bald in ihre Hände, und sie eilten dann gegen Paris, den Hauptsitz und Mittelpunkt der Macht Herzogs Hugos. Man belagerte die Stadt einige Zeit, doch ohne Erfolg, überschritt darauf die Seine und durchzog verheerend das Land der Normannen bis an die Tore von Rouen. Da es schon spät im Jahre geworden war und die Normannen nicht unglücklich kämpften, so daß kaum ein schnelles Ende des Krieges zu erwarten stand, kehrte Otto endlich nach Deutschland zurück. Laon, Paris und Rouen hatten ihm freilich erfolgreichen Widerstand geleistet, aber drei Monate lang hatte er Frankreich mit seinem Heere durchzogen, und als er das Land verließ, konnte er Ludwig Reims und andere Festen des Reichs übergeben, auch hatte er manchen Großen zum Gehorsam gegen den König zurückgeführt. Nun sollte Ludwig den Kampf gegen Hugo auf eigene Hand fortführen, um nicht den Waffen der Fremden allein seine Krone zu danken. Aber bald zeigte sich, daß er ohne Ottos Beistand auch jetzt nicht eine königliche Macht in seinem Lande zu gewinnen vermochte. Wiederholt erschien er am Hofe des deutschen Königs, um seine traurige Lage zu schildern und die Vermittlung des mächtigen Schwagers in Anspruch zu nehmen. Sie wurde ihm nicht versagt, und im Jahre 947 brachte es Otto zu einem Waffenstillstand zwischen seinen streitenden Schwägern, indem er zugleich damit umging, ihrem Hader auf eine andere Weise dauernd ein Ziel zu setzen.

Bei den inneren Streitigkeiten litt besonders die Kirche in Frankreich. Manche Bischöfe waren aus ihren Sitzen verjagt; einflußreiche Stellen, wie das Erzbistum Reims, waren doppelt besetzt, und je nachdem die eine oder die andere Partei den Sieg gewann, ging die Verwaltung des Sprengels von dieser in jene Hand über. Die meisten Bischöfe waren auf seiten des mächtigeren Hugo; andere, die sich ihm nicht beugen wollten, wandten bald ihre Blicke von Ludwig, der sie nicht zu schützen vermochte, auf den deutschen König und dies um so mehr, als selbst der Papst in der letzten Zeit auf Hugos Seite getreten war und sie auch dort keinen Beistand erwarten konnten. Otto beschloß endlich, über die Klagen der von Hugo verdrängten Bischöfe, namentlich des verjagten Erzbischofs Artold von Reims, eine Kirchenversammlung entscheiden zu lassen, wobei ihm nicht entging, daß über die Rechtmäßigkeit dieser Beschwerden nur dann ein Urteil zu fällen wäre, wenn sich die Geistlichkeit zuvor über die durch Hugo angetasteten Rechte König Ludwigs erklärte. Eine solche Erklärung, meinte Otto, würde der Sache des unglücklichen Königs ungünstig sein, zumal wenn er selbst derselben Nachdruck zu geben verspräche.

Mit großem Eifer betrieb Otto die Sache. Nachdem zwei Synoden zu Verdun und Mouzon erfolglos gewesen waren, sandte er

Gesandte nach Rom, um den Papst für seinen Plan zu gewinnen, und in der Tat schickte dieser einen besonderen Legaten, den Bischof Marinus von Bomarzo, nach Deutschland, um ein allgemeines Konzil der Bischöfe in den gallischen und deutschen Ländern wegen der Bedrängnis der Kirche in Frankreich zu versammeln. Am 7. Juni des Jahres 948 wurde die Versammlung auf deutschem Boden zu Ingelheim eröffnet. Die beiden Könige Otto und Ludwig waren in Person erschienen, vierunddreißig Bischöfe hatten sich eingefunden, aber nur wenige unter ihnen waren aus Frankreich. Denn die auf Hugos Seite standen, hatten der Einladung nicht Folge geleistet; auch Hugo selbst, der entboten war, hatte sich nicht gestellt. Den Vorsitz führte der Legat des Papstes, der alsbald mit dem Vorschlag hervortrat, man solle zuerst die Sache König Ludwigs verhandeln. Offen legte Ludwig nun seine traurige Lage dar und enthüllte das Elend, in welches ihn Herzog Hugo gestürzt habe. Wolle jemand behaupten, sagte er, daß er selbst solches verschuldet, so sei er bereit, wenn das Konzil dies verlange und König Otto es befehle, seine Unschuld durch einen Eid oder durch einen Zweikampf zu erhärten. Von dem Urteilsspruch des Konzils und des deutschen Königs machte Ludwig seine Krone abhängig. Wir wissen, Otto und der Versammlung, die nur seinem Willen folgte, waren ohnehin für Ludwig und bedurften nicht einer Rechtfertigung desselben. Man beschloß also, Herzog Hugo noch einmal durch ein Schreiben der Versammlung aufzufordern, zum Gehorsam gegen seinen rechtmäßigen König zurückzukehren, leiste er nicht Folge, ihn in den Bann zu tun; Otto versprach, nötigenfalls den Bann mit den Waffen zu vollstrecken. Nachdem dann auch alle kirchlichen Fragen zugunsten der Anhänger Ludwigs entscheiden und die Bischöfe Artold von Reims und Rudolf von Laon als rechtmäßige Kirchenfürsten anerkannt waren, ging das Konzil auseinander.

Hugo fügte sich indessen der Entscheidung der Bischöfe nicht. Mit bewaffneter Hand mußte deshalb Konrad von Lothringen Ludwig in sein Reich zurückführen, und eine neue Synode zu Trier sprach auf Ottos ausdrückliches Geheiß über Herzog Hugo, den Empörer gegen seinen König, den Bann aus. Aber auch damit war Ludwigs Stellung noch nicht befestigt. Binnen kurzer Frist erschien Gerberge am Hofe ihres Bruders, um ihn nochmals an sein

Versprechen zu erinnern, und abermals sandte Otto Herzog Konrad nach Frankreich. Es war schwer, einem Könige wie Ludwig die Krone zu sichern; erst durch vielfache Kämpfe und eine lange Reihe von Verhandlungen brachte es Konrad dahin, daß sich Hugo seinem rechtmäßigen Herrscher wieder unterwarf und endlich auch die Feste Laon wieder auslieferte (950). Aus den Händen der Deutschen empfing Frankreichs König die Krone zurück. Als bald darauf wegen einer geringfügigen Veranlassung es wieder zu Zwistigkeiten zwischen Ludwig und Hugo kam, rief jener abermals Otto zum Richter in seiner Sache auf, und Hugo weigerte sich jetzt nicht, in Aachen (März 951) vor seinem mächtigen Schwager zu erscheinen. Zwei Löwen sandte er als königliches Geschenk voraus, um eine gute Aufnahme zu finden. Er fand sie, aber zu derselben Zeit ließ Otto seinem Schwager König Ludwig melden: es sei nicht sein Wille, ja er verbiete es, daß irgendjemand in Frankreich ohne königliche Zustimmung sich im Besitz einer Burg befinde. Soviel galt damals der Wille des Sachsen in Frankreich.

Nicht geringen Einfluß übte König Otto auf die burgundischen Länder aus, die sich vom westfränkischen Reiche getrennt hatten, aber doch durch gemeinsame Interessen noch vielfach mit ihm verbunden waren. Es ist erzählt worden, wie Graf Boso, der mit einer Tochter Kaiser Ludwigs II. vermählt war, durch die Gunst Papst Johannes VIII. und die Wahl zahlreicher geistlicher Herren zum König der burgundischen Länder im Westen der Alpen und des Juragebirges um Rhone und Saône erhoben wurde. Die Absichten des Papstes, diesem Geschöpf seines Willens auch das Königreich Italien zu gewinnen und ihm die Kaiserkrone auf das Haupt zu setzen, waren indessen nicht in Erfüllung gegangen, und Boso war als ein ziemlich machtloser Fürst im Jahre 887 zu Vienne gestorben. Ihm folge sein unmündiger Sohn Ludwig, dem die Mutter das ererbte Königreich erhielt; doch konnte sie nicht verhindern, daß die schwach begründete königliche Macht immer mehr in Verfall kam.

Neben unwirtbaren Gegenden auf den Höhen der Alpen enthielt das Reich üppige Landstriche und volkreiche Städte im Tale der Rhone, die großen Straßen, welche das südliche Europa mit dem Westen verbanden, durchzogen das Land: dennoch war und blieb das Königtum arm und ausreichender Mittel zu einer Erhebung beraubt. Denn das Reich war mit Bistümern und Klöstern wie übersät, und unaufhörlich beanspruchten und erhielten die geistlichen Herren von dem Könige, den sie erhoben hatten, neue Schenkungen und größere Freiheiten. Die Bistümer aber waren ganz in den Händen der adligen Geschlechter und wurden unter dem Namen des Königs von ihnen verteilt, so daß alle Macht und alles Ansehen bei dem Adel standen. Nur auswärtige Eroberungen hätten das Königtum kräftigen können, doch in nächster Nähe war zu solchen die Gelegenheit wenig günstig. Denn während der Minderjährigkeit Ludwigs erhob sich ein zweites burgundisches Reich in den Gegenden zwischen dem Jura, dem Rhein, der Aar und den Penninischen Alpen unter dem Welfen Rudolf, und dieses hochburgundische Reich setzte dem von Niederburgund fortan nach der einen Seite Ziel und Schranke, während auf einer anderen das französische Herzogtum Burgund, von Ludwigs Oheim Richard begründet, noch weniger Aussichten zu neuen Erwerbungen darbot. Daher brach Ludwig, Bosos Sohn, als er zum Manne heranwuchs, nach Italien auf, um dort die einst seinem Vater verheißene Königs- und Kaiserkrone zu gewinnen. Nur kurze Zeit hatte hier König Berengar allgemeine Anerkennung genossen; da er sich unfähig zeigte, die Ungarn von dem Lande fernzuhalten, wandten sich die Gemüter von ihm ab, und Ludwig, der in strahlender Jugendkraft mit hochfahrenden Plänen nach Italien hinabstieg, der Enkel Ludwigs II., fand die freudigste Aufnahme, empfing Italiens Krone und wurde in Rom zum Kaiser gekrönt (901).

Rasch verflog für Ludwig der schöne Traum, sich durch die Vereinigung dreier Kronen an die Spitze der abendländischen Welt gestellt zu sehen. Denn schneller noch, als die Italiener ihn anerkannt hatten, verließen sie ihn und wandten sich aufs neue Berengar zu. Schon nach einem Jahre mußte Ludwig das Land räumen und eidlich geloben, nie mehr in dasselbe zurückzukehren. Er hielt nicht Wort. Sobald sich in Italien wieder Mißwollen gegen Berengar regte, brach er von neuem auf, um dem Kaisernamen, den er noch führte, Anerkennung zu gewinnen. Das Glück lächelte im Anfang auch diesmal seinem Unternehmen, aber nur um seine Tücke dann desto empfindlicher dem jungen Fürsten zu zeigen. Als er sich in Verona völlig sicher glaubte, brach Berengar durch Verrat in die Stadt; Ludwig, obwohl von riesigen Kräften, sah sich von seinen Feinden überwältigt und übergab sich der Gnade seines erbittertsten Gegners (905). Wegen des Meineids ließ Berengar Ludwig die Augen ausstechen und sandte ihn dann als einen unschädlichen Mann in sein burgundisches Reich zurück, wo der blinde Kaiser noch mehr als zwanzig Jahre ein elendes Leben und noch weit elenderes Regiment geführt hat. Alle Macht in dem Reiche wußte einer seiner Vasallen, der Graf Hugo, durch seine Mutter ein Enkel König Lothars II., ein Mann von seltener Härte und Grausamkeit, aber ausgezeichnet durch festen Willen und scharfen Verstand, ihm zu entwinden.

Auch das Welfenreich in Oberburgund, in engen Grenzen eingeschlossen, hatte sich nicht kräftig entfalten können, und der junge König Rudolf II., der im Jahre 911 seinem Vater gefolgt war, sah sich deshalb nicht minder als Ludwig nach auswärtigen Eroberungen um. Zuerst richtete er seine Waffen gegen die deutschen Länder, aber von Herzog Burchard von Schwaben im Jahre 919 bei Winterthur geschlagen, versöhnte er sich mit ihm, nahm seine Tochter Bertha zur Ehe und empfing mit deren Hand die deutschen Gegenden zwischen Aar und Reuß, die damals Oberburgund einverleibt wurden. Auch dieser eroberungslustige Fürst wandte nun seine Blicke auf Italien, wo des Niederburgunders Pläne inzwischen gescheitert waren.

Eine Zeitlang war König Berengars Herrschaft unangefochten geblieben, und Papst Johann X., von den Arabern unablässig bedrängt, die sich schon dauernd um Garigliano festgesetzt hatten, vergaß sogar, daß noch ein Kaiser lebe, und setzte Berengar zu Rom die Kaiserkrone auf das Haupt (gegen Ende des Jahres 915). „Aber die Italiener", sagt Bischof Liudprand von Cremona, der seine Landsleute trefflich kannte, „wollen immer zwei Herren haben, damit sie den einen durch den anderen in Furcht erhalten." So sahen denn auch viele wieder nach einem anderen Herrn sich um und riefen König Rudolf in das Land. Bereitwillig folgte er ihrem Rufe, stieg von den Alpen herab, ließ sich im Jahre 922 zum König Italiens krönen, besiegte Berengar in einer blutigen Schlacht und kehrte dann siegesfroh in seine Berge heim. Kaiser Berengar erholte sich nicht wieder von seiner Niederlage und fiel im Jahre 924 zu Verona durch einen Meuchelmörder, den die burgundische Partei gegen ihn bewaffnet hatte.

Rudolf suchte alsbald sein italienisches Königreich von neuem auf und fand hier im ersten Augenblick keinen Gegner mehr. Aber bald zerfiel er mit Irmengard, einer Frau von königlichem Geblüt, die durch ihre Reize, ihre Zügellosigkeit und ihre Ränke alle Großen Italiens beherrschte. Sie war durch ihre Mutter eine Enkelin Königs Lothars II., ihr Vater war der reiche und prachtliebende Markgraf Adalbert von Tuscien, ihr Gemahl der mächtige Markgraf Adalbert von Jvrea gewesen; ihr Witwenstand ließ ihr Raum, schamlos und ungestraft ihren Lüsten zu leben. Auch König Rudolf hatte sie vordem in ihre Netze gefangen und nicht wenig dazu beigetragen, ihn auf den Thron Italiens zu erheben. Aber schon beschäftigte ein anderer Plan den Sinn des launenhaften Weibes; sie ging damit um, ihrem Stiefbruder Hugo, demselben Manne, der bereits in Niederburgund alle Macht an sich gerissen hatte, die Königs- und Kaiserkrone zu gewinnen und wußte auch den Papst für diesen Plan zu gewinnen. Deshalb wiegelte sie jetzt die Großen Italiens gegen Rudolf auf, der in schmählicher Weise, vor dem Einfluß der gewaltigen Zauberin erbebend, seine Anhänger verließ und in sein Alpenreich zurückkehrte. Die Bischöfe und Großen Italiens wählten darauf Hugo zu ihrem Könige, und der Papst selbst rief ihn in die Halbinsel. Zwar machte König Rudolf sofort einen Versuch, sich Italiens wieder zu bemächtigen, doch er mißlang völlig und kostete nur seinem Schwiegervater Burchard von Schwaben das Leben.

Im Jahre 926 landete Hugo an der italienischen Küste, nachdem er seine Macht im burgundischen Reiche in den Händen seines Stiefbruders Boso zurückgelassen hatte. Er wurde zu Pavia zum König gekrönt, und alle Bischöfe und Grafen des Landes erkannten ihn an; nur die Kaiserkrone blieb ihm versagt, da wenig später Papst Johann von dem Stuhle Petri in den Kerker geschleppt wurde und dort seinen Tod fand. Kaum aber hatte sich Hugo in der Herrschaft Italiens befestigt, so starb im Jahre 928 der blinde Kaiser Ludwig und hinterließ das niederburgundische Reich, das er nur dem Namen nach regiert hatte, seinem Sohn Karl Constantin, einem jungen Manne von etwa zwanzig Jahren. Sobald Hugo diese Nachricht erhielt, eilte er in seine Heimat und beraubte den machtlosen Fürsten auch des Scheins der Herrschaft, indem er ihn allein auf das Gebiet von Vienne beschränkte.

Nachdem er den burgundischen Raub gesichert, kehrte er nach Italien zurück und wußte durch Klugheit und Entschiedenheit so den Großen dieses Landes zu imponieren, daß sie schon im Jahre 931 seinen Sohn Lothar als seinen Mitregenten und Nachfolger anerkannten.

Bisher hatte König Hugo im Einverständnis mit Irmengard gehandelt und dankte ihr viel, wenn nicht alles. Als er aber sich darauf der Römerin Marozia ergab, um durch sie die heißersehnte Kaiserkrone zu erlangen, trennten sich seine Wege von denen der Schwester. Hugos Absichten auf Rom schlugen fehl, und auch der Einfluß Irmengards wurde nun nicht mehr zu seinen Gunsten geübt: seitdem schwankte seine Gewalt. Bald erhob sich wieder eine unzufriedene Partei unter den italienischen Großen und rief im Jahre 933 noch einmal König Rudolf aus seinen Bergen in die lombardische Ebene hinab. Aber Hugo wußte diesen Gegner unschädlich zu machen. Mit dem Raube von Niederburgund erkaufte er sich Ruhe vor Hochburgund: er trat die Länder an der Rhone und Saône an König Rudolf ab, der dagegen seine Ansprüche an Italien aufgab.

So wurden die burgundischen Reiche im Jahre 933 vereinigt, und das vereinte burgundische oder arelatische Reich hat dann, ein Jahrhundert hindurch selbständig, später mit dem Deutschen Reiche verbunden, eine lange Dauer gefristet, ohne jedoch jemals zu rechter Kraft zu gelangen. Damals litten die in demselben vereinten Länder am meisten durch die Araber, die sich an den Küsten der Provence dauernd niedergelassen hatten und den ganzen Kamm der westlichen Alpen besetzt hielten; weder Hugo noch Rudolf wußten ihnen zu begegnen, und jener nahm sie sogar zeitweise in seine Dienste, um durch sie seine ehrgeizigen Zwecke zu erreichen. Was die Araber verschonten, rafften die Ungarn hin, die fast Jahr für Jahr von Italien her über die Berge kamen und das schlecht bewahrte Reich plündernd durchzogen.

Schon im Jahre 937 starb König Rudolf II. und hinterließ nebst seiner Gemahlin mehrere unmündige Kinder, unter ihnen Konrad, den Erben des Thrones, einen Knaben von etwa 10 Jahren, und dessen jüngere Schwester Adelheid, die noch in der Geschichte der Deutschen eine so bedeutende Rolle zu spielen bestimmt war. Hugo hatte die Angelegenheiten Burgunds nie aus den Augen verloren; sein Sinn stand darauf, sich bei günstiger Gelegenheit jenes Raubes, den er im Drange des Augenblicks aus den Händen gelassen hatte, wieder zu bemächtigen, und diese Gelegenheit schien jetzt gekommen. Kaum war Rudolf betrauert, so bot Hugo dessen Witwe Bertha die Hand und verlobte ihre Tochter Adelheid seinem Sohne Lothar (12. Dez. 937); so hoffte er als nächster Verwandter des jungen Königs, denselben ganz in seine Gewalt zu bekommen und unter dem Schein der Vormundschaft das Land zu regieren. Aber die burgundischen Großen kannten Hugo als einen durchgreifenden, gewalttätigen und grausamen Herrn und waren nicht von fern gewillt, das Joch seiner Herrschaft auf sich zu nehmen; deshalb bemächtigten sie sich durch List ihres jungen Königs und überlieferten ihn dann Otto, dem einzigen Manne, der ihn gegen Hugos Ränke wirksam schützen konnte. Seitdem war Otto gleichsam zum Vormunde des jungen burgundischen Fürsten bestellt; er zog selbst nach Burgund und ordnete dort die Angelegenheiten des Reichs. Der unmündige König verweilte in den nächsten Jahren, wie es scheint, ununterbrochen am deutschen Hofe, bis er im Anfange des Jahres 943 in sein Reich zurückkehren konnte. König Konrad, den man den Friedfertigen genannt hat, blieb aber auch in der Folge ein treu ergebener Freund seines Schützers, und so angesehen war Ottos Name in den burgundischen Ländern, daß die Deutschen dieselben schon als eine Eroberung ihres Königs ansahen.

Ottos Verbindungen mit dem burgundischen Königshause mußten ihn unmittelbar in die Verhältnisse Italiens verwickeln, und dies um so mehr, als seit geraumer Zeit fast alle jene Fürsten, die um die Krone Italiens stritten, sich aus den südlichen deutschen Ländern, bald aus Bayern, bald aus Schwaben, Hilfskräfte zu gewinnen wußten. Wiederholt waren schon zu König Heinrichs Zeiten die Herzöge von Bayern und Schwaben in die Händel des Südens hineingezogen und sogar öfters selbst in die lombardische Ebene zum Kampfe hinabgestiegen: wenn dessenungeachtet die Angelegenheiten des Südens unseres Wissens wenig oder gar nicht die Seele Heinrichs berührt hatten, so sollten sie bald um so mehr die Aufmerksamkeit seines Sohnes in Anspruch nehmen.

Seitdem Otto sich der Person König Konrads angenommen hatte, war die Freundschaft, die ihn früher mit König Hugo verbunden, wie jedermann wußte, gelöst und ein kaum auszugleichender Bruch zwischen den beiden mächtigsten Fürsten des Abendlandes entstanden. An Feinden fehlte es Hugo nie, und der beispiellose Nepotismus, mit dem er die einträglichen geistlichen und weltlichen Ämter des Reichs an seine unehelichen Söhne und seine anderen Verwandten, Männer, meist von den schmutzigsten Leidenschaften beseelt, rücksichtslos austat, mußte ihm stets neue erwerben: dennoch erhielt er durch tyrannische Grausamkeit lange alles in Furcht. Schwere Verfolgungen hatte von ihm besonders der Markgraf Berengar von Ivrea zu erdulden, obwohl er als Irmengards Stiefsohn Hugo verwandt war und früher solche Gunst bei diesem gefunden hatte, daß er ihm eine Tochter seines Stiefbruders Boso – ihr Name war Willa – vermählte. Da aber Berengar, durch seine Mutter der Enkel jenes Berengar, der noch bei Menschengedenken die Kaiserkrone getragen hatte, vielen zum Befreier des Landes von Hugos Tyrannei bestimmt schien, warf er in der folge auf ihn den bittersten Haß und suchte ihn zu verderben. Er machte einen Anschlag, sich der Person Berengars zu bemächtigen und ihn dann des Augenlichts zu berauben: so sollte Berengar des blinden Ludwigs unglückliches Schicksal teilen, welches Hugo einst zum Glück erhoben hatte. Doch der abscheuliche Plan wurde verraten, und Berengar ergriff die Flucht. Umsonst schickte Hugo eine Schar von Arabern, die in seinen Diensten standen, ihm nach. Der Flüchtling entkam und eilte schutzflehend an Ottos Hof. Denn auf Otto richteten sich von nun an in Italien die Blicke aller, die von Hugo Gewalt erlitten.

Hugo verlangte von Otto die Auslieferung Berengars und bot dafür große Schätze; aber Otto verschmähte sie und verlachte Hugo, daß er glauben könne, ein deutscher Fürst werde seinen Schützling verraten. „Daß Hugo mir entbieten läßt“, sagte er, „ich solle dem meinen Beistand entziehen, der meine Gnade anruft, ist die höchste Torheit.“ Dennoch gewährte er Berengar nicht so bereitwillig Unterstützung, wie diese gehofft hatte. Schon war es nicht mehr Ottos Art, unzufriedenen Großen gegen ihren gekrönten Herrn und König Waffen zu leihen, und die Achtung vor der königlichen Macht wirkte wohl mehr auf Otto als die reichen Geschenke, die Hugo stets von neuem ihm über die Alpen sandte. Als aber in Italien mehr und mehr der Haß gegen Hugo und seine übermütigen Burgunder wuchs – aus Stolz, sagten die Italiener, täten die Burgunder ihren Mund nicht auf, sondern sprächen in die Gurgel hinein –, da kehrte Berengar mit einem selbstgeworbenen, nur geringen Gefolge deutscher Krieger im Jahre 945 über die Alpen zurück. Freudig nahm man ihn als den Befreier des Landes auf, man begrüßte ihn als einen zweiten David und Karl den Großen. Die goldene Zeit, glaubte man, bringe er wieder; denn auch damals wie zu allen Zeiten waren die Italiener überschwänglich in Liebe und Haß. Alles fiel Berengar zu. Hugo wollte mit seinen Schätzen nach Burgund entfliehen, nachdem er zuvor zugunsten seines Sohnes Lothar der Krone Italiens entsagt hatte, aber man hinderte ihn an der Flucht. Bleiben mußte er wider Willen und eine Scheinkrone tragen, während Berengar in der Tat die höchste Macht in die Hände bekam. Aber auch Berengar fühlte sich nur durch die Freundschaft Ottos stark; die Gunst des mächtigen sächsischen Fürsten fiel in Italien schon schwer in die Wage, obwohl er die Alpen noch nicht überschritten hatte.

So gingen, während die Macht des Ostfränkischen Reichs durch die Sachsen neu erhoben wurde, die romanischen Reiche im Süden und Westen dem Verfall entgegen; indem sich dort eine wahrhaft königliche Gewalt erhob, sank hier das Königtum zur erbärmlichsten Schwäche herab oder verwandelte sich in unerträgliche Tyrannei. Das Deutsche Reich, einerseits über diese zerrütteten Staaten von überwiegendem Einfluß, andererseits die Barbarei des Nordens und Ostens durch natürliche Kraft und Waffenruhm zügelnd, hatte die Stellung genommen, die ihm durch seine natürliche Lage im Herzen Europas angewiesen zu sein scheint: es regelte die Kräfte der abendländischen Staaten und ordnete die Verhältnisse derselben untereinander. Selbst mit England, das der Gemeinschaft der abendländischen Welt damals am weitesten entrückt war, stand Otto durch seine Gemahlin in naher Verbindung. Noch jetzt ist ein schönes Andenken an jene Zeit vorhanden, da die Sachsen diesseits und jenseits des Meeres die Bande der Stammverwandtschaft aufs neue durch ihre Herrscher fester knüpften. Es ist ein Evangelienbuch, das um das Jahr 940 König Otto und seine Mutter Mathilde an König Athelstan als Geschenk übersandten; auf das erste Blatt haben Mutter und Sohn daselbst ihre Namenszeichen gesetzt.

Nachdem kaum die Stürme im Inneren ausgetobt hatten, erhob Otto seine Herrschaft zu einer weit geachteten und glänzenden Stellung, und es war nicht zu verwundern, wenn an seinem Hofe sich die Gesandten der Könige Frankreichs, Italiens, Burgunds und Englands mit den Häuptlingen der Wenden, Böhmen, Dänen und Ungarn begegneten. Im Jahre 944 und abermals im Jahre 949 sandte auch der Kaiser von Konstantinopel ihm prächtige Ehrengeschenke, und im Jahre 950 sah man am Hofe des Sachsen Abgesandte des Kalifen von Cordova. Otto galt bereits für den ersten Fürsten des Abendlandes und war es.

12. Ottos I. kirchliche Richtung

Mitten in seiner Glücksbahn hatte König Otto ein gewaltiger Schlag des Schicksals getroffen und ihn an die Hinfälligkeit aller irdischen Herrlichkeit mit vernichtender Härte gemahnt.

Am 26. Januar 946 wurde ihm durch den Tod seine Gemahlin Editha entrissen. Unerwartet nahm der Tod sie von Ottos Seite, als sie zwei Kinder die sie ihm geboren hatte, lieblich erblühen sah. Achtzehn Jahre hatte die angelsächsische Königstochter unter den Deutschen gelebt, und alle beweinten ihr Ende, da sie mehr gleich einer liebenen Mutter denn als eine Königin unter dem Volke gewaltet hatte. Schon ihre Zeit verehrte sie wie eine Heilige, denn reine, wahre und innige Frömmigkeit wohnte in ihrer Seele und gab sich in edlen Werken christlicher Liebe kund. Oft soll ihr Gebet aus großer Bedrängnis den König gerettet haben, oft milderte ihre Fürbitte seinen heftigen Sinn. So stürmisch sein Zorn war, das zarte Weib beschwichtigte ihn. Als er einst seine Mutter wegen ihrer Mildtätigkeit schalt und diese sich tief gekränkt vom Hofe entfernte, rührte Editha das Herz des Gemahls, und reuig bat er die Mutter um Verzeihung.

Auch Editha selbst soll Otto bisweilen ihre große Mildtätigkeit verargt und ihr einmal im Zorn verboten haben, ihre Hand ferner den Armen zu öffnen. Um sie zu prüfen, erzählt die Sage, trat er einst an einem Feiertage selbst, als Bettler vermummt, an die Kirchentür, als sich gerade die Königin im Festschmuck nahte. Dringend sprach er sie um ein Almosen an. Sanft verweigerte sie es; sie habe nichts, sagte sie, als ihre Kleider. Noch dringender hielt er sie am Mantel zurück. „Nur ein Fetzen hiervon“, sagte er, „würde mir Armen helfen.“ Und sie, der Rührung nicht mehr gebietend, erlaubt ihm, einen Ärmel des kostbaren Gewands zu nehmen. Als sie darauf an des Königs Tafel erscheint, trägt sie einen anderen

Mantel als am Morgen, und scheinbar erstaunt fragt sie der König, warum sie die Tracht gewechselt. Verlegen sucht sie nach einer Ausflucht. Da läßt der König den abgelegten Mantel holen, um sie zu beschämen; denn er trug den Ärmel bei sich, den sie ihm gegeben hatte. Aber siehe! ein Wunder: als das Gewand gebracht wurde, fanden sich beide Ärmel an ihm, und der König bekannte, die er habe erproben wollen, habe der Himmel erprobt gefunden.

Edithas weiches Gemüt spiegelt sich auch in einer anderen Sage. Eine Hirschkuh kam einst, so heißt es, in tiefer Nacht zu Magedburg an ihr Schlafgemach. Leise scharrte sie an der Tür und schritt, als ihr geöffnet war, zum Lager der hohen Frau; winselnd und stöhnend, als wolle sie einen tiefen Schmerz ausdrücken, streckte sie sich zu den Füßen der Herrin nieder und suchte dann wiederum die Weite. Editha befahl einem Jäger, dem Tiere zu folgen. Er ging der Spur nach und fand jenseits der Elbe die Hirschkuh mit einem ihrer Jungen beschäftigt, das sich in einer Schlinge gefangen hatte. Der Jäger befreite das Tier, und schnell eilte die Mutter mit dem Jungen in das tiefe Gebüsch. Froh hörte Editha, wie der armen Mutter geholfen war.

In solchen Erzählungen lebte jahrhundertelang das Andenken der guten Königin fort und vererbte sich von Kind auf Kindeskind. Sie fand ihr Grab zu Magedburg in dem Kloster des heiligen Moriz, welches Otto auf ihrem Wittum nach ihrem ausdrücklichen Wunsche im Jahre 937 errichtet hatte. Ihr Denkmal sah man dort einst auf der Nordseite der alten Kirche; jetzt verherrlicht sie ein stattlicher Sarkophag in dem prachtvollen Dome, der dort einige Jahrhunderte nachher als eines der erhabensten Werke deutscher Kunst erbaut ist.

Mächtig ergriff Otto der Tod des geliebten Weibes, und mehr als bisher wandte sich des Königs Sinn den himmlischen Dingen zu. Das schleunige Ende der Teuren, der noch ein langes Leben vorbehalten schien, mahnte auch ihn an den Tod, der ihn mitten aus seiner glänzenden Laufbahn abrufen konnte, und wies ihn mehr als je auf jene höchste Macht hin, der auch der Gewaltigste auf Erden sich beugen muß. Er richtete seine Gedanken auf die heiligen Schrfiten und frommen Bücher. Nach der Sitte der Zeit war er zu den Waffen, nicht für die Bücher erzogen worden; jetzt erst lernte er die Buchstaben, aber er brachte es bald zu völliger Sicherheit im Lesen und Verstehen heiliger Schriften.

Den kirchlichen Angelegenheiten seines Reichs weidmete Otto fortan eine besondre Sorgfalt. Wahre Religiosität war einer der hervortretendsten Züge in seinem Wesen. Immerdar lebte er in dem Bewußtsein, daß er unter dem unmmittelbaren Schutze Gottes stehe; aus dem Gebete, durch dessen Kraft er oft wunderbar aus Gefahren gerettet zu sein glaubte, schöpfte er immer neuen Mut in seinen Bedrängnissen und Mühen; von dem Glauben an den göttlichen Ursprung seiner königlichen Gewalt war er ganz und gar durchdrungen. Dennoch hatte er sich in den ersten Jahren seiner Regierung nicht eben kirchlich nach dem Sinne jener Zeit bewiesen und die hohe Geistlichkeit bei ihm wenig Gunst genossen. Die Ansprüche, die sich in dem verfallenden Staate der Karolinger auf eigene Selbständigkeit und darüber hinaus auf die Leitung der weltlichen Angelegenheiten gebildet hatte, vertrugen sich schlecht mit den Vorstellungen, die Otto von seiner Würde hegte. Mit Ausnahme des Erzbischofs Adaldag von Hamburg, den er selbst erhoben hatte, standen deshalb die ersten Kirchenfürsten lange Zeit ihm und den von ihm gesetzten Herzögen feindselig genug gegenüber. Wir wissen, wie Friedrich von Mainz, der doch den Ruf besonderer Heiligkeit bei vielen genoß, wiederholentlich des Hochverrats angeklagt wurde und nur mit genauer Not der schwersten Strafe entging; wir wissen, wie die Untreue dieses ersten Bischöfs des Reichs im Jahre 939 den Abfall anderer Bischöfe nach sich zog. Dann wurde im Jahre 945 der Erzbischof Rodbert von Trier, ein Verwandter Herzog Giselberts, mit dem Bischof Richar von Tongern offen von Herzog Konrad, als dieser die Verwaltung Lothringesn erhielt, des Treubruchs gegen den König bezichtigt und mußte sich wegen dieser Beschuldigung rechtfertigen. Und kaum hatte des Königs Bruder Heinrich die Regierung Bayerns übernommen, so geriet er in die ärgerlichsten, nie wieder beigelegten Händel mit dem Erzbischof Herold von Salzburg. Dem altersschwachen Wilfried von Köln wurde es sogar zu besonderem Verdienst angerechnet, daß er der Majestät des Königs und dem Vaterlande die Treue unverletzt erhalten habe, aber in den Kämpfen, welche Otto zu bestehen hatte, ist er doch von dem Kölner wenig unterstützt worden; die Anhänglichkeit auch dieses Kirchenfürsten war nur eine laue.

Es ist begreiflich, wenn unter solchen Verhältnissen die Kirchen und Klöster im Anfange der Regierung Ottos nicht sonderlich begünstigt wurden. Er bestätigte ihnen wohl die früheren Privilegien; auch erhielten einige Bistümer, wie Hamburg, wie Utrecht, wo sein Bruder Brun erzogen war, und Chur, welches durch Verwüstungen der Araber stark gelitten hatte, neue Schenkungen; vor allem empfingen das Kloster zu Quedlinburg, die Stfitung Heinrichs, und das neue Morizkloster zu Magdeburg Beweise königlicher Gunst. Aber einer ungewöhnlichen Freigebigkeit hatten sich die geistlichen Stiftungen damals so wenig zu erfreuen, daß der König es sogar seiner Mutter verargte, daß ihre Hand für die Kirchen und Klöster stets offen war. Es kam hierüber zu einem traurigen Zwist in der königlichen Familie. Mathilde, die seit dem Tode ihres Gemahls ihre größte Freude in frommen Werken fand und neben dem Nonnenkloster auf der Höhe zu Quedlinburg dort zur Seite der Pfalz am Fuße des Berges ein neues Mönchskloster gegründet hatte, ging mit ihrem reichen Wittum bei der Ausstattung geistlicher Stiftungen so verschwenderisch um, daß die Söhne endlich glaubten, Einsprache erheben zu müssen. Kaum waren Otto und Heinrich versöhnt, so wandten sie sich gemeinsam gegen die Mutter. Nicht allein ihr Wittum vergeude sie, warfen sie ihr vor, sondern sie habe auch große Schätze aus der Verlassenschaft des Vaters ihnen vorenthalten. Sie häuften Kränkungen auf Kränkungen und verlangten schließlich, sie solle ihr Wittum aufgeben und in ein Kloster gehen. Die Mutter, tief durch diesen Undank der Söhne verwundet, entsagte willig dem, was des Gemahls Liebe ihr gegeben hatte, sie zog nach Enger auf ihr väterliches Erbe zurück und beschränkte sich darauf, mit ihren geschmälerten Einkünften das dortige Kloster so zu erweitern, daß sie als die neue Begründerin desselben angesehen wurde. Längere Zeit war dann die Eintracht zwischen der Mutter und ihren Söhnen gestört, bis Editha den Frieden herstellte.

So wenig Eifer für die Hebung des äußeren Wohlstandes der geistlichen Stiftungen Otto in den ersten Jahren seiner Regierung zeigte, so wenig Teilnahme fanden damals auch bei ihm die löblichen Bestrebungen mancher Bischöfe, die verfallene Klosterzucht herzustellen. Manche Versuche der Art wurden in Lothringen gemacht, namentlich vom Bischof Adalbero von Metz, andere in den

Ländern diesseits des Rheins, wo sich besonders Erzbischof Friedrich an die Spitze einer Klosterreformation stellte; aber Otto sah auf diese Bemühungen mit Gleichgültigkeit, wenn nicht mit Mißtrauen, und dieselben hatten deshalb auch keinen oder doch nur geringen Erfolg.

Erst nach dem Tode Edithas wandte sich der König mit ganzem Herzen der Kirche zu. Er suchte da den Trost für seine schwerbekümmerte Seele, wo ihn die Mutter gefunden hatte: in frommen Werken und in rastlosen Bemühungen für das Reich Gottes auf Erden. Auch mochte ihm mit jedem Tage bereits klarer werden, wie wichtig es für die Zukunft des Reichs war, sich der geistlichen Gewalten, welche das Zeitalter bei aller seiner Roheit gewaltig beherrschten, zu bemeistern und ihnen die Richtung zu geben. Wie Otto sich jetzt mit den frommen Neigungen seiner Mutter begegnete, trat er auch dem geistigen Streben seines Bruders Brun näher, in dem er bald das ausgezeichnete Werkzeug für seine kirchlichen Absichten fand.

Brun, der jüngste Sohn König Heinrichs, stand an geistiger Kraft und unermüdlicher Tätigkeit seinen älteren Brüdern in keiner Weise nach, nur daß Neigung und Erziehung ihn auf ein anderes Gebiet des Lebens angewiesen hatten. Da der Vater ihn dem geistlichen Stande bestimmte, war er schon in früher Jugend dem elterlichen Hause und seiner sächsischen Heimat entzogen worden. Nach Lothringen hatte man ihn gesandt, wo sich am meisten Bildung und Gelehrsamkeit aus der karolingischen Zeit in den Kloster- und Stiftsschulen erhalten hatten, obwohl man bald genug auf den damaligen Zustand dieser Schulen als einen kläglichen herabsehen konnte; zugleich sollte wohl auch der Königssohn die Lothringer enger an die sächsische Herrschaft fesseln. Das letztere scheint auch der Grund gewesen zu sein, weshalb man seine Erziehung dem noch jungen Bischofe Balderich von Utrecht, einem Verwandten Herzog Giselberts, anvertraute. Es war zu derselben Zeit, als König Heinrich seine älteste Tochter dem Lothringerherzog vermählte und Rodbert, einem anderen nahen Verwandten Giselberts, das Erzbistum Trier verlieh. In den unmittelbarsten Beziehungen zu dem Herzogshause wuchs Brun in Lothringen auf und nahm hier viel von der regsameren Art der Lothringer an.

Früh zeigten sich in dem Knaben beharrlicher Fleiß und glänzende Fähigkeiten; stets war er bei der Arbeit und tat es bald allen seinen Altersgenossen zuvor. Man staunte, wie die Genüsse des Lebens und die Freuden der Welt auf diesen so hoch geborenen Knaben gar keinen Eindruck machten, ihn von seinen Büchern nicht zu trennen vermochten. Aus dem Ernst und der Treue, mit der er die Studien betrieb, schloß man nach dem Wort der Schrift: „Man kennt einen Knaben an seinem Wesen, ob er fromm und redlich werden will" (Sprüche 20, 21) auf die Wahrheit seines Gemüts und die Unsträflichkeit seines späteren Lebens. Brun lebte ganz in seinen Büchern; wer sie ihm zerknitterte oder verdarb, konnte ihn bitter erzürnen, und dieselbe peinliche Sorgfalt, mit der er sie äußerlich hielt, übertrug er auf die Art und Weise, wie er sie studierte. Er eilte nicht, wie häufig begabte Knaben pflegen, von einem Buche zum anderen, um die Phantasie mit buntwechselnden Bildern zu füllen. Ihm lag an jedem einzelnen Wort, an jedem Ausdruck; die Form an sich beschäftigte nicht minder seinen Geist als der Gedanke des Schriftstellers. Eine philologische Ader, die so wenigen seiner Zeitgenossen zuteil ward, hatte die Natur dem Königssohne mitgegeben. Es wird erzählt, daß der christliche Dichter Prudentius zuerst Brun in die Hand gegeben wurde, nachdem er die Anfangsgründe der Grammatik erlernt hatte; es entzückte ihn in gleicher Weise an diesem Dichter der gläubige Inhalt, der lebendige Fluß der Gedanken, die Wahl des Ausdrucks, der Reichtum und Wandel des Versbaus. Wie er dann später die Lustspiele des Terenz las, sah man ihn bei den ausgelassenen Stellen keine Miene verziehen, kein Lächeln kam über seine Lippen; er empfand die Schönheit der Form, sie nahm seine Aufmerksamkeit ganz gefangen. Früh übte er sich im Sprechen und Schreiben der lateinischen Sprache und brachte es zu einer solchen Fertigkeit, daß er darin vielen später ein trefflicher Lehrer werden konnte.

Als die Verhältnisse Ottos zu Lothringen und zu Herzog Giselbert sich änderten, kehrte Brun, damals etwa vierzehn Jahre alt, an den königlichen Hof zurück. Noch im Knabenalter, schien er an Bildung und Reife des Verstandes ein Mann vor anderen, und er König wußte die trefflichen Kenntnisse seines Bruders dem Reiche nutzbar zu machen. Wie die Einrichtungen, welche Karl der Große für seinen weltlichen Hofstaat getroffen hatte, in Verfall geraten waren, so nicht minder die für die Hofgeistlichkeit. Die Stellung des Apocrisiarius war eingegangen oder vielmehr mit der des Erzkanzlers vereinigt woren. Mit dem Reiche selbst war auch die Kanzlei desselben aufgelöst und zerstückt worden: die Erzbischöfe hatten die Titel, Einkünfte und Ehren der Erzkanzler oder Erzkaplane an sich gerissen, die Geschäfte selbst aber vernachlässigt, die an niedere Geistliche kamen, welche die Person des Königs als Kanzler begleiteten und die Urkunden derselben im Namen der Erzkanzler ausstellten. Auch die Hofschule, jene große Bildungsanstalt für die Geistlichkeit des karolingischen Reichs, war längst verfallen. So fand Otto die Reichskanzlei, durch die allein ein regelmäßiger Geschäftsgang erhalten werden konnte, in der größten Verwirrung; die Erzbischöfe von Mainz, Köln, Trier und Salzburg nannten sich Erzkanzler des Reichs, bekümmerten sich aber wenig um die Geschäfte, die nach der Wahl des Königs von Hofgeistlichen besorgt wurden, die der schwierigen und einflußreichen Stellung, die sie einnahmen, kaum gewachsen waren und denen der König doch, da alle wichtigen Angelegenheiten durch ihre Hände gingen, ein unbedingtes Vertrauen schenken mußte. Sollte die Einheit des Reichs festeren Halt gewinnen, so mußte vor allem der Geschäftsgang am Hofe besser geregelt und fähige Geistliche zum Dienste desselben herangebildet werden, mit *einem* Worte die Kanzlei und der gesamte Hofklerus, nach dem damals gebräuchlichen Ausdruck die Kapelle des Königs, mußte neu organisiert werden. Diese Aufgabe wies Otto seinem Bruder zu. Schon im Jahre 940 erscheint Brun als Kanzler und erhielt in den nächsten zehn Jahren, wo fast alle Urkunden von ihm ausgestellt wurden, einen immer größeren Einfluß auf die Reichsgeschäfte; im Jahre 951 wurde er zugleich zum Erzkaplan bestellt und damit die Leitung des Hofklerus ihm ganz übergeben; mit dieser Stellung gewann er auf die gesamten kirchlichen Verhältnisse des Reichs einen bedeutsamen Einfluß.

Mit der größten Hingebung und jener Pünktlichkeit, die ihm in allem eigen war, unterzog sich Brun den Geschäften; dabei mußte er Tag für Tag zahllose Klagen von Bedrängten und Hilflosen anhören, von denen keiner ohne Trost, Rat und Beistand ihn verließ. Wohin der Königs seinen Weg nahm, überall war Brun ihm zur Seite, und überall fand er Arbeit im Überfluß. Aber so jung er war, die Kräfte erlahmten ihm nie, ja er fand in der größten Geschäftigkeit noch immerdar Zeit, seinen geliebten Studien nachzugehen. „Wenn er Muße hatte“, sagt Bruns trefflicher Biograph Ruotger, „gab es keinen beschäftigteren Mann, und auch mitten in den Geschäften fehlte es ihm nie an Muße.“

Während Brun unablässig für andere arbeitete, arbeitete er zugleich nicht minder an sich. Denn nichts lag ihm ferner, als mit Selbstbefriedigung auf das zu schauen, was er erreicht hatte. Wo auch der König sein Hoflager oder sein Kriegszelt aufschlagen mochte, überall begleiteten Brun seine Bücher; „wie die Israeliten die Bundeslade“, sagt Ruotger, „führte er seine Bibliothek mit sich.“ Mitten im Getümmel der Reise, in dem Lärmen des Hofes war er doch gleichsam allein und lebte seinen Studien und Meditationen. Um keinen Preis gab er die Frühstunden des Tages zu zerstreuenden Beschäftigungen hin; da war er ungestört bei seinen Büchern und kehrte, wenn nach den Freuden des Mahls die Geschäfte am Hofe ruhten, mit frischer Kraft sofort zu jenen zurück. Ein so regsamer und wißbegieriger Geist, überdies von solcher Höhe des Lebens herabstrahlend, mußte bald der anziehende Mittelpunkt für alle geistigen Bestrebungen der Mitwelt werden; alle Elemente wissenschaftlicher Bildung, welche die Ungunst einer gewalttätigen Zeit überdauert hatten, konnten nicht anders als sich um ihn sammeln, um von ihm neue Kräftigung zu erhalten. Und in der Tat eilten fast alle im Reiche, die sich geistig etwas dünkten, an den Hof des Königs. Aber viele kehrten mit dem beschämenden Geständnis zurück, sie hätten an Brun erst erkennen gelernt, daß sie nichts wüßten; in ihm hätten sie eine Leuchte gefunden auf dem Wege wahrer Wissenschaft, den sie fortan betreten wollten.

Während Brun anderen Vorbild wurde, suchte er selbst für sich neue Lehrer und fand sie. Zunächst waren es die Griechen, die teils als Gesandte vom Hofe zu Konstantinopel eschienen, teils zerstreut in deutschen Klöstern wohnten, wie wir unter anderem wissen, daß das Kloster Reichenau damals mehrere griechische Mönche beherbergte. So versteinert und vertrocknet auch längst die Wissenschaft unter den Griechen war, so übertrafen sie doch an Umfang der Kenntnisse, an Gewandtheit in Schrift und Rede, an seiner gesellschaftlichen Bildung damals weit alle Völker des Abendlandes, und selbst untergeordnete Gelehrte des Ostens taten es hierin leicht den ersten Männern des Westens zuvor. Auch Brun fand, daß er von ihnen lernen könne, und studierte mit Eifer ihre Sprache; er ließ sich gern mit ihnen in Disputationen ein, und so gerühmte Kämpfer die Griechen wegen ihres scharfen Verstandes und ihrer Zungengeläufigkeit in diesen Wortstreiten waren, staunten sie doch über den feinen Geist dieses Jünglings und brachten neue Probleme desselben, die sie nicht zu lösen vermochten, in die Heimat zurück, um sie den ersten Gelehrten daselbst vorzulegen. Die griechische Sprache war damals im Abendlande nicht so unbekannt, wie man wohl geglaubt hat; aber sie diente nur als Verkehrsmittel mit dem Ostreiche, mit dem die Verbindungen niemals ganz abgebrochen wurden, ohne daß man sie als Schlüssel zu den alten Schriftwerken der Hellenen benutzt hätte. Diese lagen der ganzen Anschauung der Zeit durch die Entwicklung, welche die abendländische Welt genomen hatte, unendlich fern; selbst die theologische Literatur der Griechen fand als eine ketzerische nur geringe Beachtung. Daher ist es nicht zu verwundern, daß die Kenntnis der griechischen Sprache für Bruns innere Entwicklung kaum recht fruchtbringend gewesen ist.

Als den Lehrer, der am meisten auf gewirkt hat, nennt Brun selbst einen irländischen Bischof, mit Namen Israel, der, nachdem er seiner Heimat den Rücken gewandt, im Kloster St. Maximin zu Trier lebte. Wir kennen das Zeugnis, das Israel auf Befragen seinem Zögling gab; er betonte vor allem, daß Brun ein heiliger Mann sei, und gab damit zu erkennen, daß die religiöse Bildung des Herzens in seinen Augen höheren Wert besäße als die wissenschaftliche des Geistes und daß diese in Brun wesentlich auf jene zurückgewirkt habe. Nur wenig ist von diesem Israel bekannt, aber schon seine Abkunft läßt uns auf das Innerste seines Wesens und seiner Lehre schließen.

Denn noch einmal wie in den Tagen eines Fridolin, Columban und Gallus übten damals britische und irische Mönche einen tiefgreifenden Einfluß auf das religiöse Leben der deutschen Stämme aus. Durch Normannen und Dänen aus ihrem Insellande verjagt, kamen sie über die See und begaben sich teils in die meist von Iren gestifteten Klöster am Rhein, namentlich nach St. Gallen, teils flüchteten sie sich nach Lothringen, wo sie auf die Herstellung der verfallenen Klosterzucht den wohltätigsten Einfluß übten und zugleich die ihnen von jeher eigene Liebe zu wissenschaftlicher Beschäftigung den reformierten Klöstern mitteilten. Von den hierarchischen Bestrebungen der karolingischen Geistlichkeit waren sie weit entfernt; die Zwängung aller Christen unter Roms Gebot hielten sie am wenigsten für ihre Aufgabe. Sie lebten im Gebet, in Ertötung des Fleisches, in wissenschaftlicher Arbeit und suchten in Armut und Demut dem Reiche Gottes und dem Wohl ihrer Mitmenschen nach Kräften zu dienen; dabei vertiefte sich ihre Einbildungskraft mit Vorliebe in die Geheimnisse der göttlichen Zukunft, und sinnlich greifbar mußten ihnen Zeichen und Beweise des göttlichen Waltens überall entgegentreten. Niemand verehrte gläubiger die Reliquien als sie; niemand legte mehr Gewicht auf Träume; Kasteiungen und Fasten hatten in ihren Augen den größten Wert; Gelübde trieben sie zu Wallfahrten bis an das Ende der Welt. Es ist eine wunderbare Mischung von wissenschaftlicher Nüchternheit und religiöser Phantastik, von Werkheiligkeit und wahrhaft christlicher Glaubensfreudigkeit in diesen Mönchen. Man wird nicht mit Unrecht an ihrem Treiben manchen Anstoß nehmen, aber verkennen läßt sich nicht, es geht durch dasselbe ein tiefer Zug wahrer Frömmigkeit, aufrichtiger Demut und jeneer aufopfernden Liebe, die um des Herrn willen allen alles sein möchte. Die Deutschen, die an der vornehmen karollingischen Geistlichkeit mit ihren steifen kirchlichen Formen, ihrer prunkvollen Gelehrsamkeit und ihrem glänzenden Weltleben wohl niemals großes Gefallen gehabt hatten, verehrten diese schlichten Mönche wie Heilige. Denn gerade das fand die Masse an ihnen in höchster Vollendung, was sie als das Ideal eines christlichen Lebens ansah.

Die fürchterliche Not der Zeit hatte in den deutschen Ländern wie überall im Abendlande die Menschen gelehrt, daß mit ihrer Macht nichts getan und ohne Gottes sichtlichen Beistand alle ihre Sorge vergeblich sei. Die Verzweiflung trieb das Volk zu den Kirchen und Altären; bei ihnen suchten sie von Gott Schutz für die Gegenwart und Gewähr für die bedrohte Zukunft. Das frome Herz fand hier Trost und Freudigkeit; der Kleinglaube richtete sich an den Segenssprüchen, Prophezeiungen, Träumen heiliger, dem weltlichen Leben abgestorbener Männer auf; der Aberglaube maß den Gebeinen der Heiligen wunderbare Kräfte der Errettung bei und glaubte duch äußere Werkheiligkeit die Strafen Gottes abwenden zu können. Das Volk suchte überall unmittelbare Zeichen göttlicher Barmherzigkeit, wollte in seinen Priestern lebendige Zeugen geistlichen Lebens sehen. Und was konnten ihm da jene Bischöfe alten Schlags bieten, die in ihren vergilbten Kirchengesetzen und dogmatischen Streitigkeiten lebten, die in der Unterjochung der weltlichen Gewalten, in der Erhebung des römischen Primats und ähnlichen Dingen vor allem ihre Lebensaufgabe zu sehen schienen? Mit Notwendigkeit entfremdete sich das Volk seinen Bischöfen und wandte sich frommen Klausnern und heiligen Mönchen zu; ein eigentümliches religiöses Leben bildete sich unter ihm aus, dem es an innerer Wärme und Glaubenskraft nicht fehlte, das aber einer Leitung bedurfte, wenn es sich von der Kirche nicht ganz trennen sollte. Dieser lebendigen Glaubensströmung im Volke bemächtigten sich rechtzeitig einige hervorragende Männer, die, selbst von ihr berührt, zur Leitung bischöflicher Kirchen gelangten und dann die Geistlichkeit ihrer Sprengel für eine tiefere Auffassung ihre Amtes zu gewinnen wußten. So wirkte vor allen Bischof Ulrich von Augsburg, der in St. Gallen gebildet und noch von König Heinrich eingesetzt war. Und in ähnlicher Weise wirkten auch jene irischen Mönche, indem sie in die Geistlichkeit nicht allein neue Triebe zu wissenschaftlichen Zwecken pflanzten, sondern sie vor allem auf ein gottgefälliges und geistliches Leben hinwiesen. In diesem Sinne haben sie an vielen Orten und besonders in Lothringen die Kirchen und Klöster zu reformieren gesucht.

Auch auf Brun ist der Einfluß dieser Iren, wie es scheint, von großer Bedeutung gewesen. Wir finden ihn bald ganz auf denselben Bahnen mit ihnen und Bischof Ulrich; auch sein Inneres ist von diesem neuerwachten Glaubensleben ergriffen, auch sein Leben durchdringt ein asketischer Zug, und auch er zeigt sich für die Reformation der Geislichkeit tätig. Mehrere Abteien, besondes das reiche Lorsch, waren ihm um ihrer Einkünfte willen nach der Sitte der Zeit übertragen, aber er hielt dafür, daß sie ihm nicht gegeben seien, um sich zu bereichern, sondern um sie in einen Gott wohlgefälligen Stand zu setzen, und stellte teils mit Güte, teils mit Gewalt in ihnen eine strengere Klosterzucht her. Den sächsischen Klöstern, die zum Teil noch arm waren, wandte er große Schenkungen zu und brachte auch sie in besseren Stand. In Orten, die Mittelpunkte eines lebendigeren Handelsverkehrs zu werden anfingen, wie Soest, fehlte es noch an Kirchen; er ließ Reliquien dorthin bringen und Kirchen zu Ehren der Heiligen erbauen.

Vor allem aber war Brun bestrebt, die wissenschaftliche Tätigkeit des Klerus neu zu beleben. Durch ihn und durch die von ihm hervorgezogenen Männer wurde der Hof wieder der Mittelpunkt wissenschaftlicher Bestrebungen, die königliche Kapelle erhielt den Charkater einer hohen Schule. Von den sieben freien Wissenschaften, in die man die ganze Summe weltlicher Weisheit damals zusammenfaßte, waren nur die drei niederen: Grammatik, Rhetorik und Dialektik seit Menschengedenken in den Schulen gelehrt worden; daß Brun auch auf die vier höheren: Arithmetik, Geometrie, Musik und Astronomie seine Studien richtete, stellte ihn in den Augen der Zeitgenossen als den Wiederhersteller dieser Wissenschaften dar. Indem er selbst unablässig lehrte, wurde er zugleich der Lehrer vieler anderen; nie ließ er dabei die Überlegenheit seines Geistes drückend empfinden, vielmehr wußte er durch gewinnende Freundlichkeit und milden Ernst einen jeden zu fesseln. Während er selbst „mit Gigantenschriten auf der Bahn der Tugend vorwärts eilte", wie sein Biograph sich ausdrückt, ermüdete er nie, sich nach den Zurückbleibenden umzusehen, um ihnen den Weg zu erleichtern.

Die wissenschaftlichen Bestrebungen am Hofe gewannen, seitdem ihnen auch Otto seine Aufmerksamkeit zuwandte, an Umfang und Tiefe; die Früchte derselben traten schon um das Jahr 950 bemerklich hervor. Bald darauf wurde der gelehrte Rather, ein Lothringer von Geburt, der sein Heimatland verlassen und durch König Hugo in Italien sein Glück gemacht hatte, dann aber aus seinem Bistum Verona vertrieben war, an den Hof berufen, und Brun selbst lernte noch von Rather, der für den ersten Theologen der Zeit galt. Bischof Liudprand von Cremona kam wenig später an den Hof, und auch seine in der altlateinischen Literatur nicht gewöhnliche Belesenheit scheint Brun nicht ungenutzt gelassen zu haben. Schon holte man nicht die Gebeine der Heiligen allein, sondern mit ihnen andere in unseren Augen wertvollere Reliquien des Altertums über die Alpen, vor allem die trefflichsten Gandschriften der klassischen Schriftsteller. Mehr als hundert derselben brachte ein Italiener, mit Namen Gunzo, auf Ottos Aufforderung in die deutschen Länder, aus denen manche der wertvollsten Italien nach Jahrhunderten wieder zurückgeführt sind. Mit frischem Eifer warf man sich nun auf das Studium der alten Dichter, Redner und Geschichtsschreiber; Vergil, Horaz, Ovid, Terenz, Cicero und Gallust erstanden gleichsam von den Toten und wurden die Lehrer der Deutschen in den freien Wissenschaften.

Vom Hofe aus verbreitete sich die Teilnahme an den Wissenschaften weiter durch das Reich, namentlich nahmen die Klosterschulen einen erfreulichen Aufschwung. St. Gallen und Reichenau gediehen zu ihrer schönsten Blüte; Fulda suchte seinen alten Ruf zu behaupten; Hersfeld eiferte Fulda nach; nach Würzburg berief man einen Lehrer aus Italien. In Sachsen pflegte Korvei die Wissenschaften mit besonderer Vorliebe; auch in den Nonnenklöstern, besonders zu Gandersheim und Quedlinburg, lasen die Mädchen neben den Heiligenleben jetzt Vergil und Terenz. Und kaum, daß man die Alten kennenlernte, noch geblendet vom Glanz ihrer Rede, faßte man den Mut, mit ihnen zu wetteifern; hinter Klostermauern legte man Hand an Werke, die bei aller Roheit nicht ohne erhabene Schönheiten sind, die ein kräftiges Ringen nach Formvollendung zeigen und durch ihren Inhalt für uns einen unvergänglichen Wert besitzen.

Es ist eine Literatur eigentümlicher Art, die sich aus diesen Bestrebungen entwickelte. Sie ruht auf nationaler Grundlage und kleidet sich doch in das Gewand der klassisch-römischen Sprache; sie ist klösterlich und asketisch, aber dabei sinnlich-naturalistisch nach der Anschauungsweise der Alten; sie ist geistlich, aber unbekümmert um dogmatische Streitigkeiten und kanonistische Gelehrsamkeit; sie ist endlich höfisch, aber zugleich schlicht, treuherzig und aufrichtig. Die altdeutsche Heldensage klingt in Hexametern wieder, die dem Vergil nachgebildet oder entlehnt sind; die naive Tiersage muß sich dem strengen Takte antiken Versmaßes fügen; die wunderbaren Geschichten von den Anfängen der Sachsen werden in der Sprache des Galust und Tacitus vorgetragen; eine Nonne behandelt die Legenden der Heiligen in der Form terentianischer Komödien. Brun hat dieser ganzen Literatur den Stempel seines Geistes aufgedrückt; seine Liebhaberei für philologische Gelehrsamkeit, sein asketischer Eifer, seine ihm von der Natur angewiesene höfische Stellung wirken über ein Jahrhundert in dieser Literatur bemerkbar fort. Aber es waltet noch ein anderer Geist in und über derselben, den er weder bewältigen konnte noch wollte; es lebt in diesen Büchern auch der kräftige, derbe und wahre Sinn des deutschen Volkes.

Man hat das zehnte Jahrhundert vor anderen ein Zeitalter der Barbarei genannt, und allerdings bezeichnet die Anfänge desselben ein tiefer Verfall dessen, was die karolingische Zeit für Kunst und Wissenschaft geleistet hatte. Aber schon um die Mitte des Jahrhunderts nehmen wir in den deutschen Ländern neue Keime der Bildung wahr, und eigentlich erst aus ihnen entwickelte sich eine Kultur, die tiefer in unsere nordischen Gegenden eindrang und dort heimisch wurde. Es war freilich eine Bildung, welche zunächst nur die höchsten Spitzen des Volkes berührte, den Hof, die Geistlichkeit und den in die Nähe des Hofs gezogenen Adel; aber wesentlich hat sie doch dazu beigetragen, alle Verhältnise der Deutschen allmählich neu zu gestalten. Niemand verspürt mehr als der Geschichtsschreiber des deutschen Volkes, welche Umwandlung in den Kulturzustünden damals vorging. Nachdem er aus dem Dunkel der Sagen schon in der karolingischen Zeit in das Licht der Geschichte eingetreten war, umfängt ihn in dem Anfang des zehnten Jahrhunderts abermals die Dämmerung, in der es unmöglich wird, Tatsache und Dichtung zu scheiden; die Überlieferung ist verworren, widersprechend, unvollständig und ohne Zusammenhang. Aber mit der Mitte des Jahrhunderts erschließen sich ihm sofort wieder gleichzeitge, zuverlässige Quellen, die den Gang der Dinge im großen deutlich erkennen lassen; der Boden wird fest unter den Füßen, und nur selten hat er noch den unsicheren Grund der Vermutungen zu betreten.

Die Kapelle des Königs war aber nicht allein eine Schule der Wissenschaft, sie war zugleich und vor allem eine Pflanzstätte für Kirche und Staat, indem aus ihr fast alle die Geistlichen hervorgingen, die in der nächsten Zeit Otto und seine Nachfolger auf die deutschen Bischofsstühle erhoben. Es ist ein neues Geschlecht von Kirchenfürsten, sehr unähnlich dem, welches die spätere Karolingerzeit hervorgebracht hatte. Diese Bischöfe, so durchdrungen sie von der Höhe ihres geistlichen Berufs sind, zeigen sich der Reichsgewalt wahrhaft ergeben; sie schlagen willig die Schlachten des Königs mit und ziehen in seinem Interesse und zu seinem Nutzen von einem Lande freudig zum anderen. Hierarchisch-theokratische Ideen liegen ihnen fern, nicht minder knechtischer Gehorsam gegen Rom, wie sie auch die Ehrenrechte des heiligen Petrus achten; sie durchdringen sich vielmehr mit dem Gefühl einer freien, selbständigen Gewalt, die sie von Gott über ihr Bistum empfangen haben, und regieren ihre Sprengel mit einer patriarchalischen, alles umfassenden Macht. Herstellung der Kirchenzucht, Reformation der Klöster und Kapitel, Erweckung wissenschaftlichen Lebens unter der Geistlichkeit sehen sie als ihre nächste Aufgabe an; aber nicht minder finden sie darin ihren Beruf, ihre Städte mit Mauern zu schützen, Markt- und Münzrecht ihnen zu gewinnen oder zu sichern, Handel und Verkehr zu heben, wüste Gegenden anzubauen, Wälder auszuroden, die Dienste ihrer Hörigen gesetzlich zu ordnen, Recht und Gerechtigkeit innerhalb ihrer Immunitäten zu wahren. Es sind durchweg praktische Aufgaben, die sie sich stellen, und in deren Erfüllung sie Gott und ihren Mitmenschen einen Dienst zu erweisen meinen.

Die römische Kirche hat nicht wenige dieser Bischöfe unter ihre Heiligen vesetzt, aber auch das deutsche Volk schuldet diesen Männern den größten Dank. Zur Hebung des unterdrückten Teiles der Nation, zur Belebung des städtischen Lebens, zur Förderung des Ackerbaues haben sie nicht wenig beigetragen, ja selbst die bestimmtere Entwicklung des nationalen Geistes beruht zum großen Zeil auf ihnen. Von *einem* Mittelpunkte gingen sie in alle Teile des Reichs: gleiche Bildung, gleiche Grundsätze der Verwaltung, gleiche kirchlich-politische Ansichten verbreiteten sie von dort aus, wohin sie kamen, und sie selbst blieben, wenn auch getrennt, in einem nahen, oft innigen Verhältnis untereinander. Man kann behaupten, daß unter ihnen sich zuerst feste Grundzüge einer nationalen Politik festgestellt haben, die von der zufälligen Denkart des jeweiligen Staatsoberhauptes unberührt blieben. In diesem bischöflichen Stande begegnen uns eine große Zahl der würdigsten und verdientesten Männer, die sich, bis der Investiturstreit eine unheilbare Spaltung in alle Lebenskreise brachte, fast durchweg von derselben Liebe zu ihrem deutschen Vaterlande durchdrungen zeigen.

Eine Geistlichkeit, so erfüllt von tapferem Glaubensmute und hilfreicher Liebestätigkeit, wie sie sich damals in den deutschen Ländern heranbildete, konnte auch dem Missionswerke nicht lange fremd bleiben. Und schon öffnete der König selbst ihrer Wirksamkeit auch hier ein weites und ergiebiges Feld.

Ds Beispiel des ruhmreichen Apostels des Nordens, des heiligen Ansgar, der zuerst mit einigem Erfolg das Christentum unter den Dänen und Schweden predigte, hatte den Missionseifer in den Hamburger Erzbischöfen nie ganz erkalten lassen; aber die Verkündigung des Evangeliums stieß im Norden auf so viele Schwierigkeiten, die politische Lager der deutschen Bischöfe gegen die das Reich bestürmenden Nordlandskämpfer war lange Zeit so unglücklich gewesen, daß die Mission fast erstarb. Dazu erwuchsen dem Erzstift selbst die ärgerlichsten Händel. Schon unter Ansgar war Hamburg von nordischen Seeräubern überfallen und die Kirche zerstört worden; das Erzstift wurde darauf mit dem Bistum Bremen vereinigt, das bisher unter Köln gestanden hatte. Papst Nikolaus I. hatte dann zwar ausdrücklich Bremen von Köln getrennt, doch hatte Köln unaufhörlich Einsprache gegen dies Verfahren erhoben, und spätere Entscheidungen teils durch Päpste, teils durch Synoden waren bald der einen, bald der anderen Seite günstig gewesen. So in ihrer eigenen Existenz angegriffen, hatten die Erzbischöfe von Hamburg die Mission mehr und mehr aus den Augen verloren. Zuerst gedachte man ihrer wieder nach dem glücklichen Kampfe Heinrichs gegen die Dänen. Erzbischof Unni (916–936) zeigte sich da als der würdige Nachfolger Ansgars; er durchzog abermals das dänische Festland, die Inseln und setzte sogar nach Schweden über. Fast überall fand er die früher gestifteten Gemeinden eingegangen oder im äußersten Verfall. Er suchte dem Christentum aufs neue im Norden eine sichere Stätte zu gründen; da er aber auf der Reise starb, kam es nicht zu festen kirchlichen Gründungen.

Unnis Nachfolger war ein junger vornehmer Sachse, der für den geistlichen Stand erzogen war und in der königlichen Kanzlei gedient hatte, jener Adaldag, der bei König Heinrichs Tode die erste Seelenmesse las. Er verdankte Mathilden und ihrem Sohne seine Erhebung und war, wie bemerkt wurde, der einzige deutsche Erzbischof, der sich bis dahin besonderer Gunst und des unbedingten Vertrauens des Königs rühmen konnte. Mannigfache Wohltaten empfing Adaldag von seinem königlichen Gönner: nicht nur daß er die ausgedehnten Privilegien erhielt, Otto erwirkte ihm auch das Palium von Rom und brachte es endlich dahin, daß die Ansprüche Kölns durch eine päpstliche Entscheidung völlig zurückgewiesen wurden. Adaldag war aber auch ganz der rechte Mann für seine wichtige Stellung; er gehörte derselben Richtung mit Ulrich von Augsburg an und war einer der ersten, der in ihr vorleuchtete. Adam von Bremen, der alte Geschichtsschreiber der Hamburger Kirche, nennt ihn schlechthin den Wiederhersteller des Erzstiftes. „Adaldag lebte“, sagte er, „ganz in der Heidenbekehrung, in der Errichtung von Kirchen, in der Seelsorge: deshalb war er von Gott und den Menschen geliebt, alle verehrten ihn, selbst seine Feinde.“ Glückliche Kämpfe mit den Dänen und die festere Ordnung der dänischen Mark gaben der Heidenbekehrung jetzt bessere Aussicht auf dauernden Erfolg, und bald gedieh Adaldag in der Tat soweit, daß es möglich wurde, bischöfliche Kirchen auf dem dänischen Festlande zu errichten. Kurz nach dem Tode der Königin Editha konnte Otto als Denkmal seines kirchlichen Eifes hier drei neue Bistümer gründen: zu Schleswig, Ripen und Aarhuus. Die neuen Bischöfe bekleidete Otto mit den Zeichen ihrer bischöflichen Würde; Erzbischof Adaldag weihte sie, und als der Papst bald darauf Hamburg den Missionssprengel in Dänemark, Norwegen, Schweden und im ganzen Norden bestätigte, hatte das Erzstift bereits ihm untergebene Bischöfe in diesen nordischen Regionen.

Zugleich beschäftigten Ottos Geist umfassende Pläne für die Bekehrung der Wenden. Der lange Kampf hatte zur Unterwerfung der Wenden geführt, aber der Haß gegen die Deutschen war in den Herzen der Besiegten nicht erstorben. Sie beugten sich der Gewalt, aber ihre Seele war voll bitteren Grolls gegen ihre oft so hartherzigen und übermütigen Herren, die überdies eine andere Sprache redeten und einen anderen Glauben hatten als sie. Denn noch lebte der alte finstere Götzendienst ungebrochen unter ihnen fort. Blutige Opfer brachten sie ihren Göttern, und nicht Stiere und Schafe allein, sondern auch Menscen schlachteten sie an den Altären. Nichts, meinten sie, sei ihren Göttern angenehmer als das Blut der verhaßten Christen, und wenigstens einmal im Jahre müßte ihr Kriegsgott Swatowit am Blut eines Christen sich sättigen. An einen dauernden Frieden und bessere Zeiten für diese Länder ließ sich nicht denken, ehe nicht der Abgötterei ein Ende gemacht war und das Christentum Sieger und Besiegte zu *einem* Volke von Brüdern verband. Dies wurde Otto klar, und er erfaßte deshalb mit aller Kraft seiner Seele den Gedanken, das Heidentum unter den wendischen Stämmen zu vertilgen und der Religion Christi auch hier die Stätte zu bereiten.

Kaum läßt sich bezweifeln, daß den König der Plan, den er nachher mit der größten Beharrlichkeit verfolgte, beim Morizkloster zu Magdeburg, dem Grabe Edithas, ein neues Erzbistum zu errichten und ihm die Mission unter den slawischen Völkern zu übertragen, schon damals beschäftigt hat. Aber bei dem hartnäkkigen und schroffen Geiste des Erzbischofs Friedrich von Mainz, der die ganze Mission im Osten als ihm untergeben betrachtete, konnte Otto nicht hoffen, so leicht seinen Wunsch zu erreichen. Er stand deshalb vorläufig von diesem Plane ab und begügte sich, einer späteren Durchführung desselben vorzuarbeiten. Er griff unverzüglich auf eigene Hand die Mission unter den östlichen Wenden an; in die Gegenden an der Havel und Spree sandte er sächsische Geistliche und Mönche, die, von den Waffen Geros geschützt, bis zur Oder hin ihren Weg nahmen, um allerorten den Wenden das Evangelium zu predigen. Mehr Furcht und Gewalt als ein bekehrtes Herz führten viele der Wenden zur Taufe, aber bald konnte man doch darangehen, Gotteshäuser zu errichten und christliche Gemeinden zu ordnen. Auch hier, wo Christus noch niemals gepredigt war, wurde das Kreuz erhöht, manchen damals, wie es zu allen Zeiten war, ein Ärgernis, aber anderen bald der höchste Ruhm. Gleichzeitig, wie es scheint, im Jahre 948 begründete Otto die beiden ersten Bistümer für die wendischen Gegenden, Havelberg und Brandenburg: das erstere für die Gegenden zwischen der Elbe und Oder nördlich der Havel, vornehmlich von den kriegerischen Redariern bewohnt; das andere für die Heveller und Lausitzer in den Gegenden an Havel und Spree. Die ersten Bischöfe Havelbergs und Brandenburgs wurden, nachdem sie vom Könige den Hirtenstab empfangen hatten, von dem Erzbischof von Mainz geweiht. Reichlich stattete Otto diese neuen Bistümer mit Abgaben und Zehnten aus, die er bisher selbst aus dem Wendenlande bezogen hatte. Von jedem Pfluge mußte der Wende fortan jährlich dem Bischof steuern und von seinem Getreide und Flachs ihm zehnten.

Ohne Frage war auch das Abodritenland an der Ostsee bereits damals von Missionaren besucht. Schon zu den Zeiten König Heinrichs hatte hier Bischof Adelward von Verden, ein älterer Verwandter und Lehrer Erzbischof Adaldags, gepredigt und viele bekehrt. Aber erst geraume Zeit später – das Jahr ist nicht zu bestimmen – gründete Otto auch für diese nordwendischen Gegenden ein besonderes Bistum. Der Sitz desselben wurde Oldenburg, von den Sklawen Stargard genannt, nahe der Küste der Ostsee, der Insel Femern gegenüber; von dort ist später (im zwölften Jahrhundert) das Bistum nach Lübeck verlegt worden. Der Sprengel Oldenburgs erstreckte sich über die von den Abodriten und Wagriern bewohnten Küstenstriche bis zur Peene und Elde. Das Bistum wurde unter den Hamburger Erzbischof gestellt und der Schutz desselben wie der dänischen Bistümer zunächst Hermann Billing übertragen.

So war es Otto, der die Mission unter den Heiden, wie sie Karl der Große und Ludwig der Fromme im Frankenreiche begonnen hatten, zuerst wieder aufnahm und Boten in die Weite schickte, um über die Völker, die im Finstern wohnten, ein neues Licht zu verbreiten. Kein Papst dachte damals daran, und die Kirche selbst hatte diese ihre so wichtige Aufgabe fast vergessen. Wohl vesuchte hier und da ein frommer Bischof, der Kraft des göttlichen Wortes vertrauend, auf eigene Hand das große Werk: aber auch der redlichste Wille erlahmte im fruchtlosen Streben. Der Herrschaft der Sachsen war es vorbehalten, auch hier der Zukunft weitere Bahn zu brechen. Jetzt liegt das Land, das einst die Wenden bewohnten, mit unzähligen Kirchen vor unseren Blicken; so war es nicht immer, und man soll es Otto nicht vergessen, daß er zuerst christliches Leben in diese Länder gepflanzt, obwohl es erst nach Jahrhunderten und unter harten Kämpfen hier zur Blüte gedieh.

Während Otto auf solche Weise der Kirche in den deutschen Ländern frisches Leben gab, während er unter den Heiden im Osten und Norden neue Bistümer begründete und zugleich durch die Synode zu Ingelheim selbst in die kirchlichen Angelegenheiten Frankreichs eingriff, hatte er sich auch schon mit dem Oberhaupt der abendländischen Kirche, dem Papst Agapet II., in Verbindung gesetzt. Gegen Ende des Jahres 947 hatte er den Abt Hadamar von Fulda, einen gewandten und ihm treu ergebenen Mann, nach Rom gesandt und den Papst veranlaßt, in den wichtigsten Streitfragen der deutschen Kirche Entscheidungen zu treffen, zugleich aber einen Vikar über die Alpen zu senden, der mit apostolischer Machtvollkommenheit binden und lösen könnte, was zu binden und zu lösen sei. Es war jener Bischof Marinus von Bomarzo, der der großen Ingelheimer Synode vorsaß, der erste päpstliche Legat seit dem Altheimer Konzil. Bald zeigten sich überall die Folgen davon, daß so der mächtigste Fürst des Abendlandes mit Rom und dem Stuhle Petri in unmittelbare Verbindung trat.

Wie es das Andenken an Editha ist, das sich durch alle diese kirchlichen Bestrebungen Ottos hindurchzieht, so finden wir auch nach anderen Seiten hin sein Handeln durch die Erinnerung an die ihm so früh entrissene Gemahlin bestimmt. Mit der größten Zärtlichkeit umfaßte er Liudolf und Liutgarde, Edithas Kinder, und nichts mochte ihn mehr erfreuen, als daß Gunst und Wohlwollen ihnen auch im Volke entgegenkamen. Besonders war Liudolf, damals ein Jüngling von sechzehn Jahren, der Liebling des Volkes. Keinem seiner Altersgenossen, meinte man, stände er an körperlichen und geistigen Gaben nach und gewiß werde er seiner Ahnen sich wert zeigen; man hegte keinen Zweifel, daß er einst nach dem Vater den Thron besteigen werde. Und schon eilte Otto selbst, obwohl er noch in dem kräftigen Alter stand – er hatte das vierzigste Jahr noch nicht erreicht –, Liudolf die Nachfolge zu sichern. In feierlicher Versammlung der Großen des Reichs ließ er dem Jüngling als seinem Nachfolger den Treueid leisten. Bald darauf, im Jahre 947, vermählte er ihn mit Ida, der einzigen Tochter des reichen und angesehenen Schwabenherzogs Hermann, dessen Treue er so vielfach erprobt hatte. Als nicht lange darauf (10. Dezember 948) Hermann starb, fiel Liudolf durch Idas Hand nicht nur das große Vermögen seines Schwiegervaters zu, sondern er erhielt auch die Belehnung mit dem Herzogtum Schwaben, dem er durch seine Gemahling in gleicher Weise angehörte wie Heinrich dem Bayernlande durch Judith, Herzog Arnulfs Tochter. Übrigens verweilten Liudolf und Ida selten in Schwaben. Sie folgten meist dem Hofe, da sich Otto von seinem Sohne nicht zu trennen vermochte; Liudolfs Gemahling wurden nach dem Willen des Vaters königliche Ehren am Hofe erwiesen.

Zu derselben Zeit, als Liudolf Ida heimführte, war auch Edithas

Tochter Liutgarde, in den Gesichtszügen und an Herzensgüte der Mutter ähnlich, dem Herzog Konrad von Lothringen vermählt worden, dem Manne, den Otto vor allen erhoben hatte und der damals in allen staatlichen Angelegenheiten am meisten bei ihm vermochte. Konrad war überdies durch enge Freundschaftsbande mit Liudolf verbunden; mit der feurigen Leidenschaft eines jungen Herzens hatte sich dieser an den reiferen Mann angeschlossen, der wegen vieler glänzender Waffentaten vom Volke als der erste Held seiner Zeit gepriesen wurde. Auch mit Herzog Heinrich von Bayern lebte Konrad zu jener Zeit noch in vertrautem Verhältnis. Man pries Liutgarde wegen dieser Ehe mit dem hochgefeierten Manne glücklich, die für sie später die Quelle vieler Leiden werden sollte.

Alle deutschen Herzogtümer waren jetzt in den Händen der nächsten Angehörigen des Königs. Bayern verwaltete sein Bruder Heinrich, Schwaben sein Sohn, Lothringen der Gemahl seiner Tochter, Sachsen und Franken er selbst. *Eine* Familie herrschte über alle deutschen Länder, ihre Geschichte war die Geschichte des Reichs. Wie diese Herzöge durch die engsten Bande des Lebens, durch Blutsverwandtschaft vereinigt waren, so schienen durch sie auch die deutschen Stämme in die innigste Gemeinschaft gebracht und gleichsam zu einer großen Familie, zu *einem Volke* verbunden. Ruhe und Eintracht glaubte man so für lange Zeit gesichert; denn nach menschlichem Ermessen versprach alles den Anordnungen Ottos ungewöhnliche Dauer. Otto und Konrad standen noch in dem frischesten Mannesalter; Heinrich hatte eben erst das dreißigste Jahr erreicht; Liudolf lachte noch der Morgen des Lebens. Auch die Nachfolge im Reiche war bereits dem sächsischen Hause verbürgt, wenn ja ein früher Tod den König ereilen sollte.

Umblick

Man stand in der Mitte des Jahrunderts, das unter so bösen Vorzeichen begonnen hatte. Wie hatte sich seitdem die Gestalt der Dinge in den deutschen Ländern geändert!

Die deutschen Völker, vordem sämtlich in das große germanisch-romanische Weltreich Karls des Großen eingeschlossen, waren in die traurigen Schicksale, welche den Verfall dieses Reichs bezeichneten, hineingezogen worden; sie hatten eine Schreckenszeit innerer Kämpfe durchgemacht und waren während derselben auf das fürchterlichste von der Wut barbarischer Stämme mißhandelt worden. Endlich rissen sie sich von den romanischen Teilen der karolingischen Monarchie los; aber nur zu bald zeigte sich auch bei ihnen die Neigungk, jede engere Verbindung wieder zu lösen und kleinere Herrschaften zu gründen, die wesentlich auf den alten Stammesunterschieden beruhten. Die Gefahr abermaliger Zersplitterung trat nahe genug, aber der Gang der Geschichte führte doch nicht zu den alten Zuständen zurück, sondern zu einer neuen, höchst folgenreichen Entwicklung. Ein umfassendes Reich wurde begründet, welches alle deutschen Stämme, die in ihren alten Sitzen geblieben waren und ihre Mutersprache mit der Sitte der Väter rein erhalten hatten, in sich faßte und sie einerseits gegen die Romanen, andererseits gegen die Slawen und die skandinavischen Völker des Nordens abschloß: das erste Reich, welches nicht auf der Besonderheit eines einzelnen deutschen Stammes, sondern auf den gemeinsamen Interessen aller deutschen Stämme beruhte und in dem sich ein Bewußtsein ihrer Zusammengehörigkeit, ihrer nationalen Einheit erst bestimmter entwickeln konnte.

Es ist oft bemerkt worden, daß nur unter dem von äußeren Feinden geübten Druck in uns Deutschen das Bedürfnis nationaler Einigung sich rege. So traten zuerst den einbrechenden Römern gegenüber deutsche Gaugemeinden zu einem Bunde zusammen; so schlossen sich später, von Osten und Westen bedrängt, die kleinen Stammgemeinden zu größeren Völkerschaften zusammen – und so waren es unfraglich auch jetzt die Raubzüge der Dänen, Ungarn und Wenden, die vor allem die deutschen Stämme sich fester aneinanderzuschließen vermochten. Aber nicht äußerer Zwang allein, auch glänzende Herrschertugenden haben das deutsche Reich begründet. Keine leichte Aufgabe war es, die noch immer widerstrebenden Elemente dieses Reichs dauernd zu verbinden. Mannhaftigkeit, Festigkeit und Weisheit vollendeten, wozu die Not des Augenblicks den ersten Anstoß gegeben hatte.

Als die Universalmonarchie Karls des Großen verfiel, regte sich in allen Völkern, welche dieselbe umfaßt hatte, der Trieb, auf nationaler Grundlage ihr staatliches Leben neu zu gestalten: nirgends ist dies ohne große innere Kämpfe gelungen, nirgends ohne den Zwang äußerer Not durchgesetzt, aber nirgends ist man so früh zum Ziele gediehen als in den deutschen Ländern. Inerhalb weniger Jahrzehnte bildete sich hier ein Reich, das sich in den mannigfachsten Umwandlungen durch die Jahrhunderte erhalten hat und auf dem unser politisches Leben noch jetzt zum großen Teile fußt.

Unleugbar ist, daß die einfacheren Ordnungen dieses Reichs das altgermanische Wesen klarer abspiegelten als jene kunstreiche Organisation der karolingischen Monarchie, aber darum kehrte es doch weder zu den überwundenen Zuständen barbarischer Zeiten zurück, noch löste es sich völlig aus der großen Gemeinschaft, in welche durch Karls Reich die ganze germanisch-romanische Welt gebracht war. Mochten die Nationen des Abendlandes sich wieder voneinander trennen, schon war allen ihren staatlichen Einrichtungen so tief der Charakter des germanischen Wesens eingeprägt, daß ihre weitere Entwicklung keinen ganz verschiedenen Gang mehr nehmen konnte, und zugleich umschloß sie alle dieselbe Kirche, in ihren Formen, ihrer Sprache und Bildung auf das bestimmteste den Stempel des römischen Wesens tragend und sie alle mit den stärksten Banden an Rom kettend. Obschon jetzt ein selbständiges deutsches Reich entstand, gingen doch die wesentlichen Institutionen des Frankenreichs auf dasselbe über, und auch der kirchliche Zusammenhang mit Rom wurde in keiner Weise gelockert. Roms Sprache beherrschte nach wie vor nicht allein die Kirche, sondern mit dieser auch die Schule und den Hof, die Literatur und die Geschäfte des Reichs. Man hat dies vielfach beklagt, aber schwerlich läßt sich in Abrede stellen, daß nur so für das deutsche Volk damals die Gefahr besteitigt wurde, aus dem großen Gange der Kulturgeschichte herauszutreteten. Kaum ist es denkbar, wie ohne diese Aufnahme eines starken römischen Elements unser Volk sich hätte nicht allein selbst mitten in der allgemeinen geistigen Bewegung erhalten, sondern auch der Fortpflanzung derselben förderlich werden können.

Und wie gewaltig tritt nun das deutsche Volk, sobald sich seine Kräfte in einem nationalen Königtum sammeln, in die Geschichte ein, wie zeigt es sich sogleich ganz von seiner großen Aufgabe für die Entwicklung der Menschheit erfüllt! Deutsche Krieger waren es, welcher der zerstörenden Wut heidnischer Völker wehrten, die abermals die Bildung des Abendlandes mit Vernichtung bedrohten; deutsche Priester, welche das Evangelium den heidnischen Stämmen im Norden und Osten brachten, so daß die dunklen Schatten des Heidentums wichen und die hellen Strahlen der wahren Religion weiter und weiter die Welt durchdrangen. Wie zerrissen, wie tatenarm, in wie abhängiger Schwächer erscheinen neben diesem Reiche damals die anderen Staaten des Abendlandes!

Die hohe Stellung, die das deutsche Volk so schnell errungen hatte, dankte es vor allen seinen beiden großen Königen aus dem Sachsenstamme. Otto vollendete, was Heinrich begründet hatte. Freilich war manches in anderer Weise, als es vor des Vaters Seele gestanden hatte, von dem Sohne durchgeführt: die königliche Gewalt war ungemein erhöht worden, das Herzogtum hatte an seiner ursprünglichen Bedeutung für die einzelnen Stämme verloren – dennoch war der Grundriß des Baues, wie ihn Heinrich vorgezeichnet, auch jetzt noch deutlich erkennbar. Der Grundgedanke des Reichs schien noch immer: Einheit durch Königsregiment, soweit es die Sicherheit des Ganzen gegen äußere und innere Feinde erfordert; getrennte Verwaltung der Stammesländer, soweit der Bestand des Reichs dadurch nicht gefährdet ist.

Es mochte eine Zeit geben, wo Otto glaubte, es sei für ihn genug, das Werk seines Vaters so durchgeführt und für alle Folge gesichert zu haben, damit er seinen Beruf erfüllt. Aber die Kraft kann nicht ruhen; das Leben steht nicht still, sondern lockt uns von einem Ziele zum anderen. Als Otto die Stellung ermaß, die er sich und seinem Volke errungen, als er die Lage der Welt überblickte, bot sich ihm ein neues Ziel seines Strebens dar: *die römische Kaiserkrone*. Um sie zu gewinnen, war es nicht mehr genug, den Fußstapfen des Vaters zu folgen; sein Geist mußte zu höheren Gedanken sich aufschwingen, sein Fuß neue Bahnen betreten.

Heinrichs Name gehört der Geschichte Deutschlands an; Ottos Taten sollten mit unverlöschlichen Zügen in der Weltgeschichte verzeichnet werden.

NAMENSREGISTER

Die Karolinger

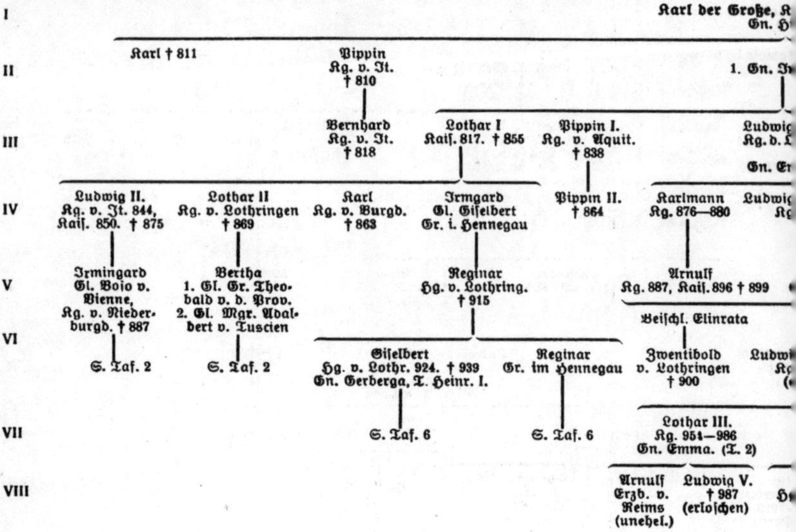

Im ostfränkischen Reiche sterben die direkten männlichen Nachkommen Karls des Großen mit Ludwig IV., dem Kinde, i. J. 911 aus. Der letzte Karolinger auf dem Throne des Westfränkischen Reichs ist Ludwig V. († 987); auch die Nebenlinie in Niederlothringen erlischt bald darauf (1012). Von den weiblichen Linien gelangen die Nachkommen der Adelheid, der Tochter Ludwigs des Frommen, im westfränkischen Reiche (Frankreich) zur Herrschaft. Die übrigen weiblichen Linien führen nach Burgund und Italien, nach Lothringen und Flandern.

Kaiſ. 800. † 814
de — I

Ludwig I., d. Fromme, Kaiſ. 813 † 840
rd † 818 — 2. Gn. Judith, T. Welfs. † 843 — II

Deutſche / L. Reichs / T. Welfs — Karl II., d. Kahle, Kg. d. Weſtfränk. Reichs, Kaiſ. 875. † 877, Gn. Irmintrud — Adelheid, Gl. Robert d. Tapfere, S. Taf. 1a — Giſela, Gl. Mgr. Eberhard v. Friaul — III

v. Jüng. / -882 — Karl III, d. Dicke, Kg. 876, Kaiſ. 881, abgeſ. 887. † 888 — Ludwig II., d. Stammler, Kg. 877–879 — Karl v. Aquitanien † 865 — Judith, 2 Gl. Balduin I. v. Flandern † 879 — Berengar I., Kg. v. Italien 888, Kaiſ. 915. † 924 — IV

a — Ludwig III., Kg. 879—882 — Karlmann, Kg. 879—884 — Karl III., d. Einfältige, Kg. 893—923. † 929, Gn. Edgif v. Engl. — Balduin II. v. Flandern † 918 — S. Taf. 2 — V

d. Kind / -911 / en) — Ludwig IV., Ultramarinus, Kg. 936—954. Gn. Gerberga, Wwe. Giſelberts — Arnulf I † 965 — VI

Karl, Hg. v. Niederlothr. 977—991, Gn. Adelheid v. Troyes — Mathilde, Gl. Konrad III. Kg. v. Burgund — S. Taf. 6 — VII

tto / iederlothr. / -1012 / ſchen) — Ludwig — Gerberga, Gl. Gr. Lambert v. Löwen — Adelheid, Gl. Gr. Albrecht v. Namur — Karl — S. Taf. 2 — VIII

S. Taf. 6 — IX

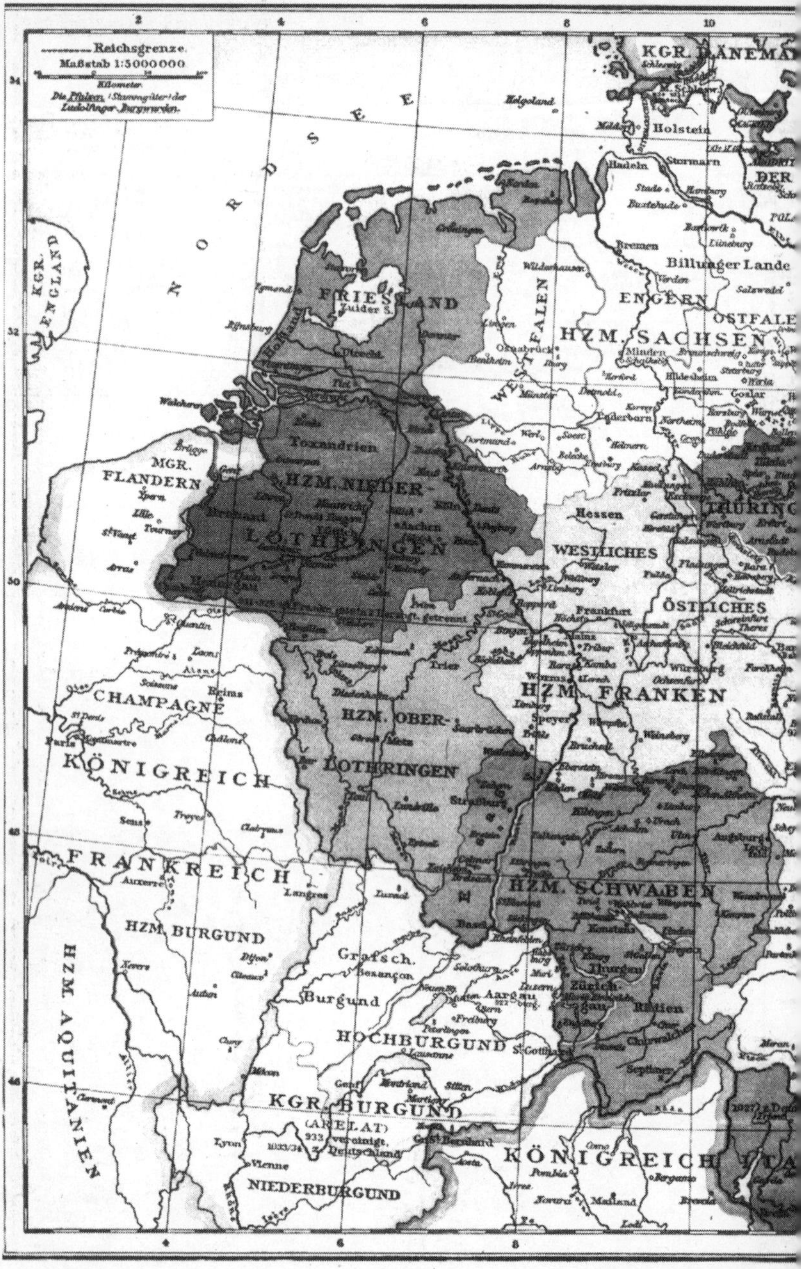
Reichsgrenze
Maßstab 1:5000000
Kilometer
NORDSEE
KGR. ENGLAND
KGR. DÄNEMA
Helgoland
Holstein
Stormarn
Hadeln
Bremen
Billunger Lande
ENGERN
OSTFALE
HZM. SACHSEN
WESTFALEN
Osnabrück
Minden
Münster
Goslar
FRIESLAND
Zuider S.
Utrecht
Toxandrien
HZM. NIEDER-
LOTHRINGEN
Brabant
Aachen
Köln
MGR. FLANDERN
Brügge
Gent
Ypern
Lille
Tournay
Arras
Hennegau
Hessen
WESTLICHES
Fulda
Frankfurt
ÖSTLICHES
Mainz
Worms
Würzburg
HZM. FRANKEN
Speyer
Trier
HZM. OBER-
LOTHRINGEN
Metz
Straßburg
HZM. SCHWABEN
Augsburg
Ulm
Konstanz
Zürich
Thurgau
Rätien
Basel
THÜRING
CHAMPAGNE
Reims
Paris
KÖNIGREICH
FRANKREICH
Sens
Troyes
Langres
HZM. BURGUND
Dijon
Autun
Nevers
HZM AQUITANIEN
Grafsch.
Besançon
Burgund
Aargau
HOCHBURGUND
St. Gotthard
Genf
KGR. BURGUND
(ARELAT)
933 vereinigt
1033/34 z. Deutschland
Lyon
Vienne
NIEDERBURGUND
Gr. St. Bernhard
KÖNIGREICH
Mailand
Bergamo
Novara
Lodi

schen und fränkischen Kaiser

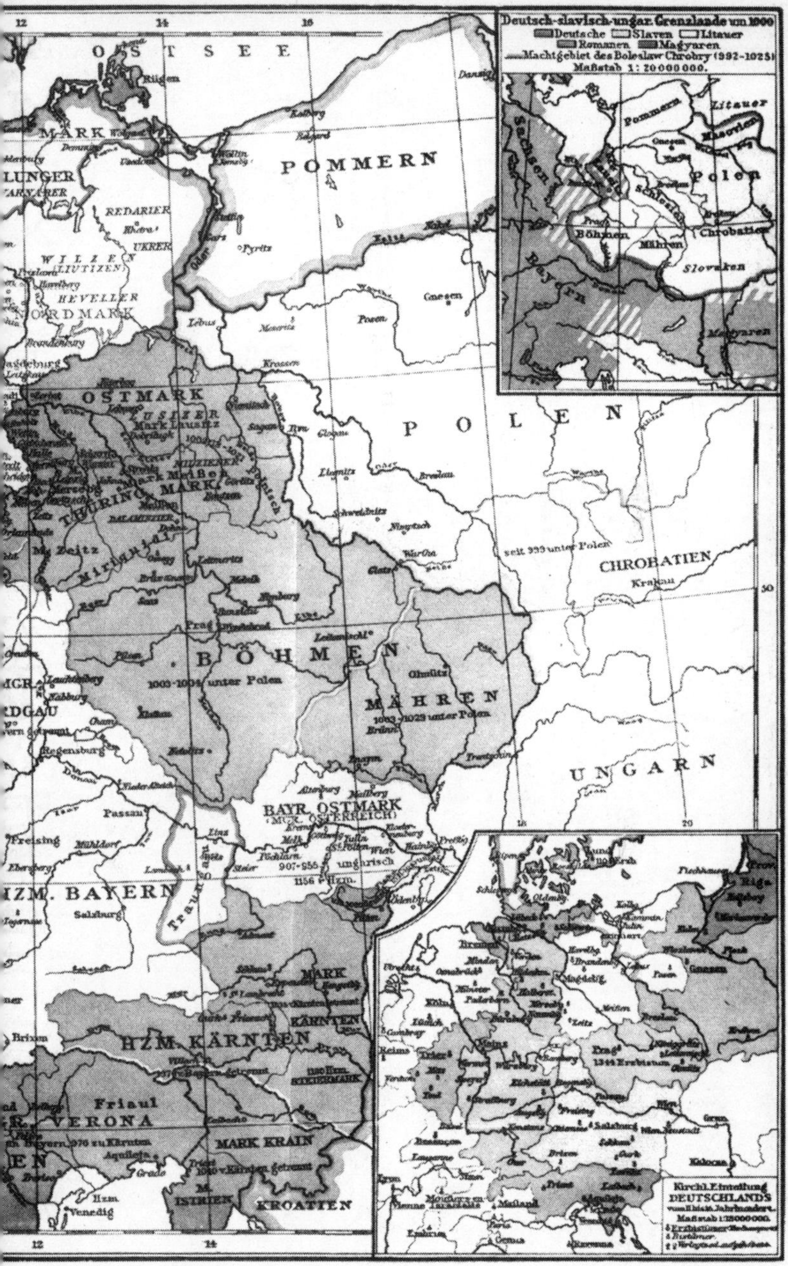